# 증시테마 알아야
# 주식투자 성공한다

안 창 희 지음

한국경제신문사

Copyright ⓒ 1999, 안 창 희

이 책은 한국경제신문사가 발행한 것으로
본사의 허락없이 임의로 이 책의 일부 혹은 전체의 복사,
전재하는 행위를 금합니다.

# 머리말

흔히 『주식시장은 선행(先行)한다』고 합니다. 『소문에 사서 뉴스에 팔아라』는 격언과 일맥상통하는 말입니다. 즉 현재 일어나고 있는 일이 앞으로 어떻게 전개될지를 예측하고, 이것이 주가에 미리 반영된다는 뜻이라고 생각합니다. 따라서 현명한 주식투자자라면 이미 지나간 과거지사를 따지기보다는 앞으로 일어날 일들을 짚어보는 것이 더 큰 도움이 될 것입니다.

이 책은 1997년 10월 초부터 〈한경 Business〉의 「Money」난에 연재되었던 증권면의 글을 주로 모은 것입니다. 한국경제가 IMF 체제에 들어가기 직전에 시작한 작업이 벌써 1년이 지나버렸습니다. 짧지만 아주 아득하게까지 느껴지는 이 기간 동안 우리 국민(투자자) 모두가 몸과 마음으로 겪은 경제적·사회적 어려움은 그야말로 다시는 되풀이하고 싶지 않은 악몽과도 같은 것이었습니다. 1960년대 이후 약 30여 년 동안 고도성장에만 익숙했던 우리는 「거품」이 사라지고 안개가 걷히면서 그 누구도 미처 상상하지 못했던 우리의 올바른 모습을 볼 수 있게 된 것입니다. 금융기관의 퇴출, 대마불사의 신화가 깨진 대기업 부도사태, 빅딜(big deal), 대규모 정리해고, 생존권 사수를 위한 집단행동과 우리의 구조조정을 비판하는 따가운 외국인의 시선에 노심초사해야 했습니다. 그리고 회사와 자산의 해외매각 및 해외자본 유치를 위한 국내기업과 정부의 피나는 노력 등…. 짧은 기간에 일어난 이 엄청난 시련 앞에 우리 국민들은 그저 어안이 벙벙하고 갈팡질팡할 수밖에 없었습니다.

일반적으로 군사력을 동원하는 전통적인 의미의 전쟁과는 달리 경제전쟁, 특히 주식시장에서의 경쟁은 선전포고도 없고 전선이 따로 형성되어 있지도 않으며 눈에 보이지도 않으므로, 어떻게 대처해야 할지 더 어렵고 막막하기 일쑤입니다. 그러면서도 그 경쟁의 결과는 현대사회에서 결코 무시할 수 없는 경제적 손익을 수반하기 때문에 누구나 승리자가 되고 싶어하지만 마음처럼 되지 않는 것이 현실입니다.

이렇게 힘들고 냉엄한 주식시장에서 승리자가 되기 위해서는 물론 열심히 공부해야 합니다. 월가의 살아 있는 전설 피터 린치(Peter Lynch)는 『연구하지 않고 투자하는 것은 포커를 하면서 카드를 전혀 보지 않는 것과도 같다』고 했습니다. 그러나 증권관련 서적이나 기사 또는 자료가 대부분 시황이나 이론과 제도에 관한 것이어서 투자자들은 그때그때 경제의 흐름과 이 흐름의 방향이 어느 쪽으로 가닥을 잡을지 종잡을 수 없을 때가 많습니다. 또한 그런 테마가 어떤 내용으로 전개될지, 어떤 영향을 미치게 되고, 그것과 관련된 종목들은 어떤 것이 있는지를 가늠하기도 쉽지 않습니다. 더구나 IMF 체제에서의 변화는 일찍이 우리가 경험해 보지 못했던 상황이기 때문에 전문가들조차 예측하기 어려웠고 일반인들은 더욱 암담할 수밖에 없었던 것입니다. IMF 이후 국민 모두가 경제에 많은 관심을 기울인 탓에 전문가가 다 되었다고는 하나, 이는 어디까지나 지나간 일들과 보도된 내용에 국한된 것이지 앞으로 경제의 흐름을 예측하는 데는 아직도 요원한 수준이 아닌가 합니다.

이런 투자자들에게 조금이라도 도움이 될 수 있도록 내용을 꾸며보았습니다. 경제의 흐름을 이해할 수 있을 뿐만 아니라 투자할 때 향후 전개될 상황과 이와 관련된 종목들을 파악할 수 있도록 「테마」를 쉽게 설명하고 관련 종목들의 정보를 제공하는 형식으로 구성했습니다. 당시에는 사전적(事前的)이었으나 그 후 실제로 전개되었던 상황과 비교하여 살펴본다면 안목도 넓힐 수 있고 더욱 흥미로울 뿐만 아니라, 각 「테마」에 대한 정리된 지식을 갖고 앞을 내다보는 예측력을 향상시킬 수 있을 것입니다. 이들 내용을 각종 뉴스나 자료를 토대로 계속 업데이트(up-date)시킨다면 향후 주식투자에 적지 않은 도움이 될 줄로 믿습니다. 앞으로도 계속 〈한경 Business〉를 통해 내용을 추가하거나 보완하는 기회를 갖도록 하겠습니다.

이 책이 나오기까지는 많은 분들의 도움이 있었습니다. 한화증권(주) 리서치팀 김성권 팀장, 이성재 과장, 고민제 과장, 이창호 대리, 오시학 박사, 영업추진팀 테마담당 이용로 과장, 전략기획팀 권미라 사원, 인사총무팀 박정은 사원은 바쁜 일과 중에도 자료작성과 원고교정 등에 큰 도움을 주었습니다. 또한 어려운 때에도 변함없이 곁에서 모니터 역할을 잘 수행해준 아내 이경혜와 바쁜 일로 아빠역을 충실히 수행하지 못했음에도 밝고 건강하게 자라고 있는 지현, 혜인, 홍재도 큰 힘이 되었으며, 자주 문안을 못 드려도 퇴출되지 않고 회사에 다니고 있다는 사실만으로도 감사하게 생각하고 계시는 어머니와 형님께도 이 지면을 통해 고마움을 전합니다. 그리고 한국경제신문사 출판국 관계자 여러분께도 감사드립니다. 특히 「테마」 선정에서부터 원고독려 등 수없이 의논하며 형제처럼 격의없이 대하면서 힘든 시기를 보람 있게 보낼 수 있게 해준 이종준 기자님께 다시 한번 뜨거운 가슴으로 감사의 말씀을 드립니다.

아무쪼록 투자자들께서 이 위기와 기회의 시기에 좋은 투자결과를 보시게 되기를 진심으로 기원합니다.

1999년 3월
안 창 희

# 추 천 사

제임스 루니(쌍용템플턴 사장)

우선 시사성 있는 경제문제와 깊이 있는 견해를 독자들에게 제시하기 위해 지속적으로 노력하고 있는 「한국경제신문사」에 경의를 표합니다. 이 책도 현재와 미래의 한국 주식투자자들에게 실제적인 생각과 안목을 제공하는 중요한 지침서가 되리라고 믿습니다.

이른바 IMF 시대가 도래하면서 한국사람들은 각종 경제사안이 자신들에게 막대한 영향을 끼친다는 사실을 깨닫고 경제문제에 대해 더 많은 관심을 보이고 있습니다. 그 어느 때보다도 생활과 직결되는 경제문제에 관해 현명한 결정을 내리고 실제적인 정보도 더 많이 알고 싶어합니다. 또한 국내시장은 물론 국제시장에서 더욱 복잡하고 합리적이며 선진적인 경제질서가 뿌리를 내리면서 신사고와 새로운 경제 패러다임을 받아들이려는 개방적인 태도를 보이고 있습니다. 빠르게 변하는 새시대에서 승자가 되거나, 아니면 적어도 성공적으로 생존하길 간절히 바라기 때문일 것입니다. 한국인들은 해박한 지식을 바탕으로 장래를 위한 투자는 물론 저축에서 동시에 성공하길 원합니다. 시장이 생활을 주도하는 상황에서 한국인들은 이제 좋든 싫든 적극적으로 시장에 참여할 수밖에 없습니다. 그래서 한국인들은 호황기나 불황기를 가릴 것 없이 도움이 될 수 있는 정확하고 자세한 정보, 통찰력 있는 견해, 풍부한 철학을 갈구하고 있습니다.

이런 면에서 이 책은 주식시장 및 다른 관련 자본시장에 대해 독자들이 좀더 명확히 이해하고 투자에 대한 실제적인 윤곽을 그리는 데 도움을 줄 것이 분명합니다. 이 책을 통해 독자들은 환율·금리·주식시장 간의 관계를 이해하고 뮤추얼 펀드(mutual fund)와 같은 새로운 개념과 주식투자 방법도 알게 될 것입니다. 성공적인 투자자가 되려면 이 모든 것이 다 중요하다는 점을 명심하고 독자 여러분 모두가 공부하는 현명한 투자자가 되길 기대합니다.

이 기회를 통해 성공적인 주식투자를 위한 10계명을 소개하고자 합니다. 이 10계명은 최초의 글로벌 투자자이자 장기투자의 신봉자로 알려진 존 템플턴 경(卿)이 지난 50년 간 주창해온 투자격언입니다. 템플턴 경은 외국인으로는 처음으로 지난 1997년 12월 IMF 위기 직후에 자신의 개인 자금을 한국에 투자한 것으로도 유명합니다.

① 저평가된 주식을 찾아라
② 실패를 통해 배워라
③ 비관론이 팽배해 있을 때 투자하라
④ 인기를 피해 투자하라
⑤ 대중을 따르지 마라
⑥ 실제 수익률을 따져보고 투자하라
⑦ 전세계를 대상으로 투자하라

⑧ 항상 마음을 열어둬라
⑨ 모든 것을 알고 있는 사람은 없다
⑩ 모든 것은 변한다

　모든 분께 행운을 빌며, 「토끼의 해」인 1999년에는 독자 여러분의 가내에 번창함이 깃들이길 기원합니다.

# 추천사

김영수(중앙투신 펀드매니저)

　전세계 금융시장에 막강한 영향력을 행사하는 미국의 재무장관 루빈의 말이 생각난다.
　『아무도 앞날을 예측할 수 없다. 그러나 미래에 대한 확률을 다양하게 평가해볼 수는 있다. 결과를 보고 난 다음에 옳은 결정이었는지를 판단해서는 안 된다. 그 결정이 당시 시점에서 강구될 수 있었던 수단 가운데 가장 적합한 것이었나를 따져야 한다.』
　요약하면 현재와 과거의 사실을 기초로 미래에 대한 확률이 높은 곳에 투자해야 한다는 말일 것이다. 투자행위의 원칙으로 삼아도 될 만한 적절한 충고다.
　이런 의미에서 이 책은 과거에 발생한 증시 테마를 분석하고, 그것을 토대로 미래를 예측하는 데 매우 긴요하게 활용될 수 있는 소중한 자료이자 정보라고 생각한다. 특히 환율·금리와 같은 거시경제지표의 변화뿐 아니라 증시제도의 변화에 따른 투자전략까지 제시하고 있어, 주식투자를 하는 사람이라면 마치 중·고등학교 시절의 참고서와 같이 두고 두고 볼 만한 가치가 있는 책이라고 생각한다. 역사가 반복되듯이 증시에 나도는 이른바 「테마」라는 것도 알고 보면 반복되는 경우가 많다.

증권시장에서의 기회는 항상 예고없이 찾아온다. 그러나 이러한 기회는 미리 예측하고 대비한 사람들의 몫일 뿐이다. 준비를 하지 못한 사람들에게 기회란 미처 깨닫지도 못한 채 흘러가는 시간과 같은 경우가 허다하다. 그러나 준비하고 미리 예측하고 기다리는 투자자들은 기회가 왔을 때 놓치지 않고 그 기회를 충분히 이용할 수 있다. 미리 준비하고 예측할 수 있는 능력은 과거의 현상을 분석하는 일에서부터 출발한다. 과거를 분석하지 못하는 사람이 어떻게 미래를 예측할 수 있을 것인가? 만약 뚜렷한 분석없이 예측할 수 있다면 그것은 우연이고, 그 우연에 의지한 투자는 도박과 다름없을 것이다.

흔히 백화점에 가서 양복 한 벌을 고르는 데도 몇 시간 내지 며칠을 고민하는 사람들이, 적게는 수백만 원에서 수천만 원어치 주식을 사면서 시장분위기에 부화뇌동하는 경우가 많다.

이러한 투자자는 단기간에 우연히 높은 투자성과를 올릴지는 몰라도 1년 간 또는 궁극적인 투자성과는 결코 만족스럽지 못할 것이다. 세상에는 공짜가 없다. 주식투자로 인한 소득이 결코 불로(不勞)소득이라고는 생각지 않는다. 철저한 분석과 고민, 그리고 참고 기다리는 인내에 대한 당연한 보상일 뿐이다.

루빈의 말처럼 결과를 보고 판단하는 습관을 버리고 그 과정을 중시하면서 확률을 높여나간다면 주식투자에서 누구든지 위너(winner)가 될 수 있을 것이다.

이 책은 이러한 의미에서 주식투자의 성공확률을 높일 수 있는 좋은 책으로서 독자들께 권하고 싶다.

# 차 례

머리말 / 3
추천사(쌍용템플턴 사장 제임스 루니) / 7
추천사(중앙투신 펀드매니저 김영수) / 11

## 제1장 주식투자의 뉴 패러다임
1. 1999년 산업별 증시전망 ································································ 24
2. 금년에 주식투자를 해야 하는 이유 ············································ 29
3. 발행시장 겨냥한 투자 요령 ·························································· 34
4. 전자상거래 관련주 상승 전망 ······················································ 42
5. 금년 증시변수 점검 ········································································ 47

## 제2장 환율과 주가
1. 원화절하의 영향 ·············································································· 57
2. 원자재 관련주를 주목하라 ···························································· 62
3. 수출관련주 다시 보자 ···································································· 68
4. 엔화 약세 따른 업종별 파급효과 ················································ 73

## 제3장 금리와 주가

1. 금리하락 수혜주에 눈 돌려라 ······································ 83
2. 금리 하락하면 유동성 장세 기대 ·································· 89

## 제4장 구조조정기의 주가

1. 구조조정 관점에서 본 주식시장 ···································· 97
2. 침체기의 투자방법 ··················································· 102
3. IMF와 주식투자 ······················································ 107
4. 1998년 산업별 유망종목 ············································ 113
5. IMF시대의 신우량주「합작기업」 ································· 121
6. 내수 유망기업 테마주로 부상 ····································· 126
7. 구조조정기의 증권시장 ············································· 132
8. 식음료기업 투자 올해 최적기 ····································· 138
9. 빅딜이 증시에 미치는 영향 ······································· 143
10. 경기 바닥 임박「회복 머잖아」 ································· 148
11. 신3저시대의 증시 투자전략 ····································· 154
12. 주식, 채권, 부동산시장의 경기순환 ··························· 159

## 제5장 증시제도 변화와 투자 타이밍

1. 외국인 한도확대 영향 ·············································· 168
2. 증권시장 안정책과 주가 ··········································· 174
3. 외국인 주식양도차익 비과세 ······································ 180

## 제6장 수급은 재료에 우선

1. 외국인 매도공세, 동남아시아와 동일 ·························· 188

2. 외국인 투자자금 유입 지속 전망 ······················· 194
  3. 증시 당분간 박스권 유지 ······························ 199
  4. 증자와 주가 ············································· 205
  5. 증권시장 추락 「날개는 없나」 ······················ 210
  6. 증권시장 「조심스런」 상승시도 ···················· 215
  7. 외국인, 국내증시 어떻게 보나 ······················ 221

## 제7장 경기부양시의 테마 변화
  1. 증권주·건설주 선취매 유리 ························· 230
  2. 경기활성화대책과 증권시장 영향 ················· 235
  3. 수익률 큰 턴어라운드 종목 주목 ·················· 239

## 제8장 선물시장은 현물시장의 거울
  1. 선물시장, 차익거래와 주가 ························· 250
  2. 약세장에서의 투자전략 ······························ 256
  3. 차익거래가 주가지수 좌우 ·························· 261

## 제9장 주요지표는 분석의 잣대
  1. EVA를 주목하라 ······································· 271
  2. 실적호전 저PER주 발굴하라 ······················· 277
  3. EPS 높은 주식을 잡아라 ····························· 281
  4. 기술적 지표로 본 장세 전망 ························ 287
  5. 결산기말 고배당 종목에 눈돌려라 ················ 293
  6. 실적호전주 노려라 ···································· 298

## 제10장 M&A와 주가 동향

1. 외국인 소유한도 철폐와 유망주 ·················· 308
2. 금융기관 M&A 시나리오 ························ 313
3. 부동산 개방, M&A주「뜬다」···················· 318

## 제11장 해외경제와 증권시장

1. IMF 이후의 멕시코 증시 동향 ···················· 328
2. 러시아 모라토리엄의 영향 ······················ 333
3. 해외변수와 외국인 매매동향 ···················· 338
4. 증시 패러다임 바뀌고 있다 ······················ 344

## 제12장 증시테마 알면 유망주 보인다

1. 음식물 쓰레기 처리업체 주목하라 ················ 352
2. 자산재평가법 개정시 자산주 유망 ················ 357
3. 액면분할, 개별종목 주가상승 부추긴다 ············ 363
4. 연결재무실적 주가등락 좌우 ···················· 369
5. 남북 경협과 증시 ······························ 374
6. 기업퇴출, 증권시장「태풍의 눈」················ 380
7. 뮤추얼 펀드와 주식시장 ························ 386

부록 : 금리 · 환율 · 종합주가지수 추이 / 391

## 제 1 장

# 주식투자의 뉴 패러다임

　세상이 변하고 있다. 최근의 변화는 급격하고 심대하며 광범위하다는 특징을 지니고 있다. 그래서 이러한 변화의 향방이나 영향을 가늠하기란 여간 힘든 것이 아니다. 지난 1998년 9월 하순만 하더라도 세계적인 컨설팅 회사 매킨지는 김대중 대통령과 청와대에 건의한 《외국인 직접투자 활성화를 위한 백서》에서 『외국인 투자자들이 한국을 떠나고 있다. 이미 합의된 거래마저도 파기되는 우려할 만한 상황이다』라고 외국인 투자현황을 진단했다. 반면 정부나 경제전문가들은 1999년 상반기 중 경기가 바닥을 칠 것이라는 조심스런 예측을 내놓고 있었다. 주가가 계속 떨어진 상황에서 한국경제를 바라보는 시각 차이는 실로 컸던 것이다.

　1998년 1월부터 종금사(1월 3일)와 증권사 폐쇄, 55개 퇴출기업 명단 발표(6월 18일), 5개 은행 퇴출(6월 29일), 한남투신 영업정지(8월 14일), 러시아 모라토리엄 선언(8월 17일) 등 악재가 줄줄이 노출되자 주가는 연속해서 하락했다. 이러한 주가 하락 앞에서는 두 차례의 외국인 한도확대(1월 3일, 5월 25일)와 무디스의 한국신용등급 상향조정(「안정적」등급), IMF와의 단계적 금리인하 합의(4월 29일) 등의 호재도 별다른 위력을 발휘하지 못했다. 마침내 주가는 1998년 9월 23일에 287포인트로 최저수준을 기록하기에 이르렀다.

그러나 이 때부터 1999년 1월 22일까지 약 4개월 간 주가는 별 조정을 거치지 않고 수직상승, 단숨에 651포인트까지 약 126% 상승했다.

그렇다면 이러한 주가급등이 단순히 금융장세로 인한 것일까? 아니면 그 이면에 어떤 또 다른 요인이 작용한 것일까? 일단 지난 1년 간의 주요 사항을 점검해보자. 금리인하와 환율안정, 경기 활성화 대책, 외국인 매수, 예탁금 증가, 거래량 폭등, 골드만삭스를 비롯한 외국인 투자자의 주가지수선물 대량매수, 국가신용등급 상향조정, IMF 처방에 대한 논란, 비교적 성공이란 평가를 받은 한국의 금융과 기업 구조조정과 빅딜, 금융회사의 퇴출, 부동산시장의 침체와 전세대란, 유로화 출범, 회사채 운용제한과 5대 그룹 이외의 금융긴색 완화, 증시활황과 유상증자 활성화, 선물매매와 프로그램 매매, 뮤추얼 펀드의 판매 활성화, 기관의 주식평가손 반영과 재고감소, 주식시장 거래제도 개선, 기업의 외자유치와 자산매각 등 너무나 많은 일들이 숨가쁘게 일어났다. 그것도 한건 한 건마다 모두 엄청난 파급효과를 가져올 만한 메가톤급 사안들이 즐비했다.

이처럼 어지러운 수많은 이슈 속에서 증시의 향방에 대한 실마리를 찾아보아야 할 것 같다. 한국경제는 「국민의 정부」가 출범하면서 IMF 체제로 들어섰다. 그 후 정부는 급등한 콜 금리를 1998년 초의 35% 대에서 지속적으로 인하해 마침내 1999년 2월 사상 처음으로 5.5% 수준까지 끌어내리는 데 성공했다. 외국인 투자한도를 철폐하고 환율을 달러당 1,200원 수준까지 안정시킨 덕분에 외국인의 주식매수가 지속적으로 이어졌다. 이 기간 동안 경천동지할 만한 사건, 즉 금융기관과 기업의 퇴출 및 구조조정이 상당한 반발 속에서도 비교적 성공적으로 전개되었다. 경제활성화 대책을 비롯한 정부의 내수활성화 정책 등이 차츰 효과를 발휘하고, 위기에 직면할 때마다 놀라울 정도로 인내하며 현명한 판단을 내리곤 하는 위대한 국민들이「금모으기 운동」과 절약 등 애국심을 발휘한 결과 400억 달러의 경상수지 흑자, 500억 달러 규모의 외환보유고 등을 이룩했다. 국제적인 평가기관들이 줄지어 신용평가 등급을 상향조정했고 IMF도 우리 정부와 1999년 GNP 성장률 2%, 경상수지 280억 달러 흑자 및 금리인하에 합의했다.

지나고 보니 1998년 하반기 중에 이미 경기가 저점을 통과한 것이 아닌가 하는 분석을 국내외적으로 인정하기에 이르렀고, 아직도 적지 않은 불안요인이 잠재하고 있는 것이 사실이지만, 한국경제가 선순환으로 점차 돌아서고 있는 것으로 판단된다.

그렇다면 앞으로 상황은 어떻게 전개될까?

금리가 5~6% 수준으로 하락할 경우 미·일 등 주요 국과 비교해 상대적으로 낮은 총인구수 대비 개인주주수 비율(미국 20.1%, 일본 21.8%, 영국 17.3%, 독일 18.1%, 프랑스 7.8%, 대만 46.5%, 한국 2.9%)이나 GNP 대비 시가총액 비중(홍콩 240%, 영국 148%, 미국 104%, 일본 52%, 한국 10%)이 선진국 수준으로 확대될 것으로 예상된다. IMF 체제 이후 금융수익에 의존하던 개인투자자들이 절반 이하로 떨어진 금리에 만족할 수 없기 때문에 대체수단을 찾아야 하지만 부동산은 환금성과 투자규모, 그리고 수익률 측면에서 적합한 상품이 아닐뿐더러 주식 말고는 마땅한 투자수단도 찾기가 쉽지 않은 실정이다.

이런 상황은 금융기관도 마찬가지다. 가능한 높은 실적을 배당하거나 이자를 지급해야 하는 금융기관들은 낮은 금리의 금융상품만을 운용해서는 도저히 개인투자자들의 욕구를 충족시킬 수 없기 때문에, 상대적으로 높은 수익을 올리고 있는 증시를 활용해 일정 부분을 주식에 운용할 수밖에 없는 실정이다. 특히 경제에 관심이 높은 투자자들이 금리나 수익률 변동에 따라 자금을 대규모로 옮겨다니는 일이 빈번히 일어나는 상황에서는 금융기관들이 더욱 고수익률을 의식하지 않을 수 없는 것이 현실이다. 게다가 개인 투자자들의 투자환경이 더욱 다양해지고 투명해진 것도 주목해야 할 부분이다. 뮤추얼 펀드나 스파트 펀드 등도 수익률이 공개되고 수익률의 차이에 따라 공모규모 등에 차별화가 이루어지고 있어 안정적 간접투자로 대두되고 있다. 또한 이들 펀드의 건전한 수익률 게임은 주식투자 비중과 거래량 증가에 적지 않은 영향을 미칠 것으로 보인다. 최근 5~6조 원대에 이른 사상 최대의 예탁금 규모와 4억 주 이상의 1일 주식거래량이 나타날 수 있었던 것도 이 같은 배경이 원동력이 됐다고 볼 수 있다.

외국인 투자자들의 자금유입도 주가 상승요인으로 작용할 전망이다. 이들은 우리나라의 환율이 안정되고 신용등급이 지속적으로 상향조정되고 있어 경제가 회복되는 한국에 대한 투자비중을 늘릴 것으로 보인다. 미국의 증시가 과열국면에 접어들었고, 일본이나 여타 아시아 국가들의 경기가 아직 침체된 점을 고려하면 외국인 투자자들의 한국행은 어느 때보다 빈번해질 전망이다. 실제로 일반투자자들이 주식을 매수하지 못하는 상황에서도 외국인들은 먼저 과감하게 주식을 매수해 높은 수익을 올리고 있다. 선물시장이 활성화되어 선진금융기법을 활용해 리스크 헤지(risk hedge)를 할 수 있는 여건이 조성된 것도 외국인 투자자들이 투자규모를 확대할 수 있는 계기를 만들어주고 있다. 이 밖에도 외국인 투자한도 폐지, 외국인 직접투자 또는 경영권 매수 등도 투자규모 확대 분위기를 조성하는 요인으로 작용하고 있다.

기업들은 어떤가? 기업들은 대부분 자금난을 겪으며 높은 금융비용을 부담했다. 담보 없이는 추가적인 자금조달이 어려웠던 형편이라 수익구조가 악순환되었으나, 금리가 인하되고 신용경색이 완화되면서 상황이 바뀌게 되었다. 회사의 신용상태와 재무구조에 상응하는 금리와 대출한도를 적용받게 되었고, 회사채 발행과 유상증자를 통한 직접적인 자금조달 및 자산매각 등 구조조정이 금리인하와 함께 대폭적인 금융비용 감축과 재무구조 개선이란 효과를 거두게 되었다. 그 결과 신용평가 등급이 상향조정되고 또다시 추가적인 개별기업의 금리인하 효과와 손익구조 개선으로 연결되는 선순환의 경영환경이 펼쳐지고 있다. 회계의 투명성과 경영개선이 시너지 효과를 창출하면서 기업의 1999년 상반기 실적은 1998년보다 두드러지게 향상된 성과를 보였다. 특히 차입금 비중이 상대적으로 높았던 기업과 구조조정을 잘 마친 기업은 높은 주가 상승도 기대할 수 있을 것으로 보인다.

IMF 체제를 겪으면서 재무건전성의 중요성을 경험한 기업들은 경영상태가 호전되면서 앞으로는 투자자 홍보(investor relations : IR)와 주가관리에 더욱 신경을 쓸 것이고, 주가가 경영평가 항목에서 높은 비중을 차지하는 상황도 현실로 다가올 것이다. 또한 지금까지 자기 발등의 불 끄기에 바빴던 기업들이 자금조달과 재무구조가 개선되면서 인수 · 합병(mergers & acquisitions : M&A) 등에도 점차 관심을 돌리게 될 것이다. 즉 지분관리와 M&A에 눈을 돌리게 되면 자연스럽게 주가상승의 요인이 창출될 것이다.

이제 시장 내부요인을 살펴보자.

국제신용평가기관의 국가등급 상향조정과 개별기업에 대한 등급상향조정은 외국인과 기관의 주식투자 비중으로 연결된다. 특히 우량주(blue chip)의 주식매입 비중이 늘면서 이들 블루 칩의 주가도 상승하고 거래량 또한 증가하게 마련이다. 주가가 높은 종목은 액면분할로 이어져 다시 거래량을 증가시키는 요인이 된다. 유상증자 등 권리락에 따른 주가의 조정도 물량의 증가와 거래량의 증가요인으로 이어진다. 신용거래 비중의 감소와 현금거래 비중의 증가도 거래량을 늘리는 요인이 된다. 수익률 게임이 불가피한 상황에서는, 중장기적 투자보다는 일정한 수익률에 도달하면 수익을 실현하려는 경향을 보일 것이다. 또한 금융기관들의 리스크 관리와 평가손익을 당기에 반영해야 하는 것도 거래량 증가의 요인으로 작용할 것이다. 선물과 옵션을 통한 리스크 헤지와 이에 따르는 프로그램 매매도 거래량을 늘릴 것이다. 외국인 투자 비중의 증가도 국내외 변수에 대한 민감한 반응과 함께 거래량을 증대시킬 것이다. 거래량이 증가하면 주가가 하락할 수 없는 것이 증시의 법칙이라면, 거래량 증가요인이 많을수록 주가가 상승할 가능성이 높다는 것을 의미한다.

1999년 세계경제에 대한 전망은 전년에 비해 대체로 낫지 않겠느냐는 시각이 우세하다. 실물경제 환경은 크게 서구경제의 성장둔화와 아시아 경제의 회복세로 예상되고 있다. 국제금융의 측면에서 보면 엔화강세와 저금리, 그리고 국제자금의 아시아 유입이 점쳐진다. 국제원자재 가격은 비교적 안정적 수준이 유지될 전망이다. 특히 유가는 하락추세가 지속될 것으로 보인다. 다만, 미국의 주가폭락 가능성, 위안화 평가절하 문제, 유로화 출범으로 인한 국제경제 및 국제금융체제의 불안 가능성, 남북한 관계의 악화 가능성, 세계적인 보호무역주의 확산과 통상마찰, 미국의 통상압력 강화 등 불안요인도 적지 않다. 이는 정보통신의 발달, 경제통합, 금융개방 및 글로벌화로 인해 세계경제가 밀접한 연관을 가짐으로써 한 나라에서 발생한 문제가 급속하게 확산되어 엄청난 파급효과를 갖게 되었음을 의미한다.

종합적으로 볼 때 세계경제에 대한 전망과 증시 패러다임의 변화는 저금리의 지속, 풍부한 유동성, 주식인구의 확대, 거래량의 획기적 증가, 대체투자 수단의 미흡 등을 고려할 때 1999년을 주식투자의 해로 보고 투자를 하되 시장상황에 민감하게 대처한다면 어떤 다른 형태의 투자수단보다 더 좋은 결실을 얻게 되리라 확신한다.

1999년 2월 현재 주식시장은 약 4개월 간의 급등 후 조정양상을 보이고 있다. 급등 후의 조정국면일지, 하락장세의 전형인 헤드 앤드 숄더(head & houlder)형의 그래프 모양대로 하락할지, 아니면 금융장세를 마무리하고 실적 장세로 국면을 전환할지 상당히 관심이 고조되는 상황이다. 한 가지 분명한 것은 여러 가지 불안요인과 수급문제가 상존하고 있는 것은 사실이지만, 상승을 마감하고 하락으로 돌아설 가능성은 희박하다는 점이다. 바꾸어 말해 사상 초유의 저금리로 인한 유동성에 힘입어 금융장세적 성격이 한편으로 이루어지면서 12월 결산법인들의 반기실적이 가시화되는 시점이나 3월 결산 금융기관들의 실적이 가시화되는 언저리에서 국면전환을 시도하는 상황으로 전개될 가능성이 유력하다는 사실이다.

항상 환율과 외국인 동향, 예탁금과 거래량, 증시 흐름에 따르는 주력주와 테마, 그리고 무엇보다도 리스크 헤지 매매 또는 리스크 관리에 유념하면서 주식투자에 임할 수 있다면 프로가 아니라 하더라도 기묘년에는 증시에서 토끼처럼 뛰는 좋은 결실의 기쁨을 얻을 수 있을 것으로 믿는다.

## 1. 1999년 산업별 증시전망

1999년은 경기회복에 따른 소비증가로 내수관련 기업은 수익이 호전될 전망이다. 반면 세계경제가 둔화조짐을 보임에 따라 수출관련 기업은 상당한 어려움을 겪을 것으로 예상된다. 1999년도 산업별 전망과 유망업종을 살펴본다.

### 음식료

음식료산업은 1999년에 외형의 안정적인 증가 속에 큰 폭의 수익증가가 예상된다. 다만, 환율 및 국제원자재 가격에 제품가격을 연동시키는 회사들은 외형감소의 가능성이 있어 주의가 필요하다. 가공곡물산업보다는 가격의 하방 경직성이 강한 2차 가공업체, 즉 라면·제과·빙과 등을 생산하는 기업의 수익증가가 더욱 클 전망이다. 경기회복에 따른 소비증가시에는 주류·음료의 매출성장률이 높을 것으로 예상되지만, 상장기업의 경우 비상장 경쟁사의 존재로 인해 수익성을 확인하기에는 가변요소가 잠재돼 있다. 1999년에는 가공곡물을 원료로 하는 식료업체의 수익성이 가장 안정적일 전망이다.

### 유화

1999년에도 대체로 부진을 면치 못할 것으로 예상된다. 동남아시아를 비롯한 세계경기가 본격적인 회복 국면으로 접어들기는 어려울 전망이고, 이에 따라 수급 여건이 크게 개선될 여지가 없어 보이기 때문이다. 1998년 4/4분기의 가격 반등세도 업계의 감산과 중국 특수로 인한 일시적인 현상으로 분석되고 있어 다시 약세로 반전될 전망이다. 그러나 1999년 4/4분기 이후에는 점진적인 회복세로 반전될 전망이다. 한국을 비롯한 동남아시아가 다소나마 경기회복 기조를 유지할 가능성이 많은데다, 동남아시아를 중심으로 한 신·증설이 1997년 하반기 이후에 급속도로 위축됨으로써 수급 불균형 요인이 상당 부분 해소될 전망이기 때문이다.

### 섬유

전반적으로 다소 악화될 전망이다. 주요 화섬제품은 수출경쟁력이 약화되어 기업의 채산성이 1998년보다 축소될 수밖에 없을 것으로 판단된다. 반면 면방산업은 세계적으로 천연섬유의 선호와 면을 혼합한 차별화 제품 개발, 주요 수출시장인 일본의 엔화 강세가 예상됨에 따라 면직물 수요가 점진적으로 늘 전망이다. 또한 의류의 경우도 주요 수출국인 미국의 경기하락으로 수출증가세가 둔화될 전망이다.

### 철강

국내의 경기전망이 최악의 상황을 벗어나고 있는 것으로 판단돼 점진적인 내수 회복세가 예상된다. 5대 수요산업에서 철강산업과 가장 밀접도가 높은 건설과 자동차 부문이 점진적으로 회복될 전망이어서 철강 경기도 회복세가 예상된다.

1999년 철강재 내수의 경우 2,685만t으로 1998년보다 8.5% 증가하는 반면, 수출은 1,424만t으로 12% 감소해 총수요는 4,100만t으로 전년 대비 0.4% 증가할 전망이다.

### 반도체

1999년 상반기까지는 D램 시장의 공급과잉으로 어려운 상황이 지속될 것으로 보이며, 세계적인 반도체 설비투자 감소가 시장에 반영되는 1999년 3/4분기 이후 본격적인 상승이 가능할 것으로 예상된다. 세계 D램 시장을 주도하고 있는 국내업체들은 최근 고속 D램 생산량을 늘려 범용제품보다 20% 정도 고가에 거래해왔던 싱크로너스 D램의 가격 차이를 10% 이내로 줄여놓고 후발업체들을 따돌리고 있다.

### 자동차

내수부문에서 고실업률의 지속, 임금삭감과 세부담 증가에 따른 수요감소 요인에도 불구하고 국내경기의 점진적인 회복과 다양한 신모델 출시로 판매대수가 전년 대비 15.7% 증가한 85만 3,000대를 기록해 수요 회복세를 나타낼 것으로 예상된다. 수출에서도 세계적인 공급과잉, 전반적인 경기침체 등의 영향으로 어려움이 예상되지만 점진적인 국가신인도 제고 및 환율상의 대외경쟁력 유지로 3.0% 증가한 139만 대를 기록할 전망이다.

## 조 선

2년 연속 대규모 발주로 인한 상대적 수요감소와 전세계의 경기침체에 따른 물동량 증가세 둔화로 선박 수요가 줄어들 전망이다. 이에 따라 전세계 선박 발주량은 2,000만t을 소폭 상회하는 수

〈표 1-1〉 투자유망 종목

(단위 : 억 원)

| 종목명 | 99년 매출 | 99년 순이익 | EPS | 투자 포인트 |
|---|---|---|---|---|
| 제일제당 | 24,032.4 | 1,201.9 | 9,038 | 수익성 지향 경영 및 차입금 감소로 수익성 대폭 개선 |
| 삼양사 | 13,600 | 190 | 1,802 | 국제 원당가격 하락과 설탕사업 수익성 호전으로 채산성 확대 |
| 한화종합 | 17,145.8 | 257.3 | 446 | • 구조조정 성공<br>• 가공부문 분리 추진 |
| 포항제철 | 105,500 | 8,300 | 8,603 | 설비투자 마무리와 저수익 자산 매각으로 현금흐름 개선 전망 |
| 삼성전자 | 255,000 | 9,700 | 6,525 | • 정보통신부문 외형, 수익 저속 성장<br>• TFT-LCD, HDD 사업 호조 |
| 현대전자 | 54,300 | 2,700 | 2,695 | • 해외 자회사 매각 등 구조조정 성과 가시화<br>• 정보통신, 전장 부문 안정적 성장 |
| LG반도체 | 29,500 | 2,400 | 1,552 | • 고속D램 생산 증가<br>• 비메모리 사업 강화 |
| 현대자동차 | 95,000 | 300 | 747 | • 현대그룹 주력 기업<br>• 시장재편 수혜 예상 |
| 현대중공업 | 62,000 | 1,500 | 3,475 | • 현대그룹 주력기업<br>• 현금흐름 개선 예상 |
| 삼환기업 | 5,450.0 | 76.0 | 572 | • 관공사 비중 87% 안정된 영업구조<br>• 업계 최고 수준의 재무안정성 보유<br>• 금리하락 및 해외발주 증가로 수혜 |
| 하나은행 | 35,625 | 3,954 | 1,592 | 대형화와 수익성 동시에 충족 |
| LG화재 | 15,030 | 80 | 1,843 | 자산의 안정성 우수 |

주 : 1999년은 예상액.
EPS : 주당순이익(earnings per share)

준에 머무를 전망이다. 국내 조선업계의 수주물량도 약 10% 감소해 900만t 수준에 그칠 것으로 보인다. 안정적인 수주물량 확보에도 불구하고 기존 수주물량의 낮은 선가와 원화환율의 절상추세에도 불구하고 공급과잉 우려는 지속적으로 조선업계의 수주전략 및 수익성에 영향을 미칠 전망이다.

### 건 설

1999년에도 외형성장은 어려울 것으로 보인다. 그러나 수익성 측면에서 예상하건대, 1998년이 경기침체와 금리상승으로 인한 암흑기였다면 1999년은 정부의 경기부양과 금리하락으로 인한 수익성 개선의 해가 될 것으로 보인다. 특히 민간부문의 급속한 침체(1998년 62.6% 감소 전망)로 인해 토목건설 위주의 공공부문(1998년 7.6% 감소 전망)으로 수주경쟁이 심화되고 있어 1999년에는 사업구조에 따른 수익성의 차별화가 예상된다. 공공부문에 특화된 업체나 해외공사 비중이 높아 국내경기 침체를 비껴갈 수 있는 업체는 금리하락 덕분에 수익성이 호전될 것으로 보이나, 이월물량을 확보하지 못한 중소업체나 주택전문업체들은 1999년에도 고전이 예상된다.

### 은 행

국내 대형은행은 대부분 자본금 충당으로 대규모 적자를 시현할 것으로 전망된다. 1998년 상반기 실적에서 나타났듯이 위기시의 자산관리 능력에 따라 은행별로 수익성이 차별화되는 현상이 심화되고 있다. 특히 후발은행 중 하나·한미·주택·국민은행 등 무수익 여신의 비중이 낮은 은행들은 수익성 신장이 두드러지고 있다. 이러한 추세는 1999년까지는 지속될 것으로 전망된다. 특히 1998년에 적자결산을 무릅쓰고 충당금을 충분히 적립한 국민은행·주택은행·신한은행 등은 실적 호전이 두드러질 것으로 예상된다.

### 보험

1998년 초 일시불로 받은 대규모 저축성 상품으로 인해 손보사들은 수익성에 치명적인 영향을 받고 있다. 이러한 현상은 시중금리가 하락할수록 더욱 심화되는 추세에 있어 1999년 상반기에 손보사들의 수익에 악영향을 미칠 것으로 예상된다. 자동차보험의 경우 보험료 수입은 자동차 대수 정체에 따라 감소추세에 있다.

## 2. 금년에 주식투자를 해야 하는 이유 (1999년 1월 19일)

1998년 10월 이후 국내증시가 상승국면에 진입한 것은 다 아는 사실이나, 12월 이후 과거 증시에서는 상상도 못할 일이 벌어지고 있다. 하루에 거래가 3억 주를 능가하기도 하고 거래대금이 3조

〈표 1-2〉 주요 국가의 개인주주 수

(단위 : 만 명, %)

| 국가별 | 총인구(A) | 개인주주 수(B) | B/A | 기 준 |
|---|---|---|---|---|
| 미 국 | 25,541 | 5,130 | 20.1 | 1992 |
| 일 본 | 12,567 | 2,737 | 21.8 | 1997.3 |
| 영 국 | 5,785 | 1,000 | 17.3 | 1993 |
| 독 일 | 8,119 | 1,472 | 18.1 | 1992 |
| 프랑스 | 5,737 | 450 | 7.8 | 1992 |
| 대 만 | 2,143 | 997 | 46.5 | 1996 |
| 한 국 | 4,599 | 135 | 2.9 | 1997 |

원을 상회하는 날짜가 비일비재하다. 기술적 분석을 신봉하는 분석가들이나 종래의 투자행태를 벗어나지 못했던 투자자들은 이처럼 엄청난 상승장세에서 제대로 수익을 내지 못했을 뿐만 아니라 지수가 폭등하는 국면에서 팔짱만 끼고 있는 경우가 허다했다.

그러나 금리가 8%대로 진입하면서 이것이 가지는 의미를 간파한 투자자는 엄청난 수익률을 올렸을 것이다. 금리 한자릿수가 우리 증권시장, 나아가 우리 금융시장에 미치는 영향은 실로 엄청나다. 그 동안 우리나라는 차입경영을 통한 기업의 확장전략과 이에 따른 경제의 고도성장, 국민들의 현물(부동산 포함) 선호 심리와 높은 소비수요 등으로 금리는 세계에서 가장 높은 12~15%의 수준을 보여왔다. 그러나 이와 같은 현상은 IMF를 거치면서 여지없이 무너지고 말았다. 차입에 의거한 확장경영이 더 이상 불가능해졌고 부동산 선호사상이나 소비심리도 부동산을 많이 가진 기업들이 먼저 망하고 개인들의 실업률이 두자릿수에 육박해가면서 많이 퇴색되었다. 이에 따라 나타난 결과는 금리의 엄청난 하락이다.

〈그림 1-1〉 국가별 GDP 대비 시가총액 비중 (1997년 기준)

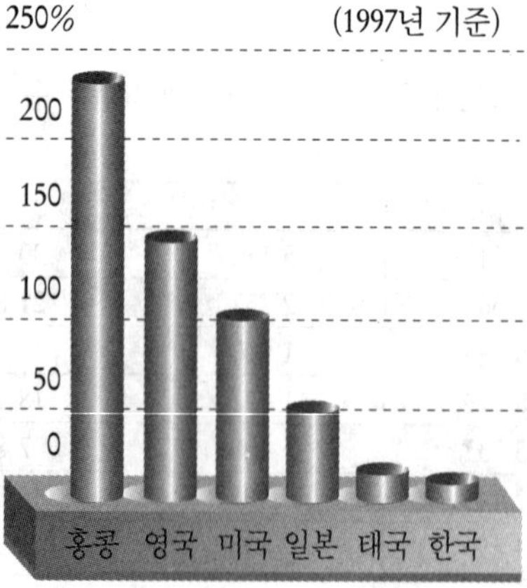

경제학적으로 볼 때 금리하락 요인은 금융기관과 기업들의 구조조정 마무리, 기업설비와 개인소비 감소이지만 금리하락의 기저에는 앞에서 언급한 사실들이 자리잡고 있다.

그러면 최근 금리가 6~7% 수준으로 하락했지만 이와 같은 초저금리는 우리 증시, 나아가 우리 경제에 어떤 영향을 미칠까?

먼저 초저금리는 우리 증시를 과거와는 전혀 다른 새로운 모습으로 바꾸어놓을 것으로 예상된다. 이제껏 우리나라 증시는 금융시장에서 천덕꾸러기 신세를 면치 못했다. 주식시장에 대한 일반국민들의 인식도 좋지 않았다. 주식투자가 투기의 대명사 또는 패가망신하는 지름길로 여겨졌고, 주식 투자하는 사람도 남 앞에서 떳떳하지 못했던 것이 사실이다. 공무원들이 재산공개할 때 그 목록을 보면 대부분 부동산이나 은행 예금이었지 주식을 가진 사람은 상장사의 대주주로서 국회에 진출한 사람 외에는 별로 찾아보기 힘들었다. 돈 많다는 사람들조차 주식에 투자하는 경우는 별로 없었다.

그만큼 우리 주식시장의 기반이 취약했다는 것이다. 이는 〈그림 1-1〉의 통계에서 알 수 있다. GDP 대비 시가총액의 비중을 보면 선진국의 경우 많게는 200%에서 적게는 100% 수준을 보이고 있다. 우리나라의 경우 1998년 10월 이후 주가가 급등하여 1월 6일자로 33%(1997년 말에는 15% 수준에 불과)까지 상승했으나 아직까지 선진국 수준에 이르려면 요원한 상태다. 한국과 증시 발달의 정도가 비슷한 동남아시아 국가들에 비해서도 턱없이 낮다. 또한 주식투자인구가 총인구에서 차지하는 비중도 우리나라는 3%(1997년 기준)에 불과하다. 반면 선진국의 경우에는 대개 20% 수준을 보이고 있다.

그러나 현재와 같은 초저금리는 이런 양상을 전혀 다른 새로운 모습으로 변화시킬 것이다. 먼저 기관들이 현재의 6~7%의 금리를 감당하기가 쉽지 않을 것이다. 특히 장기 저축성 상품의 예정이율이 10% 이상인 보험사들과 향후 연금을 지급해야 할 연기금들이 현재의 저금리로 자금을 운용해서는 향후의 자금소요를 맞추기 어려울 것이다. 고객들의 자산을 운용해주는 은행의 신탁계정이나 투신사들도 과거에는 공사채형이나 대출이 압도적인 비율을 차지했으나, 계속 종래와 같은 투자대상을 고집해서는 고객에 대한 기대수익률을 맞출 수 없을 것이다. 따라서 기관들도 과거처럼 주식을 위험자산으로만 경원시하기는 힘들 것이며, 보유자산 중 일정 부분을 주식으로 편입하지 않을 수 없을 것으로 분석된다.

### 주식투자 인구 선진국 수준으로 확대

이와 같은 사정은 개인 투자자들도 마찬가지다. 이제까지 주식은 투자해서는 안 되는 물건으로 금기시했지만, 앞으로는 가까이하지 않기에는 예금금리가 너무 낮아 어쩔 수 없이 주식에 일정 부분 자금을 편입시키지 않을 수 없을 것이다. 어쩔 수 없어 주식에 편입하는 것이 아니라 선진국들처럼 은행에 예금하듯이 주식투자하는 것이 일반화될 전망이며, 주식투자가 더 이상 숨겨야 하는 대상이 아니라 떳떳이 남에게 이야기할 수 있는 상황이 전개될 것이다. 이와 같이 되면 증시저변이 확대되어 외국처럼 시가총액이 GDP 수준으로 증가하고 주식투자인구도 선진국 수준인 20% 선까지 확대될 것으로 보인다.

증권시장은 이와 같은 양적 변화뿐만 아니라 질적으로도 큰 변화를 겪을 것이다. 정부의 방침도 그러하지만 향후 증시는 신용이 있는 대기업들의 자금과 장기자금인 시설자금 조달의 장이 될 것이며, 신용이 약한 중소기업 자금과 단기자금인 운전자금은 은행·종금 등 간접금융을 통하는 역할 분담이 금융시장 내에서 자연스럽게 이루어질 것이다. 그러면 현재까지 금융시장에서 차지하는 비중이 미미했던 증권시장의 위상이 크게 제고될 것이며 상장

> **깊이 읽기**
>
> **증권주 수혜 가장 클 듯**
>
> 이제 증시위상의 대변화가 이루어지는 과정에서 어떤 주식이 가장 수혜가 클지 살펴보자. 증권주가 당연히 가장 큰 수혜를 입을 것이다. 금융 빅뱅의 과정에서 증권사들의 수입이 급증하고 금융시장 내에서의 시장점유도 더 커질 것이기 때문이다. 그 밖에 삼성전자·포철·한전·한국통신 등 블루 칩 종목들도 기업 연금, 뮤추얼 펀드와 보험, 연기금 들의 장기투자용으로 각광받을 것이다. 또한 금리가 하락하는 과정에서 금리하락의 효과가 큰 기업들도 수혜를 볼 것으로 전망된다.
>
> 저금리로 인한 수혜 종목군
>
> | 분류 | 기업군 |
> |---|---|
> | EPS증가/ 효과 상위 | 대상, 대한방직, 성신양회, 두산, 신동방, 효성, 하이트맥주, 롯데삼강, 한진해운, 대한제분, 동양시멘트, 대한제당, 조광페인트, 대한페인트, 동부제강, 현대자동차서비스, 현대시멘트, 제일제당 |
> | EPS증가/ 주가 상위 | 남광토건, LG금속, 대우, 대상, 한국타이어, 동부건설, 동양시멘트, 현대자동차서비스, 대림수산, SK케미칼, 현대건설, 동부한농화학, 새한, 한솔제지, SK, 조광페인트, LG반도체, 세방기업 |

기업들도 과거처럼 증권시장을 우습게 여기지 못할 것이다.

이 과정에서 주주들의 위상도 크게 변화할 것이다. 과거에는 주식 투자자들, 즉 주주들은 상장사 자금조달의 수단, 분식회계와 대주주들의 주가조작 대상의 신세를 벗어나지 못했으나 IMF 이후 상장사들의 투명경영으로 이제는 이런 것들이 불가능해졌다. 이에 따라 주주도 이제 제대로 된 대접을 받게 될 것이다. 당연히 주주가치도 올라가고 그만큼 주가도 상승할 수밖에 없을 것이다.

증시 구조도 변화가 예상되는데, 그 동안 기관투자가들의 경우 은행·증권·투신의 비중이 크고 이들이 단기 내지 중기투자를 하여 시장에서 차지하는 역할이 미미했다. 그러나 향후에는 기업연금·보험·연기금·뮤추얼 펀드·투신 등이 중심이 되면서 기관 구조도 다양해지고 투자기간도 장기 내지 초장기로 바뀔 전망이다. 특히 기업연금이 활성화되면 미국처럼 한 펀드가 몇천억 원의 규모에 이르면서 주식수요 기반이 대폭 확대될 것이다.

### 3. 발행시장 겨냥한 투자 요령

**증시 전망**

■ 자금 몰려 견조한 상승세 지속

발행시장에 대한 투자 여부는 무엇보다 향후 증시흐름의 동향에 따라 좌우된다. 증시가 활황을 보이고 있는 상태에서 증자는 주가상승 기대로 호재로 작용하는 경향을 보이기 때문이다.

앞으로 주가는 하락보다는 상승할 것이란 견해가 우세하다. 증시 주변을 둘러싼 여건을 감안할 때 1999년 한 해 동안 주가상승은 여전할 것이란 분석이다. 최근 주가는 브라질 사태로 하락세로 돌아서기도 했지만, 이는 지난 3개월 간 거의 130포인트 이상 급등한 주가에 대한 일시적인 조정국면의 색채가 짙다는 게 전문가들 분석이다. 고객예탁금이 5조 원대로 늘어났고 은행 및 투신권의 확정형 금융상품 만기가 3월이면 끝나기 때문에 이들 자금이 증시에 대거 몰려들 것이란 예상이다.

### 직접금융 자금조달 규모
■ 지나친 공급물량, 주가 내릴 수도

직접금융시장을 통한 자금조달은 해당기업의 재무구조를 개선시킬 수 있어 분명 호재로 작용한다. 그러나 지나친 공급물량은 증시 전반에 압박요인으로 작용할 수 있다. 공급이 수요보다 많으면 가격이 내려가는 원리로 인해 과다한 물량공급은 증시를 압박해 주가를 끌어내릴 수 있다.

재경부는 올 증자물량이 32조 원에 달할 것으로 추산하고 있다. 기업의 재무구조를 개선하기 위해 증시를 통한 증자를 적극 유도하겠다는 정부의 구상이 크게 작용한 결과다.

특히 5대 재벌그룹들은 부채비율을 200% 이내로 끌어내리기 위해 1999년 안에 12조 8,000억 원을 유상증자를 통해 조달한다는 계획을 세워두고 있다. 이는 증권계가 추산한 약 26조 원에 비해 최소 6조 원이 많은 물량이다. 주가상승에 그만큼 부담을 주는 요소로 작용할 전망이다.

정부는, 증자가 기업의 설비투자로 이어져 경기회복을 부추길 수 있고, 이는 다시 증시 활황을 뒷받침할 것이란 주장이다.

반면 증권업계는 상승세를 타기 시작한 증시를 하락세로 바꾸어놓을 수도 있는 막대한 물량이라며 우려하고 있다. 어쨌든 증권시장의 공급물량이 폭증하면서 주가지수의 상승에 상당한 압박요인으로 작용할 것은 확실하다.

## 유무상 증자
■ 안정적인 장기투자 바람직

활황세를 보이면 증자 발표는 대체로 호재로 작용한다. 기존의 주주들에게 일정한 비율의 주식이 배정되기 때문이다. 이론적으로 증자 자체는 권리락이 반영되므로 주가에 영향을 주지 못한다.

하지만 주가는 과거의 주가 수준으로 회복되는 경향이 강해 활황기에는 신규주식이 상장된 후 얼마 있지 않아 원래의 주가 수준으로 올라갈 가능성이 크다.

특히 증시가 상승세를 탈 경우 그 상승폭은 더욱 커진다. 증시가 활황을 보일 경우 발행에 따른 주식물량의 증가에도 불구하고 주가가 크게 떨어지지 않기 때문이다. 또한 유상증자할 때 신주의 발행가격이 시가에서 20~30% 할인된 수준에서 결정되는 것도 투자 매력이다.

반면 하락장세에서는 물량증가가 곧바로 주가하락으로 이어져 할인된 가격에 사더라도 손해를 볼 수 있다. 주식물량이 급증하고 등락의 폭이 심해지는 격변기의 상승장세에서는 유무상증자를 계속 받아가며 장기투자에 나서는 것이 안정적인 투자전략인 셈이 된다.

증자에 참여하려면 증권거래소에 공시하는 유무상 일정을 참고하면 된다. 증자는 이사회결의 사항으로 증자를 결정하면 공시하는 동시에 증권거래소와 금융감독원에 통보한다. 공시 후 대략 1개월 지나 권리락이 실시되는데, 그 후 1개월 후에 주간사에 자금을 납입하면 된다.

**실권주 투자**

■ 공모 규모 큰 종목 유리

유상증자 때 기존 주주들이 청약을 포기한 물량이 실권주다. 실

〈표 1-3〉 증자 및 실권주 청약 일정

| 회 사 | 구분 | 발행가 (원) | 기준일 | 배정비율 (%) | 청약일 | 실권주 청약 | |
|---|---|---|---|---|---|---|---|
| | | | | | | 청약일 | 주간사 |
| 제 일 기 획 | 유상 | 26,800 | 11.24 | 0.8 | 1.11~12 | - | - |
| 삼 성 화 재 | 유상 | 218,800 | 12.11 | 0.3053 | 1.14~15 | - | - |
| 대경기계기술 | 유상 | 15,400 | 12.15 | 0.201 | 1.11~12 | - | - |
| 세 양 산 업 | 유상 | 10,200 | 12.16 | 0.2549 | 1.14~15 | 1.20~21 | SK |
| 태림포장공업 | 유상 | 7,900 | 12.31 | 0.3231 | 2.3~4 | 2.10~11 | 신한 |
| 현 대 건 설 | 유상 | 6,390 | 12.31 | 0.6809 | 2.3~4 | 2.9~10 | 현대 |
| 덕 성 화 학 | 유상 | 26,900 | 12.31 | 0.24 | 2.1~2 | 2.8~9 | 동원 |
| 태 평 양 물 산 | 유상 | 12,700 | 12.31 | 0.2399 | 2.25~26 | 3.8~9 | LG |
| 삼 성 전 자 | 유상 | 51,300 | 12.31 | 0.053 | 2.9~10 | - | - |
| 삼성정밀화학 | 유상 | 10,300 | 12.31 | 0.3297 | 2.1~2 | - | - |
| 인 천 제 철 | 유상 | 5,000 | 12.31 | 0.6796 | 2.22~23 | - | - |
| 서 울 증 권 | 유상 | 6,670 | 12.31 | 0.5018 | 1.28~29 | - | - |
| 세 종 증 권 | 유상 | 5,900 | 1.15 | 0.4125 | 2.18~19 | - | - |
| 성 신 양 회 | 유상 | 5,000 | 12.31 | 0.8 | 2.1~2 | 2.8~9 | 동원 |
| 광 동 제 약 | 유상 | 12,100 | 12.31 | 0.1736 | 1.28~29 | 2.3~4 | 대우 |
| 풀 무 원 | 유상 | 19,200 | 12.31 | 0.12 | 1.28~29 | 2.3~4 | 대우 |
| 성 원 건 설 | 유상 | 5,000 | 1.2 | 0.7829 | 2.1~2 | 2.8~9 | 대우 |
| 덕 성 화 학 | 무상 | 5,000 | 2.22 | 0.2 | - | | |
| 성 신 양 회 | 무상 | 5,000 | 2.20 | 0.3 | - | | |
| 광 동 제 약 | 무상 | 5,000 | 2.11 | 0.05 | - | - | - |
| 풀 무 원 | 무상 | 5,000 | 2.11 | 0.05 | - | - | - |
| 신 한 증 권 | 유상 | 7,980 | 1.15 | 0.3814 | 2.8~9 | 2.23~24 | 신한 |
| 한 솔 전 자 | 유상 | 할인율 30% | 2.3 | 1.139 | 3.8~9 | 3.15~16 | LG |
| 한 화 증 권 | 유상 | 할인율 40% | 1.29 | 0.4172 | 2.25~26 | - | - |

권주가 발생하면 일반투자자를 대상으로 공개모집하는데, 실권주 공모를 이용하면 주주가 아니더라도 유상증자 때의 싼값으로 주식을 살 수 있다.

또한 무상증자와 병행해서 실시하는 상장사도 많아 배정받은 실권주의 비율만큼 공짜로 주식을 받을 수 있다는 매력도 있다. 증시가 활황세를 보이면 주가가 더욱 오를 수 있어 투자 매력은 더욱 커진다.

증시가 활황세를 보일 경우 청약을 포기하는 물량은 줄어들 수 있으나 기존주주들의 자금조달 능력이나 시기가 맞지 않을 경우 상당한 물량의 실권주가 발생할 수 있다. 최근 증자가 폭발적으로

〈표 1-4〉 1999년 공개예정 주요 기업

| 주간사 | 기 업 | 업종(주요 제품) | 기타 구분 |
| --- | --- | --- | --- |
| 대우증권 | 카스 | 기계 및 장비제조(전자저울) | 코스닥 등록 |
| | 우영 | 영상음향통신장비 | 코스닥 등록 |
| | 엠케이전자 | 반도체소재 제조 | 코스닥 등록 |
| | 필코전자 | 전자부품(콘덴서) | 코스닥 등록 |
| | 애경유화 | 화학(무스프탈산) | 일반등록 |
| | 서울이동통신 | 통신(무선호출) | 코스닥 등록 |
| 동양증권 | LG애드 | 기타 사업 서비스 | 일반등록 |
| | 대우엔지니어링 | 기타 사업 서비스 | 일반등록 |
| | 나래이동통신 | 통신(무선호출) | 일반등록 |
| | 엠에스씨 | 음식료(식품첨가물) | 코스닥 등록 |
| 동원증권 | 화천기공 | 공작기계 | 일반등록 |
| | 기타정보통신 | 전자부품(다층 PCB) | 코스닥 등록 |
| | 화인텍 | 화학(단열소재) | 코스닥 등록 |
| 현대증권 | LG마이크론 | 전자 | 일반등록 |
| | 금홍 | 피혁제조업 | 코스닥 등록 |
| 대신증권 | 인천도시가스 | 도시가스업 | 일반등록 |
| LG증권 | 대한유화 | 석유화학 | 일반등록 |

늘어남에 따라 실권주를 공모하는 기업들도 늘어날 공산이 높아지고 있다.

실권주에 투자할 때에는 공모가와 시가의 차이가 큰 종목이 유리하다. 최근에는 증시활황으로 실권주에 대한 인기가 높아지면서 경쟁률이 치열해지고 있어 공모규모가 큰 실권주에 투자하는 것이 유리하다. 실권주는 경쟁률에 따라 배정되기 때문에 손에 쥐는 주식 수가 적을 수 있다.

또한 실권주가 상장되기까지는 통상 3주 정도 걸려 이 기간 동안 주가가 급락하면 손해를 볼 수도 있다.

### 전환사채 투자
■ 주식 전환 후 차익의 매력

증시가 활성화되면서 전환사채(convertible bond : CB)에 대한 투자도 고려할 만하다. CB는 일정한 기간이 지난 후 주가가 일정 수준으로 오르면 주식으로 전환해주는 채권이다. 이자율이 대개 일반 회사채보다 낮지만 증시활황시에는 주식으로 전환해 차익을 볼 수 있다는 매력 때문에 투자자들의 관심을 끌기에 충분하다. 만약 주가가 급락하더라도 일정한 수익을 챙길 수 있어 안정성이 높은 투자라 할 수 있다.

CB에 투자할 때 고려해야 할 점은 전환가격과 주가전망이다. CB가 주식으로 전환하는 데는 보통 발행 후 3개월이 경과되어야 한다. 또한 전환가격도 시가보다 보통 10% 높여 잡고 있어 이 기간 동안 주가가 떨어지면 3개월이 지나더라도 주식으로 전환할 수 없다. 따라서 주가가 저평가돼 있어 상승세를 탈 수 있다는 판단이 선 종목을 중심으로 투자하는 자세가 요구된다.

〈표 1-5〉 CB 발행 내역

| 회사명 | 발행규모 (억 원) | 신용평가 등급 | 청약일 | 발행일 (연) | 만기 유무 | 보증 (%) | 표면금리 수익률(%) | 만기보장 (원) | 전환가격 | 주간사 |
|---|---|---|---|---|---|---|---|---|---|---|
| B T I | 80 | C | 98.11.23~30 | 98.12.1 | 3 | 무보 | 3 | 9 | 2,750 | 대우/세종 |
| 한 신 기 계 | 50 | BB- | 98.11.28~30 | 98.12.1 | 3 | 무보 | 3.5 | 9.5 | 17,900 | 대신 |
| 모 나 미 | 50 | BB+ | 98.12.2 ~3 | 98.12.4 | 3 | 무보 | 14 | 16 | 10,991 | 대우 |
| 동 양 증 권 | 750 | | 98.12.4 ~5 | 98.12.10 | 3 | 무보 | 11 | 12.5 | 5,000 | LG |
| 세 종 증 권 | 450 | | 98.12.9 ~10 | 98.12.11 | 3 | 무보 | 1 | 5 | 5,300 | 동양종금 |
| 신세계백화점 | 340 | A- | 98.12.10~11 | 98.12.12 | 3 | 무보 | 1 | 7 | 19,621 | 한양 |
| 대 우 증 권 | 1,500 | | 98.12.15~16 | 98.12.21 | 2 | 무보 | 5 | 7 | 16,500 | 현대 |
| 진 웅 | 140 | BB- | 98.12.21~22 | 98.12.23 | 3 | 무보 | 3 | 10 | 11,336 | 대신 |
| 상 림 | 70 | BB+ | 98.12.21~22 | 98.12.23 | 3 | 무보 | 3 | 11 | 8,604 | 삼성 |
| 동 양 종 금 | 450 | | 98.12.21~22 | 98.12.23 | 2 | 보증 | 1 | 6 | 6,500 | 동양 |
| 디 아 이 | 50 | BBB | 98.12.28~29 | 98.12.30 | 3 | 무보 | 3 | 6 | 23,300 | 신한 |
| 새한미디어 | 100 | BB+ | 99.1. 4~ 5 | 99.1. 6 | 3 | 무보 | 1 | 6 | 7,500 | LG |
| 대 영 포 장 | 150 | BB- | 99.1. 5~ 6 | 99.1. 8 | 3 | 무보 | 5 | 12 | 10,400 | 한화 |
| 금 강 화 섬 | 100 | BB+ | 99.1. 6~ 7 | 99.1. 8 | 2 | 무보 | 3 | 9 | 5,392 | 동양종금 |
| 동 원 | 100 | BB | 99.1.18~19 | 99.1. 20 | 3 | 무보 | 3 | 8 | 40,500 | 교보 |
| 홍 창 | 50 | BB- | 99.1.21~22 | 99.1. 23 | 2 | 무보 | 1 | 4 | 25,000 | SK |
| 유양정보통신 | 100 | | 99.1.25~26 | 99.1. 27 | 1 | 무보 | 3 | | 15,859 | 동양종금 |

아울러 만기와 보증 유무, 그리고 수익률 등 CB의 발행 조건도 꼼꼼히 따져볼 필요가 있다. 비슷한 CB일 경우 신용도가 높고 수익률이 높은 것을 선택해야 한다. 불행하게도 주가가 전환가격에 못 미치면 만기까지 채권으로 그대로 보유해야 하는 경우가 대부분이기 때문이다.

또한 CB의 만기는 대개 1년~3년 등 다양한데, 이 시기 동안 부도가 날 수 있어 가능한 한 신용도가 높은 기업의 CB에 투자하는 것이 좋다. CB 수익률은 표면금리와 만기보장 수익률로 표시된다. 표면금리는 매년 결산기에 지급되는 이자의 기준이며, 만기보장 수익률은 만기가 되었을 때 발행기업이 보장해주는 금리다.

CB 청약은 주로 증권사에서 한다. 청약일에 증권사를 방문해 CB 계좌를 개설하고 청약서류와 청약금을 내면 된다. 청약확정 수량은 10일 이내에 결정되고 차액은 이 때 돌려받는다.

## 기업공개
■ 공모가 시세보다 낮아 고수익

상장을 목표로 공개하는 기업에 대한 투자도 인기가 높다. 처음으로 공개하는 기업의 주가는 발행공모가를 시세보다 낮게 설정하는 것이 대부분인데다 종목의 희소가치로 인해 프리미엄이 붙는 것이 보통이다.

공개기업의 발행가격은 대개 수익가치·자산가치·상대가치 등 세 종류의 가치를 감안해 결정한다. 수익가치는 향후 2년 간 올릴 수 있는 수익력을 평가한 가치다.

이 때 평균 EPS를 추정한 뒤 정기예금금리의 1.5배를 할인한 수준에서 수익가치를 평가하는 것이 보통이다. 자산가치는 장부가를 기준으로 구한다. 상대가치는 상장 동종업종의 EPS와 비교해 상대적으로 어느 정도가 적정한 가격인가를 나타내는 가치다. 발행가격을 구한 다음에는 시장상황을 고려해 할인하거나 할증할 수 있다.

대체로 공개하려는 기업은 기업가치를 보수적으로 평가하는데다 대외 이미지를 고려해 낮은 가격으로 주가가 출발하는 경우가 대부분이다. 공개하는 기업들도 대부분 우량기업이다.

최근 공개한 자화전자의 주가는 시초가인 1월 7일의 4만 6,250원에서 1월 15일 현재 종가기준으로 6만 900원이다. 1998년 공개한 제일기획의 주가는 2만 2,400원에 출발, 1998년 3월 26일 17만

5,000원까지 치솟았다. 그 후 제일기획은 유상증자를 실시하면서 하락, 1월 15일 현재 주가는 5만 8,000원을 보이고 있다.

증권전문가들은 대개 공개기업의 주가는 상승폭이 높아 경쟁률이 높다고 말한다. 「다리품」을 파는 만큼 높은 수익도 올릴 수 있는 게 기업공개주에 대한 투자매력이라는 것이다. 1999년에도 상장을 목표로 기업공개를 추진하는 기업들이 17개사 이상인 것으로 파악되고 있다.

### 4. 전자상거래 관련주 상승 전망

전자상거래가 증권시장의 테마로 부각되고 있다. 컴퓨터 보급 확대와 인터넷 활용도 증가로 인해 전자상거래에 대한 일반인의 접근이 과거에 비해 상대적으로 용이해짐에 따라 증권시장에서 관심이 집중되고 있는 실정이다. 전자상거래는 컴퓨터 네트워크를 이용해 기업 간 또는 기업과 소비자 간에 상품과 서비스를 교환하는 거래활동을 말한다.

컴퓨터의 보급과 인터넷 활용도 등에서 상당히 높은 단계에 위치한 미국의 경우 전세계적으로 유명한 인터넷 서점 「아마존」과 인터넷 통신업체 「야후」는 미국의 NASDAQ(National Association of Securities Dealers Automated Quotations) 시장에

〈표 1-6〉 1999년 중 국내 관련기업 주가상승 추이

| 종 목 | | 한솔CSN | 다우기술 | 미래산업 | 콤텍시스템 |
|---|---|---|---|---|---|
| 주가 | 1999. 1. 4 | 7,300원 | 3,500원(1999.15) | 3,200원 | 4,730원 |
| 상승 | 1999. 1. 22 | 17,950원 | 8,800원 | 3,830원 | 7,570원 |
| 상승률(%) | | 146 | 148 | 20 | 60원 |

서 1998년 말 이후 50% 가까이 주가가 상승했다. 또한 재미교포가 설립한 벤처기업인「이토이스(eToys)」는 장난감을 인터넷으로 판매하는 전자상거래를 1997년부터 시작한 이래 급격히 부상하여 미국 내 최대 장난감 판매업체인 토이저러스와 상대할 정도로 성장해 NASDAQ 상장을 추진하고 있다. 국내 증권시장에서도 전자상거래와 관련된 한솔CSN, 다우기술, 미래산업, 콤텍시스템, 데이콤, 한솔텔레콤 등이 주목을 받으면서 주가가 급등했다(표 1-6 참조).

전자상거래는 쇼핑·금융 등 인터넷 가상공간(cyberspace)을 통해 시간적·공간적 한계를 뛰어넘어 실현되기 때문에 실물 위주의 경제체제에 혁명적 변화를 불러올 전망이다. 아울러 자주 사용되는「쇼핑몰」은 다른 사람과 상호작용할 수 있는 상점이라는 의미, 즉 거리를 걸어다니면서 가게의 상품을 보는 개념을 인터넷에 적용하는 것이다. 전자상거래는 유통경로가 짧고 시간과 공간의 제약을 받지 않으며 고객정보의 획득이 용이하다. 또 소자본으로 사업이 가능하고 판매거점이 필요 없는 등 기존의 상거래 방식과는 매우 다른 미래 혁신적 유망산업이어서 관심의 집중도가 매우 크다.

### 실물 위주 경제체제에 혁명적 변화 불러

전자상거래는 일반적으로 인터넷 쇼핑몰에서의 상품검색부터 배달까지 약 8단계를 거쳐 이루어지는 것이 보통이다.

① 소비자는 우선 컴퓨터를 이용해 컴퓨터 통신망이나 인터넷의 가상상점에 들어가 매장을 돌아다니며 그 곳에 진열돼 있는 상품 가운데 원하는 것을 고른다.

② 필요한 상품을 고른 소비자가 거래신청서를 통해 가상상점 운영자에게 팔 것을 요청하면, 운영자는 인증국에 거래요청자가 본인이고 믿을 만한 사람인지를 가려줄 것을 요구한다.
③ 인증국은 가상상점 운영자와 소비자의 정당성과 신용을 법적으로 보장해주는 곳으로, 국가의 관리를 받는다.
④ 인증국으로부터 소비자에 대한 신용인증이 떨어진다.
⑤ 상점운영자는 소비자의 거래요청을 승낙한 뒤 대금을 지불할 것을 요구한다.
⑥ 물품대금지불은 대부분 신용카드를 통해 이뤄지며, 가상은행에서 발행하는 전자화폐를 이용한다.
⑦ 소비자가 신용카드 번호를 입력하는 방법으로 대금 지불을 끝낸다.
⑧ 상품이 소비자에게 전달된다.

전자상거래의 시장규모는 아직 미미한 수준이나 인터넷 사용자 수의 급속한 확산추이로 인해 빠른 속도로 늘어날 전망이다. 좀처럼 움직이지 않는 보수적인 대기업들도 인터넷상의 전자상거래시장에 뛰어들고 있는 상황이다.

세계 전자상거래의 시장규모는 조사기관별로 다소 차이는 있지만, 1996년의 500억 달러 수준에서 1997년에는 1,200억 달러 규모로 확대되었다. 오는 2002년에는 6,000억 달러에 이르고 2005년에는 1조 1,000억 달러에 달할 것으로 추산된다. 아울러 국내시장의 신장률은 이보다 훨씬 높을 것으로 예상된다. 이처럼 폭발적인 전자상거래시장을 선점하기 위한 국가 간 싸움도 치열하다.

### 미국, 1993년 정부지원받아 추진

미국은 일찌감치 전자상거래에 뛰어들었다. 1993년부터 정부의 지원을 받아 전자상거래가 추진되었다. 1997년 7월에는 빌 클린턴 대통령이 전자상거래시장 선점의욕을 표방한 뒤 대금결제, 기술표준, 개인정보보호, 암호화 등에 관한 미국의 포괄적 입장을 정리했다.

곧이어 인터넷 상거래의 비관세화, 상거래통일규칙 제정, 소비자 및 저작권보호방안 등 전자상거래를 위한 일련의 정책을 발표했다. 정부의 각 기관도 이에 동참, 국방부의 경우 전자상거래를 통해 향후 10년 동안 약 10억 달러를 절감한다는 계획이다. 2000년경에는 미국에서만 4,600만 명의 소비자가 1인당 연간 350달러

〈표 1-7〉 전자상거래 관련기업

| | |
|---|---|
| 다 우 기 술 | 전자거래기본법의 국회 통과로 인증 시스템 기술 보유 |
| 콤 텍 시 스 템 | 네트워크 전문업체로 전자상거래 시스템 개발 관련 |
| 팬 택 | 무선통신기기 전문업체로 모토롤라와 전략적 제휴를 통한 모빌 오피스 수혜 기대 |
| L G 정 보 통 신 | 전자상거래 중심의 솔루션 개발 추진 |

〈표 1-8〉 국내 주요 인터넷 쇼핑몰

| 쇼핑몰 | 개설시기 | 비 고 |
|---|---|---|
| 인 터 파 크 | 1996 | • 데이콤이 인터넷 서버에 가상상점 임대 |
| 롯데인터넷백화점 | 1996. 6 | • 1,500여 상품 취급<br>• 1997년 5월 회원 수 5만 5,000여 명 |
| L G 하 이 쇼 핑 | 1996.12 | • 1997년 1년 동안 400% 성장 기록 |
| 한 솔 C S N | 1997. 6 | • 카탈로그 통신판매사업과 연계 추진 |
| 신세계 사이버쇼핑 | 1997. 7 | • 1,000여 가지 상품 취급<br>• 3만 원 이상 무료배달 |

주 : 기타로서 대우전자(「Thank Shop」 개설), 삼성전자(「구매마당」 개설) 등도 있다.

를 전자상거래를 통해 지출할 것으로 예상되고 있다.

EU도 1997년 4월 EU의회의 경제사회위원회에서 전자상거래 활성화를 위한 유럽시장의 단일화를 추구하면서 미국의 세계 전자상거래시장 주도를 견제하기 시작했다. 전자상거래시장을 차세대시장(next-generation market)으로 규정하고, 회원국의 전자상거래제도 및 기술표준화에 노력하기로 결의했다.

이를 위해 연도별 추진과제를 설정하고 2000년에 중간결과를 보고할 예정이다. 일본은 1995년 12월 통산성 주관으로 전자상거래 기반구축에 노력을 하여 약 100억 엔을 투자해 10여 개의 기술과제와 20여 개의 프로젝트를 추진하고 있다. 법무성은 전자상거래 보호를 위한 전자서명관련 법안을 마련 중에 있다.

우리나라의 경우에도 전자상거래 도입 및 이에 대한 투자는 이제 선택의 문제가 아니라 국가 경쟁력 확보와 기업의 생존을 위한 필수적인 전략으로 대두되고 있다. 국내 전자상거래는 선진국에 비해 아직 초보단계 수준이나, 최근 들어 정부와 민간부문이 전자상거래 대책 마련에 부심하고 있다. 「전자서명법」이 1998년 12월 24일 국회를 통과한 데 이어 인터넷 거래를 획기적으로 촉진시킬 수 있는 「전자거래기본법」이 1월 5일 국회 본회의를 통과, 오는 7월 1일부터 시행될 예정이어서 전자상거래를 위한 법률적 기반이 구축된다.

그러나 전자상거래를 위한 국내의 기반은 아주 미약한 편이다. 소비자의 구매행태, 생산자의 거래내역 공개 기피와 더불어 기술적인 문제로서 네트워크 구성, 보안상의 문제, 전자결제 수단, 거래의 인증 확보, 물류유통체제의 정비 등 해결해야 할 문제점이 산적해 있어 국내에 전자상거래가 활성화되기에는 많은 준비가 필요한 것도 사실이다.

이처럼 전자상거래가 세계 각국의 화두가 되고 있는 것은 전자상거래가 기존 거래의 패러다임 자체를 바꿀 만큼 강력한 파괴력을 보유하고 있기 때문이다. 경제전반에 새로운 사업기회를 가져다 주는 것은 물론 경쟁력 제고 수단으로 인식되고 있다. 전자상거래는 21세기 디지털 사회의 도래를 상징한다. 따라서 핵심영역으로서 새로운 유망 사업군을 형성할 것으로 전망되므로 전자상거래 관련업체들의 성장이 기대된다.

## 5. 금년 증시변수 점검(1999년 2월 7일)

650선까지 치솟던 주가가 1주일 동안 지속적으로 하락, 530선까지 밀리다가 다시 회복되고 있다. 이런 와중에서 주가가 급등락을 보이고 있다. 조그만 증시변수에도 주가가 출렁이는 모습이다. 하루에도 상승과 하락을 오갈 때도 있다. 향후 증시에 대한 전망이 불투명해지면서 단발적인 변수가 곧바로 주가에 영향을 미치고 있다. 이러한 등락현상에 대해 전문가들은, 조정장세에서는 투자자들이 향후 주가전망에 대해 몹시 불안해하기 때문에 증시의 대

〈표 1-9〉 IMF와 WEFA의 세계경제전망

| 구 분 | 1997년 | IMF | | WEFA | |
|---|---|---|---|---|---|
| | | 1998년 | 1999년 | 1998년 | 1999년 |
| 세 계 전 체 | 3.1 | 2.2 | 2.2 | 1.9 | 2.5 |
| 미 국 | 3.9 | 3.6 | 1.8 | 3.4 | 2.4 |
| 일 본 | 0.8 | −2.8 | −0.5 | −2.4 | 0.4 |
| 독 일 | 2.2 | 2.6 | 2.5 | 2.4 | 2.2 |
| 아시아개도국 | 6.6 | 1.8 | 3.9 | 4.7 | 5.1 |

세가 결정되기 전까지 개별 변수에 따라 주가가 출렁이는 게 보통이라고 말한다.

　현재 투자자들은 주가가 얼마나 떨어지고 어느 시기에 다시 반등할 것이냐에 관심이 쏠려 있다. 조정기의 증시에 대처하는 방식에 따라 투자의 성패가 달려 있는 중요한 시기다. 하지만 현재로선 워낙 변수가 많고 변수에 대한 전망이 크게 엇갈리고 있다. 증시 자체적인 변수만을 고려한 기술적 지표로 볼 때 최저저항선은 500선으로 보는 게 일반적인 시각이다. 20일평균이동곡선이 60일평균이동곡선과 만나는 지점이 이 부근이라는 분석이다. 매물대를 고려한 지수는 470~480선을 저항선으로 보고 있다. 이러한 지수대를 저항선으로 조정을 거친 뒤 상승세를 탈 것이란 주장이다.

　그러나 증시에 영향을 줄 외부변수도 만만치 않아 주가가 언제 어디로 튈지는 여전히 불투명한 상태다. 정부의 발표대로 경기가 호전된다는 주장이 현실화할 경우 단기간 내에 800포인트를 넘어설 것이란 주장도 나오고 있는 반면, 해외요인 등 뜻하지 않은 변수가 돌출할 경우 주가가 450포인트 이하로도 떨어질 수 있다고 말한다. 조정기의 증시변수를 살펴본다.

### 해외 변수

　1999년 중 해외변수는 미국과 유럽의 경기둔화, 일본과 중국 및 아시아의 점진적 회복, 중남미와 아랍권의 불안요인으로 크게 대별된다. 이 중 해외경제는 국내증시에 대체로 악재로 작용할 공산이 크다. 세계경제연구원의 구영훈 박사는 『교역과 투자가 위축되면서 세계경제의 성장률이 하락하고 통상마찰은 심화될 것』으로 예상한다.

우선 한국의 주력수출시장인 미국의 경기가 둔화돼 수출확대를 통한 경기회복에 걸림돌로 작용할 것으로 분석된다. 지난 8년 간 4%대의 높은 성장률을 구가하던 미국경제는 1999년에는 1.8% 성장에 그칠 것으로 본다.

특히 미국의 앞마당격인 브라질의 금융위기가 장기화할 경우 미국은 주가폭락과 그에 따른 소비지출의 감소로 경기하강의 골이 깊어질 수도 있다는 것이다. 일본도 경기침체에서 벗어나기는 어려울 것이란 전망이다. 경기부양책이 발표되기는 했지만 구체적인 실행계획이 불투명한 상태다. 유럽만이 비교적 건실한 성장세가 예상된다. 독일·프랑스 등은 2~3%에 이르는 경제성장률을 기록하면서 세계경제의 버팀목 구실을 해줄 것으로 전망된다.

그러나 액츠투자자문 손빈 부사장은『미국경기의 연착륙이 예상되고 일본도 내수를 중심으로 경기진작을 도모할 것으로 보여 한국의 대외여건은 특별히 나빠지지 않을 것』으로 전망한다. 그는 중국의 대대적인 내수 부양과 동남아시아의 회복 등에 따른 수출 증가도 예상된다고 말한다.

### 외국인 투자동향

1999년 외국인투자는 한국의 대외신인도 향상으로 늘어날 전망이다. 이종우 대우증권 연구위원은『우리나라의 산업생산 등은 기존에 외환위기를 겪은 아시아 국가들 중에서도 가장 건실한 형태를 보이고 있다』고 주장하면서『외국인들은 한국의 경기회복과 낮은 금리에 초점을 맞추고 매수우위를 지속할 것』으로 예상한다.

정병선 교보증권 리서치 팀장도『국가신용등급이 투자적격 수준으로 상향조정되고 한국경제에 대한 낙관적 전망이 우세하다』

고 말하고 『외국인투자가 2월 초부터 본격 유입될 것』으로 예상한다. 또한 손빈 부사장은 『1999년 들어 이미 외국인들은 1조 원 규모의 주식을 매입했다』면서 『직접투자건 포트폴리오 투자건 간에, 구미로 흘러들어간 자금이 아시아, 특히 한국·태국·일본 등으로 환류되는 현상이 뚜렷하다』고 주장한다.

최근 국제금융협회(IIF)도 증권투자와 직접투자를 통해 약 80억 달러가 유입될 것으로 전망했다. 메릴린치증권도 1999년 1월에 한국투자비중을 확대한 데 이어 JP모건이 국내경제성장률을 4%로 전망하는 등 외국투자기관들은 한국에 대해 긍정적인 시각으로 바라보고 있다.

### 국내 변수

국내경제의 변수는 금융과 기업의 구조조정 속도, 금리하락의

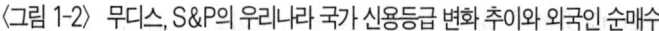
〈그림 1-2〉 무디스, S&P의 우리나라 국가 신용등급 변화 추이와 외국인 순매수

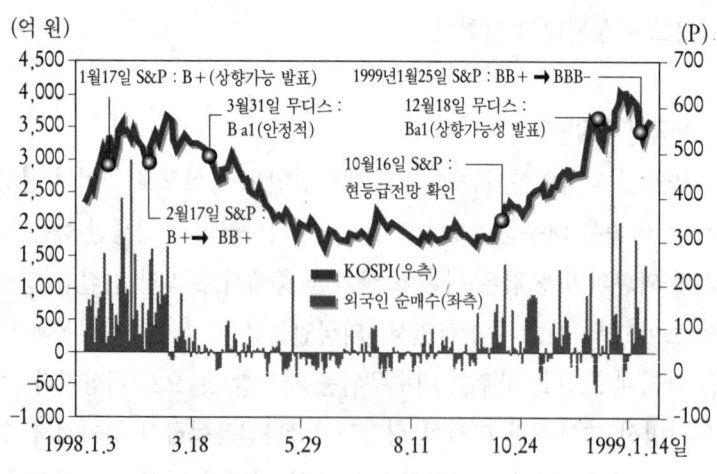

자료 : 무디스, S&P, 대우증권

지속성, 경기부양책의 성공 여부, 그리고 종국적으로 내수경기회복이 이루어지느냐로 나뉜다. 세계경제의 불안과 반덤핑 제소증가 등으로 수출의 신장세가 이어지기 어려운데다 노사분규 등도 국내경제의 발목을 잡을 수 있는 변수로 만만치 않다. 김성권 한화증권 리서치 팀장은 『1998년 12월 생산·소비·투자 등 경기지표는 뚜렷한 회복세를 보여주고 있지만 소비와 투자는 여전히 마이너스를 기록하고 있고, 12월 중 증가한 산업생산은 재고감소와 반도체 수출호조에 따른 것으로 나머지 업종은 아직도 침체권에서 벗어나지 못하고 있다』고 분석한다.

그러나 국내경기는 시간이 지날수록 회복 속도가 빨라질 것이라는 데는 의견이 일치한다. 이태진 쌍용투자증권 투자분석부장은 『지표상 국내경제는 이미 저점을 지났거나 지나고 있는 것이 분명하다』고 말하고 『경기회복은 총수요가 증가세로 반전되는 하반기에 본격화될 것』으로 전망한다. 이 때문에 증시에 실적장세가 도래하기까지는 다소 시일이 걸리겠지만 실적장세의 가능성은 상당히 높다고 덧붙인다.

손빈 부사장도 『한국경제는 기본적으로 활력이 강하기 때문에 일단 회복국면에 들어서면 그 속도는 한층 빨라질 것』으로 전제하고 『경기동행지수 순환변동치가 4개월 연속 상승하면서 그 동안 논쟁거리가 되던 경기의 바닥은 지난 3/4분기였다는 것이 이제 정설로 굳어져 가고 있다』고 주장한다.

한국은행도 1999년 경제성장률을 3.2%로 상향조정한 데 이어 JP모건도 4%로 전망했다. 상반기에 2~3% 성장하면 하반기에는 5% 가까이 성장해야 연간 4%가 된다는 얘기다.

### 주가 전망

　전문가들은 대부분 1/4분기에는 주가가 조정국면을 지속할 것으로 분석한다.

　이종우 연구위원은 『현재의 상황은 3봉형의 마지막 봉우리를 형성해가고 있는 상태로, 기술적으로는 추세전환이 이루어졌다고 가정해야 한다』고 진단하고, 다시 금융장세가 형성되기는 어려운 점을 들어 조정국면이 지속될 것으로 내다본다.

　손빈 부사장도 대체로 1/4분기까지는 조정양상이 이어지다 다시 대세의 방향을 잡는 쪽으로 결정될 것으로 본다. 금리의 반등 경향, 유상증자 물량 등이 걸림돌로 작용하겠지만 금리와 유상증자에 그리 민감할 필요는 없다는 주장이다. 김성권 팀장은 1분기에는 500~700포인트 박스권 장세를 예상한다. 그는 지수하락을 선도했던 브라질 위기, 미국증시 버블론, 중국 위안(元)화 절하가능성 등 잠재적인 해외악재가 현실화되지 않았고 7%대의 금리가 8.5%에서 추가상승이 멈춘 사실을 지적한다.

　또한 신용등급 상향으로 외국인의 매수가 꾸준히 늘어 기관들의 대기매물을 소화하고 있는 점을 들어 추가지수 상승을 점친다. 정병선 팀장도 현재 570~650선 대에 매물이 크게 밀집돼 있다는 점을 들어 거래량이 수반하는 매물 소화과정을 거쳐야 하기 때문에 조정기간이 필요하다고 분석한다. 단기성 투자자금의 이익실현 매물과 보험사를 비롯한 기관들의 결산매물을 외국계 장기성 펀드가 소화하는 양상이 지속될 것으로 점친다.

　그는 거래량이 수반된 상승세가 가시화될 경우에는 직전고점인 650선을 돌파하면서 740~750포인트 선까지 돌파할 것으로 예상한다.

# 제 2 장

## 환율과 주가

　외환위기 이후 증시에 가장 큰 영향을 주고 있는 요인은 단연 환율이다. 외환위기가 닥치기 직전인 1997년 8,9월까지만 해도 달러당 800원 대에 머물던 원화환율이 단시일에 1,900원 대까지 치솟았다. 한국경제에 대한 불신이 증폭되면서 주가도 폭락세를 거듭했다. 개별종목의 주가도 환율에 따라 명암이 극명하게 대조를 이루었다. 환율이란 변수에 한국증시의 모든 관심이 쏠릴 수밖에 없었다. IMF 체제 이후에도 환율은 여전히 국내 증시가 주목해야 할 요인으로 자리잡고 있다. 환율변화에 따른 증시변화를 과거의 경험에 비추어 분석해보는 것도 이 때문이다.

　그렇다면 환율의 변화에 따라 증시가 등락을 보이는 이유는 무엇일까? 여러 가지 요인 중 가장 큰 이유는, 환율이 한국경제에 미치는 영향이 실로 막대하기 때문이다. 한국경제는 상당 부분을 무역에 의존하고 있으며, 이 무역은 환율에 절대적으로 좌우되고 있다. 부존자원이 빈약한 한국경제로서는 얼마나 싼 가격으로 원자재를 수입해 얼마나 비싼 가격으로 해외에 판매하느냐에 따라 경제성장의 속도가 달라질 수밖에 없다.

　일반적으로 환율이 상승하면 국내 제품의 해외 판매가격이 상승해 외형이 크게 성장한다. 하지만 수익성 측면에서는 반드시 환율상승이 수익성 증가로 이어진다고 단언할 수 없다. 제품의 원료를 상당 부분 수입해야 하는 한국경제의 처지에서 볼 때 환율상승은 원료 가격의 인상으로 연결되기 때문이다. 또한 축적된 자본이 취약해 설비투자를 위한 많은 자본을 외국으로부터 도입한 국내 기업들에게는 환율상승이 원리금 상환의 부담으로 작용함으로써 기업의 수익을 감소시키는 요인으로 작용할 수 있다.

　자본자유화 이전에는 우리나라 원화환율이 무역수지와 일정한 상관관계를 유지해온 것이 사실이다. 수출 측면에서 보면 환율상승은 달러로 환산된 수출액의 증가 ⇒ 국내로의 달러화 유입증가 ⇒ 원화로 환전되는 과정에서 달러의 공급우위 발생 ⇒ 달러화의 가치하락, 즉 환율의 하락으로 이어져 달러화의 가치가 적정한 수준을 유지하게 되었다.

　수입 측면에서 보면 환율상승 ⇒ 수입제품(원자재 포함)의 가격상승 ⇒ 수입물량 감소 ⇒ 달러에 대한 수요 감소 ⇒ 달러화의 가치하락으로 이어져 환율이 안정세를 보였다.

　반대로 환율이 하락하면 달러화로 표시된 수출의 감소 ⇒ 달러화의 국내유입 감소 ⇒ 달러의 공급 감소 ⇒ 달러화의 가치 상승, 즉 환율의 상승으로 이어졌다. 수입 측면에서 보면 환율하락 ⇒ 수입 증가 ⇒ 달러화에 대한 수요 증가 ⇒ 달러화 가치 상승, 즉 환율의 상승으로 나타났다. 요약하면 환율과 무역수지는 적정한 관계를 유지하며 순환하는 모습을 보여왔던 것이다. 장기적으로 볼 때 안정을 찾으려는 「보이지 않는 손」에 의해 무역수지와 환율이 적절히 조정되어왔다고 볼 수 있다.

 그러나 단기적으로 환율의 상승은 수출비중이 높은 기업과 외화부채의 비중이 적은 기업에 상대적으로 많은 이익을 가져다 주었다. 반면 환율의 하락은 수입비중이 큰 기업과 외화부채가 많은 기업들에게 상대적으로 더 큰 혜택을 주었다. 더욱이 1992년 자본자유화 이전에는 국내 경제가 아직 일본과 경쟁적인 관계가 아닌 열위에 놓여 있었고, 미국으로의 수출에 절대적으로 의존하는 상태였기 때문에 미국 달러화에 대한 환율 움직임에 따라 국내 경기의 상당 부분이 영향을 받을 수밖에 없었다. 기업의 수익도 환율의 움직임에 크게 좌우되었다.

 환율변동에 따른 기업의 수익성 변화는 주식시장에도 즉각 반영되어 환율의 상승은 경기의 호전 ⇒ 기업의 수익증가 ⇒ 주가 상승이란 형태로 나타났다.

 그러나 1992년 자본자유화 이후 환율은 우리에게 다른 모습으로 다가왔다. 무역수지가 주로 환율에 큰 영향을 미쳤던 이전과 달리, 자본자유화 이후에는 환율이 여러 가지 요인으로 인해 움직이는 복잡한 양상을 띠기 시작했다. 외화가 무역과 관계없이 우리나라에 유입 또는 유출됨에 따라 국내경제도 이전과는 다른 복잡한 문제에 직면하게 되었다.

 경기 하강기에는 적절한 환율 상승(원화가치 하락)이 이루어져야 함에도 불구하고 자본의 유출입으로 인해 환율이 오히려 하락하는 현상이 발생하는 등 국내 경제가 왜곡현상을 보이기도 했다. 단기외화자금의 급격한 이동을 통제할 수 없는 상황도 발생하고 있다. 이러한 극단적인 현상은 IMF 체제하의 국내 경제에 급격한 침체국면 진입을 초래하는 요인으로 작용하기도 한다. 1992년 이후의 또 다른 특징은 수출대상국이 미국 이외의 다른 지역으로 확대되는 등 국내 경제가 선진국 체제로 접어들고 있다는 점이다. 수출제품도 가격경쟁력 위주의 저부가가치제품 위주에서 고도의 기술을 수반하는 고부가가치 제품으로 한 단계 향상(level-up)됨에 따라 세계시장에서 조선·반도체·자동차·화학 등 많은 부문에서 일본과 경쟁하는 상황으로 변하고 있다. 이에 따라 국내 경제는 미국의 달러화보다는 엔화가치의 움직임에 따라 더 많은 영향을 받게 되었으며, 증권시장에서도 엔화의 움직임에 따라 등락을 거듭하는 모습을 보이고 있다.

IMF 관리체제 초기만 하더라도 국내 증권시장은 미국 달러화의 움직임에 따라 큰 영향을 받았다. 달러화에 대한 원화가 안정세를 보이고 환율이 하락하자 주가는 급격한 상승곡선을 그렸다. 그러던 것이 최근에는 일본 엔화가치가 달러화에 대해 안정세 내지 강세를 보이면 주가가 다시 바닥국면을 탈출해 상승세로 돌아서고 있는 것이다. 그만큼 증시가 엔화환율의 움직임과 밀접하게 연동되고 있는 셈이다.

자본자유화 이후 가장 큰 변화 중 하나는 무역수지 이외에 금리가 환율에 큰 영향을 미치기 시작했다는 점이다. 물론 무역수지와 금리는 여러 거시경제지표 중 하나로서 환율과 총체적인 관계를 유지해왔지만, 자본의 이동이란 측면에서 금리가 시간이 지날수록 환율에 더 많은 영향력을 행사하고 있다. 최근의 엔과 달러 환율 움직임의 요인에도 금리가 크게 작용하고 있다는 사실이 이를 반증한다.

## 1. 원화절하의 영향(1997년 10월 7일자)

최근 원화절하가 증시뿐 아니라 우리 산업과 금융계 전반에서 큰 이슈로 대두되고 있다. 원화절하 행진이 지속되면서 혹시 외환위기가 일어나지 않을까 우려하는 목소리가 한층 높아지고 있다. 원화절하가 경제전반에 미치는 영향보다 개별기업에 미치는 영향에 국한해 살펴봄으로써 원화절하 정도에 따라 주가에 어떠한 영향을 미치는지 알아보고자 한다.

원화절하는 개별기업에 구체적으로 어떤 영향을 미칠까? 일반적으로 수출기업에는 호재, 외화부채가 많은 기업에는 악재로 작용하는 것으로 알려지고 있으나 좀더 세밀히 따져보아야 할 사항이 많다. 그 기업의 환차손 여부는 외화자산과 수출액, 외화외상매입금을 합한 금액에서 외화부채, 수입액, 외화외상매출금을 차감한 금액이 마이너스이면 원화가 절하될 때 환차손이, 플러스이면 환차익이 발생한다. 외화외상매출금을 차감하는 것은 외화자산과 수출액에 이중으로 포함되어 있기 때문이다.

### 음식료·제지업종, 원자재 비중 커 환차손

그런데 원화절하에 따라서 발생하는 실제 환차익·환차손은 손익계산서상의 환차익·환차손과는 다르다. 손익계산서상의 환차익·환차손은 지불기한이 정해진 유전스 빌(usance bill : 기한부 어음)에 따른 환차손·환차익, 그리고 외화자산과 외화부채에서 발생하는 환차익·환차손만을 나타내며 원화절하에 따른 국내원화표시 매출증가액과 매출원가 증가분액이 표시되지 않기 때문에 전체 환차익·환차손을 보려면 손익계산서상의 환차익 환차손에

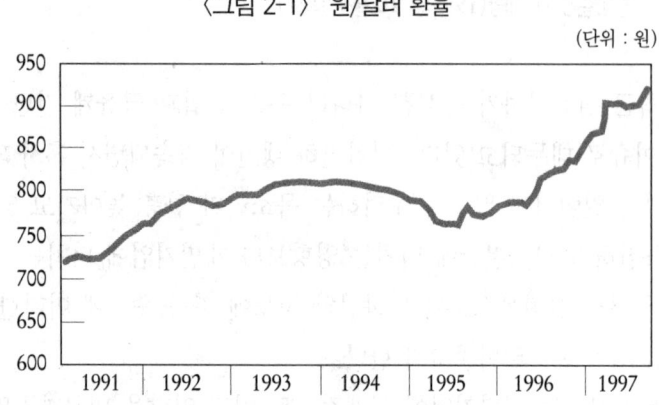

〈그림 2-1〉 원/달러 환율

〈표 2-1〉 원화절하시 환차익

```
= [달러화외화자산 + 달러화수출액 - 달러화외상매출금
  - (달러화외화부채 + 달러화수입액 - 달러화외화외상매입금)]
```

주 : 달러화대비 원화절하폭

 이 금액을 더해주어야 한다(표 2-1 참조).
 한진해운의 1997년 환차손을 계산해보면 외화부채가 2조 3,868억 원으로 대규모의 환차손이 발생했지만, 매출 2조 4,216억 원(상반기 매출의 두 배로 단순 가정)도 모두 100% 달러화로 이루어져 있어 외화부채에서 발생하는 환차손을 상쇄하고도 남는다.
 그러나 이 회사의 매출원가 중 60%가 외화로 발생하기 때문에 여기에서 또한 대규모의 환차손이 발생한다. 세 가지를 모두 고려할 때 한진해운은 원화가 절하될 경우 상당 규모의 환차손이 발생한다는 결론에 이르게 된다.
 원화절하에 따른 환차손 발생 규모는 원화절하 초기에 더 크게 마련이다. 이는 원화절하에 따른 매출증가가 당해 연도와 전년도의 연평균 환율차이로 인해 발생하기는 하지만, 외화부채로 인한 환차손이 당해 연도말 환율과 전년도말 환율의 차이에 의해 발생하기 때문이다. 원화절하 초기에는 전자보다 후자가 훨씬 커 환차손이 크게 발생한다.

업종별로 원화절하시 수익에 미치는 영향을 살펴보자. 음식료와 제지업종은 원자재수입 비중이 커서 원화절하시 환차손이 발생할 확률이 높다. 화학업체는 수입액과 수출액이 비슷해 환차손이나 환차익 규모가 그다지 크지 않다. 철강업체들은 수입액이 크고 외화부채도 상당해 원화절하시 환차손이 발생하는 것이 일반적이다. 운수창고업체(해운, 항공)의 경우 매출이 대부분 외화로 이루어져 원화절하시 매출액이 크게 증가하지만, 외화부채 규모가 크고 외화로 발생하는 비용의 규모도 커져 환차손 규모가 큰 편이

> 깊이 읽기

**원화절하시 관심종목**

원화절하에 따른 개별기업들의 구체적인 환차익과 환차손 규모는 과연 얼마나 될까?

상장사 중 식품업체인 대한제당은 원당·옥수수·대두 등 원자재 수입규모가 큰데다 외화부채도 600억 원이나 돼 원화가 5% 절하될 때 95억 원의 환차손이 발생한다.

이는 주당순이익(EPS)이 4,000원이나 감소하는 효과가 있음을 뜻한다(외화부채에 대한 환차손 100% 반영 가정). 다만, 실제 환차손은 제품가격인상 등으로 일부 보전되는 경향이 있으므로 이보다 적을 수는 있다. 화섬업체인 선경인더스트리는 외

## 원화절하가 개별기업에 미치는 영향

(단위 : 억 원)

| 기 업 명 | 자본금 | 외화부채 | 수출금액 | 수입금액 | 환차익 | EPS증감액(원) |
|---|---|---|---|---|---|---|
| 대 한 제 당 | 136 | 594 | 628 | 1,950 | -95 | -3,494 |
| 우 성 사 료 | 155 | 247 | 0 | 1,200 | -72 | -2,334 |
| 효 성 T & C | 411 | 2,468 | 7,414 | 2,500 | 147 | 1,786 |
| 선경인더스트리 | 584 | 2,489 | 8,426 | 2,000 | 255 | 2,185 |
| 동 국 무 역 | 378 | 683 | 5,496 | 2,000 | 153 | 2,025 |
| 동 해 펄 프 | 477 | 499 | 1,518 | 1,000 | 1 | 10 |
| 쌍 용 제 지 | 242 | 114 | 30 | 1,447 | -77 | -1,582 |
| 한화종합화학 | 3,000 | 2,737 | 4,774 | 3,324 | -42 | -70 |
| L G 화 학 | 4,437 | 5,283 | 13,230 | 5,400 | 137 | 154 |
| 한 화 | 1,562 | 581 | 1,200 | 2,000 | -53 | -169 |
| 한 국 타 이 어 | 288 | 3,007 | 5,512 | 1,261 | 90 | 1,569 |
| 포 항 제 철 | 4,695 | 31,657 | 32,720 | 18,000 | -623 | -663 |
| 인 천 제 철 | 800 | 2,071 | 2,892 | 5,810 | -226 | -1,415 |
| L G 금 속 | 600 | 8,051 | 8,048 | 6,143 | -304 | -2,536 |
| 대 우 중 공 업 | 18,379 | 19,986 | 34,070 | 8,079 | 300 | 82 |
| 태 일 정 밀 | 498 | 0 | 4,800 | 891 | 204 | 2,043 |
| L G 전 자 | 5,246 | 15,828 | 49,288 | 11,178 | 1,283 | 1,223 |
| 삼 성 전 자 | 5,756 | 60,433 | 99,778 | 38,735 | 183 | 159 |
| 대 우 전 자 | 3,982 | 4,971 | 26,124 | 6,847 | 767 | 963 |
| 아 남 산 업 | 1,344 | 5,338 | 11,486 | 294 | 294 | 1,093 |
| 삼 성 전 관 | 1,435 | 4,185 | 21,942 | 3,000 | 768 | 2,677 |
| 현 대 자 동 차 | 3,262 | 10,776 | 38,990 | 6,197 | 1,259 | 1,930 |
| 삼 성 중 공 업 | 3,699 | 3,055 | 18,262 | 4,500 | 535 | 724 |
| 동 아 건 설 | 2,069 | 666 | 7,446 | 268 | 575 | 1,388 |
| 한 진 해 운 | 607 | 23,868 | 24,218 | 12,000 | -485 | -3,995 |
| 현 대 상 선 | 1,430 | 15,985 | 26,758 | 18,000 | -355 | -1,240 |
| 대 한 항 공 | 2,579 | 49,596 | 31,526 | 8,500 | -1,199 | -2,325 |
| S K 텔 레 콤 | 301 | 6,264 | 0 | 2,500 | -391 | -6,498 |
| 한 전 | 31,410 | 79,749 | | 20,000 | -4,942 | -786 |

주 : 1997년 상반기 실적과 원화 888원 기준으로 5% 절하시 손익증감액, 수출금액은 1997년 상반기의 두 배 계산. 수입금액은 1996년 기준.

화부채가 2,500억 원이고 수입금액도 2,000억 원에 이르고 있으나 수출비중이 높아 원화가 5% 절하될 때마다 수출단가 하락이 없을 경우 255억 원의 환차익이 발생한다.

제지업체는 대부분 고지와 펄프를 수입하고 있기 때문에 환차손이 발생하는 것이 보통이다. 하지만 동해펄프의 경우에는 국내 내수가격이 국제가격에 연동되어 있어 도리어 소폭의 환차익이 발생하는 예외적인 기업이다.

포철은 수출 규모가 상당하지만 외화부채와 수입액도 워낙 커 수출상황에 따라 환차익이 발생하기도 하고 환차손이 생기기도 한다.

조선업체인 대우중공업과 삼성중공업은 조선수출이 달러화로 이루어져 외화부채와 후판 등 원자재 수입에도 불구하고 300억~500억 원의 환차익이 발생한다.

태일정밀은 수출비중이 높고 외화자산도 보유하고 있어서 약 200억 원의 환차익 발생효과가 있다.

브라운관업체인 삼성전관도 외화부채와 수입 규모보다 수출액이 훨씬 더 커 환차익을 크게 얻는 업체 중 하나다. 현대자동차도 내수부문은 부진하나 수출부문에서는 환차익이 발생한다.

반면 한전은 8조 원의 외화부채와 약 2조 원의 수입으로 인해 원화가 5% 절하될 때마다 약 5,000억 원의 평가손을 감수해야 한다.

해운업체인 한진해운과 대한항공도 각각 2조 4,000억 원과 5조 원의 외화부채 때문에 매출의 대부분이 외화로 이루어져 각각 500억 원과 1,200억 원의 환차손이 발생한다.

다. 한전도 외화부채와 수입금액이 커서 환차손발생 규모가 커지는 대표적인 업체랄 수 있다.

반면 화섬·전자·자동차·타이어 업종은 수출비중이 워낙 커서 원화절하시 대규모 환차익이 발생한다. 조선업도 수출비중이 높아 상당한 환차익이 생기는 업종 중 하나다. 해외 건설의 비중이 큰 일부 건설업체들도 원화절하시 환차익을 얻는다.

### 2. 원자재 관련주를 주목하라 (1998년 3월 24일자)

아시아 경기침체와 원자재 공급과잉 등으로 원유와 같은 국제원자재 가격이 일제히 하락세를 보이고 있다. 환율이 두 배 급등함으로써 기업들의 원자재 구입비용도 두 배로 급등해 원자재 구입에 어려움을 겪고 있는 상황에서 국제원자재 가격하락은 기업 처지에서 큰 구원군을 만난 셈이다.

국제원자재 가격이 10~40% 하락해 그만큼 원자재를 싸게 구입할 수 있게 되었다. 따라서 대폭적인 원화절하에도 불구하고 경우에 따라서는 원화기준으로 그 이전의 가격과 거의 같은 수준에서 원자재를 구매할 수 있게 되었다. 원자재 가격하락은 외환위기를 겪고 있는 우리나라의 외환사정을 호전시켜주고 국제수지도 크게 개선시켜줄 전망이다. 우리나라는 1997년에 전체 수입액의 52.5%에 해당하는 743억 달러어치의 원자재를 구입했다.

만일 국제원자재 가격이 10%만 하락해도 74억 달러의 국제수지가 개선되고 경상수지 흑자가 그만큼 증가한다는 계산이다. 1998년 IMF가 예상하는 우리나라의 경상수지흑자 규모가 70억 달러인 것을 감안하면 74억 달러가 얼마나 큰 액수인지 알 수 있

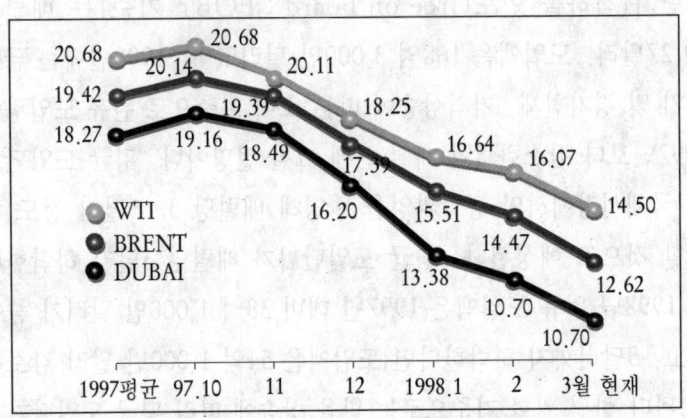

〈그림 2-2〉 국제유가 동향

(단위 : US달러/배럴)

다. 원자재 가격 하락으로 우리의 경상수지 흑자는 144억 달러로 증가할 수 있는 셈이다. 원유 등 각 원자재별 가격동향과 우리 경제에 미치는 영향 및 관련기업은 다음과 같다.

### 원유 : 유가 하향안정세 지속될 듯

아시아의 경제 위기 및 북미의 온난화에 따른 수요 감소가 지속되는 가운데 OPEC 회원국의 생산 쿼터 확대 및 영국과 중남미를 중심으로 한 비OPEC 지역에서의 공급 증대로 세계 석유시장의 공급과잉이 한층 심화되고 있다. 이에 따라 1997년 말 이후 국제유가는 지속적인 하락세를 유지하고 있다. 특히 중동사태의 평화적 해결 가능성, 유가안정에 대한 산유국들의 의견 대립 등으로 폭락세를 나타내고 있다. 향후에도 세계 석유시장은 공급과잉 상태가 지속될 전망이어서 유가는 돌발 변수로 인한 국지적인 상승세를 제외하고는 대체로 하향 안정세가 지속될 전망이다.

한국은 1997년 8억 7,340만 배럴의 원유를 도입했는데 평균 도입단가(적하물 인도(free on board : FOB) 기준)는 배럴당 19.27달러, 도입액은 168억 3,000만 달러였다. 1998년에는 금융위기 및 경기침체, 가격상승에 따른 소비 위축으로 원유 도입량이 1997년보다 감소한 8억 배럴 선에 그칠 전망이다. 평균 도입단가는 국제시장에서의 공급과잉을 반영해 배럴당 3~5달러 정도 하락할 것으로 예상된다. 평균 도입단가가 배럴당 3달러 하락한다면 1998년 원유 도입액은 1997년 대비 38억 1,000만 달러가 줄어들고, 5달러까지 하락한다면 도입액은 54억 1,000만 달러 감소하게 된다. 한편 원화 기준으로는 환율 상승에 따라 평균 도입단가가 1997년 대비 9.0~24.3% 상승할 전망이다.

이와 같이 원유가가 급락함에 따라 가장 수혜를 보는 기업은 한전이다. 한전은 연료비가 4조 원인데, 이 중 원유와 천연가스가 3분의 2를 차지하고 있다. 한전의 경우 원유가가 30% 하락하면 8,250억 원의 원가절감이 가능하다. 그 다음으로 유가하락의 혜택을 보는 기업이 대한항공, 대한통운, 한진해운, 현대상선 등 운수 및 창고업체들이다. 유화업체와 화섬업체도 나프타와 화섬원료 가격의 하락을 통해 간접적인 혜택을 본다.

### 나프타 : 1997년 대비 30% 하락 예상

나프타 가격은 국제 유가의 약세 및 동남아시아의 경제 위기에 따른 유화업체의 구매력 위축 등으로 1997년 말 대비 20% 가까이 하락했다. 국제 유가가 당분간 하향 안정세를 유지할 전망이고 동남아시아 유화업체들의 구매력이 쉽사리 회복되지 않을 전망이어서 1998년 중 나프타 가격은 1997년 대비 30% 정도 하락한 톤

〈그림 2-3〉 나프타 가격 동향

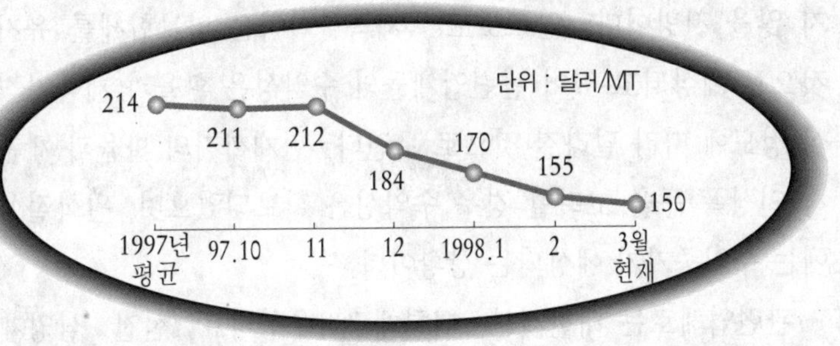

단위 : 달러/MT

- 1997년 평균 : 214
- 97.10 : 211
- 11 : 212
- 12 : 184
- 1998.1 : 170
- 2 : 155
- 3월 현재 : 150

당 150달러선에서 형성될 것으로 예상된다. 통상 유화업체들의 총원가 중에서 원료비가 차지하는 비중은 60%를 상회하고 있어 나프타 가격 변동이 업계의 수익성에 미치는 영향은 매우 크다.

나프타 가격하락으로 가장 큰 수혜를 보는 업체는 LG화학, 호남석유화학, 한화종합화학, 대림산업, 유공 등이다.

### 곡물 : 2차 가공업체 수익증가 커

최근의 국제 농산물 가격은 엘니뇨의 우려에도 불구하고 양호한 작황과 동남아시아의 수요부진에 따라 약보합세를 지속하고 있다. 1995~96년까지 큰 폭의 상승을 나타낸 주요 곡물가격이 안정세를 보이면서 기초소재식품(제분, 사료 등)의 수익성이 호전

〈표 2-2〉 비철금속 가공업체

| 구 분 | 기 업 명 |
|---|---|
| 전 기 동 | • 풍산, 대우금속, 대창공업, 선진금속, 서원;<br>• 전선업체 : 대한전선, LG전선 등 |
| 아 연 | 이구산업, 대우금속, 선진금속, 서원 |
| 알 루 미 늄 | 삼선공업, 남선알미늄, 대한은박지, 이구산업, 삼아알미늄, 동양강철, 조일알미늄 |

될 것으로 예상되었으나 최근의 환율상승으로 인해 수익증가는 크지 않을 전망이다. 앞으로도 국제곡물가격은 약보합세를 유지할 것으로 예상되고 있어 관련업체들의 수익성은 환율과 제품가격인상 정도에 따라 달라질 것으로 보인다. 현재까지의 환율과 제품가격 인상폭 등을 고려할 경우 수익성은 확보되었으며, 원화절상시에는 수익증가가 예상되는 상황이다.

관련업체로는 대한제분, 대한제당, 우성사료, 선진, 삼양제넥스 등 1차 가공업체와 롯데제과, 해태제과, 동양제과, 크라운제과, 농심, 삼양식품, 서울식품, 기린 등의 2차 가공업체가 있다. 1차 가공업체들은 곡물가와 환율에 직접적인 영향을 받아 제품가격을 탄력적으로 인상 또는 인하할 전망이어서 큰 수익성 기대는 어렵다. 반면 2차 가공업체들은 원료가격 하락에도 불구하고 제품가격의 인하 전례가 적어 곡물가 하락 및 환율하락시 수혜폭은 상대적으로 클 전망이다.

### 비철금속 : 삼아알루미늄·대창공업 호전

동·아연·알루미늄 등 주요 비철금속 가격도 1998년 들어 1997년 평균가격 대비 20% 안팎의 하락세를 보이고 있다.

비철금속업체들 중 제련업체의 경우는 제품가격에 원자재가격을 바로 전가시키는 등 가격변동과 즉시 연동시키고 있으나, 가공업체들의 경우에는 제품에 대한 즉각적인 반영이 어려워 원자재가격이 하락할 때 원가가 절감된다. 이들 업체는 국내 건설 및 내수경기가 침체국면에 있어 원자재 가격으로 업황이 호전된다고 할 수 없으나 원가 부분은 일정 수준 경감된다고 볼 수 있다. 그러나 이들 종목 중 삼아알루미늄과 대창공업은 수출비중이 46%에 달하고 있어 실적도 호전되고 있고 원자재 가격하락 효과도 비교적 크다고 하겠다.

**섬유원자재 : 국제수요 감소, 하락세**

섬유, 피혁원료 가격(양모, 원면, 피혁)은 세계 최대 수입국 중 하나인 한국의 경제상황 악화와 은행들의 수입신용장 개설 거절로 인해 국제수요가 감소, 대폭적인 가격하락 추세를 보이고 있다. 특히 주로 유전스를 이용해 원자재를 구매해온 국내 업체들이 대규모 환차손을 입음에 따라 현찰구매 여력도 거의 없어져 가격하락이 지속되었다.

관련업체로는 모든 면방, 모방, 피혁회사가 해당된다. 특히 상대적으로 자금력이 우수한 일신방적, 동일방적 등의 실적 호전이 예상된다.

화섬원료인 TPA, EG, AN-모노머 등의 가격은 하락추세이나 카프로락탐의 경우 대만 업체들의 설비증설로 인한 수요증가로 타이트한 국면을 보이고 있다.

특히 폴리에스터 섬유의 원료인 TPA와 EG의 경우 주요 수요국인 한국과 동남아시아의 자금 위기로 수요가 감소하고 유화생산업체들도 자금확보를 위해 시장 내 저가투매현상을 보여 단기적으로 급락했다. 현재 원유가가 최저수준을 보이고 있고 단기적으로 급등할 가능성은 보이지 않고 있어 이들 폴리에스터 생산업체인 한국합섬 등의 수익성은 호전될 전망이다.

## 3. 수출관련주 다시 보자 (1998년 4월 14일자)

　IMF 체제하에서 한국경제는 투자위축에 따른 경제성장률의 정체 내지는 마이너스 성장이 예상되고 있다. 한계기업들의 부도 속출, 원화절하에 따른 물가급등, 기업들의 자금난 및 고금리 지속 등 과거에 경험하지 못했던 최악의 상황을 겪고 있는 실정이다.
　특히 내수경기가 크게 위축됨으로써 건설업, 시멘트업, 유통업, 금융업 등 전형적인 내수산업에 관련되는 기업들의 부도가 속출하고 영업실적이 악화됨에 따라 내수관련 기업들의 주가가 큰 폭의 하락세를 면하지 못하고 있다.
　그러나 다른 한편으로는 원화환율이 큰 폭으로 상승하면서 우리 수출상품의 가격경쟁력이 대폭 되살아나고 있다. 수출경쟁력의 강화는 무역수지와 경상수지 개선으로 이어지고 있다.
　최근 국내 무역수지는 1997년 11월 1억 2,000만 달러, 12월 22억 달러에 이어 1998년 1월에는 15억 달러, 2월 33억 달러, 그리고 3월에는 37억 달러의 흑자를 기록함으로 5개월째 연속 흑자행진을 보이고 있다.

### 수입의존도 낮은 경공업도 상승

　또 1998년 들어 3월까지 누적된 무역흑자 규모는 무려 85억 8,700만 달러를 기록했다. 이와 같은 추세는 당분간 이어질 것으로 예상됨에 따라 무역수지는 1997년 39억 달러 적자에서 1998년에는 최소한 200억 달러 이상의 흑자를 거둘 것으로 보인다.
　일반적으로 원화가 절하되면 가격경쟁력이 회복되고 수출이 호전된다. 이러한 원화절하 효과는 해당기업의 주가에도 긍정적인

〈표 2-3〉 업종별 원화절하 수혜 정도

(단위 : %)

| 구 분 | 화섬 | 백판지 | 전자부품 | 가전 | 조선 |
|---|---|---|---|---|---|
| 제품수출 비중 | 73.2 | 50.0 | 75.0 | 65.0 | 90.0 |
| 수입원자재 비중 | 34.4 | 25.0 | 22.4 | 49.3 | 33.0 |
| 매출총이익 증가율 | 17.1 | 11.0 | 23.1 | 6.9 | 25.1 |

주 : 1. 1998년 원 달러 평균환율을 달러당 1,300원으로 가정
    2. 수입원자재 비중은 전체 재료비 중 외화결제 원료비 비중임.

〈표 2-4〉 수출비중 80% 이상 기업군

(단위 : %)

| 회 사 명 | 수출비중 | 회 사 명 | 수출비중 | 회 사 명 | 수출비중 |
|---|---|---|---|---|---|
| 한국전기초자 | 99.90 | 세 양 산 업 | 94.20 | 삼 화 전 기 | 82.50 |
| 진 웅 | 99.90 | 오 리 온 전 기 | 93.90 | 신 우 | 89.80 |
| 청 산 | 99.90 | 미 래 와 사 람 | 93.90 | 공성통신전자 | 88.80 |
| 고려석유화학 | 99.90 | 삼 애 실 업 | 93.80 | 국 동 | 88.10 |
| 영 원 무 역 | 98.40 | 금 강 화 섬 | 93.70 | 대 한 화 섬 | 87.90 |
| 신 흥 | 98.00 | 대 륭 정 밀 | 93.50 | 한 섬 | 87.00 |
| 성 안 | 97.90 | 광 전 자 | 93.20 | 대 덕 산 업 | 86.20 |
| 태 평 양 물 산 | 97.70 | 상 림 | 93.00 | 갑 을 방 적 | 85.60 |
| 코리아데이타 | 96.90 | 극 동 제 혁 | 92.40 | 새 한 미 디 어 | 84.80 |
| 아 남 산 업 | 96.80 | 동 국 무 역 | 92.10 | 한 진 중 공 업 | 84.10 |
| 신 성 기 업 | 96.70 | 신진피혁공업 | 91.70 | 한 국 전 자 | 83.90 |
| 대동전자공업 | 96.60 | L G 반 도 체 | 91.50 | 흥 아 타 이 어 | 81.00 |
| 삼화전자공업 | 96.10 | 삼 성 전 관 | 99.80 | 고 합 물 산 | 81.00 |
| 한 국 전 장 | 95.50 | 갑 을 | 93.40 | 맥 슨 전 자 | 80.80 |
| 고 니 정 밀 | 94.40 | 금호석유화학 | 92.60 | 삼 성 전 기 | 80.00 |

주 : 1997년에 이어 1998년에도 수출비중이 높은 기업들의 실적이 호전될 것으로 예상되는, 수출비중이 80% 이상인 기업들임.

영향을 미친다. 그러나 원화절하에 따른 수출증가와 주가반영도는 업종과 기업의 성격에 따라 상당한 차이가 난다. 시차 또한 다른 것으로 알려졌다.

원화절하시 수출민감도는 7.93으로 매우 높게 나타나며, 상관계

〈표 2-5〉 우리나라 10대 수출상품

(단위 : 억 달러, %)

| 순 위 | 품 목 | 금 액 | 증가율 | 비 중 |
|---|---|---|---|---|
| 1 | 반도체 | 174.2 | -2.4 | 12.8 |
| 2 | 자동차 | 106.8 | 2.1 | 7.8 |
| 3 | 석유화학제품 | 68.2 | 25.2 | 5.0 |
| 4 | 선박 | 65.2 | -8.5 | 4.8 |
| 5 | 금속광물 | 64.1 | 17.5 | 4.7 |
| 6 | 컴퓨터 | 59.0 | 14.8 | 4.3 |
| 7 | 인조장섬유직물 | 50.0 | -5.6 | 3.6 |
| 8 | 철강판 | 39.7 | 8.8 | 2.9 |
| 9 | 의류 | 39.5 | -0.6 | 2.9 |
| 10 | 전자관 및 부품류 | 26.0 | 16.4 | 1.9 |
| 10대 수출상품 | | 692.2 | - | 50.8 |
| 전체 수출상품 | | 1,361.6 | 5.0 | 100.0 |

주 : 증가율은 전년 대비

수는 0.73으로 시차가 경과하면서 수출여건에 긍정적인 효과를 미친다. 또한 종합주가지수와 환율과의 상관계수는 0.24, 종합주가지수와 수출액과는 0.18의 상관관계를 지니는 것으로 나타났다.

업종별 주가와 환율의 상관관계는 음식료 0.6, 섬유 0.44, 제지 0.27, 고무 0.45, 1차금속 0.60, 전기전자 0.60 등 정(+)의 관계를 가지면서 원화가 주가에 긍정적인 효과를 미친다.

종목별로는 역시 수출비중이 높은 대한화섬, 금양, 동아타이어, 대덕전자, 한국전장, 새한정기, 한국대동전자, 삼영전자, 삼화전기, 세방전지 등이 밀접한 관계를 보이고 있어 원화절하시 대표적인 수혜기업이라고 할 수 있다.

따라서 환율상승으로 인한 이들 수출관련기업의 영업실적은 1997년보다 1998년에 더욱 크게 개선될 것으로 예상되고 있다. 증시에서도 이들 수출관련 기업이 가장 유망한 투자대상종목으로 급부상하고 있다.

1998년 3월 한 달 동안만 보더라도 3월 초 570포인트였던 종합주가지수가 3월 말 481포인트까지 15% 하락했다. 반면 수출관련주들은 평균 6.5%나 상승했다.

수출비중이 90% 이상인 종목들은 평균 7%나 상승했고, 80% 이상인 종목들은 6.56%, 70% 이상인 종목들은 6.24%씩 각각 올라 수출비중이 높은 기업일수록 주가상승률이 높았던 것으로 분석됐다.

### 백판지·화섬산업 수출증가세 지속

그렇다면 수출주력 기업 가운데서도 어떤 기업의 실적이 좋을까? 원화환율 상승이 기업의 채산성에 미치는 정도는 수출증가에 따른 채산성 개선 효과와 수입원자재 가격상승에 따른 채산성 감소 효과의 상대적 크기에 따라 결정된다. 따라서 수출비중이 높고 가격경쟁력을 확보하고 있으면서 원자재의 수입의존도가 낮은 기업이 환율상승으로 가장 큰 수혜를 본다고 할 수 있다.

수출비중이 높은 기업은 달러화 강세에 따른 채산성 개선효과가 1998년에도 지속될 것이다. 특히 수입의존도가 낮은 경공업업종은 수입의존도가 높은 중화학업종보다 환율 수혜가 클 것으로 예상된다.

업종별로 보면 제품의 수출비중이 높고 원료의 수입비중이 낮은 화섬, 수출봉제, 백판지, 가전, 전자부품, 조선 등이 수혜업종으로 부상할 것으로 분석된다. 이 업종의 기업들은 1998년에도 환율상승에 따른 매출 및 영업이익 신장폭이 클 것으로 기대된다.

조선산업은 수출비중이 90%에 달해 최대 경쟁국인 일본과 과점하고 있어 환율상승으로 인한 외형 및 수익신장이 기대되며, 가

전산업도 원료비 비중은 높은 편이나 제품 수출면에서 전량 직수출이어서 수익성 호전이 기대된다.

또한 백판지와 화섬산업도 가격경쟁력 회복으로 수출 증가세가 지속되고 있다. 앞으로도 원료의 국내조달 비중이 높고 수입 의존도가 낮아 수익성이 크게 개선될 것이기 때문이다.

> **깊이 읽기**
>
> ### 수출관련 투자유망종목
>
> #### 수출관련 실적호전 예상기업
>
> (단위 : 억 원, %)

| 종목 | 매출액 | | | 경상이익 | | | 순이익 | | | EPS |
|---|---|---|---|---|---|---|---|---|---|---|
| | 1997 | 1998(E) | 증감률 | 1997 | 1998(E) | 증감률 | 1997 | 1998(E) | 증감률 | 1997 |
| 한국합섬 | 3,580.3 | 5,104.1 | 28.9 | 204.6 | 326.2 | (59.4) | 164.9 | 228.4 | 38.5 | 4,582 |
| 성안 | 2,172.7 | 3,050.0 | 40.4 | 40.6 | 268.3 | 560.8 | 31.2 | 201.2 | 544.9 | 686 |
| 세양산업 | 259.2 | 325.0 | 25.4 | 18.5 | 41.6 | 225.0 | 14.4 | 333.3 | 131.3 | 1,216 |
| 세림제지 | 504.97 | 1,100.0 | 결변 | 34.2 | 88.2 | 결변 | 24.4 | 61.0 | 결변 | 1,045 |
| 맥슨전자 | 2,602.0 | 4,000.0 | 53.7 | 21.1 | 30.0 | 42.1 | 8.5 | 21.0 | 47.1 | 313 |
| 한국전기초자 | 2,377.2 | 4,500.0 | 89.3 | -592.7 | 350.0 | 흑전 | -598.0 | 300.0 | 흑전 | -9,114 |
| 새한미디어 | 3,655.9 | 4,000.0 | 9.4 | 54.9 | 100.0 | 82.1 | 16.6 | 65.0 | 291.6 | 272 |
| 덕성화학 | 593.7 | 750.0 | 26.3 | 40.4 | 68.0 | 68.3 | 33.2 | 48.0 | 44.6 | 3,022 |
| 국도화학 | 1,245.9 | 1,500.0 | 19.5 | 69.0 | 80.0 | 15.9 | 56.3 | 65.0 | 15.4 | 969 |
| 동성화학 | 1,465.5 | 2,200.0 | 13.0 | 123.8 | 150.0 | 21.2 | 102.3 | 115.0 | 12.4 | 2,732 |
| 한국타이어 | 11,581 | 13,510 | 16.0 | 162.2 | 202.0 | 24.5 | 102.1 | 133.0 | 30.4 | 1,534 |
| 동아타이어 | 1,185.4 | 1,490.0 | 24.7 | 24.6 | 27.0 | 21.8 | 156.1 | 190.0 | 21.7 | 6,883 |
| 한국전장 | 530.0 | 770.0 | 45.3 | 18.0 | 29.0 | 61.1 | 17.0 | 25.0 | 47.1 | 680 |
| 광전자 | 813.0 | 1,131.0 | 39.1 | 62.0 | 84.0 | 33.5 | 51.0 | 68.0 | 33.3 | 3,636 |
| 대덕산업 | 1,103.0 | 1,350.0 | 22.4 | 130.0 | 170.0 | 30.8 | 86.0 | 130.0 | 51.2 | 6,511 |
| 삼성전기 | 17,448 | 24,175 | 38.2 | 449.0 | 1,140.0 | 154.1 | 383.0 | 935.0 | 144.3 | 1,336 |
| 새한정기 | 385.0 | 520.0 | 35.1 | 42.0 | 67.0 | 59.5 | 31.0 | 46.0 | 48.4 | 1,256 |
| 진웅 | 2051.2 | 2600.0 | 26.7 | 60.9 | 80.0 | 31.3 | 46.8 | 60.0 | 28.2 | 1818 |
| 청산 | 759.8 | 1000.0 | 31.7 | 35.9 | 45.0 | 25.3 | 42.4 | 35.0 | -17.5 | 2650 |
| 영원무역 | 3337.5 | 3800.0 | 13.8 | 224.3 | 250.0 | 11.5 | 159.2 | 180.0 | 13.0 | 4460 |

수출관련 수혜 산업을 비롯해 수출비중이 높고 수입원자재의 의존도가 낮은 기업은 1997년에 이어 1998년에도 실적이 크게 개선될 것으로 전망된다.

이들 기업 중에서도 수출비중이 90% 이상이면서 수입원자재 비율이 20% 이하이고 외화부채가 적으며 재무구조가 우량한 기업은 외국인투자자, 국내기관투자가 및 일반개인투자자들 모두에게 투자유망종목으로 각광받을 것으로 판단된다.

이들 수출관련 투자유망종목으로는 화섬산업의 한국합섬, 성안, 세양산업 등을 들 수 있으며 제지산업에서는 세림제지를, 비금속광물에서는 한국전기초자 등을 들 수 있다. 또한 석유화학산업에서는 새한미디어, 덕성화학, 국도화학, 동성화학, 한국타이어, 동아타이어 등이, 전기·전자부품에서는 맥슨전자, 한국전장, 광전자, 대덕산업, 삼성전기, 새한정기 등이 유망수출관련기업으로 주목받고 있다. 무역업에서는 진웅, 청산, 영원무역 등이 관심기업으로 떠오르고 있다.

### 4. 엔화 약세 따른 업종별 파급효과 (1998년 6월 9일자)

1998년 들어 다소 하락했던 엔/달러환율이 2월 중순 이후 상승세를 지속하다 5월 26일에는 138엔 선을 돌파했다. 이처럼 엔화가 약세를 보이는 것은 우선 미국경기가 호황을 지속하고 있는 반면, 일본경기가 장기침체 속에서 당분간 벗어나기 어려울 것으로 전망되기 때문이다. 또한 인도네시아 소요사태로 인한 아시아 금융위기 재발에 대한 우려 확산, 일본의 경기부양책 효과에 대한 불확실성, 신용평가회사들의 일본국채등급 하향 조정 등에 따른 미·일 금리차 확대 등이 복합적으로 엔화약세를 유도하고 있다.

최근에는 일본 주요 기업의 경영실적이 악화된 데 따른 경기불안 심리가 반영되었고, 주요 은행의 부실채권 규모가 증가함에 따라 금융 시스템 부실화 우려가 확산되면서 엔화약세가 급격히 진행되었다.

향후 엔/달러 환율은 미·일 금리차의 확대, 일본경기의 침체 심화, 일본경기 회복을 위한 미국의 엔화약세 요인 등으로 약세기조는 지속될 전망이다. 6월까지 140엔까지 완만히 상승하고 그 후에는 상당 기간 140엔 내외에서 안정되거나 소폭 상승하는 시나리오①의 경우와 6월까지 150엔까지 급격히 상승하는 시나리오②의 경우를 상정할 수 있다. 현재까지의 상황과 일본 현지 분위기는 시나리오①의 가능성이 큰데, 시나리오②의 경우도 배제할 수 없다.

그렇다면 엔화약세가 한국경제에 어떠한 영향을 미칠 것인가? 우선 원/달러 환율이다.

시나리오①의 경우에는 원/달러 환율이 완만한 상승세를 보이면서 1,400원 중반대로 상승할 가능성이 있다. 이는 현재 약 85억

〈표 2-6〉 엔화 약세가 국내에 미치는 영향 시나리오

| 구 분 | 예상환율 | 요 인 |
| --- | --- | --- |
| 시나리오1 | 140엔 | 양국의 외환시장 안정 의지, 미·일 간 무역마찰 가능성, 일본은행의 외환시장 개입 능력, 동남아시아 금융위기 회복세, 일본의 경기부양 노력 등 |
| 시나리오2 | 150엔 | 일본 정부의 엔화약세를 미국이 용인, 양국 간 금리격차 증가, 일본의 경기부양책 실패 전망, 동남아시아 금융위기 재발, 일본내 외국자금 및 개인자금의 급속한 유출, 금융 시스템 부실화 심화 등 |

달러에 이르는 기업들의 외화예금이 민간부문의 외화보유고와 같은 역할을 함으로써 엔화변동에 따른 충격을 흡수할 수 있기 때문이다.

　엔/달러 환율이 급등현상을 보이는 시나리오②의 경우에는 한국을 비롯한 아시아 전반에 걸쳐 충격을 줄 것으로 보이는데, 원/달러 환율은 1,500원 이상 급등세를 보일 것이다.

　다음은 외채부담에 대한 영향이다. 일본경제의 상황 악화는 한국의 외채부담을 증가시킬 수 있다. 일본은 한국의 최대 채권국이다. 국제결제은행(BIS) 통계로 보아 1997년 6월 말을 기준으로 한국의 은행대외채무 중 일본의 비중이 22.9%에 달하며, 정부측 추계로도 총외채의 35%를 차지하고 있다. 외채부담에 대한 악영향은 일본의 채권회수, 국제자금시장에서의 조달금리와 조건 악화, 원화의 추가 하락으로 인한 외채부담 증가 등으로 나타날 것으로 보인다.

　세번째는 국내금리에 대한 영향을 들 수 있다. 당분간 국내금리는 주로 원화환율의 움직임에 따라 좌우될 것으로 보이는데 원/달러 환율이 1,400원 대 중반으로 다시 상승할 경우(시나리오 1), 국내금리는 현재보다 소폭 상승할 것으로 예상된다. 이러한 원/달러 환율의 재상승은 현재 정부가 추진하고 있는 금리인하에 다소 걸림돌로 작용할 전망이다. 만약 시나리오②와 같이 엔화가 대폭락할 경우 장단기 금리는 20% 이상으로 대폭 상승할 것으로 예상된다.

　네번째는 실물경제에 직접적으로 영향을 미칠 것이다. 엔화의 약세는 수출둔화에 따른 무역수지 악화 등 한국경제에 부정적인 영향을 미칠 것으로 예상된다. 과거 자료를 토대로 엔/달러환율

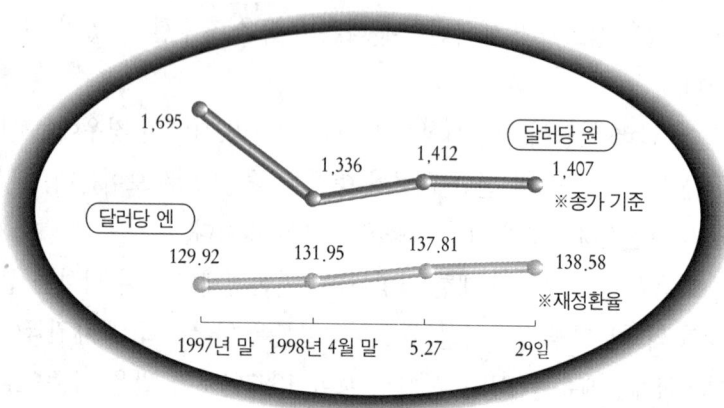

10%를 상승시킬 경우 우리 경제에 미치는 영향을 분석해보면 다음과 같다.

우선, 1차연도에 성장률은 0.2% 포인트 감소하며 경상수지는 1억 3,000만 달러 정도 악화될 것으로 보인다. 소비자물가는 0.01% 포인트 하락하는 것으로 나타난다. 그리고 2차연도에는 성장이 0.8% 포인트 감소하며 경상수지는 8억 7,000만 달러가 악화된다. 소비자 물가는 0.14% 포인트 하락하는 것으로 분석된다. 따라서 엔/달러 환율의 평가절하 효과(J-커브 효과)는 대부분 1년 이후에 시현되는 것으로 추정됨에 따라 단기보다는 중장기적인 영향이 더 큰 것으로 분석된다.

이와 같은 분석 결과는 다른 외부충격 없이 우리 경제가 정상적인 상태를 가정한 것이다. 현재 우리 경제는 대내외적으로 많은 불안요인에 직면해 있는 등 매우 취약한 상태이므로 엔화의 상승은 그 결과가 증폭되어 나타날 수도 있다. 가능성은 희박하지만 시나리오(2)와 같은 상황이 발생할 경우, 우리나라는 제2의 외환위기를 겪는 등 매우 어려운 상황에 직면할 수도 있다. 이 경우 환율과 금리가 각각 1,500원 및 20% 이상 수준으로 다시 상승할 것으로 전망된다.

이 밖에 외국인 투자자의 이탈과 일본채권단의 대출금 조기회수 등 채권국들의 외채 조기상환 요구도 예상된다. 특히 엔화가 절하되면 중국 위안화의 평가절하 가능성도 배제할 수 없는 상황을 맞을 수 있다. 만약 중국정부가 위안화를 평가절하시킨다면 절하폭의 크기에 관계없이 엔화의 추가적인 폭락은 물론 아시아권에서의 외국인 투자자금이 철수하는 등 심각한 상황이 전개될 것으로 보인다.

### 경제위기 탈출 상당부분 지연

결론적으로 엔화의 약세기조는 현재의 고금리-고환율을 지속시키면서 기업의 자금난과 부도사태를 장기화시킬 것이다. 외채부담도 가중되고 경상수지는 악화돼 우리나라의 경제위기 탈출을 상당 부분 지연시킬 수도 있을 것이다.

이제 엔화약세가 증시에 미치는 영향을 살펴보자.

엔/달러 환율이 140엔 내외에서 안정되면 종합주가지수는 현재의 300포인트 수준에서 크게 하락하지는 않을 것으로 보인다. 하지만 엔/달러 환율이 150엔까지 급등할 경우 지수는 200~250포인트까지 하락할 것으로 보인다. 특히 일본과의 경쟁이 심한 조선·자동차·철강·가전산업은 큰 타격을 받을 것으로 보인다. 나머지 제지·섬유·반도체산업도 상당한 악영향을 받을 것으로 분석된다.

반면 일본으로부터 부품수입 비중이 큰 청호컴퓨터, 신도리코,

〈표 2-7〉 업종별 원화절하 수혜 정도

(단위 : %)

| 업 종 | 파급효과 | 피해기업 |
|---|---|---|
| 유 화 | 범용제품의 경쟁력은 품질보다 가격이 좌우하므로 최대 수입시장인 중국에서의 대일 경쟁력 하락 예상(1997년 중국 수입시장 점유율은 한국 28.1%, 일본 20.5%) | LG화학<br>호남석유화학<br>한화종합화학 |
| 1차금속 | 철강재 수출의 40% 이상을 차지하는 중국 및 동남아시아 시장에서 국내업체들의 수출경쟁력 약화 우려. 대일본 수출이 1/4분기에 전년 대비 물량기준 11.3%, 금액기준 13.9% 증가했으나 2/4분기 이후 감소 예상 | 포항제철<br>동부제강<br>인천제철 |
| 조립금속·기계 | 원·부자재의 대 일본 수입의존도가 높은 공작기계, 자동화 기기류 업체 등 내수 위주의 업체들은 원가부담의 개선이 예상. 반면, 해외시장 및 내수시장에서 일본업체들과 시장경쟁을 하는 대부분의 조립금속, 기계 업체들은 매출 둔화 및 채산성 저하 우려 | 업종 전체 |
| 조 선 | 조선수주에서 엔저를 바탕으로 일본업체들이 수주경쟁을 벌일 경우 선가의 추가 하락 및 국내업체들의 대일 가격경쟁력 약화, 중장기적인 수익성 악화 예상 | 한진중공업<br>삼성중공업<br>대우중공업 |
| 가 전 | 일본기업의 해외생산이 확대 추세에 있어 엔저로 인한 국내업체들의 수출에 큰 영향은 없는 것으로 판단. 일부 고가제품들은 일본 생산 비중이 크므로 수출 가격경쟁력의 저하 예상 | 삼성전자<br>LG전자<br>대우전자 |
| 반도체 | 일본업체들이 가격경쟁력 향상에 따라 생산을 확대시켜 공급 증가에 따른 반도체 가격의 추가적인 하락 가능성. 만성적인 공급과잉에 따른 국내업체들의 채산성 악화 예상 | 삼성전자<br>현대전자<br>LG전자 |
| 자동차 | 1998년 1~4월 중 자동차 판매에서 수출비중은 60.5%(수량 기준). 해외시장에서 일본차 대비 가격경쟁력 악화.<br>엔/달러 환율 1% 상승시 수출은 1.2%, 매출은 0.7% 감소 예상.<br>내수시장에 대한 영향은 없음 | 업종 전체 |
| 도 매 | 원절하로 1/4분기 수출물량이 10% 증가했으나 향후 엔저로 인한 수출 감소 예상 | |
| 증 권 | 엔저로 인한 원화절하가 예상되며 원화환율 불안에 따른 금리상승 우려와 증권시장 불안이 가중되어 증권사 영업실적 악화될 가능성 | 업종 전체 |

삼익공업, 국도화학 등 전자와 기계업체들은 다소 혜택을 볼 것으로 예상된다. 이 중에서도 일본 합작회사의 경우 비교적 큰 혜택을 볼 것으로 보인다. 엔화 부채가 큰 기아자동차, 포항제철도 영업부문에서는 마이너스이지만 대외 부채부담 완화라는 측면에서는 플러스다.

## 제 3 장

# 금리와 주가

주식시장을 움직이는 두 개의 큰 축이 있다. 그 중 하나가 기업의 실적이다. 기업의 실적은 경기, 기업에 속한 업종의 영업현황, 개별기업의 영업환경 등에 영향을 받는다.

또 다른 축은 바로 금리다. 금리는 거시경제 변수를 모두 포괄하는 변수로서 경제성장·물가·국제수지·환율·통화 등 주요 거시경제 변수를 반영한다. 금리가 주가와 밀접한 관계를 맺고 있다는 사실은 미국의 증권시장이 잘 반증해주고 있다. 미국경제가 경기둔화 조짐을 보임에 따라 하락세를 걷던 미국의 주가도 금리를 인하하면 곧바로 주가의 상승으로 나타난다. 1998년 하반기 미국 연방준비제도이사회(Federal Reserve Board : FRB)가 세 차례에 걸쳐 금리를 내리자 다우지수가 사상 최대를 기록했었다.

국내증시도 마찬가지다. 보통 「금리 = 경제성장률 + 물가상승률 + $\alpha$」로 표시된다. 즉 적정금리는 경제성장률과 물가상승률이 감안되는 것이다. 이러한 공식을 살펴볼 때 1998년 초 자금경색으로 인한 30%대의 살인적인 금리상승은 주식시장을 얼어붙게 만드는 요인으로 등장했으며, 그 후 국내 증시는 금리 인하 가능성에 따라 등락을 거듭하는 양상을 보였던 것이다.

금리와 주가의 이론적 관계를 살펴보자.

① 먼저 금리가 하락하면 투자자 처지에서 볼 때 대출 및 채권 운용수익률이 하락해 상대적으로 주식투자의 메리트가 커진다. 자연히 대출과 채권운용자금의 일부가 주식시장으로 이동해 주가를 부추기게 된다. 즉 수익률의 상대적 차이 감소로 인한 대체효과가 주식시장에서 발생하는 것이다.

② 금리 하락은 통화의 수요와 공급측면에서 볼 때, 통화의 공급이 수요를 초과할 경우 발생한다. 이는 시중유동성이 그만큼 풍부해진다는 것을 의미하므로 주가가 상승할 수 있는 여건이 조성되는 셈이다. 이러한 상황을 배경으로 주식시장이 경기의 활성화와 관계없이 상승세를 보일 경우 이를 유동성 장세 또는 금융장세가 전개된다고 표현한다.

③ 금리하락은 기업들의 금융비용을 절감시켜 기업들의 순익을 증가시키고 EPS를 높이는 효과를 가져온다. 국내 기업은 부채비율 면에서 다른 국가의 기업에 비해 상대적으로 높은 수준을 보이고 있다. 1997년 금융업을 제외한 상장기업들의 국내 차입금이 265조 원임을 감안할 경우 조달금리가 2% 포인트 하락하더라도 5조 3,000억 원의 금융비용 부담 경감효과가 발생한다. 이는 상장기업들의 영업활동이 괜찮을 경우의 경상이익과 맞먹는 수준이다.

1998년 4월 이후의 금리하락은 IMF와 합의한 3월 말 본원통화 목표치 15.4%(23조 5,000억 원)가 여유 있게 달성됨에 따라 한국은행이 통화관리에 다소 여유를 갖게 되어 나타난 현상이다. 정부가 IMF와「외환시장 안정시 점진적인 금리인하」를 실시하기로 합의함에 따라 금리인하 기대감이 높아지면서 환율이 달러당 1,300원대에서 안정을 보였다. 환율의 안정은 또다시 점진적인 금리의 하향안정세로 이어졌다.

금리는 1998년 9월 이후 정부의 주도하에 다시 하락했다. 기업과 금융권에 대한 구조조정이 마무리됨과 동시에 경제의 침체국면이 더 이상 방치되면 회복이 불가능할 수도 있다는 경고를 정부가 받아들인 결과다. 정부는 통화확대, 경제활성화 대책 등을 발표했고, 콜 금리를 하락시키기 위해 환매조건부채권(RP)* 금리를 인하했다. 콜 금리가 상당 기간 하향안정세를 보이자 회사채 수익률도 동반하락세를 보였다. 1998년 9월 30일 콜 금리가 전격적으로 떨어짐에 따라 회사채 수익률이 동반하락, 한자릿수의 금리를 보였으며 이를 계기로 증권시장도 상승세를 타기 시작했다.

### 1. 금리하락 수혜주에 눈 돌려라(1998년 4월 21일자)

**외채 만기연장 · 외국인 투자유입 : 금리인하 가능성 엿보여**

태광산업은 상장사 중 재무구조가 튼튼한 우량기업이다. 이 회사는 1996년 금융비용으로 221억 원을 썼다. 1997년에는 314억 원으로 늘었다. 1997년 하반기 IMF 체제로 금리가 상승해 금융

---

*환매조건부채권(RP) : 한국은행이 시중의 통화유동성을 조절하는 수단으로 활용하고 있다. 시중유동성이 여유를 보일 경우 한국은행이 보유하고 있는 채권을 매각해 유동성을 흡수하며, 반대로 시중유동성이 부족해 자금사정이 어려울 경우에는 한국은행이 채권을 매수해 유동성을 보충함으로써 시중에 적절한 통화수준을 유지하고 있다.

$$PER(주가수익률) = \frac{주가}{EPS}$$

$$EPS(주당 순이익) = \frac{당기 순이익}{발행 총 주식수}$$

비용이 93억 원이나 더 는 것이다. 주당 약 8,000원 정도를 금융조달 비용으로 추가부담했다는 계산이다. 바꿔 말하면 이 회사가 1997년 말의 단기차입금 구조를 유지한다고 할 때 조달금리가 1% 포인트만 낮아지더라도 주당 약 1,958원의 세전이익을 더 낼 수 있다는 얘기와도 통한다. 따라서 금리가 지속적으로 하향안정세로 돌아설 경우 증시는 동반 상승할 가능성이 높아지는 것이다.

최근 금리가 하락할지 모른다는 기대감이 높아지면서 증시에서는 금리인하가 증시에 어떤 영향을 줄 것인가에 관심이 쏠리고 있다. 고금리시대를 맞아 금융부담 정도가 기업의 사활을 좌우하는 변수로 떠오르고 있는 만큼 금리인하는 곧바로 기업의 수익개선으

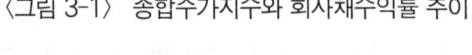

〈그림 3-1〉 종합주가지수와 회사채수익률 추이

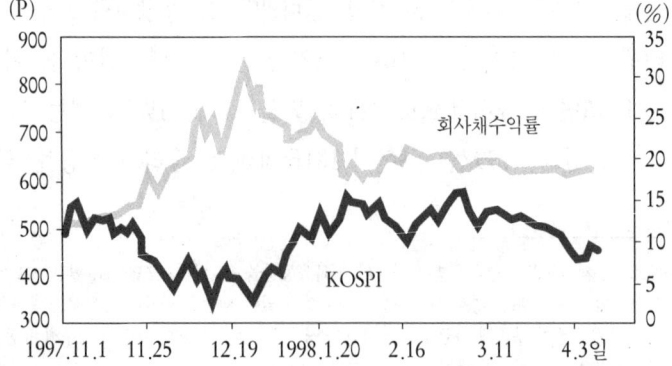

로 이어지고, 이는 주가상승의 요인으로 작용할 것이기 때문이다. 더욱이 한국은행이 최근 들어 RP금리를 2~3% 낮추는 등 어느 때보다 금리인하 가능성이 엿보임에 따라 증시도 과연 금리가 언제 본격적으로 하락할 것인가를 예의 주시하고 있다.

국내의 고금리현상은 IMF 체제 돌입과 함께 시작됐다. 정부와 IMF는 한계기업 퇴출을 통한 기업의 구조조정을 촉진하고 부족한 외화유동성을 확충하기 위해 고금리 기조를 유지해왔다. 1998년 초 이자제한법의 폐지와 함께 한국은행의 지속적인 통화흡수로 콜 금리는 35% 수준을 유지했고, 3년만기 회사채수익률은 30%를 넘나들기도 했다.

1998년 초 30% 대의 금리수준과 비교해볼 때 최근의 금리는 단기간에 큰 폭으로 하락했다고 볼 수 있다. 그러나 여전히 고금리다. 고금리는 외국자본의 국내유입을 유도함으로써 외환시장의 안정을 유지하는 데 도움을 주지만, 고금리로 인해 생산기반이 무너질 수도 있다.

그러면 기업의 사활을 결정짓는 금리는 언제 인하될 것인가? 우선 IMF가 최대의 변수다. 정부의 설득에도 불구하고 IMF는 여전히 금리인하에 난색을 표명하고 있다. 환율의 안정기조가 완전히 구축되었다고 볼 수 없다는 것이다. 금리인하는 외환시장이 지속적으로 안정된 뒤에만 검토할 수 있다는 원칙을 고수하고 있다. 즉 기업의 구조조정, 단기외채 지급 등 외환수급 여건의 개선, 국가신용등급 상향조정, 경상수지 흑자기조 정착 등이 이루어지는 것을 전제로 원/달러 환율이 1,300원 대에서 지속적인 거래가 이루어지는 경우 금리인하를 용인하겠다는 게 기본 생각이다.

IMF는 공식적으로 원화환율의 전망치를 제시하지 않고 있다.

그러나 1998년 2월 정부와 IMF 간에 합의한 통화관련 목표치를 해석해볼 때 IMF는 3월 말 1,500원, 6월 말 1,450원, 9월 말 1,350원, 12월 말 1,300원을 예상하고 있는 것으로 분석된다.

따라서 3/4분기에나 가서야 금리하락이 가능하다는 얘기다. 그리고 1,300원대의 안정적 환율진입은 달러의 수급이 안정되어 일일 환율변동폭이 1% 이내로 이루어지는 경우를 가리키는 것으로 보인다.

그렇다면 금리인하가 이뤄질 경우 증시에 미치는 효과는 무엇일까? 우선 금리하락은 주가 상승을 부추기는 요인으로 작용할 것으로 분석된다. 금리하락은 기업의 과도한 금융비용 부담을 덜어주고 기업의 수익을 증가시켜주기 때문이다. 주식과 채권의 상대적인 투자매력의 척도인 수익률차[yield gap : 금리-(1/PER)]의 개념을 이용하면 금리인하가 주가 상승요인으로 작용함을 더욱 뚜렷이 알 수 있다.

### 금리하락 : 주가상승 요인

금리가 상승해 수익률차가 확대되면 채권에 대한 투자매력이 상대적으로 우위를 차지하게 된다. 반대로 금리가 하락해 수익률차가 축소되면 주식에 대한 투자매력이 상대적으로 우위를 차지하게 되어 주가의 상승을 기대할 수 있게 된다. 실증적으로도 수익률 차가 일정 수준을 상회 또는 하회하게 되면 주가도 이에 상응해 하락 또는 상승하는 것으로 나타났다.

이와 같은 금리와 주가 사이의 역의 관계는 경기순환과 관련해 일정한 시차를 두고 나타나는 것이 보통이나, 최근 들어서는 시차가 무색해질 정도로 증권시장에 즉각적으로 영향을 주고 있다.

또한 국내증시에서 최대 매수세력으로 떠오르는 외국인투자자들에게도 큰 영향을 미칠 전망이다. 이들 외국인은 국내경기의 회복가능성과 더불어 환차익을 고려해 한국주식의 매입대열에 나서고 있다. 따라서 금리하락의 전제가 되는 환율이 하향안정될 경우 외국인의 매수세는 주춤해질 것이다. 증권시장이 수급균형의 상실로 추가적인 상승이 어려울 것이란 전망도 나오고 있다. 하지만 환율과 연계된 외국인의 매수세보다는 금리하락을 바탕으로 한 기업 및 증권시장의 체력보강이 장기적인 관점에서는 더 중요해질 것으로 보인다.

금리인하가 주가에 미치는 정도를 다른 실례를 통해 살펴보자. 그 동안 대대적인 구조조정을 추진해온 OB맥주의 경우 차입금

---

깊이 읽기

### 금리하락 수혜주

단순히 금융비용부담률이 높은 기업을 금리하락의 수혜를 받는 기업이라고 단정짓기는 어렵다. 금리가 하락할 경우 장기적인 관점에서는 모든 기업이 수혜를 받는다고 볼 수 있다.

그러나 단기적인 관점에서는 장기차입금보다는 단기차입금(특히 유동성 부채)이 많은 기업 또는 회사채 발행이 많은 기업이 상대적으로 금리인하 혜택을 많이 받게 된다. 12월 결산법인의 1997년 실적을 기준으로 이들 기업의 총차입금 중 유동성 단기채무의 자금조달 비용이 1% 변동할 경우 경상이익의 증가효과를 가장 크게 보는 기업은 절대금액 기준으로 태광산업, OB맥주, 대상, 롯데삼강, 롯데칠성 등 중소형주인 것으로 분석된다.

## 금리변동에 따른 EPS 변동폭 상위종목

| 종목명 | 자본금<br>(억 원) | 경상EPS 변동폭<br>(원) | 1997년 EPS<br>(원) |
|---|---|---|---|
| 태 광 산 업 | 55.7 | 1,958 | 13,070 |
| O B 맥 주 | 305.5 | 1,779 | 7,719 |
| 대 상 | 229.0 | 1,505 | 7,751 |
| 롯 데 삼 강 | 37.0 | 1,450 | -12,501 |
| 롯 데 칠 성 | 61.9 | 1,409 | 5,878 |
| 세 방 기 업 | 50.0 | 1,217 | 1,419 |
| 연 합 철 강 | 95.0 | 1,213 | -5,211 |
| 제 일 제 당 | 429.5 | 1,050 | 1,107 |
| 롯 데 제 과 | 71.1 | 1,036 | 7,810 |
| 동 부 건 설 | 309.8 | 913 | 3,886 |
| 현 대 차 써 비 스 | 733.3 | 890 | 299 |
| 조 광 페 인 트 | 25.0 | 881 | -159 |
| 대 한 펄 프 | 62.1 | 869 | 791 |
| 대 한 제 당 | 122.5 | 810 | -1,184 |
| 신 동 방 | 149.0 | 795 | -5,978 |
| 현 대 건 설 | 2,725.3 | 783 | 235 |
| L G 금 속 | 600.0 | 778 | -12,273 |
| 고 려 화 학 | 200.0 | 764 | 4,470 |
| 유 공 | 3,640.9 | 693 | 270 |
| 한 국 타 이 어 | 332.8 | 674 | 1,534 |

평균이자율이 지난 1996년의 13.4%에서 1997년에는 12.60%로 대폭 낮아졌다. 1997년 말 금리급등에도 불구하고 대폭적인 차입금 감소로 수익성에 부담을 주는 금융비용이 크게 줄었다. OB맥주가 단기차입금의 조달금리를 1997년 말보다 1% 더 낮춘다면 주당 1,779원의 세전이익을 더 낼 수 있게 됨을 의미한다. 수익이 개선되는 만큼 주가상승도 뒤따를 것이라는 얘기다.

## 2. 금리 하락하면 유동성 장세 기대 (1998년 10월 27일자)

### 수급개선 금융비용 감소 「주가상승」 : 대형우량주 중심 매매를

금리가 연일 하락하고 있다. 1997년 말 31.11%까지 올랐던 회사채수익률이 1998년 10월 15일 9.55%로 사상최저치를 경신했으며, 콜 금리도 1997년 말 35%에서 6%대까지 하락했다. 금융권의 구조조정이 마무리되면서 정부는 금리하락을 유도하고 있으며, 경기활성화를 위한 종합대책의 일환으로 자금지원이 거론되면서 금리가 하락세를 보이고 있다. 금리가 하락하고 환율 및 해외금리 등 증권시장 주변 여건이 개선될 조짐을 보이자 시중 유동자금이 증시유입으로 이어지면서 유동성 장세에 대한 기대감이 살아나고 있다.

최근의 금리인하는 정부가 주도했다. 1998년 9월 30일 정부는 경제장관 간담회에서 한국은행과 협의를 거쳐 RP 매각금리를 계속 낮춰가겠다고 밝혔다. 한국은행은 지난 8월 25일 이후 한 달 이상 지켜오던 RP 매각금리 8% 선을 포기하고, 9월 30일 전격적으로 RP 금리를 1% 포인트 인하했다. 이러한 정부의 노력으로 회사채수익률은 사상최저 수준을 보이고 있다. 현재의 금리수준에 대해, 주변 경제환경에 비해 너무 낮은 수준이 아니냐 하는 우려감과 함께 정부의 인위적인 금리하락이 결국에는 성공하지 못할 것이며 어느 정도 시간이 흐른 후에 금리는 재차 반등할 것이라는 의견도 대두되고 있다.

### 정부, 경기활성화 대책마련 「금리인하」

하지만 현재의 경제여건을 다른 측면에서 살펴보면 지금의 금리수준이 오히려 높다고도 할 수 있다. 적정한 금리수준에 대해서는 많은 논란이 있지만 통상적으로 금리수준은 경제성장률과 물가수준이 고려되어야 한다는 게(적정 금리수준=경제성장률+물가상승률+α) 일반론이다. 1998년 경제성장률은 마이너스 5%로 예상되고 있으며, 소비자물가도 1998년 2월 9.5%의 상승을 보인 이후 지속적으로 하락하고 있다.

지난 9월 말 현재 전년동기 대비 6.9%의 상승률을 보이고 있어 금리는 추가적으로 하락할 여지가 있다. 금리 하락으로 인한 환율의 상승가능성(금리가 하락하면 한국에 대한 투자 메리트가 감소해 국내에 유입된 자금의 해외유출이 유발되고 이에 따라 환율이 상승) 및 이에 따른 외환시장의 안정성 저해가 야기될 수도 있으나 433억 달러(9월 말 현재)를 넘어선 외환보유고와 미국·일본 및 유럽국가들이 금리를 인하하고 있는 세계경제 동향 등을 살펴볼 때 한국은행이 RP 매각금리를 추가로 1~2% 포인트 정도 인하할 수 있는 여지가 충분하다는 주장이 제기되고 있다.

정부의 금리인하정책은 국내경기의 활성화와 맞물려 있다. IMF가 권고한 고금리, 초긴축 정책을 추진하는 과정에서 국내경기는 최악의 침체를 보였다. 이를 더 이상 방치할 경우 국내경제의 기반마저 흔들릴 수준까지 이르렀다. 따라서 금융과 기업부문의 구조조정이 마무리되는 시점에서 정부는 경기활성화 대책을 마련하고 금리를 본격적으로 인하하기 시작했다.

물론 이러한 정부의 인위적인 금리인하 노력에 대해 부정적인 시각이 존재하는 것도 사실이다. 금리를 인하하더라도 시중자금은 실물경제로 유입되기보다는 금융권 내에서만 머물러 결국에는 자금경색 현상이 해소되지 않을 것이라는 주장이 그것이다. 특히

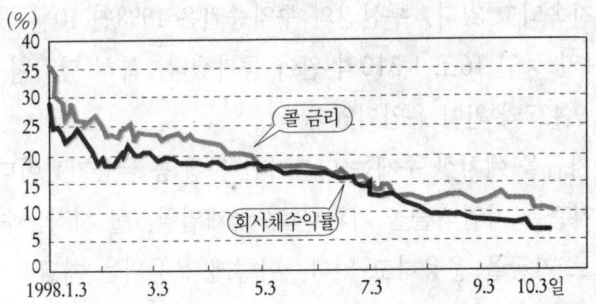

〈그림 3-2〉 콜 금리와 회사채 수익률 추이

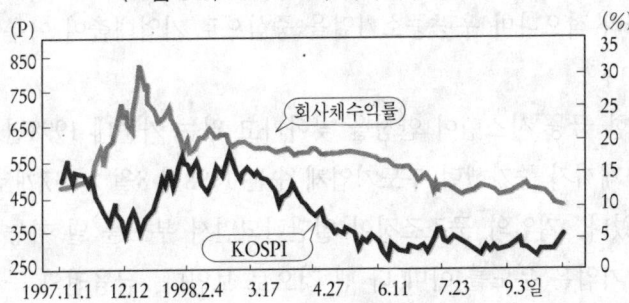

〈그림 3-3〉 KOSPI와 회사채수익률 추이

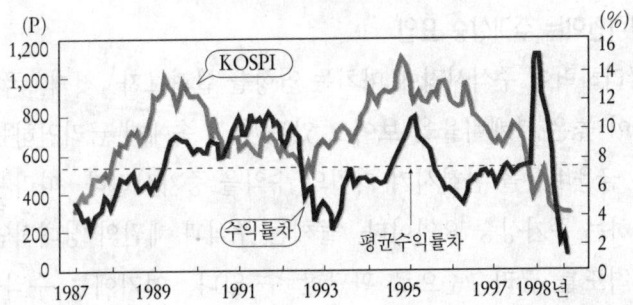

〈그림 3-4〉 KOSPI와 수익률차 추이

시중의 풍부한 유동성이 실물경제부문으로 유입되지 않는 현상은 여전히 지속되고 있다. 투신권의 수익증권은 1998년 10월 들어 8일까지 4일 동안 16조 1,310억 원이 증가했다. 특히 단기형 상품에 12조 9,427억 원이 유입되었다.

이들 자금을 예치한 주체는 다름아닌 은행 등 금융기관이다. 이들 금융기관은 기업대출을 기피한 채 국채입찰, 콜 시장, 수익증권 등으로 자금을 운용하고 있다. 이렇게 운용되는 자금은 하루 20조 원에 이르는 것으로 알려지고 있다. 하지만 이러한 자금운용에는 한계가 있다. 대출금리가 인하되면 수신금리와의 금리 차이가 축소되어 적정한 수익성을 확보하기가 더욱 어렵게 된다. 이에 따라 적으나마 우량중소기업을 중심으로 기업대출이 이루어지게 된다.

또한 금융 시스템이 안정을 찾아가고 있는 가운데 1998년 1월 3,323개까지 증가했던 부도기업체 수는 1998년 8월 1,337개로 줄어들었다. 기업의 구조조정이 일단락되면서 부도를 낼 가능성이 있던 기업은 부도를 이미 다 낸 것으로 보인다. 금융권의 구조조정이 마무리되어 BIS 기준 자기자본비율의 충족이라는 압박에서 벗어나게 되면 신용경색의 문제가 해소될 것으로 예상된다.

### 금리인하는 주가상승 요인

금리하락이 주식시장에 미치는 영향을 살펴보자. 첫째, 국내기업들이 높은 부채비율을 보이고 있는 현실 속에서 금리인하는 기업의 금융비용을 완화시켜 기업의 수익을 증가시킨다. 따라서 금리인하는 주가상승 요인이다. 둘째는 주식과 채권의 상대적인 투자매력도를 금리수준으로 판단할 수 있다. 여기에는 수익률차

(yield gap 또는 yield spread) 개념이 이용된다. 주식에 대한 투자수익을 측정하는 방법 중 하나로 주가수익률(price earnings ratio : PER)이라는 것이 있다.

예를 들어 A라는 기업의 주식이 1만 원이고 이 기업이 1주당 2,000원의 순이익(EPS=2,000원)을 냈다면 20%의 투자수익을 얻은 것이다. 이는 PER(주가/EPS : 위의 예에서는 PER=5)의 역수로 나타낼 수 있다. 한편 채권에 대한 투자수익률은 금리로 표현되어 주식과 채권의 수익률차〔금리-(1/PER)〕의 개념이 성립하게 된다. 금리가 상승하여 수익률차가 확대되면 채권에 대한 투자 매력도가 주식에 비해 상대적으로 우위를 차지하게 된다.

반대로 금리가 하락하여 수익률차가 축소되면 주식에 대한 투자매력이 상대적으로 우위를 차지하게 되어 주가의 상승을 기대할 수 있는 것이다. 실제로 수익률차가 일정 수준 이상 상승 또는 하락하게 되면 주가도 이에 상응해 하락 또는 상승한다는 사실이 입증되었다. 1998년 10월 8일 현재 주식과 채권의 수익률차는 0.81로 평균적인 수준인 7을 훨씬 하회하여 매우 낮은 수준을 보이고 있어 장기적인 관점에서 주가상승을 기대할 수 있다.

금리하락으로 증권시장으로의 시중유동자금 유입 가능성도 고조되고 있다. 유동성 장세는 경기와는 무관하게 시중유동자금의 증권시장 유입으로 인한 수급개선으로 주가가 상승국면을 보이는 것을 말한다. 이러한 유동성 장세는 과거에도 몇 차례 나타났다. 최근의 증권시장도 유동성 장세에 대한 기대감을 보여주듯 고객예탁금이 1998년 10월 2일 1조 6,033억 원에서 10월 13일 2조 694억 원으로 단기간에 4,661억 원이 증가했다. KOSPI도 300포인트 대의 지루한 박스권을 탈피해 상승세를 보이고 있다. 시중 유동자금의 일부가 증권시장으로 유입되어 수급개선이 개선될 경우 주변 경제여건의 호전과 어우러져 증권시장은 대세 바닥국면의 탈출에 성공할 가능성이 높아 보이는 시점이다.

　금리하락과 유동성 장세에 대한 기대감으로 단기적으로는 금리하락의 수혜주로 부채비율이 높은 기업, 금융비용 부담률이 큰 기업에 대한 성급한 투기성 매매가 나타나기도 한다. 하지만 여전히 IMF 체제라는 경제여건을 감안한다면 무리한 단기성 매매보다는 금리하락의 수혜와 더불어 유동성 장세 혜택을 받는 대형우량주 중심의 매매가 바람직할 것으로 보인다.

제 4 장

# 구조조정기의 주가

주식투자의 기본은 기업의 가치를 어떻게 평가하느냐에 달려 있다. 기업의 가치는 그 기업의 수익력과 관련 있으며, 수익은 또한 경기와 밀접하게 연결되어 있다. 즉 기업의 생산성 향상, 기술개발 노력, 신시장 개척 등 개별기업의 노력에 의거해 기업의 경영실적이 크게 좌우되지만 전반적으로는 경기의 움직임에 따라 달라진다.

정치적·사회적 요인은 특별한 경우를 제외하고 증시에 단기적인 영향을 주는 데 그친다. 증시수급도 단기 또는 중기적으로는 증시에 영향을 미치지만 장기적인 대세를 좌우하지는 못한다.

예를 들어보자. 1989년 이후 증시가 대세 하락국면에 접어들자 정부는 12·12조치와 증시안정기금의 증권사 특별담보대출을 통해 약 7조 원어치의 주식을 매입토록 했으나 하락하는 주가를 저지하지 못했다. 그 후에도 정부는 증시가 하락할 때마다 수많은 증권시장 안정대책을 내놓았으나 번번이 실패했다. 경기가 뒷받침되지 않아 아무런 효과를 발휘할 수 없었던 것이다. 결국 경기가 조정기 내지는 침체기에 들어서면 주가도 대체로 약세를 보일 수밖에 없다는 것이 그 동안의 경험이다. 따라서 이러한 시기에는 방어적인 주식투자전략을 구사해야 한다. 방어적인 주식투자전략이란 예상되거나 진행되고 있는 경영환경의 변화에 적극 대응하는 기업들을 골라 투자한다는 것을 의미한다. 경기가 침체국면을 보인 원인을 잘 살피고 그 원인에 적절히 대처하고 있는 기업에 투자해야 하는 것이다.

IMF 이후 국내 경기는 금융 및 기업의 구조조정과 맞물리면서 대체로 고환율·고금리라는 현상이 두드러졌다. 1998년 한 해 동안 이 같은 경기특성에 적절히 대응한 기업에 투자한 사람은 주식시장의 침체에도 불구하고 높은 수익을 올렸거나 손실이 상대적으로 적었다.

기업들은 IMF 체제 도입과 함께 최악의 경기침체를 겪고 있다. 차입경영을 해온 기업들은 이자 부담에 더 큰 곤욕을 치러야 했다. 경기가 호황국면을 보일 경우에는 부채를 이용한 차입경영이 효과를 발휘할 수도 있으나, 경기가 후퇴하여 조정 내지는 침체국면에 접어들 때에는 기업의 매출증가를 통한 이윤획득보다는 차입금의 이자부담 증가로 인해 경영에 큰 타격을 입을 수 있다. 차입금의 만기연장이 어려워지면 기업은 최악의 경우 흑자도산에 빠지게 된다. 이러한 관점에서 보면 경기조정 내지 경기침체기에는 차입을 적게 한 기업, 즉 부채가 적은 기업이 투자의 대상이 될 수밖에 없다. 이러한 기업은 대부분 재무구조가 건전한 기업들로 차입금에 대한 금융비용보다는 은행 등 금융권에 예치한 자금에 대한 금융소득이 더 많아 금리가 상승할수록 그 수익의 폭이 커지는 경향을 보인다.

환율 측면에서도 지난 1년 동안 주식시장은 희비의 쌍곡선을 멋지게 그려냈다. 환율이 급등함에 따라 수출비중이 높은 기업은 상대적으로 매출액과 수익이 크게 증가했다. 특히 원자재 수입비중이 낮은 기업은 실적호전을 바탕으로 높은 주가상승률을 보였다. 대표적인 예로 섬유의복 업종의 수출비중이 컸던 「영원무역」을 들 수 있다.

반면 환율상승에도 불구하고 전반적인 국내 경기의 침체로 인해 수입 원자재를 적절히 조달하지 못한 기업들은 적기에 제품을 수출하지 못해 큰 어려움을 겪기도 했다. 하지만 이러한 경제환경 속에서도 내수기업은 호황을 누렸다. 다른 산업이 성숙기에 진입하고 경기 호황기에는 상대적으로 낮은 수익을 낸다는 이유로 외면당하던 기업들이다. 이들 내수기업은 그 동안 다져온 내실을 바탕으로 진가를 발휘했던 것이다. 사업다각화보다는 「한우물파기」식 경영으로 자기 업종 내에서 독보적인 위치를 확보한 덕분이다. 국내경쟁을 통해 일찍이 구조조정에 성공한 기업들도 진가를 발휘했다. 「농심」이 그 대표적인 기업이다. 이 회사는 일반인들의 생필품으로 자리잡은 라면에 대한 수요가 1998년 들어 증가하자 안정적인 재무구조와 함께 주가가 큰 폭으로 상승했다. 구조조정기에는 예전과 완전히 다른 투자방식을 구사해야 성공할 수 있다는 얘기다.

## 1. 구조조정 관점에서 본 주식시장 (1997년 10월 21일자)

### 상승단계 아닌 불황 시작

최근 한국경제는 고비용·저효율의 경제구조와 정치상황의 불확실성으로 투자위축과 실업증가, 국제수지 및 외환 불안, 경기회복 지연 등에 대한 우려가 확산되고 있다.

지난 1996년 우성건설 부도를 시발로 건영과 한보철강, 그리고 삼미특수강 등이 연이어 부도가 났다. 또한 진로와 대농, 그리고 기아그룹이 부도방지협약 대상이 되었다. 이에 따라 경제주체들의 불안심리가 확산되면서 자금흐름이 경색되고 대외신용도가 하락하자 중소기업은 물론 대기업까지 연쇄부도에 대한 우려가 심화되고 있다. 금융기관들이 대출조건을 더욱 까다롭게 강화하자 일부 우량기업을 제외하곤 거의 모든 기업의 거래여신이 사실상 중단된 상태다.

기업들은 이 같은 상황에서 경제를 활성화하고 경쟁력을 강화하기 위해 산업구조조정의 필요성을 절감하고 있다. 특히 경기침체로 심한 타격을 받고 있는 자동차산업은 전반적인 구조조정이 시급한 실정이다.

그렇다면 산업구조조정이 주식시장에 미치는 영향은 무엇일까? 현재 주식시장을 전망하는 데는 함께 고려해야 할 사항이 있다. 바로 경기순환적인 측면이다. 전체적인 경기순환 속에서 산업구조조정이 과연 어느 단계에 접어들었는지 살펴볼 필요가 있다.

경기순환론의 관점에서 볼 때 현재의 국면은 거시경제지표상 불황기의 막바지 국면이다. 8월 중 산업생산 지표는 수출이 증가함에 따라 생산이 7월보다 0.6% 포인트 높은 8.6%로 호전되고, 출하도 12%대의 높은 증가율을 보이고 있다. 재고도 1995년 5월의 5.0% 이후 27개월 만에 가장 낮은 수준인 5.8%까지 떨어지면서 재고조정이 막바지에 접어든 느낌이다.

경기선행지수는 6개월째 증가세를 보이고 있으며, 수출은 환율

상승과 미국·유럽 등 선진국들의 경기호조로 9월에 15.7% 증가하는 등 2개월 연속 두자릿수의 증가율을 보이고 있다. 경기는 지표상으로는 거의 바닥에서 탈출하고 있는 상태라는 것이 전문가들의 일반적인 견해다. 따라서 주식시장은 경기보다 선행하는 특성상 현재는 상승전환 초기 국면에 진입해야 마땅하다.

그러나 경기저점의 탈피에 대한 기대감 속에서도 주가가 여전히 바닥을 탈피하지 못하고 있는 까닭은 무엇일까? 산업구조조정이란 관점에서 살펴보면 어느 정도 이해할 수 있다. 미국의 경우 1980~91년까지 무려 10여 년 동안 구조조정기를 거쳤다. 일본은 1991년 이후 거품경제가 붕괴되면서 구조조정을 시작해 7년이 지난 지금도 구조조정 과정에 놓여 있다.

### 일본 선단식 경영전략 대폭 수정

외국기업들은 구조조정을 통해 과도한 은행차입에 의한 선단식 경영전략을 대폭 수정하고 채산성이 악화된 부실부문을 과감히 정리 및 통합했다. 재무구조를 건전화하는 동시에 비교우위의 경쟁력이 있는 분야에만 경영자원을 집중시켰다. 이를 위해 제품생산의 수직통합과 사업부문 간 M&A, 감량경영, 신제품 및 신공정기술의 개발을 위한 연구·개발투자, 물류개념의 도입 등 저비용·고효율화를 도모했다.

일본은 1980년대 고도성장의 거품이 1990년대 들어와 빠지면서 경기부진과 금융불안으로 특징되는 이른바「복합불황」이 불어닥치자 이를 극복하기 위해 거품경제시대에 형성된 원 세트(one set), 풀라인(full line), 다각화 전략으로 대표되는 선단식 경영전략을 대폭 수정하고 비교우위의 경쟁력 있는 분야만을 본업으로 규정하고 경영자원을 집중시킴으로써 복합불황에서 벗어나고 있다.

구조조정 기간 동안 이들 국가의 주식시장은 약세를 면치 못했다. 한국은 1996년 1월 우성건설 부도 시점을 구조조정기의 시작으로 볼 때 이제 겨우 2년도 채 경과되지 않은 구조조정기의 초기단계 내지는 진행단계에 놓여 있는 것으로 판단된다.

최근 50대 그룹을 대상으로 실시한 대기업의 구조조정에 대한 업계 의견을 조사한 자료에 따르면, 이들 기업 중 32%만 구조조정에 착수했으며 52%는 이제 착수할 계획이고 16%는 구조조정의 필요성을 느끼지 못하는 것으로 나타났다. 이 같은 조사결과와 한보·진로·기아사태 등의 추이로 볼 때 한국경제는 앞으로 빨라도 2~3년, 늦으면 4~5년 간은 더 구조조정기를 겪어야 경쟁력을 회복할 수 있을 것으로 전망된다.

따라서 구조조정의 관점에서 보면 우리나라 주식시장은 결코 상승전환 임박단계가 아니라 장기 침체국면의 초기 내지는 조정국면이 지속되리란 분석이다. 1997년 말 종합주가지수도 600~650선에서 납회될 확률이 높으며, 새정부가 출범하는 1998년에는 종합주가지수 600선이 붕괴될 가능성도 전혀 배제할 수 없다. 다만, 구조조정의 성공 여부에 따른 개별 기업들의 경쟁력 회복 정도에 따라 업종 간, 그리고 동일업종 안에서도 기업 간 주가가 더욱 차별화될 것으로 예상된다. 구조조정을 성공적으로 추진하는 데 필요한 정부의 정책적 뒷받침과 기업의 노력 여하에 따라 개별주가의 향방이 더욱 뚜렷해지는 시대가 도래하고 있는 것이다.

> 깊이 읽기

## 구조조정 관점에서 본 투자유망종목

### 대표적인 투자유망종목

(단위 : 억 원, %원)

| 종 목 | 구조조정 방법 | 세부 추진 내용 | 1997반기실적(증가율) | | | |
|---|---|---|---|---|---|---|
| | | | 매출액(%) | 경상이익(%) | 순이익(%) | EPS(원) |
| 새 한 (27500) | • 공장 통합<br>• 외주 전환<br>• 해외 현지화<br>• 공장부지개발 | • 1992~96년 5년 간 대구공장·구미공장 통합완료<br>• 비경쟁적인 방모직물부문 외주가공 전환<br>• 저가제품은 중국 톈진 현지법인 설립 생산<br>• 대구공장 잔여부지(4만 5,000평) 대규모 아파트 및 상업업무 단지 개발계획 | 6.5 | -37.9 | -19.7 | 258 |
| 동일제지 (35260) | • 신기술 개발 | • 효소 이용, 폐수감소·원가절감되는 고강도라이너 개발<br>• 펄프 대신 폐지를 사용, 원가절감과 매출증대되는 원지 (콘디벨 트라이너지)를 핀란드 「발멧」사와 공동개발 중 | -11.7 | 246.5 | 230.2 | 5,690 |
| 엘지화학 (39000) | • 사업구조 조정<br>• 부실부문 정리<br>• 해외 현지화<br>• 생명공학 육성 | • 1996년부터 6개 사업본부, 40개의 Objective Business Unit으로 개편 및 독립채산제 운영<br>• 조미료 사업 등 4개 적자사업부문 철수<br>• 2000년 50개, 2005년 200개 현지법인 확보<br>• 퀴놀론계 항생제, 항응혈제 등 신약기술 수출 | 17.1 | 46.3 | 11.9 | 318 |
| 동성화학 (39060) | • 신사업(의약부 외품) 확충<br>• 해외 현지화<br>• 부실부문 정리 | • 1995년 의약품 패치체 소재(폴리우레탄 필름) 및 우레탄 붕대 (바이오 캐스트)를 개발<br>• 1988년부터 해외 진출, 현재 7개 해외법인<br>• 1996년에 20억 원의 적자 기록한 PPG 사업 별도 법인화 | 24.2 | 131.3 | 230.5 | 3,834 |
| 한미약품 (40750) | • 신기술 개발<br>• 사업다각화 | • 의약품 제법기술 타롤(Microemulsion제법기술 스위스 노바티스사에 수출)<br>• 멀티미디어 지분참여(SBS, MBN, 안동CATV)<br>• 식품사업에 진출한 플라보노이드 음료 미스틱의 판매호조 | 21.7 | 50.2 | 62.0 | 1,232 |
| 동 성 (75640) | • 부동산 처분<br>• 부실부문 정리<br>• 사업확충<br>• 고부가가치 사업 추진 | • 삼성동 본사(130억 원), 부평공장(50억 원) 매각<br>• 알루미늄 압연사업 중단<br>• 구대전피혁의 인수, 고부가가치 피혁 생산<br>• 부산 용호동 시유지 10만 평 종합개발계획 | -15.3 | 적자지속 | 적자지속 | -386 |
| 영원무역 (78370) | • 해외 현지화<br>• 신발사업진출 | • 방글라데시(11개현지법인보유), 자메이카 스포츠의류공장 설립<br>• 방글라데시 치타공 한국공단 사업 추진<br>• 국제상사로부터 생산기술 도입(방글라데시 현지법인 설립) | 99.6 | 109.2 | 67.7 | 2,954 |

우리경제는 앞으로도 상당기간 구조조정 과정을 거칠 것이다. 구조조정의 관점에서 볼 때 투자유망종목은 개별기업 차원에

서 이미 구조조정에 성공한 기업, 현재 적극적으로 구조조정을 추진하는 기업들로서 향후 실적이 대폭 개선될 조짐을 보이는 기업군들이다. 이들 종목군을 대표적인 기업별로 살펴보면 앞의 표와 같다.

### 2. 침체기의 투자방법(1997년 12월 2일자)

#### 적응력 뛰어난 기업에 투자하라

지금 우리 경제는 사상 유례를 찾을 수 없는 심각한 위기에 봉착해 있다. 잇단 대기업의 부도 사태로 금융권이 부실해지고 환율과 금리가 천정부지로 치솟고 있다. 대외신인도가 하락하면서 해외 차입이 차질을 빚고 있으며, 개방 이후 줄곧 매수 우위를 유지했던 외국인 투자자도 주식 매도에 치중하고 있는 실정이다. 급기야 정부가 강력한 의지를 갖고 추진했던 금융개혁법안도 끝내 무산됨으로써 정부의 위기관리 능력에 대한 불신이 한층 증폭되고 있다. 정부 일각에서는 현재의 위기를 타개하기 위해서는 사실상 국가경제의 파산을 의미하는 IMF 구제금융신청도 고려해야 한다는 목소리가 높아지고 있다. 실제로 IMF로부터 지원을 받거나 정부나 중앙은행이 직접 미국·일본 등 선진국으로부터 외화를 차입해오는 특단의 조치가 강구되고 있는 것으로 알려지고 있다.

금리와 환율 등 우리 경제의 위기감이 반영되면서 증시는 1997년 8월 말 이후 줄곧 침체 양상을 보이고 있다. 1997년 초 이후 실세금리의 안정과 함께 경기저점에 대한 논의가 활발해지면서 주가지수 800포인트 선까지 상승을 시도한 것은 옛 이야기가 돼버린

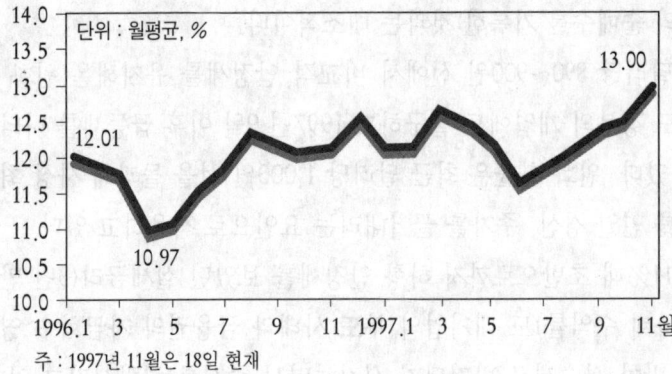

〈그림 4-1〉 금리동향

주 : 1997년 11월은 18일 현재

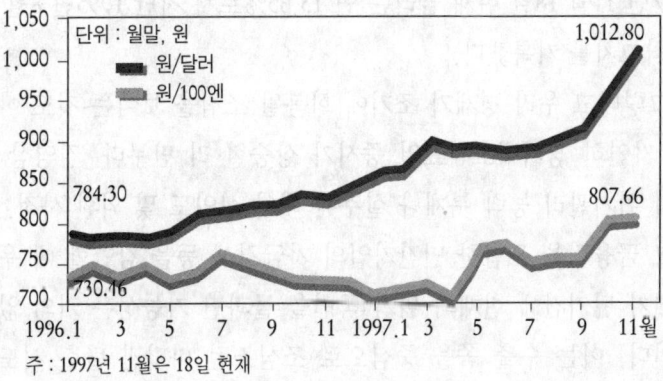

〈그림 4-2〉 환율동향

주 : 1997년 11월은 18일 현재

지 오래다. 불과 2개월여 만에 증시상황이 급속히 악화된 것이다. 환율이 불안해지면서 외국인 투자자들이 대거 주식매도에 나선 것이 주가하락에 결정적인 역할을 했다.

### 불안요인 단기간 해소 「희박」

외국인 투자자들은 1997년 들어 두 차례에 걸친 투자한도 확대 조치에도 불구하고 1997년 11월 18일 현재까지 281억 원의 순매도를 기록했다. 지난 1992년 증시개방 이후 1996년까지 11조 1,730억 원의 순매수를 기록한 것과는 대조적이다.

달러당 890~900원 선에서 비교적 안정세를 유지해온 원화 환율도 정부의 개입에도 불구하고 1997년 9월 이후 급등세를 나타내고 있다. 원화 환율은 최근 달러당 1,000원 선을 돌파해 사상 최고치를 연일 경신, 주가를 끌어내리는 요인으로 작용하고 있다.

11%대 초반으로까지 하향 안정세를 보였던 실세금리(3년 만기 회사채 수익률)도 대기업의 부도 사태와 금융권의 자금회수 영향을 받아 상승세로 반전되기 시작하면서 증시를 하락시키고 있다. 1997년 11월 18일 현재 금리는 연 13.65%로서 지난 1995년 8월 이후 최고치를 기록했다.

그렇다고 우리 경제가 조기에 회복될 조짐을 보이는 것도 아니다. 자연히 경기예고지표인 증시가 상승할 리 만무다. 김영삼 정부의 위기관리 능력 부재나 실추된 대외 신인도 및 외환 사정, 그리고 금융권을 포함한 민간기업의 자금경색 등을 감안할 때 우리 경제가 단기간에 현재의 위기 국면을 돌파할 가능성은 거의 없어 보인다. 이는 수출 쪽을 중심으로 조심스런 바닥권 탈출 시도를 보이고 있는 우리 경제 전반에 암운을 드리울 것으로 예상된다.

게다가 금융권의 자금경색은 대기업뿐만 아니라 한계기업의 잇단 도산으로 이어질 가능성을 높여준다. 나아가 외환위기는 정상적인 수출입 활동을 제약할 우려가 있다. 만약 정부가 IMF 구제금융이라도 신청하는 경우가 발생하면, 우리 경제는 마이너스 성장을 감수해야 하는 상황이 도래할지도 모른다.

현재의 위기국면이 지속된다면 증시는 상당 기간 침체에서 벗어나기 어려울 것이다. 외국인들도 주식매도 공세를 한층 강화할 것이다. 증시 일각에서는 IMF 구제금융신청이 이루어지면 발길을 돌리고 있는 외국인들이 다시 돌아올 것이고, 증시도 회복세로 반전될 수 있을 것이라는 다소 희망 섞인 관측을 내놓고 있기는 하다. 그러나 이미 구제금융을 신청한 태국이나 인도네시아의 경우를 보더라도 환율과 주가가 일시적인 회복세를 보일지는 몰라도 이전의 불안상태를 지속함을 알 수 있다. 이는 구제금융이 만병통치약이 아니라는 증거의 하나이며, 구제금융 그 자체보다는 구제금융을 신청할 정도로 악화된 경제상황이 근본적으로 바뀌고 있는가의 여부가 주가 회복을 좌우한다는 사실을 보여주고 있다 할 것이다. 따라서 현재로서는 전반적인 증시침체 장기화를 염두에 두고 방어적인 투자전략을 수립해야 할 것으로 전망된다.

### 방어적 투자전략 요구돼

여기에서의 방어적인 투자전략이란 예상되는(또는 현재 진행되고 있는) 경영환경 변화에 대해 적응력이 뛰어난 기업에 대한 투자를 의미한다. 우리 경제에서 적어도 단기간에 예상되는 환경변화는 환율과 금리상승 및 구조조정 진행, 그리고 경기침체 장기화 가능성 등을 들 수 있다. 따라서 이러한 변수에 대한 적응력이 높은 기업을 대상으로 투자를 압축하는 것이 침체기의 리스크 관리에 대한 유리한 방안이라 여겨진다.

차입경영에 능통한 대기업들이 자금 및 외환시장의 불안과 더불어 금융권의 자금회수와 환차손 발생에 신음하고 있을 때 대규모의 여유자금을 금융권에 예치해 금융수익을 올리는 기업이 있는가 하면, 외화부채 대신 외화자산 보유를 늘려 오히려 환차익을 즐기고 있는 기업도 있다. 일부 수출 비중이 높은 기업이나 판매

> 깊이 읽기

### 침체기의 투자유망종목

향후 예상되는 경영환경 변화와 관련해 투자유망 기업을 선별해보면 대체로 원화절하, 금리상승, 구조조정, 경기둔감, 시장지배, 첨단기술 보유 등의 기업군으로 나눠볼 수 있다.

해당 기업군 내에서의 대표적인 기업을 열거하면 다음과 같다.

**침체기의 투자유망 종목**

| 구분 | 관련기업 | 주요 내용 | 예상실적 증감률(%) | | | EPS (원) |
|---|---|---|---|---|---|---|
| | | | 매출액 | 경상이익 | 순이익 | |
| 원화 절하 | 한국 카프로락탐 | 매출액의 90% 달러 결제 | 11.1 | -29.3 | -36.6 | 10,204 |
| | | 외화자산 5,100만 달러 보유 | 11.6 | 16.7 | 14.7 | 11,704 |
| | 영원무역 | 생산기지 100% 해외이전 | 48.7 | 70.6 | 57.8 | 2,241 |
| | | 상반기 수출비중 98.4% | 15.4 | 20.0 | 18.7 | 2,524 |
| 금리 상승 | 태림포장 | 260억 원의 현금예금 보유 | 2.0 | -18.8 | -11.8 | 504 |
| | | 연간 20억 원 전후의 금융수익 발생 | 16.4 | 60.0 | 50.0 | 756 |
| | 동아타이어 | 상반기 현재 373억 원의 현금예금 보유 | -7.2 | -2.6 | -2.6 | 6,840 |
| | | 연간 50억 원 전후의 금융수익 발생 | 4.5 | 2.2 | 3.2 | 7,060 |
| 구조 조정 | 동성화학 | 7개의 해외 현지법인 보유(2개사 과실 송금중), 19997년 38억원 과실송금 예상 | 18.0 | 146.4 | 126.2 | 2,537 |
| | | | 10.5 | 12.5 | 5.3 | 2,670 |
| | 동성 | 무수익 자산처분(630억 원 규모) | -2.5 | 적지 | 적지 | -390 |
| | | 부실부문인 알루미늄압연 중단 | 11.7 | 흑전 | 흑전 | 56 |
| 경기 둔감 | 웅진출판 | 경기불황으로 인한 저가의 학습지 매출 호조, 방문판매에 특화 | 19.2 | 42.3 | 41.0 | 4,833 |
| | | | 15.9 | 31.2 | 31.8 | 6,370 |
| | 서울 도시가스 | 공급지역 내에서 공동주택의 지속적인 건설로 영업기반 확대 | 7.6 | 86.5 | 64.9 | 2,428 |
| | | | 6.1 | 5.0 | 5.8 | 2,571 |
| 시장 지배 | 농심 | 라면·스낵 시장 1위 업체 | 12.1 | 51.3 | 58.7 | 6,401 |
| | | 러시아 등으로 수출물량 증가 추세 | 8.1 | 7.0 | 7.2 | 6,863 |
| 첨단 기술 | 새우포리머 | 에너지절약 대체소재인 평면광원체 제조 기술 및 사용권 인수 | 60.1 | 952.3 | 911.7 | 1,293 |
| | | | 36.4 | 33.3 | 45.1 | 1,859 |

주 : 1. 예상실적 증감률 중 상단은 1997년, 하단은 1998년 수치임.
    2. 적지 : 적자지속, 흑전 : 흑자전환

대금을 외화로 결제하는 기업은 최근의 외환위기가 마냥 우려되는 상황만은 아닌 것 같다.

미국·일본 등 선진국을 중심으로 활발히 진행되고 있는 구조조정과 관련해 우리나라에도 분명 시대를 앞서가고 있는 기업이 존재하고 있다. 불황이 장기화할 가능성이 높다면 경기둔감형 사업구조를 보유하고 있는 기업을 선택할 필요가 있다. 관련제품 수요시장에서 확고한 시장지위를 구축하고 있는 기업에 대한 관심도 당연히 높아질 것이다. 첨단 기술력을 보유하고 있는 기업 또한 불황기에 대해 내성이 강할 것이다.

반면 해외 차입으로 막대한 외환관련 손실이 발생되는 일부 대기업이나 재무구조가 취약한 기업, 경기변동에 민감한 기업 등은 철저히 투자대상에서 배제해야 할 것으로 판단된다. 이런 기업은 외국인들의 매도 공세가 지속된다면 직격탄을 면할 수 없을 것이기 때문이다.

### 3. IMF와 주식투자(1997년 12월 9일자)

**구조조정 기업에 눈 돌려라**

1997년 11월 21일 정부는 IMF에 대해 200억 달러의 구제자금을 요청했다. 이 해 초부터 한보·삼미 등 대그룹의 부도로 시작된 금융기관의 부실화는 진로·대농에 이어 기아마저 지급불능 상태에 빠짐에 따라 최악의 상황을 연출했다. 해외 평가기관들은 국내 금융기관 및 기업에 대해 평가등급을 하향 조정했다.

이는 금융기관의 대외신인도 하락으로 연결되어 해외차입이 어려워지고 단기유동성이 크게 악화되었다. 지속적인 무역적자로 경

〈표 4-1〉 최근 IMF의 자금지원국 상황

| 구 분 | 멕시코 | 태 국 | 인도네시아 |
|---|---|---|---|
| 지원배경 | • 만성적인 대규모 경상수지 적자 등 실물경제 기반 취약<br>• 인위적인 환율정책(페소화의 고평가)<br>• 정치적·사회적 불안<br>• 외화자금의 급속한 유출 | • 금융시장 자유화에 따라 대규모 해외자금이 부동산 및 증권시장으로 유입되어 과열 조장<br>• 수출경쟁력 약화<br>• 부동산 등의 과열이 해소되면서 금융기관 부실화<br>• 인위적인 환율정책 고수(바트화의 고평가) | • 대규모 해외자금이 부동산시장에 유입되어 부동산시장 과열<br>• 부동산가격 하락으로 부동산관련 대출이 부실해지면서 금융기관 부실화 초래 |
| 지원요청 | 1995년 1월 6일 | 1997년 7월 | 1997년 10월 |
| 지원규모 | 516억 달러(IMF 179억 달러) | 167억 달러(IMF 52억 달러) | 330억 달러(IMF 100억 달러) |
| 자구대책 | • 거시경제 목표 제시<br> - 재정흑자를 위한 공공요금 및 부가가치세율 인상<br> - 긴축재정을 위한 공공투자 축소<br>• 공기업 민영화 | • 42개 부실금융기관 폐쇄<br>• 부실금융기관 합병<br>• 재정긴축정책 및 임금상승 억제<br>• 부가가치세 인상 | • 부실 금융기관 통폐합<br>• 16개 부실은행 폐쇄<br>• 수입개방 확대<br> - 일부 독점수입품 개방, 수입관세 단계적 인하 등 |

상수지 누적적자가 확대되는 가운데, 설상가상으로 태국·인도네시아 홍콩으로 이어지는 동남아시아국가의 외환시장 붕괴는 우리나라에 직접적으로 영향을 주어 환율을 상승시켰다.

아울러 한국은행의 외환보유고가 IMF가 권고하는 적정 규모(3개월 수입금액으로 약 360억 달러 수준)를 크게 밑돌게 되어 대외지급능력을 상실했다. 외환·자금·증권시장이 정상적인 기능을 수행하지 못하게 되자 정부는 부실채권 정리, 금융기관 간의 M&A 활성화, 환율변동폭 확대 등의 금융시장안정대책을 발표했으나, 외화 단기유동성의 문제를 구체적으로 제시하지 못해 금융시장의 안정을 회복하는 데 실패했다. 급기야는 외환위기를 자력으로 해결하지 못하고 IMF에 지원을 요청하기에 이르렀다.

IMF는 자금지원의 조건으로 국내 경제에 강도 높은 영향력을 행사할 것으로 보인다. 일반적으로 IMF의 지원조건으로는 자유경쟁 및 개방확대라는 대원칙 아래 재정 건전성 확립, 경상적자 축소, 금융기관 구조조정, 부실금융기관 정리 등이 예상된다.

### IMF, 만병통치약 아니다

IMF 구제금융 신청 직전에 우리나라는 금융기관의 구조조정 및 부실금융기관의 정리의사 및 기준과 일정을 스스로 밝혔었다. 그러나 IMF에 자금지원을 요청한 이유가 금융기관의 부실화에 따른 외환위기였기 때문에 IMF는 자금지원을 계기로 금융기관의 구조조정 및 부실금융기관의 정리에 상당한 비중을 둘 것으로 예상되며, 그 강도도 우리가 진행하려 했던 것보다는 상당히 강할 것으로 보인다.

이 과정에서 금융기관의 차입에 의존하는 국내 기업의 자금조달 특성상 적지 않은 기업들이 정리대상이 될 것으로 예상된다. 금융시장의 불안감이 단시일 내에 해소되지 않을 경우에는 자금흐름의 왜곡으로 고금리 추세가 지속될 것이므로, 금융비용 문제가 많은 기업에 어려움으로 작용할 것으로 판단된다.

생존을 위한 기업의 투자축소, 재정의 건전성 확보를 위한 정부지출의 감축, 개인의 소비 감소 등으로 경제성장률은 상당히 낮아질 것으로 예상된다. 이에 따라 사회간접자본(SOC) 등 국가정책적 사업과 건설투자는 침체될 것으로 판단된다.

그러나 경상수지 적자 축소 등 무역수지가 개선 추세를 보이고 있어 외환보유고는 적정수준을 유지할 공산이 큰데다 국내 경기가 서서히 회복 기미를 보이고 있어 적정 수준의 IMF 자금지원이 이루어진다면, 멕시코의 경우처럼 실물경기의 회복을 바탕으로 이번의 외환위기를 무난히 극복할 수도 있다.

　현재 IMF에 대한 자금지원 요청에 힘입어 단기적으로 외환시장은 달러당 1,100원 수준에서 안정을 보이고 있다. 그러나 IMF의 지원이 만병통치약으로 작용하지는 않을 것으로 보인다. 자금시장과 증권시장은 IMF 지원이 있기까지 최소한의 시일이 필요하며, 지원 이후에야 국내 경제에 많은 영향력을 미칠 것으로 예상되기 때문이다. 투자·소비·재정 등의 위축으로 경제성장률 둔화, 실업률 증가, 금융기관의 보수적인 자금운용으로 증권시장에는 단기적으로는 악재로 작용할 것으로 분석된다. 태국·인도네시아는 물론 IMF의 자금지원 이후 장기 상승국면에 진입한 멕시코의 경우에도 단기적으로는 증권시장이 약세를 면치 못했다.

### 건설은 울고, 섬유·조선은 웃고

　정부의 재정집행이 위축됨에 따라 공공부문의 발주 및 기업체의 신규투자 억제 등으로 설비투자 및 SOC투자 관련주, 특히 건설업종의 영업여건이 악화됨에 따라 정리대상이 되는 금융관련주도 약세를 보일 것으로 예상된다.

　이들 부실금융기관을 인수하는 우량 금융기관도 부실요인을 떠안음에 따라 상승에는 제약을 받을 것이다. 또한 정부의 인위적인 중소기업 지원정책도 크게 줄어드는 등 영업환경에 많은 제약을 받을 것으로 보여 일부 중소형주의 주가도 약세를 보일 것으로 전망된다. 금융기관의 구조조정이 이루어지면서 부채비율이 높고 차입구조가 단기화되어 재무상태가 부실하거나 금융비용 부담이 큰 기업의 주가도 약세를 보일 것으로 보인다.

　반면 이미 구조조정을 착수해 그 성과가 가시화된 기업이나 안정적인 영업기반을 보유하고 있어 경쟁력을 보유하고 있는 기업들의 주가는 상대적으로 강세를 보일 것으로 예상된다. 특히 경쟁력을 확보하고 있으며, 미주지역의 수출비중이 높은 섬유·조선 등의 업종은 상대적으로 강세를 보일 전망이다.

외환위기와 더불어 증시침체의 결정적인 역할을 한 외국인의 매도세는 어느 정도 진정될 것으로 보인다. 국가신인도 하락 및 성장둔화에 대한 우려감으로 외국인의 매수가 지속될지는 불투명하지만, 삼성전자·포철·LG전자 등 우량주 중심의 매수세는 당분간 이어질 것으로 보인다.

> 깊이 읽기

### IMF 지원관련 유망주

| | | |
|---|---|---|
| 경기둔감 | 동양제과 | 제과산업의 특성상 경기에 둔감하다는 이점과 핵심 브랜드 육성전략의 성공적 진행으로 안정적인 수익성 창출가능. |
| | 무학주정 | 국내 주정판매 구조상 주정회사들의 매출 및 수익은 안정적. 1996년을 기점으로 재무구조의 건실성이 정착되어 안정적인 수익창출이 예상됨. |
| | 중외제약 | 병원매출 1위 업체로 경기에 둔감한 전문의약품 매출비중이 83%를 차지. 머크사에서 라이선스한 고지혈증 치료제 메바코 등의 매출 호조. |
| | 율촌화학 | 주요 거래선이 농심, 제일제당, 롯데제과 등 대형업체로 영업기반 안정. OPS 라벨, HRPP 필름, 반도체 캐리어 테이프 등 신제품의 상용화 단계 진입. |
| 원화절하수혜 | 태평양물산 | 수출비중이 97.7%이며 대부분 달러 결제. 1997년 상반기 현재 103억 원의 외환 자산 보유. |
| | 녹십자 | 1997년 상반기 현재 2,356만 달러의 외화예금 보유. 연말 환율을 1,000원으로 가정했을 때 1997년 외화환산 수익 33억 원 예상됨. |
| | 한미약품 | 스위스 노바티스사에 네오프란타 기술수출. 해외판권에 대해 10년 간 총 3,300~6,000만 달러를 받을 예정. 동건의 국내판권에 대해서도 20년 간 매년 약 24억 8,000만 원을 받을 예정임. |
| | 대우중공업 | 대형 유조선 중심 수주호조 본격화 단계 진입. 1998년부터 선가상승 및 원화절하 효과로 수익성 개선 본격화될 전망. |
| | 광전자 | 수출비중이 93%로 최근 환율 급등으로 외형 증가 예상. 그룹관계사인 한국고덴사 기업공개로 위상제고 기대. |

| | | |
|---|---|---|
| 원화<br>절하<br>수혜 | 한진중공업 | 조선사업 수주호조로 실적호전.<br>업계에서 순금융비용 및 외화표시부채가 가장 적어 빠른 수익성 회복 기대. |
| | 삼성중공업 | 내수부진 불구, 수출중심의 조선부문 호조세 지속.<br>구조조정 및 설비투자축소 등 자구노력. 1998년부터 수익성 개선 본격화 예상. |
| 구조<br>조정<br>성공 | 태 평 양 | 부실부문 처분, 적자제품 생산중단.<br>1995년부터 약 1,200명의 사원을 감원하여 1996년 인건비 상승률 1.6%에 불과. |
| | 한 국 유 리 | 1993년 이후 감량경영을 추진하여 3,500명이던 인원이 현재 1,100명 수준으로 축소.<br>적자요인이었던 인천공장(판유리 및 유리섬유 생산)을 1997년 말 폐쇄 예정. |
| 시장<br>지배 | 창원기화१ | 연료공급 시스템 부품에서 독점적 시장지위로 높은 영업 안정성.<br>약 300억 원에 이르는 현금성 자산의 보유로 금융수익 증가. |
| 현<br>금<br>흐<br>름<br>우<br>수 | 한국합섬 | 폴리에스터 장섬유 부문 국내 1위, 세계 2위 생산업체. 최고의 원가경쟁력을 바탕으로 한 수익실현. 1997년 상반기 주당 현금흐름 1만 2,058원. |
| | 한 섬 | 1997년 상반기 부채비율 56.8%, 금융비용 부담율 1.0%.<br>주당 현금흐름 7,394원. 양호한 브랜드 구축. |
| | 코오롱유화 | 주요 제품이 독과점적 시장지위를 확보. 1996년 말 현재 주당 현금흐름 8,785원.<br>유보율 374.4%, 자기자본 이익률 8.4% 기록. |
| | S J M | 부채비율 54%, 유보율 409% 등으로 재무구조 우량하여 금융수익 발생.<br>자동차용 벨로스 제품의 점유율 80%로 시장선도적 지위 유지. |
| 영<br>업<br>외<br>수<br>익<br>발<br>생 | 국도화학 | 97년 상반기 현재 572억 원(자본금의 1.9배 수준)의 현금예금 보유.<br>금융수지 1994년의 3억 원 적자에서 1995년 26억 원, 1996년 30억 원의 흑자로 반전. |
| | 동아타이어 | 1997년 상반기 현재 자본금의 3.3배인 373억 원의 현금예금 보유.<br>1995~96년에 각각 48억 원, 50억 원의 영업외수지 흑자에 이어 1997년 상반기에도 28억 원의 흑자 기록. |
| | 유성기업 | 부채비율 56%, 유보율 662% 등 우량하여 내부 유보자금의 금융수익 발생.<br>피스톤 링, 피스톤 라이너 등의 엔진부품 특화로 기술 우위. |
| | 극 동 | 품질 및 납기면에서 우수하여 해외 바이어들의 주문증가세 지속. 부채비율(56.2%),<br>금융비용 부담률(1.3%), 유보율(392.9%) 등 안정적 재무구조 보유. |

    우리 경제는 구조 조정기 진입 중에 IMF 프로그램 실행으로 불황이 2~3년 더 이어질 가능성이 커지고 있다. 이에 따라 경기에 민감한 기업, 재무구조가 부실한 기업 등은 당분간 투자 대상에서 제외될 전망이고 불황에 대한 내성이 강하거나 불황기에도 수익을 내는 기업에 대한 관심이 고조될 전망이다.

## 4. 1998년 산업별 유망종목

1998년도 증권시장은 IMF 체제에서 저성장과 긴축재정이라는 경제정책의 기조 아래 한국에 대한 외국인의 시각 변화와 자금지원 강도, 자본시장의 전면개방 등 대외적인 요인에 크게 영향받을 것으로 예상된다.

산업은 전반적으로 저성장과 구조조정이 이루어질 것으로 예상된다. 이에 따라 소비와 투자가 위축되어 내수업종이 어려움을 겪을 것으로 보인다. 반면 해외원자재 투입비중이 낮거나 수출비중이 높은 기업은 환율의 영향으로 상대적으로 수혜를 입을 것으로 보인다.

### 식 · 음료 : 라면 · 소주업 등 다소 유리

제당 · 제분 · 사료 등 기초소재 식품과 이를 사용하는 제과 · 라면 · 음료산업은 원료의 수입의존도가 높아 환율인상(원화절하)에 따른 원료 가격의 상승이 예상된다. 또한 국내 경기의 침체로 소비가 둔화될 것으로 예상되어 전반적으로 수익성 호전은 어려울 것으로 예상된다. 다만, 제과 · 라면 · 소주업종은 경기에 따른 수요가 비탄력적이고 원료 중 직접 수입제품이 차지하는 비중이 낮아 상대적으로 수익성 확보에 유리할 것으로 전망된다.

음식료산업은 전반적으로 성숙기에 진입한 업종이기 때문에 구조조정 과정 속에서 성장하기 위해서는 안정적인 재무구조가 전제조건이다. 따라서 음식료관련 종목은 주식시장에서도 소업종별로 시장점유율이 높고 재무구조가 우량한 기업을 중심으로 주가가 재편될 것으로 예상된다.

〈표 4-2〉 투자유망종목

| 업종 | 기업명 | 투자포인트 |
|---|---|---|
| 음식료 | 동양제과 | • 제과산업의 특성상 경기에 둔감하다는 이점과 수익성 위주의 고품질 경영에 따른 핵심 브랜드 육성전략의 성공적 진행으로 안정적인 수익성 창출 가능.<br>• 외형적인 성장 및 장기 비전은 외식산업부문에서 기여할 것으로 판단됨. |
| | 농 심 | • 라면, 스낵 시장의 국내 1위 업체로 시장점유율의 안정적인 유지하에서 최근의 가격인상으로 인한 수익의 대폭적인 증가가 예상됨. 또한 러시아 등으로 수출되는 물량이 빠르게 늘고 있어 외형성장 기대<br>• 우수한 자산가치와 현금흐름 보유 |
| | 삼양제넥스 | • 성장성과 수익성이 우수한 택솔의 매출로 성장 지속 및 수익성 개선 기대<br>• 축적된 기술을 통해 의약·생명공학 등 첨단 분야로의 진출을 적극 모색하는 생명공학 관련주 |
| 섬유 | 세양산업 | • 1997년 결산기 실적은 악화될 전망이나 1998년에는 보유재고의 소진과 원절하에 따른 수출증가가 예상되어 전년대비 실적이 대폭 호전될 전망<br>• 양호한 재무구조 |
| 의복 | 삼애실업 | • 자체 피혁생산공장을 보유하여 원단에서 출고까지의 일관생산체제를 갖추고 있으며, 수출비중 93.8%로 피혁수출 호조가 지속될 것으로 전망되는 가운데 환율상승 수혜주<br>• 1997년 상반기 현재 204억 7,000만 원의 현금과 예금을 보유하여 연간 이자수입이 28억 원 발생될 것으로 예상되며 영업외수지 흑자기조 정착 |
| 나무 | 성창기업 | • 부산 등 전국에 2,700여만 평의 자산을 보유한 자산가치 우량주<br>• 최근 환율상승으로 인한 수입 합판가격 상승으로 파티클 보드의 수요 증가 |
| 제지 | 한국제지 | • 인쇄용지 업계 시장점유율 2위의 업체로서 1998년에는 수출비중이 34%까지 확대될 것으로 전망되는 가운데 환율상승 수혜주 부각<br>• 1998년 중 안양공장 부지매각으로 1,000억 원의 자금이 유입되어 현금흐름 개선 |
| | 신풍제지 | • 백판지 가격회복과 수출증가로 영업수지가 개선되고 있으며, 수출비중이 60%에 달하고 있어 환율상승에 따른 매출증가 및 수익성 개선<br>• 부채비율 83%, 유보율 788%의 우량한 재무구조를 보유한 가운데 성남의 부동산 매각대금 유입으로 유동성 개선 기대 |
| | 동일제지 | • 상반기에 유가증권 처분이익으로 1997년에는 영업외 부문에서 80억 원 규모의 수익증대 효과 발생 전망<br>• 최근 라이너지 가격 50% 상승으로 수익호전 전망 |
| 화학 | 삼성정밀화학 | • 탈비료화와 정밀화학 분야로의 경영다각화, 제품개발능력 제고 등을 위한 기초연구 활발<br>• DMF 등 정밀화학제품 위주로 세계 각 지역 수출 증가추세 |
| | 국도화학 | • 1997년 하반기 이후 에폭시 수지 매출 호조세 유지 |

| 업종 | 기업명 | 투자포인트 |
|---|---|---|
| 화학 | 국도화학 | • 572억 원(97.6)의 현금예금 보유로 영업외수지 30억 원 이상의 흑자 기록 예상. 수출비중 61.2%<br>• 외국인 신규투자 가능 |
| 화학 | 코오롱유화 | • 독과점적 시장지위 확보<br>• 성장성이 기대되는 고흡수성 수지 집중 육성<br>• EMC수지, AIDS치료제 등 정밀화학 부문 확충 추진 |
| 의약 | 유한양행 | • 수출액 및 수입액이 3,000만 달러로 원절하로 인한 원가부담이 수출로 상쇄<br>• 위궤양 치료제 YH-1885 기술수출 기대<br>• 양호한 재무구조 보유 |
| 비금속광물 | 한일시멘트 | • 시멘트 제품단가 인상조치 및 반기 영업호조로 판관비 부담의 증가에도 불구, 수익구조 개선<br>• 유보율 1,107%, 부채비율 127%로 재무구조 우량 |
| 비금속광물 | 금강 | • 부실계열사가 없고 현금 창출능력이 우수하며 업계 최고수준의 우수한 재무구조 보유 |
| 1차금속 | 한일철강 | • 포철이 자본참여하고 있는 서울·경인지역 열연 시범판매점.<br>• 열연가공능력 100만t으로 업계 최대<br>• 자산의 질적 구성이 우수한 편으로 보유부지의 공시지가가 장부가액의 3.6배 |
| 1차금속 | 대양금속 | • STS 냉연강판 전문생산업체로 수출비중이 높아 환율상승 수혜주 |
| 1차금속 | 서원 | • 황동 빌렛, 잉콧 등 신동소재를 생산하는 업체로 국내 전체 황동 빌렛 시장의 20% 점유<br>• 재생처리 공장의 본격 가동으로 큰 폭의 매출성장 시현, 생산효율 증대로 수익성 양호 |
| 기계 | 한화기계 | • 국내 베어링 독과점 생산업체로 자산가치 양호<br>• 자회사인 한화NSK를 1월중 매각하여 약 100억 원의 특별이익이 발생할 전망 |
| 조립금속 | KIC | • 포철과의 협력작업을 통한 안정적인 물량 확보<br>• 국내 유일의 원전 시스템「뉴콘」생산업체 |
| 전기전자 | 광전자 | • 수출비중이 93%로 최근 환율 급등으로 외형 증가 예상<br>• 그룹관계사인 한국고덴시 기업공개로 위상제고 기대 |
| 전기전자 | 신도리코 | • 국내 최고의 기술력을 보유한 OA기기 생산전문업체<br>• 사무자동화 추세에 따라 복사기부문 연평균 10% 이상 지속성장 예상<br>• 영업외 부문의 큰 폭 수익발생으로 안정적인 재무구조 유지 |
| 전기전자 | 광명전기 | • 한국전력에 대한 높은 매출비중으로 영업의 안정성 증대<br>• 신규참여한 UPS, SCADA 등에서의 매출기여 및 가스절연배전반에 대한 대체 수요 증가로 한전의 전반적인 투자축소에도 불구하고 안정성장 |
| 전기전자 | LG정보통신 | • 기지국장비, 단말기 등을 생산, 1997년 폭발적인 성장을 이루었음 |

| 업종 | 기업명 | 투자포인트 |
|---|---|---|
| 전기전자 | LG정보통신 | • CDMA 기술의 전세계 보급과 함께 동사의 수출부문이 1998년 부각될 것으로 예상됨 |
| 온수장비 | 정일공업 | • 워터 펌프, 오일펌프 등 자동차부품 부문의 부진에도 불구하고 농기계, 히트파이프 등 신규매출 기여로 1997년 외형은 전년도 수준 유지<br>• 성장잠재력 있는 신냉매 사업에의 진출로 장기 성장성 확보 |
| | 창원기화기 | • 카뷰레터, 트로틀바디, LPG 키트 등 연료공급 시스템 부품에서 독점적 시장지위로 높은 영업 안정성<br>• 약 300억 원에 이르는 현금성 자산 보유로 금융수익 증가 |
| 자동차판매수리 | 현대차써비스 | • 자동차수입 형식승인제의 개선과 수입선 다변화제도의 조기폐지로 외국 완성차 업체의 국내판매망 확보를 위한 관심 예상<br>• 대주주 지분이 취약(21%) |
| | 대우자판 | • 1997년 1월 대우그룹으로 편입<br>• 향후 송도 매립지 개발을 통한 사업다각화 추진 |
| 건설 | LG건설 | • 국내 건설업계 도급순위 8위로 이익수준과 건설업계 내의 위상에 비해서 낮게 평가되고 있음<br>• 대형건설사 중에서 현금흐름이나 자산의 건전성 측면에서 우량한 투자유망 종목임 |
| | 현대산업개발 | • 최근 들어 토목 및 플랜트 부문을 강화하는 등 사업구조조정을 통한 지속 성장 추구 |
| | 태영 | • 관청 발주공사 중심으로 영업활동을 영위하고 있는 중견건설업체로 SBS의 대주주로서 수익성을 바탕으로 한 꾸준한 내부유보와 안정된 현금흐름 유지로 인해 재무상태 양호 |
| 도소매 | SK상사 | • SK그룹의 모기업으로 철강·유화 등 중화학제품 위주로 수출하여 큰 폭 매출 증가<br>• SK, SK해운 등 우량 자회사를 보유하고 있고 1980년 이후 자산재평가 미실시로 자산가치 양호 |
| 증권 | 동원증권 | • 위험자산의 비중을 축소하여 안정적인 수익기반을 구축함으로써 업계 수위의 수익력을 유지<br>• 수익증권 등 금융상품 관련업무에 큰 비중을 두고 고성장을 위한 기반을 확충하고 무차입 경영을 실현할 계획 |

## 제지·펄프 : 수출 둔화로 「흐림」

제지업종도 1998년 전망이 밝지 못하다. 타인자본 비중이 749%

에 달해 금융비용 부담이 높아진데다, 1996년부터 설비증설을 추진했으나 국내 경제의 저성장으로 인한 내수 부진으로 어려움이 가중될 전망이다. 환율상승으로 수출가격도 수혜를 보고 있으나 주요 수출지역인 중국과 동남아시아의 경기가 불투명해 수출이 둔화될 것으로 전망된다.

### 석유화학 : 내수비중 70%, 투자 자제해야

중국의 수입 호조, 북미에서의 잉여물량 유입감소 및 공장사고로 인한 수급차질 등으로 1997년에 기대 이상의 회복세를 보인 석유화학업종은 1998년에는 내수비중이 70%선인 관계로 침체가 불가피할 전망이다. 주요 수출국인 중국이 1998년에는 긴축 및 외환방어를 중시하는 경제정책을 구사할 것으로 예상됨에 따라 수출여건도 악화될 전망이다. 따라서 유화주에 대한 주식시장에서의 적극적인 투자는 자제해야 할 것으로 판단된다. 다만, LG화학 등 구조조정 관련주, 안정적인 재무구조와 기술력을 보유해 경기변동에 대한 적응력이 뛰어난 국도화학·코오롱유화·한국화인케미칼 등 일부 종목의 주가재편 움직임이 예상된다.

### 제약 : 국내외 업체간 M&A 가능성 커

경기 방어적 성격이 강한 제약업종도 전반적인 경기침체에 따라 3~5%의 저성장이 예상된다. 원재료 비중이 30%로 추정되는 국내제조 의약품은 이 중 약 80%를 수입에 의존하고 있어 환율상승에 따른 원가상승 압력이 발생하지만 정부의 규제로 가격인상이 어려울 것으로 전망됨에 따라 매출원가율의 상승이 예상된다. 이런 속에서도 규모의 경제를 위한 국내업체 간 M&A, 국내 생산기

지 및 유통망 확보를 위한 외국제약사의 국내업체 인수 등이 1998
년에 실현될 가능성이 높아보인다.

### 철강 : 생산 증가, 수요 감소로 곤란

활발한 신·증설로 생산능력을 확대시킨 철강업체는 내수 위
축, 채산성 악화, 자금난, 주요 수출국의 경기침체 등으로 어려움
이 가중될 것으로 예상된다. 경기 하강세가 뚜렷해 내수경기도 침
체가 지속될 것으로 예상된다. 고철·철광석·유연탄 등 원자재의
수입의존도가 높은 반면, 철강재 수출비중이 낮기 때문에 환차손
이 커져 채산성 확보는 어려울 전망이다. 1998년도 철강생산은
3.6% 증가가 예상되나 내수수요는 5.5% 감소가 예상된다.

### 반도체 : 1998년 하반기 다소 회복될 듯

16메가D램의 가격급락에 따라 1997년 국내 반도체업계는 채산
성이 급격히 악화되었다. 최근 64메가D램으로 수익성 회복을 기
대하고 있으나 64메가D램의 본격적인 시장형성이 지연되고 있다.
세계적인 반도체 투자 감소가 어느 정도 가시화되는 1998년 하반
기 이후에나 다소 회복될 것으로 예상된다. 그러나 전반적으로 반
도체업체의 수익성 개선 가능성은 적을 것으로 전망된다.

### 정보통신 : LG정보통신·대우통신 등 주목

1997년 폭발적인 성장세를 나타낸 정보통신 관련산업은 1998년
에 들어서면서 그 성장세가 둔화될 전망이다. 1998년 경기침체 전
망에 따른 기업의 투자수요 위축과 정부의 재정지출 감소로 인해
정보통신장비의 수요가 감소될 것으로 예상된다. 소비심리 위축에

따른 개인들의 정보통신관련 지출증가가 크게 둔화될 것이기 때문이다. 그러나 국산 CDMA 장비의 국제시장 개척성공이 수출증가에 영향을 미칠 것으로 예상되고 있으며, 교환기 교체수요, 광통신관련 장비, 초고속통신망 구축, 제2시외전화사업 등과 관련된 유선통신부문에서의 투자수요가 예상되어 이와 관련된 LG정보통신·대우통신·한화 등의 수혜가 예상된다.

### 자동차 : 업계 구조조정 예상

1998년 자동차판매는 6.7% 정도의 감소세가 예상된다. 이는 실질소득의 감소와 관련세율의 인상, 유류가격 인상 등으로 내수가 15.0%의 급격한 감소를 보일 것으로 예상되기 때문이다.

대우의 쌍용자동차 인수를 계기로 자동차업계 내에서 M&A, 전략적 제휴 등을 통한 구조조정이 예상된다. 외국차의 진입장벽이 완화되어 하반기 이후에는 수입자동차의 국내시장 잠식도 가속화될 것이다. 자동차부품업계도 완성차업계의 부진에 따라 전반적으로 수익성이 악화될 것으로 보인다. 다만, 제품 믹스의 변경으로 인해 적정 이윤의 확보가 가능한 창원기화기, 대우자동차의 부상에 따라 고성장을 지속할 대우정밀, 자동차부품 비중이 적은 동양기전 등의 기업은 상대적으로 안정된 성장이 예상된다.

### 조선 : 안정적 영업 지속될 듯

1997년 초부터 대폭적인 수주 증가세가 지속되어 국내 조선업체들은 대부분 2년 간의 안정적인 조업물량을 확보했다. 그러나 1998년에는 전년도의 선박발주 급증의 영향으로 세계 전체 발주물량이 감소할 전망이다. 다만, 매출의 상당 부분을 차지하는 플랜트 · 건설중장비 · 국민차 등의 부문에서는 내수경기의 위축으로 어려움을 겪을 것으로 예상되어, 이 부문의 비율이 20% 정도로 상대적으로 적은 한진중공업은 외형 및 수익면에서 신장세를 보일 것으로 전망된다.

### 건설 : 해외건설부문 호조 전망

IMF 체제하에서 건설업은 긴축재정으로 인한 SOC 투자의 감소로 성장에 부정적인 영향을 받을 것으로 예상된다. 고금리가 구조화될 것으로 예상되는 가운데 565.9%에 이르는 높은 부채비율로 인한 금융비용 부담은 수익성 감소에 결정적으로 영향을 미칠 것으로 전망된다. 주택건설 경기는 분양가 상승에도 불구하고 경기위축으로 침체를 보일 것으로 예상되나, 해외건설부문은 1997년에 이어 1998년에도 호조를 보여 연간 156억 달러의 수주를 올릴 것으로 전망된다.

### 해운 : 1999년 본격 회복세 보일 듯

국내 해운업계는 매출구조가 정기선 부문 67%, 건화물선 부문 25%, 유조선 및 LNG선 부문 7%, 자동차선 1%로 정기선 부문의 시황에 큰 영향을 받는다. 1998년 세계교역 증가율이 7.0% 내외로 예상되어 물동량은 증가할 것으로 보이나, 선사들의 잇따른 대형 선박 투입으로 선복증가율이 물동량 증가율을 초과해 1998년까지는 어려움이 이어질 것으로 보이나 선복수급이 개선되는 1999년에는 본격적인 회복세를 보일 것으로 예상된다. 수익성은 환율에 크게 좌우될 것이다. 1997년 6월 말 현재 외화부채는 현대상선 18억 달러, 한진해운 26억 5,000만 달러, 대한항공 55억 8,000만 달러로

1998년에 환율이 안정될 경우 1997년의 대규모 환차손에서 벗어나 영업외수지가 개선될 것으로 예상된다.

### 금융 : 전략적 M&A가 최대의 테마

부실금융기관 퇴출과 M&A가 활발해지고 우량금융기관에 대한 업무영역 확대를 통한 경쟁력 확보가 이루어지는 등 업계의 재편이 불가피하게 되었다. 자산 건전성과 자기자본비율이 높은 금융기관은 구조조정에서 상대적으로 큰 수혜를 입을 것으로 예상된다. 국민은행·주택은행·조흥은행 등이 선도은행으로 진입할 것으로 예상되며, 특정 업무에 전문화해 투자은행으로 새롭게 선보일 기존 종금사(한불종금·한외종금·한국종금 등)의 위상도 새롭게 자리잡을 것으로 전망된다.

## 5. IMF시대의 신우량주「합작기업」(1998년 2월 17일자)

### 소유분산 우량기업 주목

국내증시가 1998년 들어 사상 최고의 주가상승세를 보이고 있다. 1997년 말 사상 초유의 국가부도 위기와 IMF 구제금융신청이라는 일련의 사태로 큰 폭의 주가폭락 사태를 경험했던 것과는 대조적이다. 특히 1997년 하반기 이후 외환위기에 휩싸였던 대부분의 동남아시아 국가들은 물론, 선진국 증시들이 하락기조에서 벗어나지 못하고 있는 반면 국내증시는 연초 대비 35% 정도나 상승하는 이례적인 양상을 보이고 있다.

1997년 말 국내증시와 실물경제를 강타했던 외환위기와 환율불안정이 지속되고 있고 기업들의 부도 위험이 똑같이 상존하고 있는데 국내증시가 이처럼 상승하는 이유는 무엇일까?

우선 이들 외환 리스크와 기업부도 리스크가 증시에 미치는 영향력을 1997년 말과는 전혀 다르게 해석할 필요가 있다. 즉 1997년 말에 발생했던 금융기관(특히 은행) 및 30대 재벌그룹의 부도와 우리나라의 외채 지불능력 상실 위험에 따른 IMF 구제금융신청이라는 일련의 사태는, 그 이전에는 결코 상상할 수 없었던 사상 최초의 사건으로 증시 전체에 위험으로 작용해 KOSPI 및 개별종목의 대폭락을 유도했다고 볼 수 있다. 그러나 1998년 초에는 외환위기와 기업들의 부도 리스크라는 악재는 이미 한 차례 겪은 경험으로서 증시에 이미 반영되어 있는 상태라 할 수 있다. 다시 말해 시장 전체 및 개별기업에 대한 영향력이 반감됐다고 할 수 있다.

이는 1994년 말 페소화의 외환위기로 IMF 구제금융을 받았던 멕시코의 사례를 살펴보면 더욱 명확해진다.

멕시코는 페소화 위기로 IMF에 구제금융을 신청했던 1994년 4/4분기(1994년 12월) 중에 3억 7,000만 달러 규모의 외국인 주식투자자금이 유출되면서 주가가 1994년 9월 23일의 2,858포인트를 정점으로 12월 19일에는 2,231포인트로 하락했다. 3개월도 못 돼 22%나 하락했다. 1995년 2월 27일에는 1,448포인트로 또다시 39% 폭락했다. 그러나 이후 상승세로 반전하여 1/4분기 말 1,833포인트, 2/4분기 2,196포인트, 3/4분기 2,382포인트를 거쳐 1995년 말에는 2,929포인트까지 지속적인 상승장세를 연출했다. 주목할 점은 이 기간 중 멕시코의 GDP 성장률, 소비자물가 상승률, 금리수준 등 제반 거시경제지표는 최악의 상황을 연출했으나, 외국인 주식투자자금은 IMF구제금융신청 직후인 1995년 1/4분기부터 바로 유입되기 시작하면서 멕시코의 주가 반등을 선도했다는 사실이다.

<표 4-3> 주요 국내 합작기업 현황과 국내외 주주현황

(단위 : %)

| 회사명 | 국내 대주주 | 직접투자 | 외국인 취득비율 해외DR | 시장취득 | 소계 | 전년말 대비 주가상승률 |
|---|---|---|---|---|---|---|
| 쌍용제지 | - | 미국 P&G 90.93 | - | - | 90.93 | -3.57 |
| 한국고덴시 | 쌍용증권 7.80 | 중도곽화 55.56 | - | - | 55.56 | 52.74 |
| 한국쉘석유 | - | 미국 쉘석유 50.00 | - | - | 50.00 | 22.22 |
| 쌍용정유 | 쌍용양회 외 30.23 | 사우디 아람코 34.99 | - | 14.38 | 49.37 | 103.63 |
| 한라공조 | 만도기계 34.99 | 포드자동차 34.99 | - | 7.94 | 42.93 | 60.33 |
| 에스원 | 삼성물산 외 22.49 | 일본 세콤 25.33 | - | 15.86 | 41.19 | 38.82 |
| 한국종금 | 대우전자 외 22.18 | 바클레이즈은행 등 35.5 | - | 0.38 | 35.38 | 33.83 |
| 아남산업 | 김향수 외 11.21 | 미국암코전자 등 11.41 | 20.25 | 3.85 | 35.51 | 65.08 |
| 삼아알미늄 | 한상구 외 7.79 | 동양알미늄 35.00 | - | - | 35.00 | -15.56 |
| 한국포리올 | 양규모 외 33.10 | 일본 도멘 35.00 | - | 0.43 | 35.43 | 39.38 |
| 한불종금 | 조정호 외 29.24 | 소시에테제네럴 34.42 | - | - | 34.42 | 19.20 |
| 세방전지 | 이의순 외 35.65 | 일본 유아사전지 34.25 | - | - | 34.25 | 28.18 |
| 산업리스 | 산업은행 외 36.19 | 일본 채권신용은행 29.89 | - | 3.17 | 33.06 | 4.74 |
| 한독약품 | 김신권 외 23.65 | 독일 훽스트 33.39 | - | 0.14 | 33.53 | -2.67 |
| 삼영전자 | 변동준 외 26.81 | 일본 케미콘 33.39 | - | - | 33.39 | 4.29 |
| 한미은행 | 대우중공업 외 18.55 | 미국 BOA은행 18.55 | - | 14.02 | 32.57 | -7.88 |
| 한국개발리스 | 장기은행 외 20.71 | 일본 오릭스 31.57 | - | - | 31.57 | 13.36 |
| 한일리스 | 한일은행 32.84 | 일본 동해은행 등 31.55 | - | - | 31.55 | 11.86 |
| 삼양종금 | 김상응 외 30.16 | B&P 30.02 | - | 0.24 | 30.26 | 16.76 |
| 아세아종금 | 대한방직 외 37.85 | 야스다신탁은행 29.41 | - | - | 29.41 | 13.04 |
| 국도화학 | 이삼열 외 5.54 | 동도화성 등 28.52 | - | 0.55 | 29.07 | 28.16 |
| 신도리코 | 우석형 외 49.42 | 일본 리코 17.50 | - | 12.08 | 29.58 | 17.07 |
| 메디슨 | 이민화 외 7.69 | 1.07 | - | 30.48 | 31.55 | 51.43 |
| 삼성전관 | 삼성전자 외 16.52 | 일본 NEC 8.94 | - | 21.67 | 30.61 | 92.19 |
| 신영와코루 | 이의평 외 41.50 | 일본 와코루 25.30 | - | 0.72 | 25.72 | -5.97 |
| 화인케미칼 | 양규모 외 42.34 | 일본 도멘 25.30 | - | 0.97 | 26.27 | 36.49 |
| 현대자동차 | 현대중공업 외 35.35 | 일본 미쓰비시 13.32 | - | 13.23 | 26.55 | 54.01 |
| 삼익공업 | 진우석 외 38.79 | THK 17.96 | - | - | 17.96 | 9.09 |
| 코오롱유화 | 코오롱 외 28.56 | 일본석유화학 21.25 | - | 4.71 | 25.96 | 33.16 |
| 코오롱 | 이웅렬 외 17.70 | 일본 도레이 18.02 | - | 6.47 | 24.49 | 58.61 |
| 새한 | 이재관 외 27.79 | 일본 도레이 23.75 | - | 0.36 | 24.11 | 18.42 |

주 : 1998년 1월 현재.

GDP 성장률, 물가상승률, 금리 등 한국의 거시경제지표 역시 1998년 1월 중의 동향과 우리 정부와 IMF 간의 합의사항에 따라 다소 차이가 나겠지만 1995년의 멕시코와 유사한 방향으로 전개될 것으로 보인다. 멕시코 사례를 살펴볼 때 각종 거시경제지표의 악화에도 불구하고 1998년 증시는 외국인의 매수세 등에 힘입어 현재의 상승기조를 지속할 것으로 보인다. 그렇다면 IMF 체제 원년이라 할 수 있는 1998년 증시를 선도할 유망주의 조건은 무엇일까?

### 외국기업으로의 매각·합작추진기업 관심

우선적 생각할 수 있는 것은 현재와 같은 고금리(1997년 평균 13.4% → 1998년 1월 26일 21.2%), 고환율(1997년 평균 970.2원/$ → 1998년 2월 5일 1,600원/$)이라는 척박한 기업환경에 적응할 수 있는 기업들이 유리할 것으로 보인다. 그러나 이들 요인은 시간의 경과에 따라 점차 하향안정화할 것으로 보인다. 더 중요한 요건은 오는 2월 출범할 신정부가 대외공신력 회복을 위해 구조조정작업과 더불어 최우선과제로 내세우고 있는 재벌그룹 계열사 간의 상호지급보증 조기 해소와 결합재무제표를 도입했을 때 이로부터 자유롭고 투명한 재무제표를 소유할 수 있는 기업의 여부라 할 수 있다.

즉 IMF 시대에는 한국적 개념의 재무제표 작성기준과 특정 대기업 소속 계열사라는 표면적 이유에 의거해 통념적으로 인식되었던 우량주 개념이 급속히 희석될 것이다. 오히려 국제기준에 맞는 회계처리 때에도 상호지급보증 문제와 결합재무제표 작성문제에서 자유로운 기업이 IMF 체제에서 신우량주로 부상할 것으로 전망된다. 이러한 요건에 가장 근접한 기업으로는 무엇보다「합작기업」을 꼽을 수 있다.

합작기업들은 참여 지분율에 따라 차이가 있을 수 있으나, 대개 내국인 주주 이외에 합작선이 회사경영에 직·간접으로 참여하거나 회사정책 수립 및 신규사업 진출, 계열사에 대한 신규출자는 물론 각종 재무비율 관리 등에 적극적으로 개입할 수 있다. 따라서 이들 합작기업은 내국인 주주로 구성되어 있는 회사와는 달리 경영상의 독주가 어렵기 때문에, 한국기업이면서도 선진 외국기업의 재무적 특성을 동시에 갖고 있다고 볼 수 있다.

이러한 사실은 이미 1997년 말 이후 모기업이 부도처리되었거나 대규모 구조조정에 휩싸였음에도 불구하고, 오히려 주가가 수직급등한 한라공조와 쌍용정유의 사례에서 찾아볼 수 있다.

두번째로는 1998년 초 이후 구조조정 차원에서 이루어지고 있는 외국기업으로의 매각이나 합작을 추진하는 기업을 들 수 있다. 이들 기업 역시 현재의 경영여건이나 재무적 상황은 매우 열악한 상황이다. 그러나 외국기업으로 인수되거나 합작이 성사되면 재무적 안정성 및 미래성장성이 크게 향상될 것으로 기대된다. 외국의 석유 메이저사와의 매각협상 사실이 알려지면서 주가가 전년말 대비 116.2%나 급등한 한화에너지 등이 대표적인 사례라고 할 수 있다.

〈표 4-4〉 소유분산 우량기업 지정 현황

| 구 분 | 소유분산 우량기업 |
|---|---|
| 1996년 지정 | 삼성물산, 제일모직, LG상사, LG전선, LG전자, LG화학, 대우전자, 대우통신, 오리온전기, 금호건설, 금호석유화학, 대림산업, 고합물산 |
| 1997년 지정 | 현대종합상사, 대우, SK, 한솔화학, 한솔텔레콤, 한솔CSN, 해태전자, 한화종합화학 |

세번째로는「소유분산 우량기업」을 들 수 있다. 소유분산 우량기업이란 공정거래법상의 일정한 요건[① 내부지분율(통상 계열법인 및 임원 보유지분) 20% 미만, ② 자기자본비율 25% 이상, ③ 동일인 및 특수관계인 지분(통상 개인 대주주 지분) 5% 미만]을 충족시키는 기업이다. 이들 기업은 공정거래법상 출자총액의 제한(순자산액의 25%)규정 적용을 배제받을 수 있어 얼마 전까지 국내 대기업들이 기업확장의 주요 수단으로 활용했다. 그러나 1998년 1월 1일 이후 외국인 지분한도가 55%로 대폭 확대되고, 1999년까지 동일계열사 간 상호지급보증 해소 및 결합재무제표 작성 의무화 가능성이 고조됨에 따라 내부지분율을 포함해도 지분율이 20% 이하인 소유분산우량기업은 국내외 투자자들에게 좋은 M&A 표적으로 부각될 가능성이 높아졌다.

1998년 1월 초 삼성전자, 포항제철, 한국전력 등의 핵심 블루칩에 이어 1월 중순 이후 외국인들의 집중적인 매수세가 형성되면서 새로운 주도주로 부상하고 있는 LG화학, 대우중공업, 한화종합화학 등이 대표적인 기업이라 할 수 있다.

### 6. 내수 유망기업 테마주로 부상 (1998년 5월 5일자)

그 동안 증시에서는 수출관련 기업들이 유망한 투자종목으로 관심을 모았다. 수출기업들이 원화절하의 호기를 이용해 매출과 이익이 급증하는 것으로 알려졌기 때문이다. 덕분에 이들 수출관련주는 1998년 3월 한 달 동안 종합주가지수가 15% 하락하는 와중에서도 평균 6.5%의 상승을 시현했다. 더구나 IMF 난국을 타개하기 위한 대안으로 수출증대밖에 없다는 인식이 높아지면서 수출관련 기업들이 증시의 구원병 역할을 해왔다.

반면 내수기업들은 극심한 내수부진으로 실적이 급격히 악화되고 있다. 많은 내수기업들이 생존의 위기에 처할 것으로 예상되고 있다. 내수산업을 내구재산업과 비내구재산업으로 나누어 볼 때, 특히 자동차·건설·비금속·철강·의류·가구·가전 등 내구재산업과 관련 소재산업은 극심한 내수부진을 면치 못할 것으로 전망되고 있다.

자동차산업의 경우 내수판매가 1997년에 비해 50% 수준에 불과한 것은 다 알려진 사실이다. IMF 시대가 예상보다 장기화될 것

〈표 4-5〉 1998년 주요 업종별 현황 및 전망

(단위 : %)

| 산 업 | 내수비중 | 현황 및 전망 |
|---|---|---|
| 음 식 료 | 95 | 라면·소주·빙과는 호조,. 맥주·음료는 침체 |
| 섬유(화섬) | 28.2 | 수출정책으로 외형신장. 제품가격 하락으로 수익신장 한계 |
| 의 복 | 70.7 | 소비심리 위축에 따른 매출격감 |
| 제 지 | 84.5 | 내수침체. 인쇄용지,백판지 내수부진하나 수출 호조세 |
| 화 학 | 70 | 내수부진. 동남아시아 경제위기로 인한 가격하락으로 고전 |
| 제 약 | 90 | 수요 감소. 도매상 부도로 전반적인 경기 부진 |
| 화 장 품 | 98.5 | 전체적으로 저성장. 상위업체는 실적 호전 전망 |
| 비 금 속 | 97 | 전방산업인 건설업의 침체로 동반침체 |
| 철 강 | 70 | 자동차·건설 등 전방산업 부진으로 가동률 하락 |
| 가 전 | 15 | 내수부진, 수출경기 호조로 실적향상 전망 |
| 전 자 부 품 | 20 | 가격경쟁력 회복, 수출증가로 실적향상 |
| 반 도 체 | 10 | D램 가격 하락했으나 가격경쟁력은 향상 |
| 자 동 차 | 53 | 내수수요가 40% 감소하여 재고증가, 수익성 악화 |
| 자동차부품 | 80 | 완성차업계의 부진으로 부품업체들 15%의 매출감소 전망 |
| 기 계 | 80 | 설비투자 위축으로 내수수요 축소, 수주액 전년 대비 30% 수준 |
| 도 시 가 스 | 100 | 두 차례의 요금인상으로 매출신장, 수익은 안정됨 |
| 통 신 장 비 | 80 | 시장감소, 유선통신 부문은 시장안정적 |
| 건 설 | 96 | 부동산가격 하락과 자재값 상승으로 성장성·수익성 부진 |

으로 보는 시각이 늘고 있는 점도 내수기업들의 주가를 어둡게 보게 하는 요인이다.

### 「내수기업 안 된다」는 인식 바꿔야

그러나 내수기업이라고 모두 실적이 나쁘고 생존의 위기에 처해 있는 것은 아니다. 어떤 내수기업들은 최근과 같은 내수불황이 도리어 호재로 작용해 영업이 호전되는 경우도 드물지 않다. 일부 내수기업들은 경쟁사들이 부도나는 바람에 도리어 시장점유율이 상승하거나 원화절하에 따른 수입품의 가격상승으로 반사이익을 보기도 한다. 이런 기업들은 그 동안 내수기업은 무조건 안 된다는 인식 때문에 시장에서 그다지 관심을 끌지 못해왔다.

그러나 이와 같이 내수불황이 극심한 상황에서 좋은 수익을 내는 기업들이야말로 진짜 경쟁력 있는 기업이라 할 수 있다. 수출기업들은 정말로 국제경쟁력이 있는 기업인지 현재로선 알 수 없다. 이들 수출기업은 품질경쟁력보다 가격경쟁력에 기인하는 면이 크기 때문이다. 이런 기업들 중엔 환율이 강세를 보인다든가 하면 금방 경쟁력을 상실할 기업들도 적지 않다. 하지만 건실한 내수기업은 대부분 방만한 사업다각화 없이 자기 분야에만 주력해왔고

〈표 4-6〉 내수 유망기업의 형태별 특징

| 분 류 | 기 업 |
|---|---|
| 안 정 적 인 시 장 | 빙그레, 경동도시가스, 부산도시가스 |
| 재 무 구 조 우 량 | 한국제지, 동일제지, 삼아알미늄, 세원중공업, 청호컴퓨터, 퍼시스, SJM, 하나은행 |
| 시 장 지 배 | 농심, 태평양, 공화, 삼성화재 |
| 안정적인 영업망 보유 | 보해양조, 우성사료, 웅진출판, 율촌화학, 대성산업, 신세계 |
| 수입대체품 경쟁력 제고 | 이화산업, 모나미 |

수익성 위주의 서구식 경영을 펼쳐온 기업들이 많다. 또한 구조조정을 일찍 시작했거나 구조조정이 필요없는 기업들이다. 따라서 이런 기업들이야말로 원화절하로 수익이 호전되는 수출기업들보다 더 높은 평가를 받아야 할 것으로 생각한다.

내수산업을 업종별로 살펴보면 출하 중 90% 이상을 내수에 의존하는 전형적인 내수산업은 음식료·제약·화장품·비금속·건설·도시가스 등이다. 이 중 가격인상으로 매출이 호조인 음식료와 적정이윤 보상방식 때문에 수입이 안정적인 도시가스산업 외에는 내수수요 부진으로 모두 불황에 직면해 있다.

내수수요가 70~90%인 의복·제지·화학·자동차부품·기계 등도 수출확대로 내수부진을 상쇄하려고 하고 있으나 아시아 지역 경제 위기로 고전하고 있는 상황이다. 산업을 내구재산업과 비내구재산업으로 나누어 보았을 때, 내구재산업과 관련소재산업은 내수불황이 극심한 반면 일상적인 소비재를 생산하는 음식료·화장품·제지·제약·전기·도시가스산업은 상대적으로 불황이 덜 심한 편이다. 일상소비재를 생산하는 기업들 중에서 비교적 건실하면서 실적이 호전되는 기업들이 많다는 얘기다.

내수 유망기업들을 유형별로 보면 전체적인 내수수요 부진에도 불구하고 재무구조 우량기업, 시장지배력이 있는 기업, 안정적인 영업망을 보유한 기업, 환율상승으로 수입품과의 경쟁력이 제고된 기업 등은 1998년에도 매출액의 신장과 안정적인 수익성을 시현할 것으로 전망된다. 불황기에도 업계 최고의 기업이나 특화된 장점을 보유한 이들 기업은 외부상황에 별 영향을 받지 않고 지속적인 성장이 가능하기 때문이다.

농심은 최근 수익이 급증하는 대표적인 내수 기업들 중 하나다.

농심의 경우 사업다각화로 실패한 많은 음식료업체들과 달리 오로지 라면과 스낵에만 전념하고 있는데, 최근 IMF로 생활고가 심해지면서 라면에 대한 수요가 증가하고 있다. 또 라면가격을 원가상승분 이상으로 인상시킨데다 수출도 호조를 보여 유례없는 호황을 구가하고 있다.

이러한 내수 유망기업들은 주식시장에서도 기업에 대한 재평가 작업과 아울러 조만간 테마 주로 부상할 것으로 보인다.

---

### 깊이 읽기

**투자유망종목**

음식료·도시가스 등 안정 성장이 가능한 산업과 재무구조 우량 등 내수부문에서 특화된 기업들은 1998년에도 외형과 수익성에서 큰 신장을 보일 것으로 분석된다.

이러한 내수성장형 투자유망 종목을 살펴보면 음식료산업에서는 농심·빙그레·우성사료·보해양조 등이고, 제지산업에서는 한국제지·동일제지 등을 들 수 있다. 출판산업에서는 웅진출판 등을 꼽을 수 있다. 그리고 화장품 산업에서는 태평양, 유화산업에 이어 이화산업과 율촌화학을, 1차금속에서는 삼아알미늄 등을 들 수 있다. 기계산업에서는 세원중공업이 있고, 전산기기에는 청호컴퓨터가 있으며, 자동자부품에는 SJM과 공화가 있다. 기타 제조에서는 사무용가구 1위업체인 퍼시스가 있고, 종합필기구 업체인 모나미, 에너지판매 기업인 대성산업이 투자유망종목으로 떠오르고 있다. 도시가스산업에서는 보급률

## 내수관련 투자유망기업

(단위 : 억원, %원, 배)

| 구분<br>기업 | 매출액 98E | 증감률 | 경상이익 98E | 증감률 | 순이익 98E | 증감률 | EPS 98E | PER (4/17) |
|---|---|---|---|---|---|---|---|---|
| 농 심 | 9,904.6 | 18.9 | 780.0 | 102.8 | 510.0 | 103.3 | 8,102 | 7.3 |
| 빙 그 레 | 4,600.0 | 14.6 | 65.0 | 13.8 | 50.0 | 3.7 | 1,111 | 4.9 |
| 우성사료 | 4,250.0 | 33.1 | 45.0 | 흑전 | 30.0 | 934.4 | 970 | 7.8 |
| 보해양조 | 1,350.0 | 17.4 | 90.0 | 12.5 | 45.0 | 33.1 | 4,083 | 3.4 |
| 한국제지 | 3,309.1 | 20.3 | 91.3 | 27.6 | 412.0 | 738.3 | 8,240 | 1.5 |
| 동일제지 | 550.0 | 50.2 | 90.0 | 147.2 | 57.0 | 116.7 | 2,010 | 8.3 |
| 웅진출판 | 3,300.0 | 13.2 | 145.0 | 3.2 | 101.0 | 23.3 | 4,437 | 5.7 |
| 태 평 양 | 7,509.2 | 8.7 | 532.7 | 31.1 | 319.6 | 188.1 | 3,670 | 5.5 |
| 이화산업 | 1,200.0 | 16.8 | 58.0 | 16.0 | 38.0 | 153.3 | 1,357 | 9.3 |
| 율촌화학 | 1,700.0 | 11.6 | 150.0 | 18.6 | 98.0 | 19.2 | 4,974 | 7.7 |
| 삼아알미늄 | 1,100.0 | 7.5 | 15.0 | -13.5 | 11.0 | 12.2 | 3,718 | 9.1 |
| 세원중공업 | 750.0 | 2.3 | 50.0 | 21.1 | 35.0 | 65.1 | 1,378 | 11.6 |
| 청호컴퓨터 | 1,143.0 | 36.0 | 90.0 | 10.1 | 64.0 | 22.2 | 2,034 | 10.7 |
| S J M | 395.0 | -1.0 | 74.1 | 1.0 | 56.0 | -4.0 | 5,600 | 9.6 |
| 공 화 | 412.0 | 1.0 | 38.2 | -2.3 | 31.5 | -1.3 | 3,500 | 9.2 |
| 퍼 시 스 | 1,030.0 | -0.1 | 160.0 | -6.1 | 128.0 | -6.2 | 4,183 | 5.5 |
| 모 나 미 | 1,002.0 | 19.8 | 28.0 | 78.3 | 19.6 | 44.1 | 2,405 | 7.2 |
| 대성산업 | 4,000.0 | -1.3 | 120.0 | -15.9 | 55.0 | 55.3 | 1,070 | 21.2 |
| 경동가스 | 1,050.0 | 25.0 | 95.0 | 21.0 | 63.0 | 30.9 | 2,625 | 8.7 |
| 부산가스 | 1,500.0 | 20.6 | 180.0 | 17.7 | 125.0 | 17.7 | 1,388 | 16.3 |
| 신 세 계 | 19,400.0 | 24.3 | 140.0 | -68.2 | 98.0 | 2.1 | 875 | 20.2 |
| 하나은행 | 15,764.0 | 32.5 | 1,448.0 | 177.9 | 953.0 | 119.2 | 1,597 | 3.7 |
| 삼성화재 | 33,500.0 | 26.3 | 168.0 | 26.3 | 150.0 | 21.0 | 12,500 | 40.0 |

주 : 증감률은 1997년 대비.

이 낮아 성장성이 유망한 경동도시가스와 부산도시가스가 있고, 백화점업에서는 안정적인 영업망을 보유한 신세계가 있다. 금융업종에서는 삼성화재와 하나은행이 내수 성장형 기업으로서 투자가 유망해보인다.

> 태평양은 이미 구조조정에 성공한 기업 중 하나다. 일찍이 태
> 평양증권,태평양돌핀스,태평양농구단,태평양패션 등 수익성이
> 불투명하거나 허세성이 있는 사업을 모두 제값을 받고 매각했
> 다. 최근 많은 재벌들이 계열사를 헐값에 매각하려고 하거나 그
> 냥 정리하고 있는 것과는 너무 대조적이다. 또한 이 회사는 회
> 사 내의 적자사업부를 인원과 함께 정리하는 것을 원칙으로 삼
> 는 등 치열한 구조조정 끝에 최근 그 빛을 발하고 있다. 이 회사
> 는 1997년에 경상이익이 470% 증가한 데 이어 1998년에도 31%
> 의 경상이익 증가가 예상된다. 특히 원화절하로 수입화장품의
> 판매가 감소하는 반사이익을 보고 있으며, 중소 화장품사들이
> 경영난을 못 이겨 부도를 낸 데 따른 반사이익도 큰 것으로 알
> 려졌다.

## 7. 구조조정기의 증권시장 (1998년 5월 12일자)

### 단기 약세 · 중장기 강세

주식시장이 약세를 면치 못하고 있다. 최근 우리 경제가 단기적 으로 회복하기 어려운 실물경기 불황뿐만 아니라 본격적인 구조조 정 과정에 진입하고 있기 때문이다. 구조조정을 먼저 겪은 미국과 일본에서도 모두 구조조정기간 중에 주식시장이 역시 약세를 지속 했다. 미국은 1980~91년까지 무려 12년 간 구조조정을 실시했다. 일본은 1991년 거품경제가 붕괴되면서부터 구조조정을 시작해 7 년이 지난 지금도 구조조정 중에 있다.

현재 우리 경제는 구조조정의 측면에서 보면 초기단계에 진입

한 상태여서 그 불확실성이 증폭되고 있는 상황이다. 심리적인 부담이 가중되어 주식시장 또한 구조조정기의 특징인 약세국면을 면치 못하고 있다. 주가가 실제 재료가치보다 낮게 형성될 가능성이 어느 때보다 높은 시기랄 수 있다.

정부는 1998년 4월 14일 경제대책조정회의에서 금융 및 기업부문의 구조조정을 촉진시키기 위해 각종 지원책과 함께 구조조정이 미흡할 경우 취해질 조치 등을 포함하는「금융기관 및 기업구조조정촉진방안」을 발표했다. 이 방안에 따르면 금융기관의 구조조정은 은행을 최우선적으로 추진함으로써 은행으로 하여금 기업의 구조조정을 선도하는 역할을 맡도록 하겠다는 것이 그 골자다. 증권·보험·투신 등 제2금융권에 대해서는 금리·환율·주가 등 시장상황을 보아가며 그 추진속도의 완급을 조절하는 등 점진적으로 구조조정을 유도할 계획이다.

이에 따라 정부는 구조조정에 필요한 재원마련을 위해 금융기관의 부실채권정리기금을 30조 원 이상으로 확대하고, 기업 구조

〈표 4-7〉 정부의 구조조정 방침

| 구 분 | 내 용 |
|---|---|
| 은 행 | 경영개선안을 조기에 평가하여 6월 중으로 합병·영업양도 등 구조조정을 마무리 |
| 리 스 | 6월 중으로 은행 구조조정과 동시에 실시 |
| 보 험 | 7월에 보험사 정리방안 확정 |
| 종 금 | 1998년 6월까지 BIS 6%, 1999년 6월까지 8% 맞춰야 함. 미충족시 폐쇄 |
| 증 권 | • 3월 말 또는 9월 말 순영업자본비율이 100% 미만 또는 재산보다 부채가 많은 회사는 영업양도, 제3자 인수.<br>• 120% 미만은 감자 또는 증자, 신규사업 금지 또는 점포 통폐합, 자산 처분<br>• 150% 미만은 부실자산 처분, 배당이나 출자 제한 |
| 대 기 업 | 은행 구조조정과 동시에 실시 |
| 중소기업 | 주식투자기금, 부채조정기금 설립 등을 통해 지원 |

〈그림 4-3〉 미국 다우존스 평균주가지수 추이

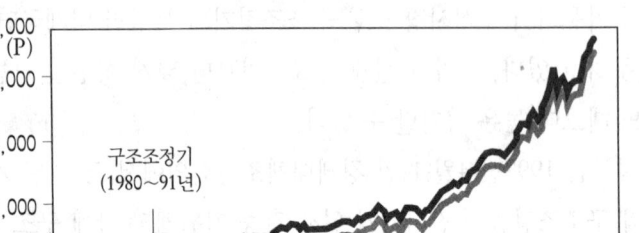

주 : 1980~87년은 연말지수, 1988년 3월은 월말지수

조정의 촉진을 위해 1998년 안으로 모두 10조 원 규모의 「주식투자기금」과 「부채구조조정기금」을 신설할 것이라고 밝혔다.

그렇다면 정부의 구조조정계획은 과연 성공할 수 있을 것인가? 금융연구원이 발표한 자료에 따르면 우선적으로 착수되는 금융기관의 구조조정에 소요되는 비용은 약 62조 원 정도. 은행의 구조조정에 소요되는 비용만도 24조 원이 소요될 것으로 추정된다. 따라서 정부가 예상하는 소요비용 이상의 추가부담이 불가피할 전망이며 이러한 비용을 조달하는 데에는 상당한 어려움이 예상된다. 또한 「주식투자기금」과 「부채구조조정기금」의 주된 재원도 세계은행(IBRD)과 아시아개발은행(ADB)의 차관으로 이루어질 것으로 보이는데, IBRD와 IMF측은 차관자금이 부실기업의 지원에 이용될 수 있다는 이유를 내세워 부정적인 견해를 보이고 있다. 더욱이 구조조정기금 지원대상에서 5대 그룹이 제외됨으로써 기업 구조조정의 실질적인 주체들에 대한 유인책이 결여되어 있다는 점도 지적되고 있다. 8조 원을 상회하는 부실여신을 갖고 있는 투신사에 대한 구조조정 내용이 빠져 있어 구조조정이 실질적으로 가능할 것인지에 대한 문제점도 안고 있다.

그러나 이러한 난제에도 불구하고 구조조정은 증권시장에 긍정적 영향을 미칠 전망이다. 우선 정부의 구조조정 방안 중 기업구조조정기금의 설립은 주식시장에 직접적인 영향을 미칠 것으로 보인다. 설립된 기금이 우량 중견기업 및 중소기업에 투자(주식투자기금 : 출자를 통한 안정적인 자금 공여, 부채조정기금 : 단기부채를 장기부채로 전환)될 것이기 때문이다. 이 기금은 안정적인 지원자금으로 기업의 재무 리스크 축소, 구조조정 촉진 등에 도움을 줄 것이며 이러한 자금을 지원받는 업체의 주가는 상당히 긍정적인 요인으로 작용할 전망이다.

현재 국내 증권시장은 금융권을 비롯해 구조조정이 가시화되고 대규모 유상증자 실시에 따른 수급불안 우려감으로 약세 조정국면이 지속되고 있다. 이 같은 구조조정은 단기적으로 수급부담, 노사갈등, 외국인 관망세 등의 여파로 인해 주가가 큰 폭의 하향조정에 들어갈 것이며, 회복세로 돌아서기에는 상당한 시간이 걸릴 것으로 예상된다. 대개혁을 위한 구조조정은 단기적으로는 성장률 하락뿐만 아니라 민간소비지출 감소, 실업률 증가 등 상당한 비용을 지불해야 하기 때문이다. 하지만 장기적으로는 경쟁력을 회복해 성장잠재력을 높이고, 부가가치율을 증대시키며, 고용을 안정 내지 확대시키고, 국제수지를 개선하는 등 기업은 물론 국가경제의 체질을 강화시키는 것으로 알려졌다.

**미국, 경쟁력 강화 위해 1980년대 구조개편**

따라서 구조조정의 본격화와 더불어 당국의 구조조정 관련 지원책이 점차 가시화되는 시점에서 주식시장에 긍정적인 요인으로 나타날 것으로 보인다. 특히 구조조정을 적극 실시한 기업은 장기적으로 큰 폭의 주가상승을 보일 것으로 분석된다.

미국의 경우를 살펴보자. 미국기업들은 최근의 한국상황과 마찬가지로 지난 1960~70년대에 무분별한 사업다각화와 경쟁적인 설비확충을 추진했다. 미국 제조업체들은 지난 1970년대 후반 들어서면서 생산성이 저하되어 일본·독일기업들과의 경쟁에서 뒤처지기 시작했다. 미국기업들은 미국시장뿐만 아니라 세계시장에서의 지위를 상실하면서 무역수지 적자가 증폭되기에 이르렀다.

미국 정부는 이를 극복하기 위해 국가생산성위원회의 구성, 수

> **깊이 읽기**
>
> 국내에서도 여러 기업들이 사업부문 매각, 인원조정, 외자유치 등을 통해 적극적으로 구조조정을 추진하고 있다. 최근에는 기업의 구조조정을 위한 영업부문의 매각에도 나서고 있다. 이러한 구조조정은 곧바로 주가상승으로 이어지고 있다. 대표적인 사례가 삼성중공업이다.
>
> 이 회사는 1998년 2월 중순 구조조정을 위해 사업부문을 매각한다고 발표해 주가가 크게 상승했다. 6월 1일자로 중장비 부문을 스웨덴의 볼보사에 1조 736억 원에 매각하기로 했다는 소식이 주가상승을 부추겼다. 이 회사는 매출액의 10%인 약 800억 원의 적자를 보였으나 중장비 사업부문 매각으로 경영효율화를 꾀할 수 있을 것으로 기대되면서 주가가 급등했다. 대상도 라이신 사업부문의 매각으로 주목받고 있다. 전북 군산의 라이신 생

산설비 일체와 기술인력 및 영업권을 양도하고 6억 달러를 매각대금으로 받았다. 대상은 이 자금을 라이신을 대체할 수 있는 식품·전분당·발효사업 등 경쟁력 있는 사업부문에 집중투자할 계획이다.

사업부문 매각 및 외자도입 관련기업

| 기업명 | 내 용 |
|---|---|
| 한화종합화학 | 한화바스프우레탄 지분매각 완료 |
| 삼성중공업 | 중장비부문을 볼보사에 매각 추진 |
| 대 상 | 라이신 사업부문을 바스프에 매각 |
| 외환은행 | 코메르츠 뱅크 등과 자본참여 추진 |
| 서울·제일은행 | 외국에 매각 추진 중 |
| 한화에너지 | 발전 및 유화부문 매각 |
| 대한중석 | 초경합금부문 매각 추진 중 |
| 해태그룹 | 음식료사업부문 매각 추진 |
| 빙 그 레 | IFC 자금유치 추진 중 |
| 한화기계 | 베어링 사업부문 매각 |
| 한국유리 | 한국전기초자, 베트로텍스 출자지분 매각 |
| 현대전자 | 미국 현지법인 심비어스사 지분매각 |
| 코오롱상사 | 한국화낙 출자지분 매각 |

출증대전략 수립, 상무부의 교역촉진 기능 확대, 산업경제국 신설 등 다양한 조치를 취했다.

미국기업들도 경쟁력 강화를 위해 해외직접투자 확대, 생산제품의 전환, 새로운 생산공정의 개발과 전략적 제휴 등을 강화했다. 1980년대 후반부터는 경쟁력 강화를 위한 구조개편에 착수했다.

자율적인 사업조정과 정부의 간접지원으로 미국은 자동차·철강·반도체·공작기계산업에서 경쟁력을 회복했으며 기술·지식 집약적인 산업구조로 전환됐다. 그리하여 현재 미국경기는 유례없는 대호황을 누리고 있으며 주식시장 역시 연일 사상 최고치를 기록하고 있다. 구체적으로 살펴보면 레저 · 방송 · 컴퓨터 분야 등의 성장주와 M&A, 사업부문 매각, 인원조정을 통해 수익구조를 일신한 구조조정주는 높은 수익률을 기록했다.

### 8. 식음료기업 투자 올해 최적기(1998년 6월 2일자)

**라면 · 소주 등 생필품 소비 크게 증가**

경기가 IMF 이후 급격히 위축되면서 거의 모든 산업들이 동반 침체하는 모습이 역력하다. 특히 내수시장에 대한 매출비중이 큰 산업은 국민들의 내핍생활로 인해 한결같이 급락세를 보이고 있다. 이 같은 침체 속에서도 꾸준히 성장세를 보이는 산업이 있다. 바로 식음료산업이다. 다른 소비는 줄일 수 있어도 생존에 필요한 식음료를 줄이는 데는 한계가 있을 수밖에 없기 때문이다.

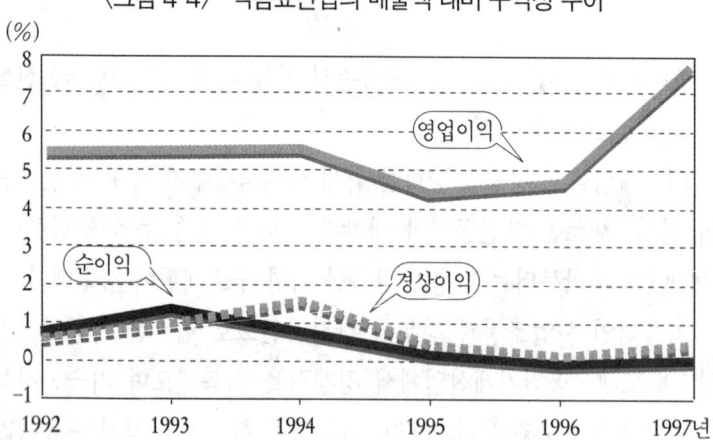

〈그림 4-4〉 식음료산업의 매출액 대비 수익성 추이

상장 식음료업체들의 1997년 결산실적을 보면 매출액이 4.8% 증가했다. 영업이익도 71.9% 늘었다. 식음료산업 전체적으로 볼 때 영업활동에 따른 수익성이 상당히 개선되고 있는 것이다. 이는 산업의 성숙도가 깊어지고 성장이 한계에 부딪치게 되자 기업마다 신제품 개발, 제품개량 등을 통한 가격인상과 영업활동에 따른 각종 경비절감 등 수익구조 개선을 위한 노력을 기울인 결과 어느 정도 그 결실을 보이고 있음을 의미한다.

다만, 영업이익의 증가에 비해 경상이익은 소폭의 흑자전환에 그쳤다. 순이익도 1997년에 이어 적자를 보였다. 영업외비용에서 외환관련 손실이 526.3%나 증가하고 금융비용도 13.7% 늘어나는 등 영업외비용이 1996년에 비해 무려 51.4%나 증가한 것이 큰 부담으로 작용했다. 이에 따라 매출액 대비 경상이익률도 0.2%에 머물러 저조한 수익성을 기록했다. 1997년의 외환관련 손실이 영업외 수지부문에 가장 큰 악영향을 미쳤다면, 1998년에는 금융비용이 수익성에 가장 큰 걸림돌로 작용할 전망이다.

### 식음료는 경기영향 가장 늦게 받아

국내경제는 IMF 이후 소득감소에 따른 소비감소 현상이 나타나고 있다. 그러나 식음료산업은 전체적으로 보면 다른 산업에 비해 업황이 비교적 안정적인 모습을 보이고 있다. 자동차·가전제품 등 내구소비재와 자본재 등 경기에 절대적인 영향을 받는 제품군에 비해 경기침체에 따른 영향의 정도가 작은 편이다. 이는 소업종별로 차이는 있지만 대체로 식음료는 일상적인 소비에서 가장 줄이기 힘든 제품군으로 경기의 영향이 가장 늦게 전달되는 경향이 강하기 때문이다.

〈표 4-8〉 소업종별 1998년 업종전망

| 업 종 | 전망 요약 | 1997년 | 1998년 |
|---|---|---|---|
| 라 면 | 수요증가 지속, 가격인상으로 매출액 대폭 증가 예상 | 2 | 1 |
| 제 과 | 수요감소 전망, 하반기 원가율 하락으로 호조 가능성 | 2 | 3 |
| 제 빵 | 전체시장 감소예상, 양산빵시장의 상대적인 성장 | 3 | 3 |
| 사 료 | 축산위축에 따른 시장감소, 양돈용 사료는 상대적으로 안정 | 4 | 4 |
| 맥 주 | 시장감소세 지속 예상, 업체들 차입금 과다로 수익성 악화 | 4 | 4 |
| 소 주 | 안정적인 시장성장 예상, 1998년 하반기 주세인상 가능성 | 2 | 1 |
| 음 료 | 탄산음료의 판매증가 예상, 과즙음료는 감소 전망 | 2 | 3 |
| 빙 과 | 수입제품의 M/S 감소예상, 이상고온의 특수 가능성 | 3 | 3 |
| 조미식품 | 안정적인 수요규모 유지, 매출액 대폭 증가 예상 | 2 | 2 |
| 제 당 | 소비량 감소 예상, 매출액은 가격인상으로 증가 예상 | 2 | 2 |
| 전 분 당 | 판매량 정체 예상, 전방산업인 제지, 식음료산업 안정적 | 2 | 2 |
| 건강식품 | 경기침체에 따른 영향이 큼, 시장감소 예상 | 4 | 5 |

주 : 1 : 아주 좋음, 2 : 좋음, 3 : 보통, 4 : 나쁨, 5 : 아주 나쁨

또한 식음료 생산업체들의 처지에서 보면 원료가격 상승은 제품가격 인상으로 연결되고 있다. 내수 위주의 이들 업체는 IMF 이후 가격결정자(price setter)로서의 능력이 부각되고 있다. 이는 자신의 수익구조를 합리적인 범위 내에서 지속할 수 있는 능력을 가진 것으로, 안정적인 수익창출이 가능하다는 말과도 통한다.

다시 말해 식음료산업은 해외시장에서 결정되는 제품(예를 들어 반도체, 전기동 등), 바이어와의 협상에 따라 결정되는 제품들을 생산하는 기업보다 안정적인 수익구조를 유지하는 데 유리한 입장이다. 이러한 경향은 시장에서의 지위가 확고한 기업일수록 더욱 강해 후발기업들이 선발기업의 결정에 따라가는 형국이다.

또한 식음료산업의 성숙도가 깊어지면서 구조조정이 지속되고 1998년 경제의 재편이 이루어질 경우 음식료산업의 구조조정은 1998년 하반기를 기점으로 대부분 마무리될 전망이다. 이럴 경우

시장에의 진입장벽이 자연스럽게 강화될 것이며, 이는 생존하는 기업들의 영업환경 및 시장 내 지위를 강화시켜줄 것으로 예상된다. 1998년에는 전체적으로 식음료 생산물량은 감소할 것으로 예상되지만 가격인상의 폭을 감안할 경우 매출액은 안정적으로 증가할 전망이다. 다만, 수익성은 금융비용의 증가로 인해 경상이익이 다시 적자로 전환될 것으로 예상되고 있다.

식음료산업도 경기침체의 영향을 받아 전반적으로 수익악화가 예상되지만 소업종별 또는 업체별로는 실적개선이 예상되는 부분도 상당수에 이르고 있다는 말이다. 따라서 식음료산업 중에서도 소업종별 동향을 잘 살펴보면 의외로 실적호전이 예상되는 투자유망 종목을 찾을 수 있을 것으로 보인다.

### 시장점유율 상위 기업은 시장지배력 더 강화

그렇다면 식음료산업 중 어느 업종이 유리한가? 우선 IMF 이후 식음료산업의 변화를 살펴보자. 식음료산업은 소비자의 소비 패턴 변화에 가장 큰 영향을 받고 있는 것으로 분석된다. 즉 실질소득의 감소로 소비자들은 당초 의도했던 목적에 따라 가장 합리적인 방법으로 소비하지 않으면 안 되게 되었다. 이는 제품구매시 브랜드 로열티(brand royalty : 제품구매시 브랜드나 기업의 이미지에 따른 구매경향으로, 기본적으로는 제품의 품질에 따라 결정되지만 마케팅의 영향도 절대적임)의 경향을 더욱 강화시키는 요인이 되고 있다.

따라서 시장점유율 상위 기업은 시장지배력이 더욱 강화되고 이들 기업의 영업환경은 점차 안정되는 경향을 띨 것으로 예상된다. 또한 실질소득의 감소는 주류·음료 등 기호식품의 소비를 줄이는 요인으로 작용할 전망이어서 이들 기호식품을 생산하는 기업들의 판매량은 감소할 것으로 예상된다. 반면 라면과 소주 등 일반인들의 생필품으로 자리잡은 제품을 생산하는 기업은 실적이 호전될 것으로 보인다. 생산품목에 따라 명암이 크게 엇갈릴 수 있다는 얘기다.

> **깊이 읽기**
>
> **투자유망종목**
>
> IMF 이후의 주요 변화 및 업종별 특성에 따라 투자종목의 선정기준도 변했다. 우선 시장점유율 1위 등 시장 내 지위가 강한 기업, 재무구조가 안정적 또는 개선 가능한 기업, 주력업종에 핵심역량을 강화한 기업, 소업종별 업황이 안정적인 기업, 사업다각화가 적은 기업, 관계사로 인한 부실우려가 없는 기업들이 가장 우선적으로 고려되고 있다. 이 밖에도 주가의 낙폭 등을 고려해야 한다. 이러한 기준에 따라 1998년 투자가 유망한 식음료종목들을 정리해보면 다음과 같다.
>
> **1998년 투자유망종목**
>
> (단위 : 원)
>
> | 종 목 | 투자 포인트 | 예상 EPS |
> |---|---|---|
> | 농 심 | 라면수요 증가 지속, 안정적인 재무구조 보유 | 8,102 |
> | 빙 그 레 | 이상고온에 따른 여름특수 및 이로 인한 재무구조 개선 | 915 |
> | 서울식품 | 양산빵 수요증가세, 관납시장 경쟁여건 완화 | 454 |
> | 오 뚜 기 | 주요 제품별로 시장점유율 1위 기업, 낮은 차입금 비중 | 2,289 |
> | 선 진 | 안정적인 판로 보유, 양돈사료 수요증가세, 우량한 재무구조 | 1,272 |
> | 제일제당 | 제당·제분 등 주요 제품의 영업환경 안정적, 수익성 중심 경영 | 3,039 |

지난 1997년 한국경제는 IMF 구제금융신청을 전후해 원화의 가치가 하락하고 금리가 급등했다. 1998년 들어서는 실업자가 급증하는 추세를 보였으며 이러한 환경변화는 식음료산업에 원료가격의 상승과 그에 따른 제품가격의 인상, 금융비용의 증가 및 소비량 감소라는 결과로 나타나고 있다. 이러한 변화와 함께 기초식품 및 기호식품의 특성, 제품별 소득탄력성, 기업들의 구조조정등에 따라 소업종별로 업황이 상충되게 나타나고 있다.

## 9. 빅딜이 증시에 미치는 영향 (1998년 9월 15일자)

### 구조조정 본격화로 장기적 「긍정」

그 동안 생소하게만 느껴졌던 빅딜이 이제 본격적으로 적용될 전망이다. 국내기업의 문화 측면에서 볼 때 대기업 간의 빅딜이 가능하겠느냐는 회의론이 대두되기도 했지만, 5대 그룹의 빅딜이 1998년 9월 3일 1차적으로 그 모습을 드러냈다. 멀게는 1998년 초부터, 가깝게는 1997년 6월 이후 재계의 빅딜 논의가 본격적으로 진행된 지 불과 3개월 만의 일이다.

정부는 수요부진과 과잉설비로 어려움을 겪고 있는 국내 주력산업의 구조조정 추진을 정책목표로 삼고 있다. 이에 따라 5대 그룹을 중심으로 재벌그룹 간 빅딜을 적극 추진해왔다. 대상업종은 외형성장을 목표로 1990년대 중반 국내그룹 간, 업체 간 외부차입금을 통해 대규모 설비투자 경쟁이 진행된 중화학공업이 대표적인 산업이다. 이미 일부 업종은 시장경제논리 속에서 불가피하게 자발적으로 구조조정을 진행하고 있다. 나머지 대상 업종들도 시차만 있을 뿐 구조조정의 불가피성이 대두되고 있다.

〈표 4-9〉 7개 업종 구조조정 계획

| 업 종 | 구조조정 내용 |
|---|---|
| 유 화 | • 대산단지에 단일회사 설립<br>• 현대와 삼성이 각각 30% 지분출자<br>• 정부지분 출자분(40%)에 대해서는 일본계 자본 유치 |
| 항 공 | • 단일회사 설립<br>• 삼성항공, 대우중공업, 현대우주항공이 동등지분 출자<br>• 전문경영인 외부에서 영입 |
| 철도차량 | • 단일회사 설립<br>• 현대정공, 대우중공업, 한진중공업 참여<br>• 지분은 향후 자산실사 후 결정 |
| 발전설비 | • 현대중공업과 삼성중공업의 사업부문을 한국중공업으로 일원화 |
| 정 유 | • 현대정유가 한화에너지 인수. 부채탕감 및 금융지원 요구 |
| 반도체 | • 단일회사 설립<br>• 현대전자와 LG반도체가 지분출자<br>• 지분율 배분 및 경영권 문제는 추후에 논의 |
| 선박엔진 | • 삼성중공업의 선박부문을 한국중공업으로 양도<br>• 한국중공업 · 현대중공업 2사 체제 구축 |

정부는 구조조정의 지연이 추가적인 국가경제 차원의 손실을 유발시킬 가능성이 높다는 판단 아래 구조조정의 압력을 강화해왔다. 빅딜 거론 대상 10개 업종 중 우선 7개 업종이 급히 발표된 것도 정부의 이 같은 속마음을 어루만져 주기 위한 움직임으로 보인다. 이들 업종은 유화 · 항공 · 철도차량 · 발전설비 · 정유 · 반도체 부문이다.

자동차부문은 이번 빅딜에서는 제외되었다. 향후 자동차업종의 진로를 결정하는 변수가 기아의 입찰결과에 따라 얼마든지 바뀔 수 있기 때문이다. 국내 총수출의 7.9%, 제조업 생산비중 9.6%로서 국내경제에 커다란 축을 차지하고 있는 자동차 산업은 최악의 어려움을 겪고 있다. 극심한 내수침체 및 수출부진으로 가동률이 사상 최저수준인 40%에 머물고 있어 당분간 어려움이 지속될 것으로 예상되고 있다. 기아의 국제입찰이 아직 마무리되지 않았기 때문에 빅딜의 절박한 필요성에도 불구하고 기아의 입찰 이후로 빅딜이 연기되었다.

### 중화학공업이 주대상업종

이번 빅딜은 정부의 입김이 많이 작용한 게 사실이다. 산업의 전반적인 구조조정을 통한 자원의 효율적인 배분을 위해 1998년 초부터 정부는 빅딜을 종용했고 압박의 강도도 높였다. 금융·세제상의 지원이라는 당근과 5대 그룹에 대한 여신지원 중단 가능성 선언이라는 채찍으로 빅딜을 촉구했다.

정부는 이러한 지원이 없을 경우 그 효과를 얻기 어렵기 때문에 조세감면규제법 개정작업을 추진해 빅딜을 간접적으로 지원할 계획이다. 금융지원 방안으로 부채탕감, 대출금 출자전환, 대출금 상환계획조정 등이 거론되고 있다. 실제로 라이신 사업을 매각한 (주)대상의 경우 법인세·특별부과세·주민세 등의 각종 세금으로 매각대금의 55% 가량을 지불해 구조조정을 통한 자구노력이 반감되기도 했다.

재벌그룹 간 빅딜에서 제일 먼저 그룹 간 이해조정이 마무리된 업종이 항공과 철도차량사업임을 감안할 때 내수 중심 및 정부발주 사업을 영위하는 업종이 이번 빅딜에서 최대의 수혜를 볼 전망이다. 시장다변화제도 폐지 등 개방체제로의 이전이 내수중심 산업의 구조조정 효과를 상대적으로 축소시킬 것으로 보이지만 중장기적으로는 구조조정의 가장 큰 수혜를 볼 것으로 예상된다. 다시 말해 중복투자와 공급과잉구조의 근본적인 해결책을 국내 자체적으로 찾을 수 있고, 수요자가 정부 중심으로 이루어져 있어 정부의 지원 여하에 따라 효과는 커질 수도 있다. 내수 중심의 산업은 항공·철도차량 이외에 발전설비 등을 들 수 있다.

반면 수출 중심 산업은 대부분 세계적인 공급과잉구조에서 다른 나라들과 마찬가지로 어려움을 겪을 것으로 보이기 때문에, 국내시장에서의 구조조정을 통한 수급구조 개선효과는 상대적으로 한정될 것으로 보인다. 수출중심의 영업을 펼치면서 세계시장 점유율이 높은 산업은 세계시장의 수급구조에 직접 영향을 받아 긍정적이지만 세계시장 점유율이 낮은 산업은 수익성 개선에 큰 도움은 되지 않을 것이다.

빅딜은 이 같은 긍정적인 영향에도 불구하고 여전히 회의론을 동반하고 있다. 우선 빅딜의 합의가 지켜질 수 있겠는가 하는 점이다. 이번의 반도체부문에서 보았듯이 합의에 상당한 진통을 겪었으며 도출된 합의도 잠정적인 것이어서 향후 합의의 구속력 문제가 대두될 수도 있다. 둘째로 형평성의 문제다. 빅딜에 참여한 업체들에 대해서는 각종 금융·세제상의 지원이 따르게 되며 업계의 판도 변화가 예상된다. 빅딜에 참여하지 못한 업체들의 반발이

〈표 4-10〉 빅딜 대상 기업에 대한 영향

| | | |
|---|---|---|
| 철도차량 | 현대정공, 대우중공업, 한진중공업 | 각사 최대 적자부문의 해소로 영업실적 개선 전망 |
| 정 유 | 한화에너지 | 현대정유와의 합병 시너지 기대<br>정부의 금융지원 기대되어 영업환경 개선 |
| 선박용엔진 | 현대중공업 | 신규진입한 삼성중공업의 퇴출로 상대적 수혜 |
| 유 화 | 대림, 호남석유 | 여천공단에 자리잡고 있는 가운데 삼성, 현대에 대응하기 위한 긴밀한 공조 기대 |
| | SK | 울산에 위치한 대한유화와의 공조체제 강화 기대 |
| 반도체 | LG반도체 | 합병비율과 경영권 문제가 해소되지 않은 가운데 현대전자에 비해 상대적으로 주가가 저평가 |

우려되기도 한다. 셋째, 고용문제가 대두된다. 중복·과잉설비와 더불어 중복되는 인력에 대해서는 감축이 불가피하지만 현대자동차의 정리해고 문제에서 보듯이, 노조의 불만이 야기될 것으로 보여 상당한 진통을 겪을 것으로 예상된다. 한편 기업 간의 문화적 이질성이 상당히 큰 것으로 나타나고 있기 때문에 남아 있게 되는 인력에 대해서도 정체성 문제 등 부작용이 상당히 클 수 있다.

정부는 IMF 체제를 조기에 마감하고 경제의 체력을 강화시키기 위해서는 자원의 효율적인 배분을 추구하지 않으면 안 되게 되었다. 산업 전반에 걸쳐 과잉·중복투자된 주요 산업에 대해 총체적인 구조조정을 계획하고 이를 재벌그룹 간의 빅딜로 매듭을 풀려고 하는 것이다. 처음에는 회의적인 태도를 보였던 재계도 구조조정의 필요성을 인식하게 되었고, 정부로부터 지원을 받는다면 그리 손해보는 것도 아니라는 인식하에 적극성을 보이고 있다.

산고 끝에 마무리된 5대 그룹의 빅딜이 최선의 결과는 분명히 아닐 것이다. 그러나 첫술에 배부를 수는 없다는 속담이 말해주듯, 재계의 구조조정은 이제부터 본격적으로 진행될 것이다. 5대 그룹 이외 기업들 간의 빅딜도 이어질 것이고, 빅딜이 아니더라도 업무영역에서의 상호보완 내지는 공조가 활발히 이루어질 것으로 예상되며 이에 따른 재계의 판도 변화가 예상된다.

### 국제적 변수 산재 : 증시 영향 회의적

그렇다면 빅딜이 증권시장에 미칠 영향은 무엇인가? 빅딜을 통한 과잉·중복투자 업종에 대한 구조조정이 본격화되고 과당경쟁 해소, 경쟁에 따른 간접비용 감소, 규모의 경제 실현 등으로 증권시장에는 장기적으로 긍정적인 영향을 줄 것으로 예상된다. 다만,

단기적으로는 국내 증권시장에 영향을 미치고 있는 국제적인 변수들이 여전히 산적해 있기 때문에 그 효과에 대해서는 회의론이 여전히 강하게 작용한다. 또한 빅딜을 세부적으로 추진하는 과정에서 일부 업종의 합병비율, 상호지급보증, 인원 구조조정 등 복잡한 이해관계를 해소하는 데 상당한 진통이 예상되고 있다. 시간적으로도 마무리짓는 데 상당한 시일이 소요될 것으로 보인다. 또한 빅딜 대상기업들의 경우 현실적으로는 영업에 어려움을 겪고 있어 빅딜로 인한 급격한 영업환경의 호전을 예상하기는 어려우나, 시너지 효과 및 정부의 지원 등에 따라서는 개별적인 주가 상승도 예상해볼 수 있다.

구체적으로 구조조정의 주축이 되는 업체는 시장점유율의 확대 및 시장경쟁 감소라는 면에서 수혜가 예상된다. 피합병 및 시장퇴출기업은 사업부문의 축소 및 법인 소멸의 길을 걸을 것으로 전망된다. 그러나 실질적으로는 산업 내의 구조조정의 폭과 조건에 따라 관련기업들의 손익관계가 결정될 것으로 보인다.

### 10. 경기 바닥 임박 「회복 머잖아」(1998년 11월 3일자)

**부분적인 수요 회복·재고 증가 하락폭 둔화**

우리나라의 경기전망에 대해 아직 아무도 확답을 주지 못하고 있다. 한국개발연구원(KDI)조차 1999년 경제가 좋을 때와 나쁠 때로 나누어 시나리오별로 전망을 하고 있다. 민간 연구기관들도 조심스런 낙관론부터 비관론까지 다양하게 전망하고 있다. 그러나 증시에 참여하는 많은 사람들은 1999년 경기가 현재보다 많이 호전될 것으로 예감하고 있다. 무엇보다 주가가 이를 말해주고 있다. 최근 지수가 300포인트를 장기바닥으로 390포인트까지 상승했으며, 아무도 300포인트로 다시 하락할 것으로 생각하지 않고 있다. 더구나 1999년 증시는 1998년보다 상당한 호황세를 보일 것으로 점치고 있다.

주식시장뿐만 아니라 채권금리도 경기가 바닥시점에 가까웠음을 예견하고 있다. 과거 우리나라의 금리가 크게 급락하고 사상최저수준을 보일 때는 항시 경기하락 말기와 경기회복 초기였다. 정부에서 금리를 내리겠다고 과거에 여러 번 선언하기도 했으나 실제 시중금리는 잘 내려가지 않았다. 그러나 이번에는 정부에서 금리를 내리겠다고 발표하자마자 무섭게 하락했다. 이는 결국 금리가 내릴 때가 되었다는 반증인 것이다. 금리 측면에서도 경기는 바닥시점이 가까웠다는 이야기다.

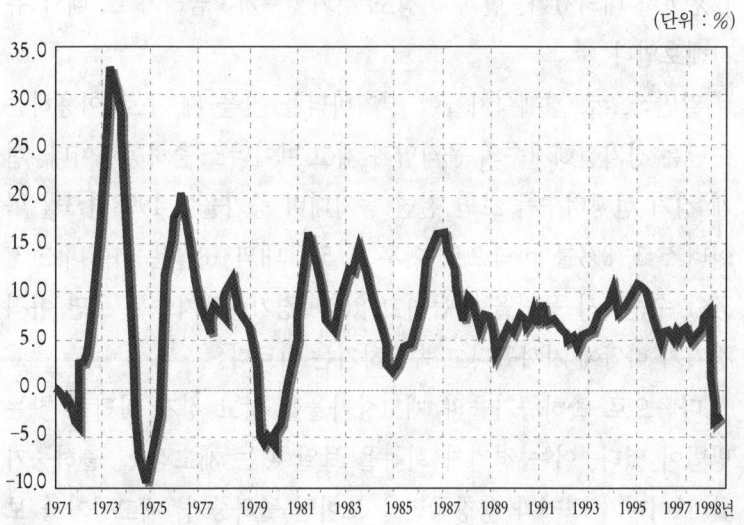

〈그림 4-5〉 경기선행지수 증가율 추이(전년동기대비)
(단위 : %)

경기와 주가와의 관계를 보건대, 경기가 좋으면 주가가 상승국면을 보이고 경기가 위축되면 주가가 하락국면을 보이는데, 주식투자수익률이 가장 좋을 때가 경기가 회복기미를 보이거나 경기회복의 초기국면이다. 경기가 활황국면일 경우 실제 투자수익률은 그리 높지 않다. 현재의 국면은 경기침체 말기 국면으로 아직 국내경기가 조만간 회복할 것인가에 대해선 그다지 신뢰하지 못하는 편이다. 따라서 주가가 급등하지 못하고 조심스런 상승을 모색하고 있는 상황이다. 그러나 주식시장은 경기보다 대략 6개월 정도 선행하는 것으로 알려지고 있다.

최근 경기바닥 시점의 사례를 살펴보자. 실제로 경기가 바닥을 친 시점은 1993년 1월이나 주식시장의 바닥시점은 1982년 8월이었다. 8월부터 주가는 대세상승국면에 접어들어 경기바닥 시점인 1월에는 이미 바닥에서 52%나 상승해 있었다. 공교롭게도 당시도 금리가 급락해 1992년 하반기와 1993년 초까지 20%대의 금리가 12%까지 내려갔다. 현재 시점도 경기·주가·금리가 그 때와 유사해보인다.

일반적으로 경제학자들이 경기바닥을 찾을 때 주로 이용하는 수단은 경기선행지수의 움직임과 재고 마이너스 출하동향이다. 현재 경기 선행지수를 보면 전년 동기대비 증가율이 1998년 3월 마이너스 3.8%를 바닥으로 이후 3.5% 내외 (8월은 마이너스 3.3%) 수준에서 등락을 거듭하고 있다. 경기선행지수를 보면 아직 경기가 바닥에 가까웠다고 속단하기는 이르다.

다음으로 출하증가율과 재고증가율을 갖고 경기 바닥을 찾는 방법이 있다. 이는 경기가 회복을 보일 때는 재고감소, 출하증가를 보이다가 경기가 팽창국면을 보이면 출하증가, 재고증가를 보인다. 경기의 수축국면에서는 출하감소, 재고증가를, 그리고 경기 침체국면에서는 재고감소, 출하감소를 보이며 경기바닥 시점은 출하증가율이 재고증가율을 상회하는 시점으로 본다. 1998년 8월 현재시점은 출하증가율이 마이너스 16.2%, 재고증가율이 마이너스 6.3%로 재고와 출하가 모두 하락하는 전형적인 경기침체기로서 재고증가율이 출하증가율보다 높아 아직 바닥시점이 도래하지 않았다. 또 두 개의 증가율이 마이너스로 경기바닥을 논하기에는 이르다는 생각이 든다.

그러나 기업탐방을 다니면서 기업체 사정과 산업경기를 피부로 느끼는 분석가(analyst)들은 산업경기가 거의 바닥에 가까웠다고 말하고 있다. 이를 구체적으로 살펴보면 1998년 2/4분기 말에는 음식료, 도시가스, 타이어, 조선업종 외에는 모든 산업이 악화일로를 걷거나 극히 침체되어 있었고 거의 모든 기업들이 생존의 문턱에서 고생하고 있었다. 그러나 3/4분기 말은 4개 업종 외에도 자동차업종의 악화폭이 둔화되고 있다. 석유화학 업종은 수익성이 상당폭 호전되고 있으며, 해운업종 운임이 회복추세를 보이고 있다. 그 밖에 PCB, TFT-LCD 등 일부 전자부품업도 경기가 괜찮은 편이다. 또 기업들도 전반적으로 그 동안의 구조조정, 금리하락, 원절하, 엔고, 부분적인 수요회복 때문에 상반기보다 현금흐름이 나아져 숨을 쉴 수 있는 공간이 커졌다. 특히 산업경기를 앞장서 반영하는 증권산업도 1998년 상반기의 증권사들이 대부분 흑자를 보여 이 또한 경기회복이 임박했음을 보여주고 있다.

### 경기회복 초기, 주가수익률 높아

실제 산업생산증가율도 어느 정도 경기가 바닥에 가까웠음을 알려주고 있다. 1998년 7월의 산업생산증가율이 마이너스 13%였으나 8월에는 마이너스 11.8%로 하락폭이 소폭 둔화됐다. 그런데 8월에는 현대자동차의 파업으로 자동차산업의 산업생산증가율이 마이너스 47%에서 마이너스 60%로 급락한 것을 고려하면 파업이 없었다고 가정할 경우, 산업생산하락률은 더 둔화됐을 것이다. 9월에는 현대자동차의 생산이 정상화되어 10월 말 발표되는 산업생산하락률은 8월보다 훨씬 둔화되어 나타날 것으로 보인다. 또 11월, 12월로 가면 산업생산, 출하증가율이 마이너스 1~2%로 급격히 둔화될 것이다. 왜냐하면 현재 경기가 부분적으로 호전기미를 보이는데다 1997년 말부터 경기가 급격히 나빠졌기 때문이다. 이렇게 되면 경제학자들도 경기바닥 시점 전망을 앞당기지 않을까 여겨진다. 4/4분기 산업경기동향과 업종별 관심종목은 표와 같다.

> **깊이 읽기**

### 4/4분기 산업별 경기동향

| 구 분 | 내 용 |
|---|---|
| 음식료 | • 안정적인 수요, 가격인상 효과 지속, 국제 곡물가의 약보합세 지속으로 실적호조 예상<br>• 낮은 금융비용 부담률로 기업들의 주가상승 전망<br>• 관심종목 : 제일제당, 빙그레 |
| 섬유/피혁 | • 수출물량 감소에도 불구하고 환율안정세로 수익폭 소폭 축소<br>• 동구권 경제불안으로 의류비중 높은 피혁업체 수익축소 전망<br>• 관심종목 : 삼양사, 코오롱 |
| 제 지 | • 1998년 생산은 10% 이상 감소 전망이나 수출은 37% 증가 예상<br>• 금융비용 부담이 낮은 업체들은 수익성이 호전될 전망<br>• 관심종목 : 태림포장, 수출포장 |
| 석유화학 | • 국제가격의 소폭상승, 고환율로 수익호전 지속 예상<br>• 실세금리 하락에 따른 수혜도 예상<br>• 관심종목 : LG화학, 경인양행, 이수화학, 한국화인케미칼 |
| 제 약 | • 내수침체로 1998년도 2%대의 저성장 전망<br>• 환율상승으로 인한 수출실적 개선 기업 및 기술수출 기업의 주가상승 예상<br>• 관심종목 : 한미약품, 국제약품 |

| 구 분 | 내 용 |
|---|---|
| 타 이 어 | • 수출가격 약세에도 불구하고 환율상승으로 수익성 호전<br>• 튜브의 경우 외형성장은 둔화될 전망이나 수출비중이 80%를 상회하여 수익성 호전추세<br>• 관심종목 : 한국타이어, 흥아타이어 |
| 철 강 | • 전방산업인 건설, 자동차 경기 침체 지속되어 판매량 25% 감소 예상<br>• 엔강세로 일본과 경쟁품목인 판재류 수출 증가 기대<br>• 내수부진 만회 위해 수출에 주력 중이나 수출단가 하락 추세 |
| 비철금속 | • 관심종목 : 세아제강, 대양금속, 인천제철<br>• 제련업체는 비철금속 가격하락폭보다 원절하폭이 커 수출이 8월까지 아연 155%, 전기동 350% 증가하여 수익성 개선<br>• 가공업체는 수출업체와 내수업체 간의 실적 심화<br>• 관심종목 : 고려아연, 대창공업 |
| 기 계 | • 제조업 설비투자 감소로 영업기반 축소상태 지속<br>• 엔강세 전환시 대일 수입의존도 높아 원가부담 증가할 전망<br>• 관심종목 : 계양전기, 경동보일러 |
| 가 전 | • 국내경기 위축과 보급포화로 내수 부진<br>• 엔고에 따라 국내생산 비중이 큰 제품을 중심으로 수출증가 예상 |
| 반 도 체 | • 1998년 세계 메모리 시장 전년 대비 17.5% 감소 예상<br>• 1999년 하반기 이후 수급개선으로 회복 가능 |
| 정보통신 | • 단말기 판매호조로 내수시장 안정세 구가했으나 4/4분기 단말기시장 조정세 예상<br>• 유선통신 장비관련 기업들의 투자 증가 예상<br>• 관심종목 : 콤텍시스템, LG정보통신 |
| 자 동 차 | • 내수기반 급감 상태는 지속, 수출은 안정세 유지<br>• 엔화강세 전환으로 수출경쟁력 회복될 전망<br>• 관심종목 : 현대자동차, 한라공조 |
| 조 선 | • 엔화강세 전환으로 국내업체들 수주경쟁력 강화, 시중금리 인하에 따른 수혜도 기대<br>• 하반기부터 수주물량 증가세 둔화, 선가약세는 지속 |
| 도시가스 | • 경기방어적인 유틸리티 산업으로서 수익이 안정적<br>• 최근 M&A와 권역 보급률이 낮은 도시가스사의 성장성 부각<br>• 관심종목 : 부산가스, 삼천리, 경동가스 |
| 건 설 | • 4/4분기에도 수주액, 허가면적 등 건설경기 선행지표 하락추세 지속 예상<br>• 대출금리 하락안정시 일부 업체 큰 폭 수혜 기대<br>• 관심종목 : LG건설, 태영 |
| 도 소 매 | • 종합상사는 수출이 호조세 보이나 부채비율이 높아 수익성 기대난<br>• 봉제업체는 의류수출이 지속되고 있어 실적호전<br>• 백화점업계 마이너스 10%대 성장, 할인점 업계는 점포 확대로 50% 이상의 고성장 예상되나 수익성 개선은 미미 |
| 운수창고 | • 육상운송업체는 1998년 매출감소와 경상적자 전망<br>• 대한항공은 탑승률 저조와 고정비부담이 증가할 전망이나 항공기 매각으로 흑자 전망<br>• 해운시황은 정기선을 중심으로 연초 대비 30~50% 가격회복 추세<br>• 관심종목 : 한진해운, 현대상선 |

## 11. 신3저시대의 증시 투자전략 (1998년 11월 3일자)

주가가 급등세를 보이고 있다. 지난 10월 초만 해도 300포인트에 머물던 종합주가지수가 한때 394포인트를 기록했다. 단기급등을 의식한 듯 최근 들어서는 단기조정을 보이고 있다. 이번 주가 상승은 300선 내외에서 4개월 간의 에너지를 축적한 이후 나온 것이다. 경기는 불황의 늪을 벗어나지 못하고 있으나 외국인 매수증가, 통화공급 확대 등 증시 주변의 수급 호전으로 상승세를 보이고 있다.

### 증시상승 배경

달러 하락, 금리 하락, 원자재 하락 등 이른바 「신3저」 상태 아래에서 현재 증시를 부추기는 가장 큰 호재는 엔화 강세다. 바꿔 말하면 달러 약세가 크게 작용하고 있다고 할 수 있다. 이종우 대우증권 연구위원은 『「엔화강세가 지속될 경우 아시아 국가의 경기 활성화에 도움을 줄 것」이라는 견해가 외국인 매수를 지속시키는 요인이 되고 있다』고 분석한다. 또한 국내외적인 금리인하도 주가 상승을 부추기는 요인으로 꼽힌다. 김군호 삼성증권 투자전략팀장도 『경기불황에 따른 충분한 통화방출로 시중자금은 넘치고 있으나 사상 최저치를 기록하고 있는 금리로 인해 갈 곳을 잃고 있어 유동성 장세를 보이고 있다』고 본다. 김 팀장은 금융기관의 구조조정이 진행되면서 기관의 주식매도가 지속적으로 이루어져 주식을 추가적으로 팔 유인을 느끼지 못하고 오히려 매수를 모색하고 있다는 것이다. 현재 금융기관의 총자산 중 주식비중은 4%대로 최저 수준을 보이고 있다.

### 증시하락 변수

현재 증시의 흐름을 바꾸어놓을 수 있는 요인으로는 재벌을 중심으로 한 기업구조조정 부진, 신용경색현상 지속 및 자금편중, 국내경기 침체 지속과 산업기반 약화, 미국의 국제적 지도력 약화로 요약된다. 이태진 쌍용투자증권 투자분석팀장은 『헤지 펀드 파산에 따른 국제자본시장의 신용경색도 경계해야 한다』고 주장한다. 이종우 대우증권 연구위원은 『국내경제의 침체가 지속될 것이라는 점과 외국인 매수가 연초에 비해 강도나 지속성 면에서 훨씬 떨어진다는 측면이 시장의 악재로 작용할 수 있다』고 말한다. 당초 300포인트에서 주가의 상승은 외국인 매수에 의해 촉발됐으나 이 부문이 시장의 기대에 미치지 못한다면, 향후 장세는 단기적인 조정세가 불가피하다는 분석이다.

### 외국인투자 흐름

외국인 투자자금의 지속 여부와 성격에 대해서는 전문가들마다 내놓는 견해가 다소 상반된다. 이태진 쌍용투자증권 팀장은 『한국은 태국과 함께 아시아 국가 중에서 가장 선호되므로 외국인 투자자의 매수세는 지속될 것』으로 예상한다. 지금까지는 영국계 투자자들의 매수가 주류를 이루었으나 앞으로는 미국계 투자자들의 매수비중이 높아지면서 외국인 매수세를 주도할 것으로 예상한다.

김군호 삼성증권 팀장도 『현재까지의 추세로 보아 국내의 구조조정 노력이 외국인들로부터 어느 정도 긍정적인 평가를 받고 있는데다 엔화가치의 안정세가 지속되고 있어 외국인 투자는 지속될 것』으로 전망한다. 1997년 말과 1998년 초에 유입된 외국인 투자자금의 규모가 4조 원에 달했음을 상기해볼 때 지금 6,000억~

7,000억 원의 유입은 그 시작에 불과하다는 게 그의 판단이다.

김성권 한화증권 팀장도 『메릴린치증권이 11월에 한국투자비중을 확대할 것으로 보이는데다 사모 외수펀드 설정시 종목당 한도 폐지 등의 재료를 바탕으로 외국인 투자자금이 지속적으로 유입될 것』으로 전망한다.

반면 이종우 대우증권 연구위원은 『외국인 매수가 연초와 같이 지속될 것으로 기대하기는 어렵다』고 본다. 이미 엔화의 강세가 115엔대에서 추가로 진행되지 못하고 점진적인 달러 강세가 나타나고 있다는 것이다. 장석희 대신경제연구소 투자전략실장도 최근 한국시장에 유입된 외국인자금 6,200억 원은 대부분 연기금이나 보험사 등 장기성 자금이라기보다는 엔화 강세 및 금리하락에 따른 시세차익을 겨냥한 단기 투기성 자금의 성격이 강해 외국인 투자자금이 지속적으로 대량 유입될 것으로 기대하기는 어렵다고 예상한다.

### 향후 증시전망

주가전망에 대해서는 상승세가 지속될 것이란 견해가 대세를 이루고 있다. 김군호 삼성증권 팀장은 현재의 유동성 장세가 당분간 지속될 것으로 전망한다. 유동성 장세의 특성상 목표지수대를 산정하기 어려우나 450포인트까지 상승이 가능할 것으로 내다본다. 국제적인 금리인하로 외채부담의 경감과 추가적인 해외자본의 유입 등이 이뤄지고 국가신용등급이 상향조정된다면 그 이상의 추가상승도 기대할 수 있다는 것이다.

김성권 한화증권팀장은 현재의 조정국면이 조만간 마무리되고 재상승할 것으로 예상한다. 파동상으로 구분해보면 9월 하순의 1

차 상승, 10월 중순의 2차 상승에 이어 3차 상승이 예상되는데, 목표지수대는 300일 지수이동평균선이 있는 410포인트대로 전망한다. 이태진 쌍용투자증권 팀장은 이번 상승장의 계기였던 미국 달러 약세 및 이에 따른 엔화 강세, 국내금리 인하라는 호의적 변수

〈표 4-11〉 증권전문가 추천 유망업종 및 종목

| 이 름 | 구 분 | 내 용 |
|---|---|---|
| 김 군 호 (삼성증권투자전략팀장) | 추천업종 | • 외국인 선호주<br>• 금융주 : 유동성 장세 |
| | 추천종목 | • 삼성전자 : 반도체시장 회복 예상<br>• 포항제철 : 정부지분 매각<br>• 국민은행 : 우량주 |
| 김 성 권 (한화증권리서치 팀장) | 추천업종 | • 은행주<br>• 증권주<br>• 건설주 : 낙폭 과대, 향후 실적 기대 |
| | 추천종목 | • 금리하락 수혜주 : 한화종합화학, 동부제강, 인천제철<br>• 외국인 선호 : 한전, 삼성전자, 삼성전관, 국민은행, 주택은행 |
| 손 빈 (액츠투자자문 부사장) | 추천업종 | • 건설주 : 정부의 경기부양 의지<br>• 조선, 전자주 : 수출여건 개선<br>• 증권주 : 시장활성화 |
| | 추천종목 | • 일신방직, 동양화학, 한국화인케미칼, 고려화학, 코오롱유화, 부산도시가스, 신도리코 |
| 이 종 우 (대우증권 투자전략팀 연구위원) | 추천종목 | • 신세계백화점 : 국내 최대 할인점, 성장성 우수.<br>• 유통산업 대형사 위주로 재편<br>• 대덕전자 : 국내 1위 다층 PCB 제작업체, 수출비중 85%로 확대, 1998년 순외환이익 100억 원 이상 |
| 이 태 진 (쌍용투자증권 투자분석팀장) | 추천업종 | • 증권주 : 금리하락 및 증시활황 최대 수혜업종, 금융업무 경계 붕괴로 신사업기회 확보 |
| | 추천종목 | • 쌍용투자증권 : 구조조정완료, 외자유치에 따른 신뢰도 제고<br>• 남해화학 : 창사 이래 최대 순이익 예상, 현금창출능력 양호, 우량한 재무구조 |
| 장석희(대신경제연구소 투자전략실 | 추천업종 | • 은행주 : 구조조정 마무리 , 외자유치, 해외매각추진<br>• 건설주 : SOC 투자 확대, 주택경기 부양 위한 소비자금융<br>• 도시가스주 : 올겨울 이상 저온현상 예상, 매출확대 및 수익호전 기대 |

가 계속되고 있으므로 외국인 매수세의 지속과 국내자금 매수세에 힘입어 종합주가지수 450포인트 이상의 상승국면이 지속될 것으로 예상한다.

이종우 대우증권 연구위원은 다소 조심스럽다. 엔화강세와 금리하락에 힘입어 주가가 380포인트까지 30% 가량 급등했다고 보고 단기적으로 주가가 350포인트까지 하락조정될 것으로 예상한다. 350포인트 이후 주가의 모습은 아시아에 대한 외국인의 견해가 종합적으로 나타나는 엔/달러 환율 동향과 아시아 각국의 주가동향에 따라 결정될 가능성이 크다고 본다.

### 투자전략

장석희 대신경제연구소 실장은 『그 동안 외국인 자금이 집중 매수했던 한전·삼성전자·국민은행·LG화학·미래산업 등 대형 우량주에 집착하기보다는 그 동안 대량 매도에 가담해 상당한 자금(10월 22일 현재 고객예탁금 2조 4,700억 원)을 보유하고 있는 개인투자자들이 선호하는 저가 대중주에 관심을 갖는 전략을 구사해야 한다』고 주장한다. 또한 경기전망이 불투명하므로 중장기 투자보다는 단기 투자자세로 임할 것을 권한다.

손빈 액츠투자자문 부사장은 향후 5년 정도의 중장기적인 관점에서 본다면 투자수익률이 연율로 30% 이상이 될 것으로 분석한다. 다만, 패러다임이 철저히 바뀐 것을 염두에 두고 재무건전기업의 주식을 사는 쪽에 절반 이상의 비중을 두고 수출주력기업, 정부의 경기부양 관련업종, 그리고 금리인하의 혜택을 누릴 수 있는 대기업의 저가주식 등을 골고루 편입할 것을 권한다. 지금은 보유 종목 수를 다소 늘려도 될 만큼 위험요소가 줄어든 시점으로 판단한다.

이태진 쌍용투자증권 팀장은 가치우량주에 대한 비중을 확대할 것을 주장한다. 특히 공격적인 투자자는 구조조정의 가시적 성과를 보이는 종목에, 안정성향 투자자는 내재가치 우량주에 대한 투자를 권한다. 이종우 대우증권연구위원은『한국경제의 기초가 바뀌었다기보다는 시장변수의 일시적인 호전이 역할을 했기 때문에 기본적으로 한계를 갖고 있으므로 공격적인 투자 패턴을 지양하는 것이 바람직하다』고 말한다. 주가가 400포인트를 강하게 돌파하기 위해서는 엔화와 금리 등 시장변수가 지금보다 나아져야 한다는 주장이다.

### 12. 주식, 채권, 부동산시장의 경기순환(1998년 11월 24일자)

#### 증시, 8·9월부터 상승세 탔다

개방화·자율화가 급격히 진행되면서 국내경제의 변동폭이 커지고 있다. 최근에는 국내경기가 침체기를 맞아 저점을 향해 가고 있는 상황에서 금융자산이나 실물자산의 가격변동이 확대되고 있다. 특히 1997년 말 IMF 체제가 들어서면서 금융과 실물시장의 대폭적인 대외개방 조치들이 펼쳐지고 있어 이들 금융과 실물자산의 가격에 대한 예측의 필요성이 커지고 있다.

국내 주식시장은 자본시장의 개방으로 외국투자 전용회사의 설립이 이뤄지고 있고, 국내기업에 대한 외국인 투자한도가 크게 확대되는 등 완전자유화제도를 향해 나가고 있다. 채권시장도 대폭적인 시장개방이 이뤄지면서 부분적으로는 금리가 자금시장의 수급에 따라 결정되고 있으며, 이에 대한 자유화도 더욱 확대될 것으로 보인다. 또한 부동산시장도 토지공개념의 완화, 준농림지의 규제완화, 아파트 분양가 자율화, 외국인의 부동산투자 규제완화 등이 발표되는 등 자유화 조치가 잇따르고 있다.

이 같은 시장자유화 조치 등으로 국내 금융과 실물자산의 가격은 급등락을 거듭하고 있다. 즉 경기전반에 대한 예측이 어려워지면서 이들 가격에 대한 예측력도 떨어지고 있다. 따라서 자산의 시장가격이라 할 수 있는 주가·채권수익률·부동산가격 등이 경기변동에 대해 어떠한 순환관계를 갖고 있으며 이들 자산가격 간에는 어떠한 시차관계를 갖는지 연구해볼 필요성이 커지고 있다.

지난 20년 간의 월별 자료를 토대로 주식·채권·부동산의 가격변동과 경기변동의 순환관계를 분석한 결과 경기의 정점(peak)과 저점(trough)에 대해 주식시장은 9~10개월 앞서서 움직이는 것으로 나타났다. 채권시장은 6~8개월 뒤이어 변하고 부동산은 1년(12개월) 뒤에 움직이는 것으로 분석됐다.

구체적으로 살펴보면 1975년 1월~1997년 12월까지 통계청이 발표한 저점 5회, 정점 5회 등 총 10회의 경기전환점을 분석한 결과, 이 중 8회의 경기국면별 기준순환일에 대해 주식시장은 정점에 대해서는 10.5개월 선행하고 저점에 대해서는 9개월 선행하는 것으로 나타났다. 따라서 주가는 경기변동에 대해 평균 9.75개월 선행하고 있는 것으로 조사됐다. 또한 정점보다는 저점에서의 시차가 더 짧게 나타났다.

정점 5회, 저점 5회 등 총 10회에 걸친 경기국면별 기준순환일에 대해 채권시장은 회사채수익률의 경우 정점에서는 10.4개월, 저점에서는 6개월 등 평균 8.2개월 후행하는 것으로 나타났다. 채권시장은 주식시장에 비해 저점에서의 시차가 짧은 것으로 나타났다.

부동산시장의 경우에는 경기국면별 기준순환일에 대해 정점에서는 11.33개월, 저점에서는 15개월 후행, 평균 12.08개월 후행하는 것으로 조사됐다. 부동산시장은 정점보다는 저점에서의 시차가 더 길게 나타나는 것으로 분석됐다.

이러한 결과로 볼 때 우리나라의 경우 경기변동의 전환점에 앞서 주식시장이 9~10개월 정도 먼저 전환하고, 그 이후 경기국면이 전환하는 것으로 나타났다. 채권시장은 주식시장과는 달리 8개월 정도, 부동산시장은 12개월 정도 경기변동 전환점을 후행해서 전환하고 있다고 볼 수 있다.

그렇다면 주식이나 채권, 그리고 부동산을 언제 사고팔아야 가장 높은 수익률을 올릴 수 있을 것인가?

우선 경기 저점에서의 투자전략을 살펴보자. 경기 저점을 전후해 언제 매입해야 가장 높은 수익률을 올릴 수 있을 것인가 하는

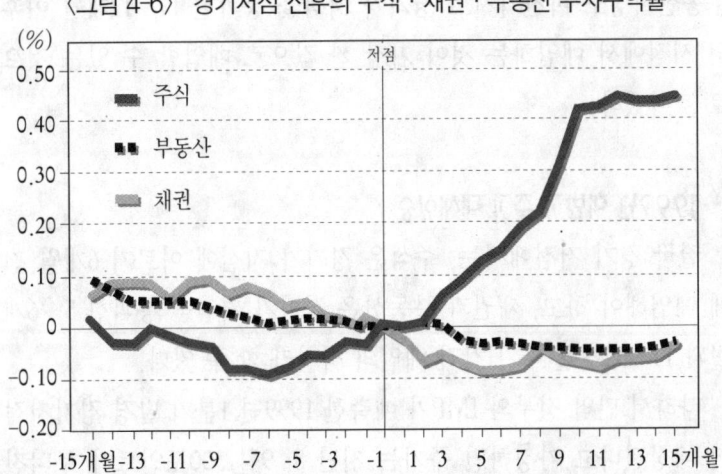

〈그림 4-6〉 경기저점 전후의 주식·채권·부동산 투자수익률

문제는 결과적으로 매입가격을 낮춰야 향후 높은 수익률을 올릴 수 있다는 것과 연결된다. 경기 저점을 전후해 언제 주식을 가장 싸게 살 수 있는지를 파악한 결과, 경기가 저점에 도달하기 6개월 이전인 것으로 분석됐다. 즉 경기가 저점에 이르기 전에 주식을 사는 것이 경기가 저점일 때 사는 것보다 더 높은 수익률을 올릴 수 있다는 것이다. 가장 높은 주식 투자수익률을 올릴 수 있는 시기는 경기저점 6개월 이전이며, 경기 저점에 임박해서부터는 주가가 급등하므로 이 때 매입해서는 높은 수익률을 올릴 수 없다는 얘기다.

### 주식은 저점 도달 6개월 이전이 가장 싸

채권시장과 부동산시장에서는 주식시장과 반대의 경향을 보였다. 채권에 대한 투자수익률을 보면 경기가 저점에 이르기 이전에 매입하기보다는 저점을 통과하고 5~6개월이 지난 후 매입하는 것이 향후 가장 높은 투자수익률을 올릴 수 있는 것으로 나타났다. 부동산시장도 마찬가지로 경기가 저점을 통과한 11~12개월 이후의 시점에서 매입하는 것이 가장 싼 값으로 매입할 수 있는 것으로 조사됐다.

### 1999년 하반기 주가 대세상승

결국 경기 저점에서는, 주식은 경기가 저점에 이르기 6개월 전에 매입해야 하고, 채권과 부동산은 경기가 저점을 통과한 5~6개월과 11~12개월 후가 각각 매입의 적기라 할 수 있다.

따라서 만약 정부와 IMF가 예측한 1999년 1분기 말경 경기저점이 예상된다고 가정하면 주가는 지난 8, 9월 300포인트가 무너진

시점이 저점이 되면서 경기저점이 3개월 지나는 1999년 하반기에 대세 상승기에 접어들 전망이다. 또한 채권시장은 경기에 약간 후행하므로 1999년 이후에도 추가적으로 금리가 상승할 가능성이 있다고 볼 수 있다. 이는 금융 및 기업구조조정에 따라 대량의 국채 및 회사채 발행이 예정돼 있는 상황과도 근거를 같이한다. 아울러 부동산 가격은 경기저점 이후 1년 정도 지나야 회복될 수 있다고 볼 때 2000년 봄 이후에 구조적인 상승국면을 보일 것으로 전망된다.

이제 경기 정점에서의 투자전략을 살펴보자. 경기정점에서는 언제 매도하는 것이 투자수익률을 높일 수 있느냐 하는 것이 기준이 될 것이다. 여기에서는 경기전환점에서의 가격을 기준으로 주식·채권·부동산에 대한 15개월 전후의 평균투자수익률 변화를 측정했다.

우선 경기 정점일 때의 주식시장에서는 언제 파는 것이 가장 높은 수익률을 올릴 수 있는가를 분석해본 결과 13개월 전으로 나타났다.

즉 경기 정점에 다다르기 13개월 전에 주식을 팔아야 가장 비싼 값에 팔 수 있다는 얘기다. 그 이후에는 수익률이 점차 떨어져서 최소한 4~5개월 전에는 매도해야 할 것으로 분석됐다. 경기 정점을 지난 이후에는 수익률이 급속히 떨어지는 것으로 나타났기 때문이다.

그러나 채권시장에서는 주식시장과는 반대로 경기 정점을 지난 12개월 후에 파는 것이 가장 높은 수익률을 올릴 수 있는 것으로 분석됐다. 더군다나 경기가 정점에 다다르기 전에 매도하게 되면 상대적으로 손해를 볼 수 있는 것으로 나타났다. 채권시장은 주식시장과는 달리 경기 후행성을 보이기 때문이다.

　부동산시장도 채권시장과 마찬가지로 경기 후행성을 보였다. 단독주택·연립주택·아파트 매매가격을 종합한 주택가격은 경기가 정점에 다다르기 전에 매도하면 경기 정점에서 매도한 경우보다 수익률이 낮았다. 경기가 정점을 지난 14개월 후에 매도하는 것이 가장 높은 수익률을 보이는 것으로 나타났다. 즉 경기 정점에서의 가격을 기준으로 볼 때 경기가 정점을 지난 14개월 후에 매도할 때가 가장 높은 수익률을 기록했다.

　요약하면 경기가 정점을 향해 나갈 때에는, 주식은 경기가 정점에 도달하기 13개월 전에, 채권은 경기가 정점을 지난 12개월 후에, 부동산은 경기가 정점을 지난 14개월 후에 파는 것이 가장 높은 수익률을 올릴 수 있는 셈이다.

## 제 5 장

## 증시제도 변화와 투자 타이밍

사람은 싫든 좋든 간에, 누구나 제도의 틀 안에서 생활하며 제도의 영향을 받는다. 이러한 제도도 시간이 지남에 따라 시대가 요구하는 상황에 맞지 않게 되고, 스스로 또는 외부적인 요인으로 인해 변화를 요구받는다. 변화된 제도 아래에서 사람들은 다시 한번 제도에 적응하고자 노력하게 마련이다.

증권시장의 경우도 마찬가지다. 증권시장이 내부적 요인이든 외부적 요인이든 간에, 그 역할을 다하지 못할 경우에는 변화를 요구받아왔다.

1990년대 국내 증권시장에서 가장 큰 제도의 변화는 단연 시장개방을 들 수 있다. 외국인에 대한 증권시장 개방이라는 제도의 변화는 우리나라의 증권시장에 많은 영향을 주었다. 외국인들이 집중적으로 특정 종목을 매수 또는 매도함으로써 시장의 흐름을 좌지우지했다.

1992년 증권시장이 개방되자 외국인들은 대형우량주를 매입했다. 그 후 외국인은 경기후퇴기를 고려해 자본금이 적고 경기에 영향을 적게 받으며, 이익을 기업 내부에 많이 유보한 주식, 즉 저PER 주식을 집중적으로 매수해 증권시장에 저PER혁명을 일으켰다. 1992년 하반기 포철과 한전에 대한 외국인의 주식매입을 허용하면서 국내 증권시장은 바닥국면을 탈출해 대세상승 기조로 접어들었다. 이는 외국인의 국내 증권시장 참여가 증시에 얼마나 큰 영향을 미치는가를 단적으로 보여주는 사례다.

외국인에 대한 투자한도 확대도 증권시장에 유동성을 보강하면서 수급안정에 긍정적인 영향을 미쳤다. 1997년 말과 1998년 초에 이루어진 한도확대는 증권시장의 유동성 보강이라는 측면에서 단행됐다. 하지만 이제는, 외국인에게 일부 공기업의 주식을 제외하고 전면 개방해줌으로써, 외국인 투자한도확대는 이제 제도로서의 의미가 완전히 퇴색되었다. 특정 기업에 대해 100% 외국인 주주회사도 가능하게 된 것이다.

1998년 초 금융장세의 전개와 1998년 말의 기록적인 주가상승도 외국인의 영향이 컸다. 국내 증권시장의 참여자로서 외국인의 영향력은 여전히 건재하기 때문에 이들 외국인의 동향에 지속적인 관심을 두어야 한다.

또 하나의 제도 변화는 주식양도차액 비과세다. 그 동안 주식에 투자해 차액이 발생한 경우 이에 대해 소득으로 인정하고 과세하던 것을 과세하지 않겠다고 발표한 것이다. 그 전에도 몇몇 국가에 대해서는 개별적인 조세협정을 맺어 상호주의 원칙에 입각해 주식양도차액에 대해 과세하지 않았었다. 그러나 증권시장 안정대책으로 비과세제도를 전면적으로 도입한 것이다. 주식양도차액 비과세 문제는 일본을 겨냥한 것이었다. 해외자본 투자국 중 상당한 지위에 있는 일본은 한국에 대해 여러 가지를 요구해왔다. 그

요구 중 하나가 주식양도차액 비과세였던 것이다. 물론 주식양도 차액을 비과세한다고 해서 일본의 투자자금이 한국으로 모두 유입되는 것은 아니며, 여전히 일본계 자금의 유입에 많은 장애물이 존재하고 있는 것도 사실이다. 그렇지만 한국이 먼저 일본의 자금 유입에 걸림돌이 되었던 문제들을 스스로 완화함으로써 자본시장에 적극적으로 대응하겠다는 자세를 표명한 것이다. 일본의 유동자금 중 상당 부분은 일본 내의 초저금리로 인해 해외로 투자된다는 것을 감안한다면, 향후 일본계 자금도 국내 증권시장에 많은 영향력을 행사할 수도 있다는 것을 염두에 두어야 한다.

정부는 그 동안 국내 증권시장이 과열되거나 심각한 침체국면을 보일 때마다 제도를 변경해왔다. 침체기의 증권시장에 대해서는 수요진작책으로 시장에 접근했다. 현실적으로 수요를 확대하기 위해 세제혜택을 주기도 했으며, 통화공급을 조절하기도 했고, 외국인 한도확대 등의 정책을 쓰기도 했다.

경험에서 볼 때 이러한 정책은 초기에 성공을 거둔 사례가 드물다. 대세적인 주식 흐름의 방향을 전환하기 위해 추가적인 정책을 발표했으며 정책의 강도를 더욱 높여왔다. 제도의 변화를 통한 인위적인 정부의 정책이 증권시장에 미치는 영향은 장기적인 관점에서 볼 때 그 효과가 크다고 볼 수는 없지만,『새벽이 가까울수록 어둠은 더 짙다』는 점을 고려한다면, 단기적이나마 수익을 얻을 수 있는 기회가 더 가까이 다가오고 있다는 점을 간과해서는 안 된다.

1998년 말 정부가 주가변동 폭을 상하 12%에서 15%로 상향 조정하고, 개장시간을 오전 9시로 30분 앞당기는 대신 토요일을 휴장하기로 제도를 변경한 것도 투자자들의 투자 패턴에 변화를 가져오고 있다. 변화된 제도에 따른 영향을 예의 관찰해 충분히 활용하면 수익을 올리는 또 다른 길을 발견할 수 있을 것이다.

## 1. 외국인 한도확대 영향 (1997년 10월 14일자)

### 증시유동성 개선 기대

증권시장이 환율불안과 대기업 연쇄부도 사태에 직면하면서 바닥을 알 수 없는 하락세를 면치 못하고 있다. 일부에선 이러한 증시침체를 탈피하기 위한 대책으로 외국인에 대한 투자한도확대를 추가로 실시할 필요가 있다는 목소리를 높이고 있다.

해마다 3%씩 증권시장을 외국인에게 개방한다는 청사진을 발표했던 정부도 1997년 5월 1일까지 23% 개방한 데 이어 1997년 말까지 한도를 추가 확대하겠다는 의지를 내비치고 있다. 다만, 그 시기가 불확실할 따름이다.

현재 그 시기를 정확히 예측하기에는 어려운 면이 있다. 증권시장뿐 아니라 달러 강세에 대한 원화가치 하락, 경상수지적자 지속, 외환보유고 감소 등 거시경제적인 면을 동시에 고려해야 하기 때문이다. 정부는 1992년 증권시장을 처음 개방한 이후 5차례에 걸쳐 외국인 한도확대를 실시했다. 과거의 경험으로 볼 때 분명한 것은 한도확대 폭에 관계없이 국내증시는 그 때마다 예외없이 유동성에 의한 상승장세를 보였다는 점이다. 특히 개방초기에 허용되지 않았던 포철·한전에 대한 투자가 순차적으로 개방된 1992년 하반기에는 8,449억 원의 외국인 순매수자금이 증시로 유입되어 경기저점 탈피와 어우러져 대세상승으로 진입했었다.

외국인 한도확대 전후의 일반적인 특징을 구체적으로 살펴보기로 하자. 한도확대 전에는 기대감으로 주가가 상승하는 경향을 보였다. 한도확대가 발표되면 오히려 재료의 노출로 인해 주가는 조정국면을 띠었다. 이는 주로 외국인들이 포트폴리오를 재편하는 과정에서 이른바 2류 주식을 매도하고 현금을 확보하기 위해 외국인의 매물출회가 많았던 게 큰 영향을 미친 것으로 분석된다. 다만, 1차 한도확대의 경우 국내경기의 활황과 외국인 매수에 대한 기대감으로 주가는 한도확대 발표 이후 큰 폭의 상승세를 시현하는 예외를 보이기도 했다.

### 외국인, 주가형성 집중도 국내기관보다 큼

외국인 한도확대가 실시되면 유동성 부족으로 조정국면을 거쳤던 주가는 외국인의 주식매입자금 유입으로 큰 폭의 상승세를 보였다. 하지만 한도확대 즉시 주가가 상승한 것은 아니었다. 국내 투자자들은 한도확대 당일에 외국인에게 그 동안 매수했던 물량을 넘겨주고 관망세를 취하는 태도를 보였다. 외국인 유입자금의 규모 및 증권시장에 대한 잔류 여부를 확인하는 과정을 거쳤던 셈이다.

외국인은 한도확대 발표 후 포트폴리오를 재편하면서 마련한 자금 이외에 외부조달 자금을 국내로 유입해 국내 증시에 유동성을 부여함으로써 단기적으로 유동성 장세를 연출했다. 대부분의 경우 국내경기가 좋지 않은 상황이어서 경기와 관련된 대형주보다는 유동성 장세에 상대적으로 영향을 많이 받는 중소형주의 상승이 두드러졌다. 1차 한도확대 때에도 동일한 현상을 보인 바 있다.

또한 외국인들이 선호하는 고가의 장외 프리미엄주에 대한 선호가 지속되었다. 다만, 1차 한도확대의 경우 경기의 확장국면에서 외국인 투자자금의 유입으로 인한 환율·국제수지·주가 등에 미치는 영향을 최소화하기 위해 그 시기와 규모를 늦추어서 그런지 한도확대 이전에 주가가 큰 폭으로 상승했다. 그러나 한도확대가 막상 발표된 뒤에는 약세를 보였다. 기타 외국인 주요 매수종목은 국내경기상황과 맞추어 변화되는 모습을 띠었다. 증시가 개방될 때에는 이른바 PER혁명이라 불릴 정도로 외국인들은 중소형 저PER주 및 업종대표주들을 매수했으나, 경기 침체에서는 은행주를 비롯한 내수관련 우량주를 매입하는 경향을 보였다.

그러나 한도확대의 폭이 확대되면서 점차 그 영향력이 줄어들고 있다. 이러한 경향은 1996년의 3차 외국인한도 확대조치 이후 점차 뚜렷해지고 있다. 한도확대가 외국인의 대량매매로 이어지지 않고 있다는 사실이 이를 반증한다.

외국인 주식취득 가능 수량은 1997년 7월 말 기준으로 23%(국민주 18%)임에도 불구하고 보유비중이 11.6%에 불과하다는 데서도 그대로 나타난다. 특히 1996년 말 이후 환율이 지속적으로 상승하면서 외국인의 국내투자 붐이 주춤해지고 있다. 또한 국내 경기 침체로 인한 경상수지적자, 원화가치절하 이외에 동남아시아

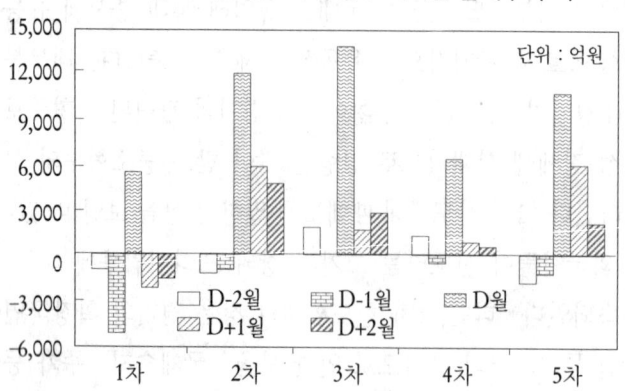

〈그림 5-1〉 한도확대 전후 외국인 순매수 추이

국가의 환율불안으로 국내증권시장에 대한 외국인들의 불안감이 증폭되면서 외국인이 과거에 비해 국내증시에 대해 매력을 잃은 것이 사실이다. 게다가 증시개방 정도가 30% 가까이 달함에 따라 외국인 투자한도가 지니는 제한적 공급이라는 의미가 퇴색돼, 초기와는 달리 외국인들의 개입이 소극적일 가능성도 높다.

그러나 경기순환론적인 측면에서 경기선행지수가 6개월째 상승세를 보이고 있고, 조만간 경기저점을 통과할 것이라는 기대감, 정기국회에서 이중과세 방지협약에 따른 소득세법개정 예정 등 외국인 투자유인 재료들도 상당히 내포되어 있어 이번에 외국인한도가 실시될 경우 장세상승도 뒤따를 공산이 크다.

이번 외국인 한도확대는 우선 증권시장의 유동성 보강이란 점에서 큰 의미를 부여할 수 있다. 1997년 7월 이후 고객예탁금과 신용융자잔고의 수급이 역전된 이후 그 차이가 지속적으로 벌어지더니 9월 말 현재 고객예탁금 2조 5,651억 원, 신용융자잔고 1조 2,573억 원으로 양자 간의 차액이 무려 6,922억 원에 이르고 있다. 이번 외국인 한도확대 폭이 3% 이뤄질 경우 외국인의 유입자금규모는 적어도 7,000억 원에 이를 것으로 보여 증권시장의 수급

〈표 5-1〉 외국인 한도확대 추이

| 구 분 | 개방 | 1차 | 2차 | 3차 | 4차 | 5차 |
|---|---|---|---|---|---|---|
| 시 기 | 1992.1 | 1994.12 | 1995.7 | 1996.4 | 1996.10 | 1997.6 |
| 일반법인 | 10% | 12% | 15% | 18% | 20% | 23% |
| 공공법인 | 8% | 8% | 10% | 12% | 15% | 18% |
| 환 율 | 760.80 | 796.90 | 758.10 | 782.70 | 824.00 | 892.10 |
| 자금순유입 |  | 207.3 | 1,420.5 | 1,712.4 | 786.0 | 1,153.9 |

주 : 1. 1992년 공공법인(국민주)은 포철 10월 14일, 한전 11월 24일에 개방됨
    2. 환율은 확대 전월 말 현재(W/$)
    3. 자금순유입은 확대 월의 주식투자용 자금유입－자금유출(백만 달러)

개선에 큰 도움이 될 것이란 분석이다.

어쨌든 외국인 투자한도 확대는 국내시장에 PER, PBR, PCR 등 새로운 투자기법을 정착시키는 계기가 되었으며, 국민주와 우량주의 상승을 이끌었다. 1995년의 경우 이들 종목군의 주가형성에 절대적인 영향력을 발휘하는 등 시장에 대한 영향력의 집중도는 국내기관보다 큰 것으로 나타났다.

> 깊이 읽기
>
> ### 외국인 한도확대시 관심종목
>
> 외국인 한도확대에 따른 관심종목으로는 우선 한도소진 또는 한도초과로 외국인 간 장외 프리미엄부로 거래되는 종목을 들 수 있다. 포철·삼성전자·SK텔레콤 등 이른바 블루칩들은 한국을 대표하는 종목으로 지수에 대한 영향력이 매우 크기 때문이다. 현재의 경기가 저점을 확인하는 과정에 있어 조만간 바닥을 탈피할 것이라는 인식의 전환이 이뤄질 경우 경기관련 대형주에 대한 매수세가 클 것으로 보인다.
>
> 둘째로 M&A와 관련된 주도 관심종목이다. 외국인의 직접투자가 증가하고 있어 외국인들이 국내시장 지배력을 확보하기
>
> 최근 외국인 간 장외거래 프리미엄 상위종목
>
> | 종 목 | 프리미엄 | 종 목 | 프리미엄 |
> |---|---|---|---|
> | 고려화학 | 1 | SK텔레콤 | 30 |
> | 포항제철 | 24 | 주택은행 | 7 |
> | LG전자 | 3 | 국민은행 | 10 |
> | 삼성전자 | 34 | 제주은행 | 3 |
> | 삼성전관 | 3 | 삼성화재 | 5 |
> | 현대자동차 | 4 | 에스원 | 1 |
>
> 주 : 1997년 9월 3일 현재(단위 : %)

| 구 분 | 발굴 포인트 | 일반적 특징 | 증시 내 거론기업 |
|---|---|---|---|
| 미래가치 | 고유기술 및 우수연구인력 보유한 성장산업 소속기업 | 첨단 하이테크주 | 대영전자, 로케트전기, 녹십자, 대웅제약, 동아제약, 동화약품 등 |
| 수익가치 | 현재 우량하나 대기업 진입으로 미래성장성 불확실 | 대주주지분율이 낮은 저PER주 | 새한정기, 대덕전자, 신촌사료, 현대페인트 등 |
| 자산가치 | 우량자회사를 포함한 지분가치 뛰어난 지주회사 | 계열사의 모기업 | 선경, 효성 T&C 등 |
| 무형가치 | 소비자에 대한 인지도 | 내수 위주의 소비재 생산업체 | 삼보컴퓨터, 아남전자, 맥슨전자, 대한페인트 등 |

위해 M&A를 염두에 두고 개별종목에 대한 매수를 늘릴 공산이 크다. 30%에 가까운 외국인 한도확대는 사실상 M&A가 가능한 완전개방과 같은 효과를 가져올 수 있기 때문이다. 따라서 한도확대는 블루칩 중심에서 M&A 관련종목으로 매수세가 확대되는 등 예전과는 다른 양상을 띨 공산도 배제할 수 없다.

선진기업들은 경쟁력 강화수단으로 M&A를 적극 활용하고 있다. 국내에서도 M&A와 관련해 지분제한완화를 골자로 하는 증권거래법 규정이 폐지되었다. 의무공개매수요건도 발행주식수의 50%+1주에서 33%+1주 정도로 낮아질 전망이다. 이는 추가한도 확대가 3% 정도 결정될 경우에도 26%까지 국내기업의 지분을 확보할 수 있어 국내기업에 대한 M&A 가능성이 더욱 높아짐을 의미한다. 최근 증권시장에서의 M&A 테마는 미래성장산업으로의 사업다각화란 관점에서 활발히 이뤄지고 있다. 이런 점에서 볼 때 정보·통신, 제약, 생명공학 등 첨단산업 관련주에 대한 M&A가 가장 활발할 것으로 분석된다.

## 2. 증권시장 안정책과 주가(1997년 11월 4일자)

### 외국인투자 3% 확대, 중간배당제 등

기아그룹에 대한 법정관리 결정으로 주가하락세가 주춤해졌다. 금융시장의 최대불안요소로 작용하던 기아그룹에 대한 처리방향이 정해진 데 힘입은 것이다. 그러나 주가는 여전히 침체의 늪에서 맴돌고 있다. 일부 기업에 대한 단기적인 조치만으로는 전반적으로 악화되고 있는 경제상황이 급격히 호전되리라고 보는 사람은 거의 없기 때문이다.

1997년 말 현재 한국경제는 경기회복에 대한 기대감에도 불구하고 대그룹의 잇단 부도사태에 따른 국제적인 신인도 하락 및 환율 불안이 가속되고 있다. 종합주가지수는 문민정부 출범시의 주가수준을 밑돌고 있다.

### 규제완화조치와 병행한 시장개입은 증시에 영향

정부는 추락하는 주가를 떠받치기 위해 일련의 증권시장 안정책을 내놓고 있다. 1997년 10월 13일에는 외국인 주식투자한도 3% 추가확대, 비거주자 양도차익비과세, 중간배당제, 액면분할 등 유동성 제고조치가 발표됐다. 19일에도 근로자 주식저축 가입한도 확대 및 가입기간 연장, 주식장기보유에 대한 배당소득 분리과세, 배당예고제, 기관투자가 세제지원 확대, 벤처 펀드 세제혜택, 한국통신주식 예탁증서(DR)발행 및 상장 무기한 연기 등의 증시부양책이 선보였다.

그렇다면 정부의 증시안정대책이 증권시장에 미치는 영향은 무엇인가?

1990년 이후 정부의 증권시장 안정대책을 유형별로 살펴보면 ① 위탁증거금, 신용융자 거래규제 완화 등 주식투자를 유인해 투자기반을 확충하려는 간접적인 조치, ② 기관투자가 개입, 특별자금 지원 등 수급 또는 매수와 관련된 직접적인 조치, ③ 간접조치와 직접조치가 포함된 종합적인 대책으로 나누어 볼 수 있다. 규제완화조치 중 가장 빈번히 사용되는 것은 위탁증거금률 인하 또는 위탁증거금의 대용증권 납부비율 인상을 통한 수요창출이었으며, 증권금융을 통한 유통금융도 동원됐다.

이러한 조치로도 시장이 안정되지 않을 경우에는 은행·투신·증권사 등 기관투자가를 동원하거나 다양한 특별자금 지원 등을 통해 시장에 직접 개입했다. 이러한 시장개입은 규제완화조치와

〈표 5-2〉 안정조치 전후 기간별 수익률 추이

| 구 분 | D-60 | D-40 | D-30 | D-20 | D-10 | D-5 | D | D+5 | D+10 | D+20 | D+30 | D+40 | D+60 |
|---|---|---|---|---|---|---|---|---|---|---|---|---|---|
| KOSPI | +13.5 | +9.3 | +6.4 | +4.4 | +2.7 | -1.0 | 0.0 | +3.7 | +4.5 | +7.6 | +12.9 | +9.9 | +13.6 |
| 1부 | +12.7 | +9.4 | +6.1 | +4.3 | +2.6 | -1.0 | 0.0 | +3.8 | +4.8 | +7.8 | +13.4 | +10.3 | +14.3 |
| 2부 | +19.6 | +12.8 | +9.4 | +5.5 | +3.2 | -0.8 | 0.0 | +3.0 | +2.7 | +5.7 | +8.8 | +6.9 | +6.9 |
| 대형주 | +12.7 | +9.3 | +6.0 | +4.2 | +2.6 | -0.9 | 0.0 | +3.6 | +4.8 | +7.8 | +13.5 | +10.7 | +14.9 |
| 중형주 | +15.7 | +9.2 | +7.3 | +5.2 | +3.0 | -0.9 | 0.0 | +3.1 | +1.8 | +3.7 | +6.2 | +4.6 | +3.4 |
| 소형주 | +16.0 | +8.7 | +7.4 | +4.7 | +2.9 | -0.6 | 0.0 | +3.0 | +1.7 | +2.9 | +5.5 | +3.0 | +0.5 |

〈표 5-3〉 안정조치 전후 기간별 등락률 심화 업종

| 구 분 | D-60 | D-40 | D-30 | D-20 | D-10 | D-5 | D | D+5 | D+10 | D+20 | D+30 | D+40 | D+60 |
|---|---|---|---|---|---|---|---|---|---|---|---|---|---|
| 어 업 | +24.6 | +14.1 | +13.3 | +8.4 | +4.3 | -0.4 | 0.0 | +2.1 | -0.4 | +2.3 | +9.0 | +3.7 | +6.4 |
| 광 업 | +24.8 | +15.7 | +14.7 | +7.9 | +3.0 | -1.1 | 0.0 | +4.7 | +4.8 | +7.0 | +10.4 | +10.4 | +14.2 |
| 건 설 | +22.3 | +15.6 | +10.0 | +7.2 | +4.2 | -0.4 | 0.0 | +4.3 | +3.3 | +7.4 | +12.2 | +9.3 | +15.3 |
| 은 행 | +9.3 | +8.0 | +3.5 | +1.2 | +1.2 | -1.8 | 0.0 | +2.2 | +3.1 | +6.4 | +13.8 | +12.2 | +16.5 |
| 단 자 | +12.0 | +10.2 | +4.9 | +4.5 | +4.7 | -0.8 | 0.0 | +4.3 | +3.2 | +10.0 | +20.4 | +16.4 | +17.7 |
| 증 권 | +10.6 | +8.0 | +0.5 | +2.0 | +2.8 | -1.7 | 0.0 | +3.5 | +4.0 | +6.7 | +19.1 | +15.8 | +23.4 |
| 보 험 | +18.1 | +13.6 | +9.0 | +4.0 | +2.9 | -1.0 | 0.0 | +5.8 | +5.8 | +14.9 | +20.7 | +18.2 | +21.6 |

대부분 병행하여 실시됐는데, 이 같은 직간접 조치가 망라된 종합대책은 증시에 크고 뚜렷한 영향을 끼쳤다.

증시안정조치는 1차 조치로 그친 경우보다 어느 정도의 효과가 나타날 때까지 연속적으로 이루어진 경우가 일반적이었다. 투자유인의 간접조치 → 직접 시장개입 조치 → 종합적인 대책 등의 순서로 2~3차에 걸쳐 시행되는 게 보통이었다. 실제로 1990년 이후 5번에 걸친 증시안정조치를 살펴보면 종합주가지수가 직전 최고치 대비 25% 이상 하락했을 때 실시됐으며, 6개월 이상 조정기간이 지속됐다.

증시안정조치에 따른 효과는 안정조치의 발표시점을 전후로 한 기간, 자본금, 업종, 안정조치의 내용, 경기상황 등에 따라 서로 달랐다.

1990~95년 동안 5번에 걸친 주요 증시안정조치(5번 각각 3차 조치를 기준)를 사례로 살펴보면, 안정조치 실시 후 약 30일을 전후로 한 시점까지는 5차례 전부 상승국면을 나타내어 안정조치에 대한 효과가 단기적으로 전부 발생했다.

발표시점 이후 60일을 기준으로 KOSPI 측면에서 보면, 발표시점을 기준으로 5번에 걸친 평균수익률은 26일째 +14.45%로 최고치를 형성한 후 40일째 +9.91%의 수익률을 저점으로 최고치에 대한 조정을 마무리했다. 재상승 국면에 진입해서는 60일째 +13.59%의 수익률을 시현해 일반적으로 안정조치가 주식시장에 긍정적인 영향을 준 것으로 나타났다.

### 하락기·상승기 관계없이 효과 발생

그러나 대세하락 국면 진입기인 1990년 5월 3일 안정조치 효과는 38일째 발표시점 대비 -0.16%를 시현, 마이너스 수익률로 진입한 후 지속적으로 하락해 60일째는 -8.21%의 수익률을 시현했다. 한편 대세상승국면 진입기였던 1992년 8월 24일 안정조치는 9일째 +16.58% 수익률로 1차 상승에 대한 최고치를 형성하는 효과를 보였다. 32일째에는 +3.80% 수익률로 1차 상승폭에 대한 조정을 마무리한 뒤 재상승국면에 진입, 60일째 +33.33%로 최고 수익률을 형성했다. 이후에도 20일 간 추가로 상승해 주식시장이 한 단계 상승국면에 진입하는 계기를 마련했다.

따라서 증시안정조치의 효과는 대세하락기 및 대세상승기 등에 관계없이 모두 효과가 발생하는 것으로 분석됐다. 중기적으로는 하락국면 및 상승국면으로 각각 한 단계 재진입함으로써 주식시장의 전환에는 경기상황과 더욱 밀접한 관계가 있는 것으로 나타났다. 반면에 대세전환국면이 아닌 경우에는 최고치를 형성한 후 조정기간으로 진입해 지리한 박스권을 형성하는 등 횡보국면을 나타냈다.

안정조치가 발효된 후 60일 동안의 소속부, 자본금 및 업종별에 따라 평균등락률을 기준으로 살펴보면 ① 시장2부 종목보다 시장1부 종목이, ② 대형주, 중형주, 소형주의 순서로 자본금이 클수록, ③ 업종별로는 증권·보험·단자·은행·건설 등의 순으로 수익률이 높게 나타났다. 증시안정조치 이후 가장 높은 수익률을 시현한 종목군은 금융주를 중심으로 한 중저가 대형주임을 알 수 있다.

증시안정조치의 효과는 조치 이전의 주가조정 정도, 조치의 내용, 조치 이후의 기간, 경기상황 등에 따라 서로 다르게 나타나지만 대체로 연속적인 부양대책의 효과가 누적되면서 장세가 반전되는 경우가 많았다.

　1997년 10월 13일과 19일 발표된 증권시장안정대책으로 1조 5,000억 원의 자금유입이 기대되고, 외국인 한도확대시 2개월 동안 약 20억~30억 달러, 외국인 양도차익 비과세 조치가 시행되면 일본계자금만 6개월 동안 25억~30억 달러가 유입될 것으로 재경원은 예상하고 있다.

　또한 실명제의 제한적인 예외조치로 자금출처조사를 면제하는 벤처 펀드가 허용되어 국내자금의 증권시장으로의 자금유입도 기대되고 있다. 이 같은 자금이 유입되면 현재 고객예탁금과 신용융자 잔고 간의 역전은 해소될 것으로 보이며, 증권시장은 안정국면 속에 상승으로의 전환을 모색할 가능성도 배제할 수 없게 된다.

　앞으로 증권시장에 대한 정부의 대책으로 기아부도사태의 조속한 해결 이외에 금융시장에 대한 불안감 해소가 이루어져야 증권시장은 자생력을 회복할 것으로 예상된다. 이 같은 금융시장의 불안감을 해소하지 않는다면 1997년 10월 19일 발표된 증권시장안정대책은 미봉책에 그칠 공산도 있다. 금융시장에 대한 불안감이 해소될 경우 증권시장안정대책은 공급억제와 더불어 수요진작으로 인해 유동성 장세의 전개도 예상해볼 수 있다. 최근 들어 금융시장 안정에 대해 정부의 움직임이 바빠지고 있는 현상은 증시에 하나의 빛으로 작용할 전망이다.

　　깊이 읽기

### 증시안정대책과 밀접한 종목

　이번의 증권시장안정조치로 주가는 전반적으로 안정 내지 한 단계 상승을 보일 것으로 예상된다. 외국인 한도확대와 관련해서는 삼성전자, 포철, SK텔레콤 등을 주목할 필요가 있으며, 외국인 양도차익 비과세와 관련해서는 일본계 자금의 유입시 수혜가 기대되는 제약주가 이번 증시안정대책의 수혜를 입을 것으로 예상된다. 과거의 경험에 따르면 증권시장안정대책 발표 전에 이미 주가가 충분히 하락한 증권·보험·종금 등 금융주와 건설주 등이 수혜를 입을 것으로 보여 지수관련 낙폭 과대종목 및 일반인의 접근이 용이한 저가주 등에도 관심을 가질 필요가 있다.

최근 대형주 중 낙폭 과대 상위종목

(단위 : 원, %)

| 종목명 | 6/18종가 | 10/20종가 | 하락률 |
|---|---|---|---|
| 종합기술 | 23,000 | 11,600 | -49.57 |
| 경남은행 | 8,900 | 4,700 | -47.19 |
| 쌍용증권 | 10,300 | 5,510 | -46.50 |
| 현대전자 | 48,500 | 27,700 | -42.89 |
| 대한항공 | 17,500 | 10,000 | -42.86 |
| 대구은행 | 8,890 | 5,100 | -42.63 |
| 한진중공업 | 8,900 | 5,200 | -41.57 |
| 금호타이어 | 8,260 | 4,880 | -40.92 |
| 경기은행 | 5,560 | 3,290 | -40.83 |
| 신한은행 | 11,700 | 7,000 | -40.17 |
| 한진건설 | 9,900 | 6,000 | -39.39 |
| 동아건설 | 19,300 | 11,700 | -39.38 |
| 쌍용양회 | 11,200 | 6,910 | -38.30 |
| 장기은행 | 14,300 | 9,000 | -37.06 |
| 데이콤 | 100,000 | 63,000 | -37.00 |
| 현대정공 | 14,600 | 9,200 | -36.99 |
| 상업은행 | 5,400 | 3,410 | -36.85 |
| 하나은행 | 11,700 | 7,400 | -36.75 |
| 한국전력 | 29,000 | 18,400 | -36.55 |
| 동서증권 | 10,100 | 6,410 | -36.53 |

## 3. 외국인 주식양도차익 비과세 (1997년 11월 18일자)

### 외국자본 유입 확대 조치

증권시장은 「경기의 거울」이라고 한다. 증권시장은 경기와 밀접한 상관관계를 갖고 움직이고 있음을 가리키는 말이다. 경기와 더불어 증권시장을 이끌고 있는 또 하나의 축이 있다면 수급을 들 수 있다. 경기가 증권시장을 장기적으로 이끄는 축이라면, 수급은 단기적으로 증권시장을 견인하는 요소라 할 수 있다.

최근의 증권시장은 경기저점 논의에도 불구하고 외국인의 매도세 지속과 함께 한때 7,000억 원에 이르렀던 고객예탁금과 신용융자잔고 역전 등 수급감소로 인한 시장체력이 약화되어 지속적인 침체국면을 걷고 있는 양상이다.

정부는 수급상황을 호전시키기 위해 1997년 10월 13일 증권시장 안정대책을 발효했다. 안정대책에는 증권시장의 수요기반을 확충하기 위한 방안의 하나로 외국인 투자한도를 확대하는 동시에 일본 등과의 이중과세를 철폐하는 조치가 포함됐다. 통상적으로 국가 간의 이중과세 문제는 해당국가와의 조세협정 등을 통해 일대일로 해결해왔다. 그러나 정부는 당사국 간의 조세협정 대신에 소득세법시행령을 개정함으로써 주식양도차익에 대한 비과세 문제를 일시에 해결했다.

### 장기 침체국면 되돌리는 비장의 카드

우리나라는 국내에 주식을 투자하고 있는 외국인에 대해 소득세법 및 법인세법에 의거해 주식양도차익의 25% 또는 양도가액의 10% 중 적은 금액을 세금으로 부과하고 있다. 다만, 조세조약 등을 통해 주식양도차익에 대해 비과세하기로 한 경우와 우리나라에 대해 비과세하기로 한 국가에 대해서는 상호주의원칙에 따라 예외적으로 비과세를 적용하고 있다.

그러나 1996년 OECD 가입으로 자본시장에 관한 각종 규제를 해소하고 자본시장의 개방폭을 확대하면서 이 같은 주식양도차익에 대한 국내법 체계에 대한 손질이 불가피했다. 이에 이중과세 문제를 해결함으로써 해외자금의 이탈을 막고, 나아가 그 동안 이중과세 문제로 국내자본시장으로의 유입이 어려웠던 국가들로부터의 자본유입을 도모하기로 했다. 이는 최근의 환율불안으로 인해 이탈조짐을 보이는 외국자본의 이동을 억제하는 동시에 일본 등 외국으로부터의 자금유입을 통해 다소나마 환율문제를 해결하겠다는 의도가 깔려 있다고 볼 수 있다.

또한 증권시장 내부적으로도 장기간의 경기침체와 국내 재벌그룹의 부도로 침체국면 속에서 수급이 악화되어 있는 상황을, 외국인 한도확대와 더불어 외국인에 대한 주식양도차익 비과세를 통한 일본계 자금의 유입으로 어느 정도 극복하려는 의지도 담겨 있다.

그렇다면 외국인 주식양도차익에 대한 비과세가 증시에 미치는 영향은 얼마나 될까?

1992년 외국인 투자한도확대 이후 1997년 7월까지 외국인 주식

〈표 5-4〉 국가별 외국인 주식투자자금 유입추이 (단위 : 억 달러)

| 구 분 | 1992 | 1993 | 1994 | 1995 | 1996 | 1997.7 | 계 |
|---|---|---|---|---|---|---|---|
| 미 국 | 5.8 | 19.3 | 5.7 | 9.3 | 24.8 | 18.8 | 83.7 |
| 영 국 | 7.8 | 15.7 | -0.02 | 0.2 | 3.8 | 2.5 | 30.0 |
| 일 본 | 0.2 | 0.05 | -0.03 | 0.4 | 0.4 | 0.4 | 1.4 |
| 기 타 | 6.9 | 22.0 | 13.4 | 14.5 | 15.5 | 3.2 | 75.5 |
| 계 | 20.7 | 57.0 | 19.1 | 24.4 | 44.5 | 24.9 | 190.9 |

투자자금의 국내 순유입액은 190억 달러에 이르고 있다. 그 중 미국에 이어 두번째로 많은 규모의 주식투자를 하고 있는 일본계 자금의 유입은 1억 4,000만 달러로 매우 미미한 수준에 그치고 있다. 일본계 자금의 유입이 이처럼 부진한 이유는 외환결제제도의 일원화, 투자대상의 제한과 더불어 이중과세문제가 크게 작용해왔기 때문이다. 그 동안 일본증권협회는 한국증권거래소를 지정거래소로 인정하지 않았었다. 그러나 정부의 외국인 주식양도차익에 대한 과세 철폐를 계기로 일본증권협회는 최근 일본인 투자자들의 국내주식투자가 가능하도록 한국증권거래소를 「지정유가증권시장」으로 지정했다.

일본계 자금의 전체 해외투자 규모는 1996년 말 현재 69조 9,000억 엔에 달하고 있다. 이 중 해외주식투자 거래대금은 15조 엔을 웃돌고 있다. 하지만 직접투자지분을 제외한 일본의 국내투자규모는 1996년 말 현재 직접투자 520억 원과 간접투자 6,100억 원을 합해 모두 6,620억 원에 불과했다. 특히 간접투자액 6,100억 원에는 일본 주요 증권사의 개인에게 판매한 한국전용 역외 펀드가 4,400억 원으로 대부분을 차지했다.

**외환결제 일원화, 투자대상확대 등 산 넘어 산**

재경원은 이번 외국인 양도차익 비과세 조치에 힘입어 국내에 유입될 수 있는 일본계 자금규모를 최대 25억~35억 달러로 추산하고 있다. 이는 일본의 이머징 마켓에 대한 투자규모가 500억~600억 달러에 이르고 국제투자자들의 한국투자비중이 6.3%인 점을 감안한 것이다. 그러나 외국인 투자한도 제한, 우량주에 대한 기존 외국인의 투자규모, 일본의 1996년 아시아 투자비중, 그리고 국내증시의 시가총액 등 일본계 자금의 유입제한 요소를 감안하면 7,000억 원 가량이 국내에 유입될 것으로 예상된다.

　일본계 자금의 국내유입을 저해하는 요소로는 이중과세 문제만이 아니다. 대부분의 기관투자가가 벤치마크로 설정하고 있는 모건스탠리 세계지수(MSCI WORLD INDEX)도 그 중 하나다. 모건 스탠리 세계지수는 세계적인 투자자들이 선호하는 국제투자지표로서, 여기에는 한국시장이 포함돼 있지 않다. 일본 펀드 매니저의 처지로서는 고수익·고위험 펀드인 해외성장시장 펀드를 제외한 일반 펀드에 한국주식을 포함시키기 어려운 실정이다.

　엔화에 대한 외환결제제도가 일원화되지 않은 것도 일본계 자금의 국내유입을 가로막는 요인으로 작용하고 있다. 국내증시에 대한 일본인들의 투자는 일본 내 국내증권사 지점과 일본증권사의 한국지점을 통해 이루어진다. 이 과정에서 환율의 일률적인 적용이 어렵고 일본의 경우 자국 밖에서의 외환보유를 금지하고 있어 투자에 번거로움이 따른다. 또한 국내주식투자에 있어 외국인에 대한 투자한도가 설정되어 있는데다 투자대상도 선물이나 각종 파생상품을 제외한 주식에만 한정돼 있는 점도 일본계 자금의 국내시장 유입에 걸림돌로 작용하고 있다. 그러나 무엇보다도 양국 주식시장의 장기적인 침체국면 지속을 일본계 자금의 국내투자 최대 요인으로 보아야 할 것 같다.

> 깊이 읽기

### 외국인 주식양도차익 비과세 관련 관심주

동남아시아를 비롯한 한·일 양국의 증시침체, 그리고 이번의 조치로 국내에 유입될 자금은 개인자금보다는 보험·연기금 등과 같은 장기기관투자자금이 될 가능성이 많다. 또한 이들의 기존 투자관행으로 볼 때 직접투자보다는 역외 펀드나 외수 펀드 등을 통한 간접투자의 성격을 보일 공산이 크다. 이런 관점에서 본다면 개별종목보다는 블루 칩을 중심으로 한 우량주와 투자안정성 및 개별기업 정보취득의 용이성 측면에서 유리한 직접투자종목에 관심을 가질 필요가 있다. 수익성을 기준으로 볼 때 단순히 순이익 상위종목보다는 자기자본·경상이익률 등 복합지표가 우수한 종목도 예의 주시해야 할 것이다.

**투자유망 종목군**

| 구 분 | 종 목 |
|---|---|
| 블루 칩 | SK텔레콤, 삼성전자, 포철, LG화학, 유공 |
| 직접투자 관련주 | 코오롱(도레이 11.6%), 새한(도레이 20.2%), 한국포리올(도멘 31.8%), 한국화인케미칼(도멘 25.8%), 코오롱유화(일본유화 21.3%), 국도화학(동도화성 22.4%), 미창석유(미쓰비시석유 6.6%), 한국유리(일본판초자 16.3%), 한국안전유리(NAGASIA 20.8%), 한국전기초자(일본전기초자 4.5%), 삼익공업(THK18.9%), 공성통신(디나신 8.6%), 삼영전자(일본케미콘 33.4%), 신도리코(리코 17.5%), 삼화전기(니치콘 22.5%), 세방전지(YUASA전자 34.3%), 아세아종금(야쓰다신탁은행 24.5%), 개발리스(ORIX 26.2%), 한일리스(동해은행 등 31.6%), 산업리스(일본채권신용은행 27.8%), 에스원(일본세콤 25.3%) |
| 자기자본 경상이익률 상위사 | 대상공업, 한국공항, 보해양조, 동방아그로, 백광소재, 동일제지, 롯데칠성, 경농, 대덕산업, 금강개발, 한국단자, 동일페브릭, 대덕전자, 유양정보, 롯데제과, 진웅, 태평양제약, 코리아써키트, 평화산업, LG금속, 남양유업, 삼일제약, 한섬, SJM, 대선주조, 극동가스, 태평양, 동양물산, 한솔CSN, 삼천리 |

## 제 6 장

# 수급은 재료에 우선

　1998년 3월부터 하락세를 보이던 증권시장이 하락을 마감하고 10월부터 상승기류를 타고 있다. 이는 증시수급 상황이 호전되어 수요가 증가세로 돌아섰음을 의미한다. 증시수급은 증권시장 내의 수요와 공급을 나타내는 것으로, 수요가 공급을 앞지르면 주가는 상승하고 그 반대가 되면 주가는 하락한다.
　수요에는 일반 개인, 외국인, 기관투자의 3대 세력이 큰 매매세력으로 존재한다. 이들의 역학관계에 따라 장세는 변한다. 과거의 패턴을 보면 이 중 두 개 세력이 매수세로 등장하면 강세장을 보였고, 두 개 세력이 매도세로 전환되면 장세는 약세를 보였다. 여기에서 개인 투자자들의 동향파악은 매수나 매도의 금액보다 증시에 자금을 유입시키느냐에 좌우된다. 따라서 일반 투자자가 주식을 매수하기 위해 계좌에 입금한 고객예탁금의 증감 변화를 주의해서 살펴볼 필요가 있다.
　최근 증시에서는 1998년 11월 중순 이후 고객예탁금이 3조 원 대를 넘어섰다. 고객예탁금이 3조 원 대를 회복한 것은 1998년 3

월 19일의 3조 500억 원 이후 8개월 만에 처음이다. 10월 초에 비해서는 약 90% 정도 늘어난 액수로 한 달 만에 급격히 유입됐음을 보여준다. 이는 그 동안 300선까지 폭락했던 주가가 회복기미를 보이면서 증시를 떠났던 일반 투자자들이 증시로 다시 돌아오고 있음을 보여주는 것이다.

수급에서 중요한 또 다른 요인은 외국인 매매동향이다. 외국인들은 1998년 10월 들어 총 5,243억 원어치를 순매수했다. 이는 월 1조~2조 원 정도 사들였던 1998년 초에는 못 미치지만 9월 순매수 규모인 1,086억 원을 훨씬 웃도는 규모로, 매수의 강도가 점점 강해지고 있음을 나타내는 것이라 할 수 있다. 1998년 외국인들은 총 5조 7,000억 원어치를 매수했다. 이 같은 매수세는 FRB의 금리인하로 미국으로 몰렸던 자금이 러시아와 남미보다 상대적으로 안전한 한국·태국 등 아시아로 환류되고 있기 때문이다.

이번에는 증시의 다른 한 축인 공급요인에 대해 알아보자. 증권시장에서 공급요인은 신규상장, 유상증자, 전환사채의 전환, 정부의 보유주식매각 등이다. 이 중 가장 대표적인 공급요인은 단연 유상증자라 할 수 있다. 한국상장사협의회에 따르면 1998년 12월 말까지 유상증자액은 모두 9조 4,639억 원이다. 이는 1990년 들어 최대 규모로 지금까지 유상증자물량이 가장 많았던 1995년의 5조 5,000억 원보다 약 1.7배 정도 많은 물량으로 8년 만에 최고치를 기록하고 있다. 그 이유로는 ① IMF 관리체제에 접어들면서 살아남기 위해 부채비율을 낮추어야 했고, ② 회사채 보유제한으로 자금조달에 어려움을 겪고 있던 5대 재벌그룹이 유상증자로 방향을 선회했으며, ③ 유상증자의 요건폐지 등으로 요약할 수 있다.

주가하락 시기에 주식투자자금은 제한되어 있는데 유상증자로 주식공급이 늘어나면 주가가 약세를 보일 수밖에 없다. 투자자들이 주가하락시에 유상증자를 발표하는 상장들을 거세게 비난하는 것도 이 때문이다.

1999년 증시수급은 1998년보다 개선될 전망이다. 그러나 증자나 공개물량 등은 더욱 커질 것으로 보인다. 기관들도 낮은 이자율로 인해 증시 이외의 다른 대체 투자수단을 찾기가 쉽지 않은 상황이고 보면, 증안기금의 물량출회 등이 예상되기도 하지만 현재 평가손율이 높은 현실을 감안할 때 매도규모는 축소될 수밖에 없을 것으로 보인다. 또한 1999년에는 국내경기회복, 국제신용평가기관으로부터의 신용등급 상향조정과 외국인들의 한통주 매수 등이 이루어지면서 약 3조 원에 가까운 돈이 유입될 것으로 보인다. 증자와 공기업매각 부문에서도 한통주 상장, 포철·한전 등 공기업 매각과 대기업의 부채비율 200% 이내 축소를 위한 증자 등으로 약 8조 원 가량이 될 것으로 예상된다.

결론적으로 1999년 증시수급은 1998년에 비해 상당히 개선될 전망이다. 1998년 증시를 억눌렀던 기관들의 매도물량은 축소되는 반면, 대기업들의 부채비율 축소를 위한 증자물량 등은 주가상승에 따라 증가될 것으로 보인다. 그러나 한국의 신용등급 상향조정에 따른 외국인 매수증가, 금리하락에 따른 개인투자자금의 유입, 기관의 매도물량 감소 등 증시의 전반적인 수급상황을 고려해 볼 때 크게 개선될 것이란 분석이다.

## 1. 외국인 매도공세, 동남아시아와 동일 (1997년 11월 25일)

**경상수지 적자, 외채 과다**

최근 국내증시와 외환시장은 사상 유례없는 위기에 놓여 있다. 이제까지 지수가 단시일에 아무리 급락해도 250포인트를 넘지 않았으나, 최근에는 지수가 일시에 340포인트까지 급락하는 사태를 맞고 있다. 환율도 드디어 1달러당 1,000원 시대에 진입했다. 이 같은 현상은 국내경제의 구조적인 어려움이 큰 원인이지만, 동남아시아와 홍콩에서의 주가폭락과 환율급등도 또 다른 요인으로 작용하고 있다.

국내증시가 이처럼 동남아시아 지역의 외환상황에 큰 영향을 받는 것은, 한국경제가 이들 지역의 경제와 유사한데다 서로 밀접한 관계를 맺고 있기 때문이다. 최근의 원화환율 급등도 동남아시아 경제와 비슷한 경제구조를 가진 국내 경제가 경상수지 적자, 외채 과다, 금융기관의 부실이 확대되면서 동남아시아와 유사한 외환위기가 일어날 것이라는 우려가 높아지면서 외국인들과 국내 기관들이 환투기에 나선 것이 주요 요인으로 지적되고 있다.

현재 동남아시아 경제의 가장 큰 문제는 경상수지 적자가 커지고 외채도 과다하다는 데 있다. 태국·인도네시아·말레이시아·필리핀 등 4개국의 경우 경상수지 적자가 월평균 5억~10억 달러에 달하고 있는데, 이들 나라의 경제규모는 한국의 20~40% 수준에 불과한 상태다. 이처럼 경상수지가 악화되고 있는 것은, 중국이 저임금을 무기로 이들 국가의 수출시장을 잠식해 들어감에 따라 이들 나라의 제품이 갈수록 설 땅을 잃고 있기 때문이다. 수출이 부진해지고 그 동안 외채도입을 통한 경제성장이 한계에 봉착하면서 외채상환문제가 심각해진 것이다. 경상수지 적자 누적, 그리고 외채 과다는 필연적으로 이들 나라의 통화가 과대평가되어왔다는 인식을 자아냈고 헤지 펀드가 이를 집중적으로 공격하고 나선 것이다.

### 대만달러 평가절하, 홍콩주가 끌어내려

이들 국가는 또한 부동산에 대한 대규모 대출로 은행의 부실이 심각하다는 공통점을 안고 있다. 이에 따라 태국은 1997년 9월에 파이낸스 20개 회사를 정리했으며, 인도네시아도 부실금융기관 16개사를 정리했다.

또한 태국과 인도네시아는 IMF의 지원 약속을 전제로 구조조정 프로그램을 실행하고 있다. 그러나 태국은 IMF의 170억 달러 지원에도 불구하고 자국통화인 바트화와 주가가 하락행진을 보이고 있다. 최근 총리 사임으로 주가가 다소 반등했으나 반등세가

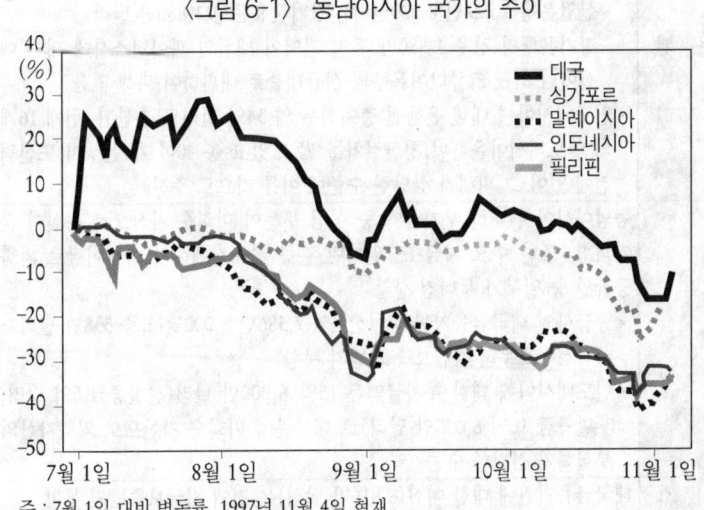

〈그림 6-1〉 동남아시아 국가의 추이

주 : 7월 1일 대비 변동률, 1997년 11월 4일 현재

지속될지는 아직 확신할 수 없는 상태다. 다행히 인도네시아는 IMF가 230억 달러를 지원한 데 이어 일본·말레이시아·호주 등에서 170억 달러를 추가로 지원받는 등 모두 400억 달러의 지원으로 주가와 외환시장이 안정을 되찾고 있다.

홍콩의 경우에는 동남아시아와 사정이 조금 다르다. 홍콩이 헤지 펀드의 집중공격을 받은 것도 홍콩달러가 과대평가되어 있다는 인식이 작용했으나 물가상승률이 지나치게 높은 것이 더 주효했던 것으로 분석된다.

홍콩달러는 지난 14년 동안 달러당 7.74홍콩달러로 고정되어 있었으나 홍콩 물가가 세계에서 가장 높은 수준으로 상승했다. 현

〈표 6-1〉 동남아 금융위기가 국내 금융기관에 미치는 영향

| 세부산업 | 영 향 |
|---|---|
| 은 행 | 홍콩 자금시장의 불안에 따라 외화차입 및 기채발행의 어려움이 가중될 것으로 전망<br>• 태국 금융기관에 대한 여신<br>  - 산업은행(1,027만 8,000달러), 장기신용은행(1,880만 달러)<br>  - 장기은행의 경우 1,880만 달러 전액이 태국의 파이낸스사에 대한 여신이나 최근 크룽다이은행의 신규대출로 대환하여 피해 없음<br>• 인도네시아에 대한 은행권 총여신은 약 34억 달러로 추산됨. 현재 16개의 인도네시아은행이 청산절차를 밟고 있고 총 40여 개 은행이 도산직전에 있어 그 피해가 상당한 수준에 이를 것으로 추정 |
| 종 금 | 동남아시아에 대한 투자금액 중 상당 부분이 미회수 자산으로 손실이 불가피함. 또한 주요 자금조달원이던 홍콩 환시장에서의 자본이탈로 외화공급원 중 일부가 무너진 상황<br>• 종금사의 태국금융기관 총여신 4억 7,586만 8,000달러 중 538만 달러가 태국정부로부터 지급보증을 받지 못함<br>• 인도네시아에 대한 투자금액은 15억 6,000만 달러(선발종금 5억 달러, 후발종금 10억 6,000만 달러)로 대부분이 미회수 자산으로 외화자산의 부실화가 심각한 수준 |
| 리 스 | 태국금융기관에 대한 여신(6,816만 달러)은 전액 지급보증받지 못함 |

재 홍콩의 부동산·호텔 요금은 세계에서 가장 비싼 실정이다.

따라서 물가상승을 감안하면 홍콩달러의 환율은 적어도 40%나 과대평가되었다는 인식이 팽배했다. 부동산에 대한 대출이 많은 홍콩금융기관도 부동산가격이 하락하자 부실대출에 대한 우려가 높아졌다. 자연히 외국자금의 이탈이 늘어나고 단기금리는 상승했다. 이것이 홍콩주가의 직접적인 계기가 되었다.

대만달러의 평가절하도 홍콩주가를 끌어내리는 요인으로 작용했다. 대만은 헤지 펀드의 공격이 심해지고 주변국들의 화폐가치가 절하되면서 경쟁력 약화가 우려되자 고정환율제를 포기하고 변동환율제로 이행했다. 이를 계기로 3일 만에 대만화폐가치가 10% 급락하고, 이는 홍콩달러의 평가절하로 이어질 것이라는 인식으로 부풀려졌다.

홍콩주가의 하락에는 홍콩이 중국에 귀속된 데 따른 미국의 견제심리도 한몫 한 것으로 분석된다. 홍콩의 중국반환을 계기로 중국의 영향력이 주변국가들로 더욱 확대될 것을 미국이 우려했다는 것이다.

그러나 이러한 헤지 펀드들의 공격은 일단 실패한 것으로 드러났다. 홍콩달러 방어에 대한 중국의 입장이 워낙 단호했기 때문이다. 중국으로서는 홍콩의 화폐가치가 불안해서는 자유무역항, 국제금융센터로서의 홍콩의 위치가 근본적으로 흔들릴 수 있다고 판단했다. 또한 홍콩을 통해 외국자본을 유입하기 위해서라도 홍콩달러의 안정이 절대 필요하다고 보았다.

그렇다면 동남아시아와 홍콩 사태가 국내증시에 미치는 파장은 무엇인가? 앞에서 언급했듯이 외국인들은 한국경제를 동남아시아 국가들과 거의 동일시한다는 데서 출발해야 한다.

외국인들은 한국 재벌구조의 붕괴와 은행을 비롯한 금융기관의 부실화, 외환보유고 고갈의 가능성, 그리고 종금사와 은행의 외채 상환 부담 등으로 결국 동남아시아 국가들처럼 IMF의 지원을 받아야 하는 상황으로 치달을 공산이 있다고 보는 것이다. 또한 기아사태의 처리에서 보듯이, 한국정부는 은행들의 어려움을 조속히 해결하기보다는 연장하는 방향으로 일을 처리하고 있다고 여기고 있다.

따라서 외국인들은 우리나라에 대한 자금제공에 소극적이고 만기된 자금은 상환받으려 하고 있다. 주식시장에서도 외국인들은 주식을 계속 매도하고 있으며, 이러한 매도공세는 당분간 지속될 전망이다.

> **깊이 읽기**
>
> ### 동남아시아 외환위기와 관련된 주식종목
>
> 동남아시아 외환위기는 이들 국가의 경제를 위축시킴으로써 우리 업체들에게도 악영향을 미칠 전망이다. 동남아시아 지역에 현지법인을 갖고 있는 기업들이나 이 지역에 수출하는 회사들은 내수위축으로 타격을 받을 것이다. 동남아시아 업체들과 경쟁하는 수출업체도 환율 면에서 불리할 것으로 보인다. 특히 동남아시아에 대한 유가증권이나 대출규모가 큰 금융기관들은 이번 동남아시아 외환위기로 큰 타격이 예상된다.
>
> 다만, 동남아시아 국가들의 화폐가치 절하로 이 지역 업체들의 수출이 증가해 국내업체의 부품수출을 증가시키는 요인으로 작용할 수도 있다. 유화업체처럼 동남아시아 지역 업체들의 설

비증설 중단으로 장기적으로 이득을 볼 수도 있다.

| 상장업체\내용 | 부정적 효과 |
|---|---|
| 대 상 공 업 | 인도네시아 현지법인 보유, 현지 수요위축으로 수지악화 및 과실송금액 축소 전망 |
| 신 호 페 이 퍼 | 현지법인(신호타이) 신문용지 생산 중, 태국 바트화 하락으로 수익성 하락 전망 |
| 한화종합화학<br>L G 화 학 | 동남아시아 수출의존도 낮으나 부분적인 수출타격 예상, 동남아시아 국가 일부 기초원자재 덤핑 수출로 수출질서 교란 |
| 이 수 화 학 | 알킬벤젠 수출의존도 동남아시아 비중 80% 이상 |
| 동 성 화 학 | 3개의 현지법인 영업활동 위축 우려, 동남아시아중심 수출비중 58.7% |
| 홍 아 타 이 어<br>동 아 타 이 어 | 동남아시아 수요부진으로 생산량의 80%를 이 지역에 수출하는 타이어업계의 수출감소 우려 |
| 현 대 금 속 | 배관용 파이프 코팅 및 도어록의 현지수요를 영업기반으로 하는 인도네시아 현지법인의 영업환경 악화 우려 |
| LG전자, 삼성전자,대우전자 | 백색가전 등 동남아시아 경기하락으로 이 지역 수출감소 예상, 환율상승으로 동남아시아 국가 수출가격경쟁력 높아져 경쟁상품 수출감소 우려 |
| 진 도 | 경쟁관계의 동남아시아 지역 컨테이너 업체의 가격경쟁력 강화로 수주확대에 차질 예상 |
| 대 림 산 업 | 인도네시아 발전소 등 동남아시아 비중 높아 원가부담 증가 |
| 신 화 건 설 | 인도네시아 파이동발전소공사 진행에 따른 비용증가 예상, 추가공사 수주 불투명한 상태 |
| 삼성엔지니어링 | 동남아시아 지역 대규모 플랜트 공사 진행으로 주요 설비수입에 따른 원가부담 증대예상 |
| | 긍정적 효과 |
| 한화종합화학<br>L G 화 학 | 동남아시아 설비투자 위축으로 수급개선 기대 |
| 대 림 통 상<br>세 프 라 인 | 저급양식기 수출생산기지로 인도네시아 현지법인을 보유, 제3국 수출에 가격경쟁력 제고될 전망 |
| 대 덕 산 업<br>대 덕 전 자 | 경쟁업체들의 내수시장 위축에 따른 경쟁력 약화로 상대적 위상제고 |
| 삼 성 전 관<br>오 리 온 전 기 | 동남아시아 지역 가전완제품 업체들의 수출물량 증가로 이 지역에 대한 브라운관·모니터 등 중간재 수출증가 예상 |

## 2. 외국인 투자자금 유입 지속 전망(1998년 2월 10일)

**환율절하로 지수 급락 효과**

증시는 1998년 초부터 많은 분석가들의 예상을 뒤엎고 대폭발 장세를 보였다. 종합주가지수는 1998년 1월 20일 543포인트를 기록해 1997년 미국의 100억 달러 구제금융이 발표되기 이전인 1997년 12월 24일의 지수인 343포인트보다 200포인트 더 상승했다. 단 25일 만에 무려 58%나 상승한 셈이다.

이는 우리 증시 사상 유례가 없던 현상으로 과거 1~2개월의 최고 상승률인 40~45%를 훨씬 초과하는 것이다. 과거의 주가분석 틀로는 설명할 수 없는 부분이랄 수 있다. 물론 1997년 12월 주가지수가 338포인트까지 하락했던 현상도 국가부도 위기에 따른 것이었다고는 하나 기존의 분석틀로는 설명이 불가능한 부분이었다. 이번의 상승도 기존의 분석틀로는 이해하기 힘든 현상이라는 데 분석가들은 이견이 없는 듯하다.

특히 하루에 1~2개의 상장사들이 부도가 나고 있고, 앞으로도 수많은 기업들이 고금리와 매출부진으로 부도 또는 화의사태를 맞을 것으로 예상되는 시점에서 이런 주가상승은 내국인들로서는 이해하기 힘든 구석이다.

그러나 외국인들의 시각에서 보면 다르다. 최근 종합지수가 500포인트 이상으로 상승했다지만, 외국인 입장에서는 우리 환율이 절하되기 이전인 1997년 10월의 수준에 비해 두 배 이상 절하된 점을 감안하면 사실상 우리의 지수는 250포인트에 불과하다는 이론이다.

예를 들어, 삼성전자가 7만 원 선까지 상승했지만 외국인 처지

〈표 6-2〉 재무리스크 하위 30개 기업

| 회사명 | (부채총계+ 지급보증) /매출액(%) | 주당순 영업활동 현금흐름 | 금융비용 부담률 (%) | 유보율(%) | 낙폭(%) |
|---|---|---|---|---|---|
| 화 성 산 업 | 145.40 | 2,464 | 5.96 | 292.87 | -32.12 |
| 국       보 | 99.37 | 2,061 | 3.74 | 119.58 | -76.92 |
| 한 익 스 프 레 스 | 110.78 | 1,397 | 5.43 | 131.60 | -76.69 |
| 한 일 건 설 | 89.91 | 3,303 | 8.33 | 122.08 | -76.58 |
| 대 구 백 화 점 | 133.27 | 5,670 | 6.96 | 211.64 | -75.47 |
| 일 정 실 업 | 65.15 | 4,394 | 3.60 | 265.09 | -73.33 |
| 아 세 아 제 지 | 143.60 | 7,041 | 6.91 | 545.35 | -73.01 |
| 극 동 제 혁 | 122.12 | 1,375 | 4.92 | 32.39 | -70.83 |
| 대 림 수 산 | 101.66 | 1,524 | 5.97 | 407.90 | -70.41 |
| 북       두 | 86.36 | 1,737 | 6.82 | 11.41 | -70.06 |
| 우 성 사 료 | 33.25 | 5,029 | 1.20 | 262.71 | -69.53 |
| 싸 니 전 기 공 업 | 77.03 | 2,544 | 5.33 | 81.01 | -69.01 |
| 광 명 전 기 | 85.57 | 2,457 | 2.13 | 154.92 | -68.25 |
| 부 산 스 틸 | 65.95 | 6,386 | 4.87 | 271.88 | -67.18 |
| 한 일 야 화 | 95.51 | 6,897 | 1.39 | 183.88 | -67.15 |
| 대 경 기 계 기 술 | 86.08 | 1,064 | 3.47 | 423.79 | -66.91 |
| 코리아데이타시스템스 | 79.66 | 1,389 | 6.49 | 207.96 | -66.88 |
| 한 국 프 랜 지 공 업 | 69.40 | 3,390 | 3.69 | 252.30 | -66.77 |
| 부 산 주 공 | 68.25 | 2,679 | 6.11 | 237.37 | -66.27 |
| 우 진 전 자 | 88.83 | 1,889 | 4.17 | 59.95 | -65.74 |
| 대 일 화 학 공 업 | 49.71 | 2,556 | 4.18 | 1,113.58 | -65.67 |
| 선       진 | 53.48 | 4,100 | 1.33 | 228.80 | -65.00 |
| 풀 무 원 | 97.18 | 5,352 | 4.81 | 309.44 | -64.52 |
| 배 명 금 속 | 58.84 | 1,264 | 3.25 | 152.44 | -64.03 |
| L G 건 설 | 93.56 | 6,148 | 6.45 | 247.98 | -63.09 |
| 희 성 전 선 | 98.38 | 2,614 | 3.48 | 284.01 | -62.88 |
| 새 한 전 자 | 110.31 | 1,262 | 3.58 | 92.86 | -62.50 |
| 한 국 안 전 유 리 | 78.72 | 3,502 | 4.17 | 77.94 | -61.98 |
| 대 한 페 인 트 잉 크 | 140.63 | 14,234 | 6.68 | 614.72 | -61.77 |
| 한국수출포장공업 | 78.59 | 2,309 | 4.01 | 167.55 | -61.35 |

주 : 위 종목은 (부채총계+지급보증)/매출액이 150% 이하이고 주당 순영업활동 현금흐름이 1,000원 이상이며 금융비용부담률이 7% 이하인 기업으로 부도 리스크가 그다지 크지 않다고 보임. 낙폭기준 주가는 1997년 6월 30일과 1998년 1월 20일 종가.

에서 보면 3만 5,000원에 불과한 수준이다. 따라서 우리 주가가 상당히 상승했다지만 달러 기준으로 보면 여전히 싸다는 결론이 나온다.

물론 외국인들이 싸다고 하여 무조건 주식을 매수하는 것은 아니다. 중장기적으로 한국경제가 구조조정을 성공적으로 마치고 재도약할 것으로 보고 선별적인 매수에 나서고 있는 것이다. 특히 외국인들은 한국인보다는 중장기 성격의 투자가 많다.

최근 주가가 상당히 상승했지만 1998년 말이나 1999년 말의 지수를 상정하고 현재 충분히 매수할 만하다고 판단하고 매입에 나선다고 보아야 한다.

또한 한국경제를 중장기적으로 낙관하는 투자자들로서는 원화 환율도 안정될 것으로 예상하고 환차익도 발생할 것으로 기대하고 있다고 보아야 할 것이다.

물론 외국인들이 지속적으로 매수에 나선다고 보기에는 어려운 점이 있다. 외국인들 중에는 단기투자를 하는 헤지 펀드도 있고 최근 뉴욕에서 진행 중인 외채협상이나 현재 노사정위원회가 구성되어 대타협을 모색하고 있는 정리해고 문제에 대해 낙관하지 못하는 투자자도 있기 때문이다.

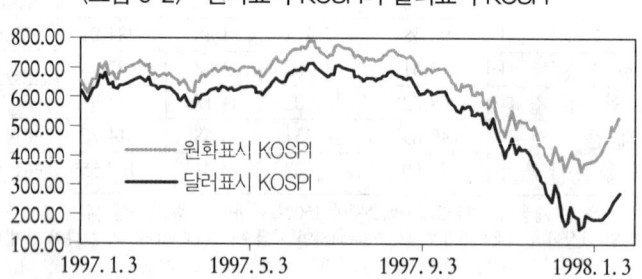

〈그림 6-2〉 원화표시 KOSPI와 달러표시 KOSPI

> 깊이 읽기

### 외국인 장세의 유망주들

1998년 한국증시를 외국인 장세로 규정한다면 어떤 종목들이 부각될까?

우선 포트폴리오 투자 차원에서 기존의 블루 칩 등 외국인 선호주를 들 수 있다. 다음으로는 직접투자 관련종목을 들 수 있을 것이다.

블루 칩 종목으로는 우선 포철이 있다. 포철은 장외시장에서 프리미엄이 25%에 달하고, 조만간 외국인 한도가 확대될 것으로 기대되는 1순위 종목이다. 그 밖에 삼성전자·삼성전관·국민은행·주택은행·삼성화재·한전·LG정보통신·LG전자·대우중공업·현대자동차 등이다.

외국인 직접투자와 관련되는 종목들은 외국인에게 경영권이 넘어가거나 외국인들이 관심을 가지는 것으로 알려지고 있는 한화에너지·만도기계·기아자동차·호텔신라·제일은행·서울은행 등이다. 업종별로 보면 외국인 투자자들은 금융·정유·유통·정보통신·자동차·제약업체에 관심이 많은 것으로 알려지고 있다.

합작기업의 경우 많은 재벌 계열사들은 상호지급보증 등으로 부실화되어 있는 반면, 합작기업들은 일부를 제외하고는 지급보증이 상대적으로 적고 재무제표도 국제기준에 가깝게 작성되어 있어 IMF 시대에 주목받는 종목으로 부상하고 있다. 외국인들의 경영권참여가 큰 합작기업일수록 재무구조가 건전하고 투명한 점도 관심을 받는 요인으로 작용하고 있다.

적대적 M&A 종목은 직접투자 관심 종목이 주류를 이룰 수도 있다. 자산가치가 높으나 주가가 싸고 현금흐름에 여유가 없는 기업일 수도 있다. 또한 이미 외국인 지분이 높은 기업들도 관심권에 들 수 있다.

그러나 외국인이 장세를 주도한다고 하여 외국인 선호주들이 반드시 큰 수익률을 낸다는 보장은 없다. 과거의 사례를 살펴볼 때 외국인 한도확대로 외국인 자금이 대거 유입되고 수급이 호전되면 블루 칩 종목도 오르지만 다른 종목군들도 그에 못지않은 수익률을 가져다 주었다.

1998년 외국인 유입자금으로 블루 칩 못지않게 낙폭 과대주 중에서 재무 리스크가 상대적으로 낮은 종목들이 큰 수익률을 올릴 전망이다.

블루 칩 종목들의 달러화 표시 하락률

| 구 분 | 1996년 1월 3일 | | 1998년 1월 21일 | | 변동률 | |
|---|---|---|---|---|---|---|
| | 원화표시 | 달러표시 | 원화표시 | 달러표시 | 원화표시 | 달러표시 |
| 삼성전자 | 142,000 | 183.30 | 72,700 | 44.41 | -48.8 | -75.8 |
| 포 철 | 50,700 | 65.44 | 53,100 | 32.43 | 4.7 | -50.4 |
| 한 전 | 31,100 | 40.14 | 20,200 | 12.34 | -35.0 | -69.3 |
| LG전자 | 27,500 | 35.50 | 17,400 | 10.63 | -36.7 | -70.1 |
| 삼성전관 | 68,500 | 88.42 | 59,500 | 36.34 | -13.1 | -58.9 |
| LG정보통신 | 75,200 | 97.07 | 68,800 | 42.02 | -8.5 | -56.7 |
| 대우중공업 | 8,300 | 10.71 | 7,550 | 4.61 | -9.0 | -57.0 |
| 현대자동차 | 34,600 | 44.66 | 27,600 | 16.86 | -20.2 | -62.3 |
| 삼성화재 | 405,000 | 522.78 | 345,000 | 210.73 | -14.8 | -59.7 |
| 국민은행 | 13,800 | 17.81 | 10,300 | 6.29 | -25.4 | -64.7 |
| 주택은행 | 17,400 | 22.38 | 12,700 | 7.76 | -27.0 | -65.3 |
| 신한은행 | 14,500 | 18.72 | 8,510 | 5.20 | -41.3 | -72.2 |
| KOSPI | 888.85 | 888.85 | 506.56 | 239.74 | -43.0 | -73.0 |

그렇지만 우여곡절을 거치더라도 한국경제는 IMF 프로그램을 충실히 이행할 것으로 보인다. 정리해고 문제도 결국 외국인이 납득하는 수준에서 해결될 것으로 보인다. 외국인 투자기업과 금융기관에만 도입하는 절충안이 채택될 수도 있고, 이번에 법제화가 안 된다 해도 유예기간이 1998년으로 끝나 1999년이면 어차피 전면 도입되게 되어 있다.

따라서 장기적으로 외국인 투자자금은 지속적으로 유입될 전망이다. 주가지수는 1998년과 1999년에 내국인이 상상하는 이상으로 상승할 공산도 크다. 뉴욕의 외채협상이 성공적으로 마무리된다 해도 외환수급과 물가상승률을 감안할 때 원화환율이 크게 하락하지 않을 것이기 때문이다. 1998년 말 주가가 설사 1,000포인트대로 상승하더라도 외국인 입장에서는 540포인트(환율 1,300원 가정)에 불과하기 때문이다.

### 3. 증시 당분간 박스권 유지(1998년 2월 24일)

**국내 매도압력에 외국인 매수로 맞서**

증권시장은 곰(bear)으로 상징되는 매도세력과 황소(bull)로 표현되는 매수세력 간의 매매공방에 의해 하나의 흐름이 결정된다. 최근 증권시장은 외국인의 매수세에 힘입어 급격한 상승국면을 보였다. 지수상의 하락조정이 나타나야 할 시점에서도 지속되는 외국인의 매수세로 인해 지수조정보다는 기간조정의 국면을 거치고 있다. 증권시장에서 외국인 영향력이 장세를 주도하고 있는 것이다.

외국인의 장세 영향력은 1997년 하반기 이후부터 최근까지 매우 컸다. 1997년 초 한보그룹과 삼미그룹에서 시작된 일련의 기업

부도 사태와 하반기에 본격화된 동남아시아 환율시장의 불안으로 야기된 국내 금융 시스템의 불안감 확대로 외국인의 매도세가 8월 들어 강화되기 시작했다.

외국인의 투자에 많은 영향을 미치는 모건스탠리투자지수도 1997년 5월 말 이후 9월까지 아시아의 투자비중을 절반으로 줄였다. 스탠터드 & 푸어스(Standard & Poors : S&P)사와 무디스(Moody's)사는 1997년 10월 한 달 동안 무려 네 차례에 걸쳐 우리나라의 국가신용등급을 급격히 낮추었다. 이 과정에서 당시까지 동남아시아 다른 국가들보다는 상대적으로 낙폭이 적었던 국내 증권시장에 대한 외국인의 매도세가 집중적으로 나타났다.

그러나 1997년 12월 11일자로 외국인에 대한 주식투자가 실질적으로는 전면적으로 확대되면서(종전 26%에서 50%로 확대) 삼성전자 주식의 대량 매입을 시작으로 우량주를 중심으로 한 외국인의 매수세가 살아나기 시작했다. 외국인 장외시장에서 SK텔레콤, 포항제철, 삼성전자, 주택은행 등 핵심 블루 칩의 프리미엄이 급속히 상승했다.

국내증시는 외국인의 적대적 M&A가 허용된 후 시장지배적인 우량기업과 지주회사 등에 대한 외국인의 경영권공략이 강화될 것이라는 전망이 대두되었다.

이러한 인식의 변화는 행동으로 나타나 외국인의 주식 순매수 규모는 예상을 뛰어넘어 강도 높게 계속되어 1997년 12월 4,837억 원, 1998년 1월 1조 6,947억 원, 1998년 2월 첫주 7,009억 원의 순매수를 보였다. 투자심리의 급속한 회복과 더불어 달러로 환산할 경우의 주가는 1997년 말 연초 대비 평균 70% 하락한 상태의 큰 낙폭이 순매수의 배경으로 작용한 것이다. 투기성이 강한 헤지 펀드와 미국계 연기금으로 알려진 이들 외국자본은 주가상승과 함께 향후 환율하락에 따른 환차익을 동시에 얻으려는 목적으로 주식을 매수했다. 또한 외국인은 현물시장뿐 아니라 선물시장에서도 점차 매수규모를 늘리기 시작했다.

### 지수, 중장기적 상승 기대

이들 외국인은 주로 한국전력, 국민은행, 삼성전자, LG전자, 대우중공업, 대우통신 등 업종 대표주를 주로 매수한 것으로 나타났다. 물량확보 차원에서 가격을 불문하고 매수하던 외국인들은 이들 업종 대표주의 급격한 주가상승으로 인해 매물압력이 높아짐에 따라 가격을 고려한 매수에 나서는 한편, 추가적인 상승여력이

〈표 6-3〉 외국인 투자자의 매매 추이

(단위 : 원)

| 구 분 | 매 수 | 매 도 | 순매수 |
|---|---|---|---|
| 1997년 1월 | 10,429 | 6,391 | 4,038 |
| 2월 | 6,343 | 7,307 | -964 |
| 3월 | 6,104 | 8,275 | -2,171 |
| 4월 | 6,113 | 7,570 | -1,457 |
| 5월 | 17,574 | 6,507 | 11,067 |
| 6월 | 14,005 | 7,854 | 6,151 |
| 7월 | 9,309 | 7,095 | 2,214 |
| 8월 | 5,819 | 6,771 | -952 |
| 9월 | 5,733 | 8,716 | -2,983 |
| 10월 | 5,301 | 14,941 | -9,640 |
| 11월 | 10,950 | 16,849 | -5,899 |
| 12월 | 12,932 | 8,095 | 4,837 |
| 1998년 1월 | 24,283 | 7,336 | 16,947 |
| 2월 | 10,603 | 3,070 | 7,533 |

주 : 1998년 2월은 첫주(2월 2일~2월 7일)만의 자료.

있는 중소형 우량주(신도리코, 대덕전자, 영원무역, 부산가스, 메디슨, 에스원 등)에 대한 매수강도를 높였다. 주식시장 개방 이후 처음으로 장내매수를 통한 외국인 최대주주(아팔루사투자 파트너와 팔로미노 펀드가 대우통신주를 9.03% 보유)가 탄생하기도 했으며, 대량주식취득 보고도 잇따르고 있다. 외국인이 상장주식을 5% 이상 보유하고 있는 종목(직접투자 제외)이 경남에너지 등 19개 종목에 달하게 되었다. 영국의 GAM(Genesis Asset Managers)이 에스원과 웅진출판을 각각 6.02%, 6.12% 보유하게 되었으며, 베어스턴 증권사는 부광약품 주식을 8.03% 매수했다고 증감원에 보고했다.

외국인에 대한 투자한도가 55%까지 확대되고 외국인에 의한 적대적 M&A가 허용되는 등 자본시장에 대한 개방이 진전되고, 이에 발맞춰 외국인의 매수세 유입으로 국내증시가 어느 정도 안정을 되찾는 모습을 보이자 모건스탠리 투자지수는 1997년 하반기 동남아시아에 대한 투자비중을 줄이도록 권고한 종래의 입장을 바꿔 1998년 9월부터 한국에 대한 투자비중을 2.5%에서 4.9%로 확대한다고 발표했다.

모건스탠리 투자지수가 차지하는 역할을 고려해볼 때 외국인의 국내증시 참여는 향후에도 지속될 것으로 보인다. 모건스탠리 투자지수 발표 이후 홍콩계 자금의 유입도 본격화되고 있으며, 영국계 장기투자 펀드도 국내증시에 참여했다. 또한 일본계 자금도 이중과세방지협정 체결을 계기로 1998년 1월 말 이후 생명보험과 투자신탁 등을 중심으로 국내증시에 참여하고 있어 외국인 매수세가 확산되는 양상을 보이고 있다.

1998년 들어 외국인의 자금유입액이 5조 원 가량에 이를 것이라는 전망이 나오고는 있지만, 단기적으로 볼 때 외국인 매수세를 바탕으로 한 지수의 상승이 제한될 것으로 보인다. 1997년 10월부터 시작된 증권사의 매도세는 다소 진정되고는 있지만 은행권 및 보험권의 매도 압력이 만만치 않기 때문이다. 특히 현재 은행권이 보유하고 있는 주식은 약 4조 원으로 추정되고 있으며, 3월 말까지 BIS 자기자본비율을 맞추기 위해 약 2조 원 가량의 주식을 매도할 수밖에 없기 때문이다. 더욱이 삼성전자와 포철 등 우량대형주의 주가가 장부가에 근접하여 은행권은 매도가 더욱 용이하다는 점도 작용하고 있다. 이에 따라 단기적으로는 지수조정이 필요하다는 기술적인 요인과 함께 은행을 중심으로 한 기관의 매도압력과 외국인의 매수유입으로 지수는 박스권의 움직임을 보일 것으로 예상되고 있다. 하지만 외국인의 지속적인 매수세 유입과 시장주도력을 감안할 때 중장기적으로는 지수의 상승을 기대해볼 수 있으며 이들 외국인의 매매에 관심을 가질 필요가 있다.

### 깊이 읽기

**종목분석**

최근 외국인의 매수세는 놀라울 정도다. 8월 이후 지수 하락을 주도한 외국인은 12월부터는 오히려 매수로 전환해 연중 최고지수 대비 57%나 하락한 338.94포인트에서 급격히 반등했다. 한전, 대우중공업, 국민은행, 삼성전자, 주택은행 매수를 중심으로 시장을 이끌던 외국인은, 최근 이들 종목의 주가상승에 따라 추격매수를 자제하거나 일부 이익실현 매물을 출회시키기도 했다. 이러한 초기의 주식매매 패턴은 종목을 매수한다기보다는 한국의 주식시장을 매수한다는 측면이 강했다. 그러나 최근 들어서는 종목중심의 접근을 시도하고 있다. 신도리코, 영원무역, 대한가스, 부산가스, 메디슨, 에스원, 신세계, 율촌화학, 아세아시멘트, 대상, 동양제과 등이 그러한 종목이다. 따라서 핵심 블루 칩과 업종 대표주 등 지수관련 종목과 더불어 우량 중소형 개별종목에 대해서도 관심을 가져야 하겠다.

외국인 순매수 상위종목

(단위 : 만 주, 원 %)

| 구 분 | 순매수량 | | 연초 주가 | 현재가 (2월12일) | 주가 상승률 |
|---|---|---|---|---|---|
| | 1월 | 2월 | | | |
| 대우중공업 | 1,449.4 | 1,016.1 | 5,100 | 7,150 | 40.2 |
| 한 전 | 2,201.3 | 640.0 | 16,300 | 20,000 | 22.7 |
| 국민은행 | 672.5 | 430.2 | 9,400 | 9,700 | 3.2 |
| 삼성전자 | 565.8 | 266.2 | 40,500 | 83,000 | 104.9 |
| LG전자 | 529.8 | 195.2 | 13,600 | 18,200 | 33.8 |
| 주택은행 | 502.6 | 173.4 | 11,700 | 10,800 | -7.6 |
| 삼성전관 | 279.0 | 162.6 | 33,600 | 72,300 | 115.2 |
| LG반도체 | 20.9 | 157.4 | 17,100 | 26,900 | 57.3 |
| 한진중공업 | 76.5 | 114.2 | 4,090 | 6,550 | 60.2 |
| 대 우 | 101.4 | 113.3 | 4,570 | 5,780 | 26.5 |
| LG화학 | 293.7 | 94.0 | 8,310 | 13,000 | 56.4 |
| 삼성중공업 | 50.4 | 66.8 | 3,740 | 6,950 | 85.8 |
| 신한은행 | 67.1 | 59.8 | 7,760 | 6,060 | -21.9 |
| 신도리코 | 35.2 | 56.2 | 41,600 | 55,000 | 23.2 |
| 현대자동차 | 85.1 | 54.4 | 19,600 | 27,900 | 42.4 |
| 영원무역 | 12.4 | 54.0 | 16,200 | 28,000 | 72.8 |
| 삼성전기 | 54.4 | 38.6 | 11,200 | 22,000 | 96.4 |
| 동국제강 | -8.8 | 35.4 | 6,500 | 10,300 | 58.5 |
| 한라공조 | 15.2 | 34.2 | 11,300 | 23,100 | 104.4 |
| 대우전자 | 169.2 | 31.2 | 4,520 | 5,750 | 27.2 |

주 : 1998년 2월 12일 현재.

## 4. 증자와 주가(1998년 4월 28일)

### 5·6월 유상증자, 주가하락 요인

최근 증시가 약세를 보이고 있다. 약세장에서도 한 달에 10여 개의 기업들이 증자계획을 속속 발표하고 있다. 주가는 증자계획이 발표될 때마다 민감하게 반응해 투자자를 당혹스럽게 만들고 있다. 증자와 주가와의 관계를 알아보도록 하자.

주식회사는 설립시 기재된 발행할 주식총수의 4분의 1 이상을 발행함으로써 성립한다(상법 제289조). 미발행 부분은 회사가 성립된 후 필요에 따라 수시로 발행할 수 있다. 회사가 성립한 후에 일정 액의 자본금을 증가시킴으로써 생기는 주식자본의 증가를 증자라 한다. 이 때 신주의 발행이 수반되므로 주식의 발행이라고도 한다. 수권자본제도를 채택하고 있는 현행 상법은 회사가 발행할 주식의 총수를 정관에 기재하도록 돼 있다. 신주는 정관에 기재된 수권자본금(납입자본금의 네 배까지 가능)의 범위 내에서만 발행할 수 있다.

신주의 발행은 유상증자와 무상증자로 구분된다. 유상증자란 기업이 자금의 수요를 충족시키기 위해 주주들에게 출자를 이행시키는 것을 말한다. 증자할 때 회사의 주식자본 증가와 함께 실질적인 재산의 증가를 가져오는 경우다. 무상증자는 주식자본은 증가하지만 실질재산이 증가하지 않는 증자를 일컫는다.

다시 말해 유상증자는 주주의 주금납입으로써 신주를 발행해 회사의 주식자본을 증가시키는 방법이다. 반면 무상증자는 주금의 납입 없이 준비금의 자본전입을 통해 주식자본을 증가시키고 동액만큼의 신주를 발행해 이를 주주에게 무상으로 할당하는 방법이다.

그렇다면 기업들이 증자하는 목적은 무엇인가? 대충 자금조달과 주주에 대한 이익환원 및 기업의 환경적응을 위한 재무정책 등으로 요약할 수 있다. 자금조달을 목적으로 하는 경우는 유상증자의 형태로, 주주에 대한 이익환원의 경우는 무상증자의 형태로 시행하는 것이 일반적이다.

유상증자는 신주를 발행함으로써 주식의 수가 증가하고 동시에 회사의 재산이 증가하는 실질적인 증자를 가리킨다. 즉 신주를 발행할 때 그 인수가액을 현금이나 현물로 납입시켜 신규로 자금 또는 재산이 기업으로 들어오는 경우다.

무상증자는 자금조달을 목적으로 하지 않고 자본구성을 시정하거나 사내유보의 적정화를 위해 실시하는 것이 대부분이다. 회사의 총자산에는 변화를 가져오지 않고 재무제표상 항목 간의 변동을 통해 신주를 발행하는 특수한 형태의 증자다. 무상증자를 통한 신주발행의 형태는 크게 재평가적립금의 자본전입에 의한 무상증자와 준비금의 자본전입에 의한 무상증자를 들 수 있다.

대개의 유상증자는 설비자금의 조달, 운전자금의 조달, 부채의 상환, 자본의 대형화를 위한 공신력 제고, 그리고 재무상태 개선 등의 목적으로 행해지는 것으로 기업의 주요한 재무의사결정 중 하나다. 기업의 자금조달뿐만 아니라 기업의 투자와도 연관을 맺고 있기 때문에 일반투자자는 물론 증권분석가, 기업의 재무담당자들은 유상증자가 주가에 미치는 영향에 관심을 갖고 있다.

### 유상증자, 처음엔 주가상승 부추기는 효과

그렇다면 증자가 주가에 미치는 영향에 대해 알아보자. 일반적으로 유상증자는 주식 수의 공급증가를 초래해 주가를 하락시키는 요인으로 작용하는 것으로 나타나고 있다. 그러나 주식시장이 상승국면에 있을 때에는 유상증자의 공시가 처음에는 주가상승을 부추기는 효과를 보이기도 한다. 유상증자로 받은 신주가 실제로 상장될 때에는 역시 공급물량 압박요인으로 작용해 주가가 하락하는 것이 일반적이다.

반면 주식시장이 하락국면에 있을 경우에는 유상증자의 공시가 주가에 별 영향을 미치지 않는 것으로 분석된다. 유상증자로 받은 신주가 상장되는 시점에서는 역시 공급물량 압박으로 대개 주가가 하락한다.

따라서 최근과 같은 침체장에서는 유상증자 공시가 주식시장의 공급물량 압박으로 작용하는 것이 사실이다. 더욱이 최근의 유상증자 공시는 주로 재무구조를 개선하기 위한 증자임을 감안할 때 주가하락 요인으로 작용할 공산이 더욱 크다. 다만, 일부 우량기업의 경우 설비투자 증설을 위한 유상증자 공시가 해당 기업의 주가에 호재로 작용하기도 한다. 실제로 〈그림 6-3〉에 나타난 바와 같이 유상증자로 인한 공급물량이 증가할 경우 주가는 하락세를

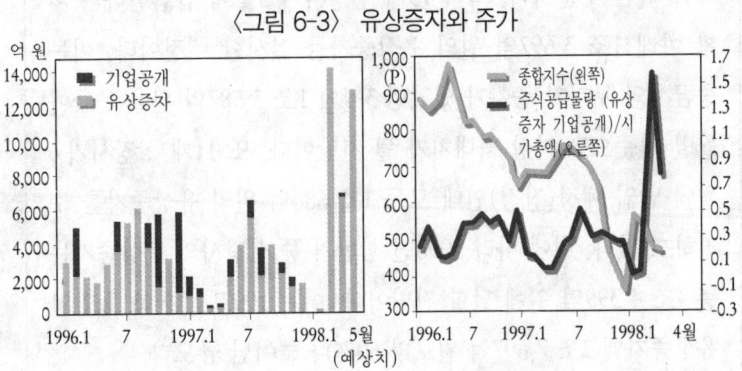

〈그림 6-3〉 유상증자와 주가

면하기 어려웠다.

　국내증시에서는 대기업과 금융기관들이 5월과 6월에도 대규모 증자를 추진하고 있어 증시에 물량 압박을 가속시킬 것으로 우려된다. 유상증자 물량 계획(납입일 기준)을 보면 1998년 4월에 약 7,000억 원, 5월에 약 1조 3,000억, 6월 현재까지 공시한 증자규모가 약 1조 2,000억에 이르고 있다.

　따라서 중기적으로 2/4분기 내내 대규모 유상증자에 의한 물량 증대로 수급상황이 악화, 정부의 수급조절책이나 외국인 매수세의 확대 없이는 최근 침체된 주식시장이 상승추세로 전환되기에는 부담이 될 것으로 예상된다.

---

**깊이 읽기**

### 분기별 상장사 유상증자 전망

　상장회사협의회에 따르면 26개 상장사가 1998년 5월과 6월중에 모두 2조 4,455억 원의 유상증자를 실시할 계획이다. 이는 1997년 한 해에 실시된 총유상증자액인 2조 7,697억 원의 88.6%에 달하는 수준이다. 특히 15개 상장사가 5월에 납입한다는 계획 아래 1조 3,697억 원의 유상증자를 실시할 예정이다. 이는 종금사의 무더기 증자가 있었던 3월의 1조 3,587억 원을 웃돌아 월별 기준으로 사상 최대치가 될 전망이다. 또 11개 상장사가 6월에 납입 예정(잠정)인데 모두 1조 686억 원의 유상증자를 추진하고 있다. 이에 따라 1998년 상반기 중 상장사의 유상증자는 총 4조 4,399억 원에 달할 전망이다. 이는 1997년 한 해 동안의 유상증자액 2조 7,697억 원보다 60%나 늘어난 규모다.

유상증자 물량이 이처럼 급증한 것은 금융기관에 이어 대기업들까지 재무구조 개선을 위해 유상증자를 통한 대규모 자금 조달에 나서고 있기 때문이다.

5 · 6월 납입 상장회사 유상증자 계획

(단위 : 억 원, %)

| 월 | 회사명 | 예상증자금액 | 증자비율 | 증자후 자본금 | 납입일 |
|---|---|---|---|---|---|
| 5월 | 현 대 건 설 | 1,121.19 | 28.0 | 3,829.92 | 5.8 |
| | 삼 화 왕 관 | 93.00 | 50.0 | 124.55 | 5.27 |
| | 삼 성 E N G | 89.16 | 30.0 | 83.27 | 5.14 |
| | 한 신 기 계 공 업 | 20.25 | 20.0 | 67.50 | 5.27 |
| | 태 평 양 종 합 산 업 | 122.40 | 100.0 | 240.00 | 5.8 |
| | 삼 성 전 관 | 2,570.00 | 17.4 | 1,684.84 | 5.16 |
| | 한 솔 텔 레 콤 | 109.61 | 63.4 | 168.12 | 5.28 |
| | 국 민 은 행 | 3,000.00 | 46.9 | 7,691.08 | 5.15 |
| | 한 미 은 행 | 2,850.00 | 132.6 | 5,000.00 | 5.28 |
| | 세 신 | 33.66 | 50.0 | 100.98 | 5.14 |
| | 한 외 종 합 금 융 | 700.00 | 143.9 | 1,186.40 | 5.8 |
| | 현 대 종 합 금 융 | 1,000.00 | 20.4 | 5,900.00 | 5.15 |
| | 삼 성 증 권 | 965.38 | 100.0 | 1,738.00 | 5.26 |
| | 데 이 콤 | 999.60 | 15.4 | 915.95 | 5.21 |
| | 삼 진 제 약 | 95.20 | 22.2 | 110.00 | 5.27 |
| | 계 15개사 (평균) | 13,769.45 | (48.3) | (1,296.20) | |
| 6월 (잠정) | 한 일 시 멘 트 공 업 | 120.85 | 14.8 | 288.22 | 6.3 |
| | 삼 성 전 기 | 2,006.80 | 40.5 | 2,011.39 | 6.12 |
| | 삼 성 전 자 | 5,031.00 | 9.6 | 6,683.35 | 6.4 |
| | 제 일 제 당 | 475.00 | 23.2 | 664.95 | 6.3 |
| | 미 래 산 업 | 833.63 | 25.0 | 109.69 | 6.4 |
| | 대 림 통 상 | 91.35 | 30.0 | 136.50 | 6.20 |
| | 새 한 종 합 금 융 | 600.00 | 165.3 | 963.00 | 6.25 |
| | 한 국 종 합 금 융 | 410.00 | 100.0 | 820.00 | 6.26 |
| | 삼 성 정 밀 화 학 | 870.75 | 100.0 | 675.00 | 6.23 |
| | 종 근 당 | 204.05 | 20.0 | 231.00 | 6.10 |
| | 현 대 약 품 공 업 | 42.34 | 30.0 | 81.90 | 6.16 |
| | 계 11개사 (평균) | 10,685.77 | (28.2) | (1,151.36) | |

## 5. 증권시장 추락 「날개는 없나」 (1998년 5월 26일)

증권시장에 다시 찬바람이 불고 있다. IMF 한파와 이에 따른 증권시장 내의 수요와 공급 불균형으로 증권시장은 IMF의 지원을 받은 1997년 말의 주가수준보다 더 낮은 수준을 보이고 있다. 증시가 언제쯤 그 영향에서 벗어날지 예측하기 힘든 상황이다.

IMF의 자금지원을 계기로 하락세에서 벗어난 증권시장은 지난 1997년 12월 13일 338.94포인트를 장중 저점으로 하여 1998년 3월 3일 591.70포인트까지 상승, 74.5%의 상승률을 보였다. 그러나 증시는 단기적인 상승에 따른 하락조정 내지는 기간조정을 예상한 투자자들의 기대와는 달리 IMF 자금지원 이전의 수준으로 다시 돌아갔다.

### 유상증자 규모 최고치지만 매수 수요 급감

이번 증권시장의 약세는 증권시장의 축을 이루고 있는 두 가지 커다란 요인이 크게 약화됐기 때문이다. 두 개의 축 중 하나가 경기다. 주가는 국내경기, 특정 산업의 동향, 그리고 해당기업 영업환경 등 경기 여하에 따라 움직인다. 경기 상황이 호전되면 기업의 수익성 증가로 이어져 주가가 상승하게 되며 반대의 경우에는 하락하게 된다. 이러한 관점에서 보면 현재의 주가 하락은 IMF 한파로 인한 국내 경기 위축에 따른 것으로 주가 하락은 당연하다고 볼 수 있다.

다른 하나의 축은 증권시장 내의 수급이다. 증권시장의 수요와 공급의 상황에 따라 주가가 영향을 받는다. 수요가 공급을 앞지르면 주가는 상승하며, 반대로 공급이 수요를 초과하면 하락한다.

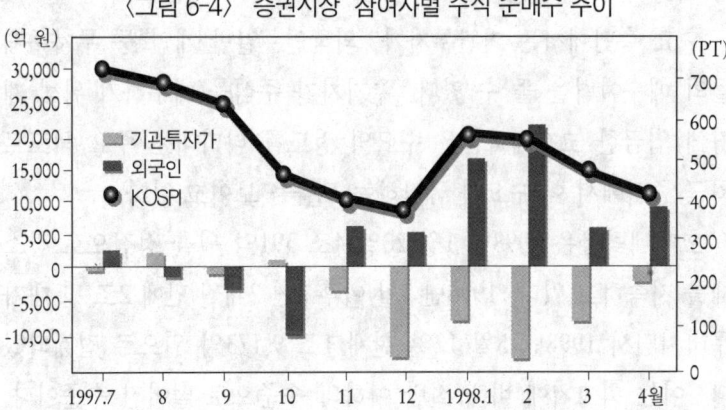

〈그림 6-4〉 증권시장 참여자별 주식 순매수 추이

〈표 6-4〉 기관투자가 순매수 추이

(단위 : 억 원)

| 구 분 | 1997.11 | 1997.12 | 1998.1 | 1998.2 | 1998.3 | 1998.4 |
|---|---|---|---|---|---|---|
| 증 권 | 1,394 | -2,367 | -2,051 | -1,048 | -2,457 | -996 |
| 보 험 | 274 | -174 | -2,503 | -1,944 | -689 | 366 |
| 투 신 | -5,517 | -8,510 | 4,196 | -2,136 | -2,498 | -508 |
| 은 행 | 342 | -1,487 | -6,042 | -6,989 | -1,644 | -1,051 |

증권시장 내의 공급요인으로는 신규상장, 유상증자, 전환사채의 전환, 정부의 보유주식 매각 등을 들 수 있다. 수요요인으로는 기관투자가, 외국인, 일반 개인 등의 주식매수 여력 수준이다.

공급의 요인 중 대표적인 것은 유상증자다. 26개의 상장사가 5월과 6월 중에 실시하는 유상증자의 규모는 5월에 1조 3,769억 원, 6월에 1조 685억 원 등 총 2조 4,455억 원에 달하고 있다. 이것은 1997년 한 해에 실시된 총유상증자액 2조 7,697억 원의 88.6%에 달하는 수치다. 특히 5월의 증자규모는 종금사의 무더기 증자가 있었던 1998년 3월의 1조 3,587억 원을 웃돌아 월별 기준으로 사상 최고치가 될 전망이다.

수요 측면에서는 기관투자가, 외국인, 일반 개인 등 투자주체들의 매수여력을 들 수 있다. 투자자가 주식을 매수하기 위해 계좌에 입금한 고객예탁금은 수요의 정도를 나타내는 주요 척도로 최근 증시에서 이 수요가 급감하는 모습을 보이고 있다.

고객예탁금은 1998년 1월 20일 4조 391억 원을 정점으로 감소세를 지속하고 있다. 1996년 3월 이후 2년 2개월 만에 2조 원 대가 무너지면서 1998년 5월 12일 현재 1조 9,173억 원으로 집계되었다. 이는 최고치에 비해 절반 이하의 수준으로 떨어진 수준이다. 증권시장의 체력이 현격하게 저하되고 있다는 얘기다.

신용융자잔고도 지속적으로 하락하여 5월 12일 현재 4,755억 원을 보이고 있다. 신용융자의 감소는 장기적으로 증권시장의 체력을 강화하는 긍정적인 요인도 있으나 단기적으로 볼 때에는 수요를 위축시키는 요인으로 작용한다.

이러한 고객예탁금 및 신용융자잔고의 급격한 감소는 증권사들이 신용융자에 대한 조건을 강화한 탓도 있지만, 향후 주식시장의 약세를 예상하고 있는 투자자들이 매수를 삼가고 있기 때문이기도 하다. 결국 일반 개인투자자의 매수세 위축 내지는 증시이탈을 반영하고 있다고 할 수 있다. 따라서 수요와 공급의 상황에서 볼 때 현재의 증권시장은 공급의 급격한 확대에 비해 수요가 크게 위축되는 데서 오는 침체장세라 할 수 있다.

### 칼 쥔 외국인, 매수유보·관망세

그렇다면 수급관계로 본 증시전망은 어떠한가? 역시 외국인투자자의 동향이 열쇠다. 1997년 12월 이후 급등장세를 연출한 외국인이 최근 들어 매수유보 내지는 관망세를 보이고 있다.

1998년 4월 이후 동남아시아 위기가 심화되고 국내적으로는 기업 및 금융기관 구조조정이 지지부진해지고 노사문제에 대한 불안감이 대두되면서 외국인 매수세가 급격히 위축되고 있다. 환율도 달러당 원화가치가 1,400원대가 적정하다는 모건스탠리의 지적과는 달리 금리안정을 위한 환율 목표선인 1,300원대에서 머무르면서 외국인의 투자 메리트가 상실되고 있다.

국내 증권시장의 지수하락과는 달리 모건스탠리의 한국지수도 아직 IMF의 자금지원이 이루어진 1997년의 주가수준보다는 여전히 높은 수준을 보이고 있다. 더욱이 한국 경제의 기초(fundamental)에 대한 그 동안의 긍정적인 외국인 인식에 회의론까지 대두되기도 했다. 한국에 대한 외국인의 투자 메리트는 주가하락에도 불구하고 아직은 매우 낮은 수준에 머무르고 있는 것이다.

국내 기관투자가의 경우는 문제가 더 심각하다. 지난 1998년 1/4분기 외국인의 강력한 매수세와 이에 따른 증권시장 내의 유동성 증가에도 불구하고 기관투자가는 줄곧 매도세를 견지했다. 이들은 1997년 11월 이후 1998년 4월까지 6개월 동안 4조 6,275억 원을 순매도했다. 이는 같은 기간 동안 외국인이 순매수한 4조 3,195억 원 규모를 웃도는 수준이다.

기관투자가들은 대부분 금융기관들로서, IMF의 자금지원 조건인 구조조정 대상에 포함되어 있다. 은행·보험·투신사·종금사

〈표 6-5〉 1998년 월별 유상증자 추이

(단위 : 억 원)

| 월 별 | 1월 | 2월 | 3월 | 4월 | 5월 | 6월 |
|---|---|---|---|---|---|---|
| 증자규모 | 1,428 | 86 | 13,587 | 6,271 | 13,769 | 10,686 |

등 대부분의 기관투자가들은 위험자산을 줄여 자산의 건전성을 확보한다는 목표 아래 일사분란하게 주식을 매도하고 있다.

　증권시장이 수급의 극단적인 취약상태 진입으로 인해 현재의 주식시장은 지리한 하락세를 지속하고 있다. 향후 주식시장은 외국인의 시장개입만을 기다리는 천수답과도 같은 상황이다. 즉 외국인의 본격적인 매수세 유입이 언제부터, 어느 정도의 주가수준에서 유입되느냐에 전적으로 의존하고 있는 상황이다. 또한 현재의 지수수준에서는 기관투자가의 추가적인 매도공세가 어려울 것으로 예상되고 있지만, 여전히 잠재적인 매도세력으로 존재하고 있어 기관투자가의 매도공세가 주가에 악영향을 줄 것으로 분석된다.

---

**깊이 읽기**

### 수급악화관련 유망종목

외국인 한도소진율 상위종목　　　(단위 : 주, %)

| 종 목 | 주문가능수량 | 소진율 |
|---|---|---|
| 에 스 원 | 16,198 | 98.9 |
| 삼 성 전 관 | 418,737 | 97.2 |
| 한 라 공 조 | 779,990 | 86.7 |
| 국 민 은 행 | 9,025,054 | 84.6 |
| L G 전자 (우) | 2,038,537 | 80.1 |
| 한 국 유 리 (우) | 228,210 | 78.7 |
| 삼 성 전 자 | 11,791,463 | 77.9 |
| 삼 성 화 재 | 332,638 | 77.0 |
| 고 덴 시 | 227,879 | 75.9 |
| 주 택 은 행 | 12,641,174 | 74.2 |
| 영 원 무 역 | 580,360 | 72.2 |
| 신 도 리 코 | 1,516,405 | 72.1 |
| 서 흥 캅 셀 | 946,067 | 70.9 |

주 : 1998년 5월 14일 현재, 완전소진종목 제외

현재 증시는 외국인들이 향방을 좌우하는 장세다. 장세의 반등을 예상할 경우 외국인 선호종목이 장세를 선도할 가능성이 어느 때보다 높은 시기다. 따라서 기관투자가들의 매도압력이 적은 종목 중 외국인들이 선호하는 주식이 상대적으로 투자에 유리할 것으로 보인다.

투신 보유지분 과다 종목

| 종 목 | 보유비중 |
|---|---|
| 대영포장 | 29.2 |
| 영원무역 | 21.7 |
| 계양전기 | 21.0 |
| 선창산업 | 20.6 |
| 평화산업 | 18.7 |
| LG종금 | 18.2 |
| 삼성화재 | 16.4 |
| 한국제지 | 16.4 |
| LG화재 | 15.5 |
| 현대정공 | 15.1 |
| 현대종금 | 15.0 |
| 새한정기 | 13.6 |
| 현대상사 | 13.1 |

## 6. 증권시장「조심스런」상승시도 (1998년 8월 4일자)

### 원화·엔화 안정, 금리 하향안정 지속, 외국인 매수세

1998년 3월 초부터 하락세를 보이던 증권시장이 최근 지리한 공방을 마감하고 상승을 시도하고 있다. 3월 이후 최근까지 증권시장이 침체국면을 겪게 된 것은 원화 및 엔화환율, 금리, 금융기관 및 기업의 구조조정, 증시수급, 외국인 매수세 감소 등으로 인한 것이었다. 이런 요인들이 최근에는 어느 정도 악재요인으로서의 영향력을 상실하는 듯한 모습을 보이고 있다. 이들 요인을 점검하고 상승 가능성을 조심스럽게 살펴보자.

우선 증권시장의 하락원인으로 원화환율의 하락(원화가치의 상승)을 들 수 있다. 최근 환율이 2월 말 달러당 1,630원에서 1,387원(매매기준환율 기준)으로 급락세를 보였다.

이러한 환율의 급락세는 한국증권시장의 가격 메리트를 감소시켰다. 즉 1만 원짜리 주식을 사기 위해 환율이 달러당 1,600원에서는 6.25달러가 필요한데, 환율이 달러당 1,300원에서는 약 7.7달러가 필요하게 된다. 외국인 처지에서는 환율 하락으로 인해 국내 주식이 약 23% 상승한 효과가 나타나게 되었다. 이는 저가매입의 기회상실로 이어져 매수세 감소와 차익매물 출현이라는 부정적 영향을 미쳤다. 더불어 선물시장에서의 매도차익 거래 등 프로그램 매도세의 지속으로 선물지수가 하락하면서 현물시장 지수의 동반하락을 이끌었다.

이러한 원화환율의 하락세는 최근까지 이어지고 있다. 경상수지 흑자, 외자유치 성공, 수입수요 감소 등으로 달러의 공급보다 수요가 훨씬 못 미치고 있어 원화환율은 하향 안정세를 보이고 있는 것이다. 특히 외환위기 직후 비정상적으로 폭등했던 상황에서 적정수준으로 수렴해가는 과정이며 환율의 하락추세는 1999년까지 이어질 것이라는 산업연구원의 전망도 있다. 따라서 환율의 하락을 기조적인 것으로 볼 때 환율의 반등을 기다리며 관망했던 외국인 투자자의 매수세전환은 충분히 가능한 것으로 보인다.

두번째로 국내증시에 부정적인 영향을 미친 것은 엔/달러 환율이었다. 엔화환율이 1998년 3월 2일 달러당 125엔에서 6월 14일 146엔까지 급격히 상승하는 달러화의 강세가 지속되었다. 그러자 외국인 투자자들이 일본·한국·동남아시아 국가를 외면하는 탈아시아 현상이 일어났다.

**엔화 완만한 약세, 증시 충격 줄어**

우리나라의 예를 보면 1998년 들어 엔/달러 환율이 하락하자 1998년 1월과 2월 두 달 동안 3조 8,749억 원의 순매수를 보이며 연초 주식시장이 상승세를 보였다. 1998년 3월 들어서면서 엔/달러 환율이 상승세를 보이자 외국인은 순매수 규모를 줄였으며 5월과 6월에는 순매도로 돌아섰다. 이에 따라 증권시장은 약세국면을 나타냈다.

최근 미국의 금리인상 가능성이 재차 대두되어 엔화의 약세기조는 계속 이어질 것으로 보이나, 엔화가치는 급격한 하락보다는 완만한 약세국면을 보일 것으로 예상된다. 따라서 급격한 엔화가치 하락으로 인한 국내증권시장의 충격 가능성은 이전보다는 줄어들고 있다.

셋째, 금리를 살펴보자. 시중금리는 지속적인 하락세를 보여 회사채수익률이 1998년 초 28.98%에서 12.84%(7월 20일)까지 하락했다. 하지만 이러한 금리 하락은 정상적인 것이 아니다. 외환위기가 어느 정도 마무리되면서 채권시장에서는 구조조정의 과정에서 어느 기업이 또는 어느 금융기관이 생존할 수 있는가가 관심사로 부각됐다. 그 결과 우량기업 선호현상이 뚜렷하게 나타났다. 그렇지 못한 기업은 자금공급을 받지 못하거나 받더라도 고금리를 감수할 수밖에 없었다. 금융권의 자금은 위험을 피해 우량기업의 채권만을 기다리게 되고, 이를 이용할 수 있는 기업은 제한되어 있어 5대 그룹이 자금을 독점하는 현상이 나타났다.

이렇듯 금리하락 과정에서 이상징후가 노출되기도 했지만 긍정적인 측면도 부각되기 시작했다. 회사채 발행시장에서 5대 그룹의 비중이 축소된 점이 그것이다. 1998년 1월 92.15%에 달했던 5대 그룹의 비중이 6월 중에는 51.91%까지 하락했다. 물론 이들 5대 그룹이 사모사채나 CP 등의 자금조달 방법을 여전히 사용하여 시중의 자금을 독점하기는 했지만 금융시장의 이용범위가 조금이나마 확대되기 시작했다는 것을 의미한다. 정부도 지속적인 의지를 갖고 금리인하를 추진하는 한편, 자금의 5대 그룹 편중현상을 시정할 것을 지시했다. 즉 금리하락의 수혜를 확산시키겠다는 의지를 보인 것이다.

또 하나 긍정적인 사항은 금리변동성의 감소를 들 수 있다. 1998년 1/4분기에는 금리가 하루에 평균 0.15% 포인트씩 하락했고 일별로 하락폭에서 격차가 크게 나타났다. 그러나 2/4분기에는 하루 평균 금리하락폭이 0.03% 포인트로 낮아졌으며, 일별 하락폭의 격차도 줄어 안정적인 하향세를 유지했다. 이러한 관점에서 볼 때 금리 하락추세는 기조적인 것으로 받아들이기에 충분한 것이다. 이미 금리는 IMF 사태 이전 수준을 목전에 두고 있다. 이러한 금리하락은 장기적으로는 주식과 채권의 투자대상이 대체적인 성격을 지니고 있는 점을 감안한다면 주식의 상승 가능성에 힘을 실어주고 있는 것이다. 또한 자금의 증시유입이 본격화할 경우 한 차례의 금융장세를 예상해볼 수도 있다.

## 구조조정 외부충격도 일단 벗어나 긍정적

 네번째로 금융기관 및 기업의 구조조정 문제를 살펴보자. 최근 증권시장은 55개 기업퇴출(6월 18일)과 5개 은행에 대한 퇴출(6월 29일)로 불확실성이 제거되면서 반등을 시도했으며 시장 외적인 요인의 영향에서 벗어나려고 했다. 또 기업 및 금융기관 구조조정을 추진하는 정부의 강도가 이전보다 상당히 완화되어 정부의 강제성 있는 구조조정보다는 기업 내부의 자율적인 구조조정을 촉구하는 수준으로 방향을 선회함에 따라 증권시장은 구조조정이라는 외부충격의 요인으로부터 일단은 벗어난 것으로 보여 자율적인 상승세 진입이 가능해졌다.

 마지막으로 외국인의 움직임에 대해 살펴보자. 1998년 6월 말 현재 상장주식 시가총액 60조 8,000억 원의 17.3%(10조 6,000억 원)를 차지하고 있는 외국인은 국내증시의 주요 전환점에서 매도 또는 매수를 함으로써 증권시장에 막대한 영향력을 행사해왔다. IMF 이후에는 엔화환율 움직임과 밀접한 관련을 가지며 국내증시에 영향력을 행사했다. 최근에는 이들 외국인이 한국을 비롯한 동남아시아 증권시장에 대한 투자를 재개하고 있다. 미국시장에 대한 과열 논의가 대두되고 엔화가치가 안정되면서 뮤추얼 펀드 등 미국 투자자의 자금이 동남아시아로 이동하여 대만과 인도네시아의 증권시장 상승을 주도하고 있다. 이들 자금 중 일부는 국내로도 이동되고 있다. 이러한 외국인의 투자확대는 엔화가치의 안정, 원화환율의 안정, 구조조정이 비교적 순조롭게 이루어지고 있다는 인식, 국내경기가 최악의 상황을 벗어나고 있다는 분석 등이 확산되고 있기 때문인 것으로 보인다. 이들 외국인의 매매 패턴은 일단 방향이 정해지면 매도 또는 매수의 한 방향으로 상당기간 지

> 깊이 읽기

### 내수 활성화 관련주 주목을

우리나라의 30대 주요 수출품목 중 15개 품목이 일본과 중복, 엔화의 약세추세는 국내경기에 어려움을 줄 것으로 예상된다. 또한 주요 수출지역인 동남아시아 국가의 경기침체로 수출전망도 그리 밝은 편은 아니다. 이런 어려움 속에 국내경기의 과도한 침체국면 진입을 저지하는 방안 중 하나로서 내수진작을 통한 경기회복을 들 수 있다. 향후 정부의 정책도 내수부문을 활성화하는 측면으로 전개될 가능성이 높다. 내수진작과 관련된 종목의 주가 움직임에 관심을 가질 만하다.

| 종 목 | 내 용 |
|---|---|
| 농 심 | • 경기에 비탄력적인 매출구조를 보유하고 있으며 가격인상 등으로 1998년 6월 1조 754억 원의 매출과 457억 원의 당기순이익 추정 |
| 제일제당 | • 수익성 지향 경영정책을 전개하는 가운데 제품가격 인상, 비용절감으로 1998년 경상이익 600억 원을 올려 413% 증가 예상<br>• 지속적인 차입금 상환으로 안정적인 실적증가 예상되며 자산매각을 통한 재무건전성 제고 추진 중 |
| 태평양 | • 국내 화장품업계 1위로 시장지배력 보유한 가운데 수입화장품 판매감소로 1998년 8.5% 매출 증가 예상<br>• 원가율 개선, 계열사 매각, 부실부문 정리 등 성공적인 구조조정 진행 |
| 신세계 | • IMF로 유통할인점 시대가 빠르게 전개되고 있는 가운데 이부문의 선두자리 유지<br>• 프라이스클럽 장기임대 대금 유입, 삼성관련주 매각 등을 통한 구조조정 진행 |
| 삼천리 | • 산업용 도시가스 보급 확대와 신규수요 개발로 외형성장 지속 전망<br>• 외형성장에 따른 수익성 증가, 정액법으로 감가상각방법 변경, 계열사지분 매각 등으로 수익성 개선 기대 |
| 삼성증권 | • 우량증권사로 부각되는 가운데 1998년 6월 말 현재 6조 5,000억 원의 수익증권 매각으로 인한 안정적인 수입원 확보 |

속되는 경향이 있어 외국인 자금의 지속적인 유입을 조심스럽게 기대해보기도 한다.

　지금까지의 여러 요인들을 살펴보면 일단 국내증권시장은 바닥국면은 탈피하고 있는 것으로 보인다. 원화 및 엔화 환율안정, 국내금리의 하향안정세 지속, 구조조정의 원만한 진행, 외국인 매수세의 유입 등에 따라 등락을 보이기는 하겠지만 상승세로의 진입은 충분히 가능할 것으로 전망된다.

### 7. 외국인, 국내증시 어떻게 보나 (1998년 11월 24일자)

**외국인 투자자「조심스런 낙관」**

　주가가 400선에서 맴돌고 있다. 1998년 10월 말부터 연속 상승행진을 보이던 주가는 가파른 상승을 의식한 듯, 몇 차례 급등락을 보이면서 조정국면에 들어간 상태다.

　최근 국내주가의 상승은 외국인 자금의 유입이 전적으로 작용했다. 외국인 투자자금이 1998년 9월 이후 순유입으로 돌아서면서 주가를 크게 부추긴 것이다. 외국인들이 국내증시에 대한 투자를 늘린 것은 국내증시의 투자위험이 상대적으로 줄어든데다 선진국들의 잇단 금리인하로 아시아 지역에 대한 투자 메리트가 높아졌기 때문이다. 특히 엔화의 강세로 엔/달러 환율이 떨어지면서 국내증시에 대한 투자매력이 고조됐다.

　그러나 최근 엔/달러 환율이 다시 120엔대로 상승하면서 외국인들은 순매수에서 매도로 돌아서는 등 국내주식의 매입에 다소 주저하는 모습이다. 이에 따라 주가도 하락세를 보이고 있다.

　그렇다면 외국인들은 국내증시를 어떻게 바라보고 있는가? 결론부터 말하자면 국내증시에 대해 외국투자자들은 대부분 조심스런 낙관론을 갖고 있다. 뒤집어 말하면 국내증시는 당분간 외국인투자자들의 관망세 속에 급격한 하락세를 동반하지 않는 조정양상을 띨 공산이 크다는 얘기다.

모건스탠리증권은 최근 한국을 포함한 아시아 증시가 추가상승할 것으로 전망했다. 이에 따라 이 회사는 아시아 지역의 주식비중을 5% 더 늘렸으며, 한국에 대해서도 비중을 2% 추가한 것으로 알려졌다.

모건스탠리의 아시아전문가인 마커스 로스켄은 한국투자전략에 관한 자료에서 『현상황에서 투자에 소극적인 것은 잘못된 태도』라고 못박고 『지금이라도 투자에 공격적인 자세를 취해야 한다』고 주장했다. 그도 현금보유비중을 24%에서 10%까지 낮췄다고 밝혔다.

그는 『미국의 금리인하 영향으로 이 지역의 실제금리가 외환위기 이전의 수준으로 하락, 한국과 필리핀의 실물경기를 되살리는 좋은 요인으로 작용하고 있다』며 『1999년 상반기에 경기저점을 지날 것』이라고 전망했다.

모건스탠리의 분석가 로버트 페로스키도 『최근 아시아 지역의 상승은 1998년 1/4분기 때와는 다르다』고 말하고 『이번에는 급등 후 큰 폭의 하락은 없을 것으로 예측되므로 매수비중을 늘려야 한다』고 주장했다. 그는 한국투자에서는 재벌의 구조조정과정을 예의 주시해야 한다고 지적하면서도 한국경제가 무역수지 등 대외요건의 호전에 힘입어 우려할 만한 수준까지 악화될 가능성은 없다고 진단했다.

모건은 1998년 10월 23일 발표한 「4/4분기 아시아금융시장」 보고서에서도 아시아의 금융 및 경제상황이 지속적으로 개선되고 있다고 분석했다. 이 지역 국가들은 경상수지가 대폭 개선되고 부채상환 압력도 크게 감소되고 있다고 밝혔다. 특히 한국과 태국은 산업생산이 저점에 이른데다 금리의 급격한 하락으로 경제가 안정되고 있으며 수출주도로 경기가 회복될 가능성이 높은 것으로 진단했다.

메릴린치증권이 1998년 11월 초 아·태지역에 2,730억 달러를 운용하는 22개 펀드 매니저를 대상으로 실시한 설문조사에 따르면 40% 이상의 펀드 매니저들이 1999년에 아시아 각국의 경제가 본격적으로 성장할 것이라고 전망했다. 이는 1998년 9월 초 조사 당시의 14%보다 크게 증가한 것이다. 이들 펀드 매니저가 가장 선호하는 투자국가는 태국·한국·싱가포르·대만 순이었다.

또한 응답한 펀드 매니저의 28%는 앞으로 1년 간 태평양지역 기업들의 수익성이 호전될 것으로 예상했다. 지난 8월 조사에서는 이 지역 기업의 수익성에 대해 호의적 전망을 한 사람이 단 한 명도 없었음을 감안할 때 매우 낙관적으로 돌아선 셈이다.

이에 앞서 SG증권도 지난 11월 5일 한국시장에 대한 투자비중을 확대했다고 공식 발표했다. 한국에 대한 장기투자비중을 매도(underweight)에서 관망(neutral)으로 한 단계 상향조정, 한국시장에 대한 권고투자비중을 단기적으로는 9.5%, 장기적으로는 13%로 올렸다. 금리하락과 국내유동성 회복을 들어 홍콩증시의 투자비중을 줄이는 대신 한국시장에 대한 투자비중을 확대했다고 말했다. 그러나 한국시장에 대한 본격적인 투자비중 확대는 1999년 1/4분기가 더욱 유리하다고 지적하고 이 때까지 기다리는 투자전략을 구사하도록 권했다.

그러나 SG증권은 한국경제가 급격히 호전되기는 힘들 것으로 예상했다. 한국기업들은 천문학적인 부채로 인해 이자를 지급하기도 힘든 상황이 지속되고 있는데다 수출이 감소세를 보여 한국경제가 침체에서 벗어나는 데 어려움이 예상된다고 밝혔다. 그러므로 주가지수의 상승에는 한계가 있을 것으로 분석했다. 종합주가지수는 장기적으로 400~450선에서 등락을 거듭할 것으로 전망했다.

국내증시에 대해 비관적인 전망을 보이던 외국 분석가들도 다소 낙관적인 시각으로 돌아서고 있다.

### 스티브 마빈, 투자 적기라고 지적

증권 분석가 중 대표적인 비관론자인 스티브 마빈 자딘플레밍 증권 이사는 1998년 11월 2일 지금이야말로 한국주식을 살 때라는 투자의견을 내놓았다. 그는 『최근의 주가상승 기조가 몇 개월 간 지속될 것』이라며 해외고객들에게 한국주식을 사들이라고 권했다. 그는 증시가 활황세를 보이는 이유로 해외기관 투자가들의 현금비중이 기록적으로 높아짐에 따라 주식투자여력이 커지고 있다는 점을 들었다.

글로벌 극동아시아 내 한국투자비중은 10.3%로 설정되어 있지만 1998년 8월 말 현재 해외기관 투자가들의 실질적인 한국시장 투자비중은 4.3%에 불과하다는 것이다.

마빈 이사는 한국에 대한 해외의 시각도 상당히 개선되고 있다는 진단을 내린다. IMF와 세계은행 수석연구원들이 최근 잇따라 한국경제의 조기회복을 예견하고 해외신문들도 한국경제가 회복단계에 도달한 것으로 보도하고 있다는 것이다.

국내증시 주변의 여건도 급격히 개선되고 있다는 것이 마빈 이사의 진단이다. 1997년 4/4분기 이후 주식비중을 급격히 줄인 국내 기관투자가들은 보유주식 규모가 외국인보다 작아 더 이상 대규모로 주식을 팔아치울 수 없다는 얘기다.

마빈 이사는 한국경제의 기초가 아직 약한 상태지만 이 같은 기술적 요인들에 의해 지수가 상당폭 오름세를 보일 것으로 전망했다. 물론 엔/달러 환율과 금리가 상승한다면 상당한 조정이 올 가능성도 있지만, 당분간 이러한 악재가 발생할 공산은 크지 않다는 게 그의 시각이다.

제프리 삭스 하버드대 교수도 1999년도 아시아경제에 대해 조심스런 낙관론을 펼쳤다. 아시아의 경제붕괴현상이 전역에 걸쳐 다소 진정되고 있다는 분석이다. 특히 한국·일본·태국은 경제학적 사이클 측면에서 바닥에 다다른 것으로 진단했다. 그러나 이 중 한국과 태국은 향후 개혁과정의 흐름에 따라 평가가 달라질 수도 있다고 충고했다. 개혁의 추진방향과 속도가 잘못될 경우 두 국가의 경제는 다시 혼란에 빠질 수 있다는 것이다. 그는 한국과 태국이 개혁과정에서 고려해야 할 점으로 세 가지를 들었다. 첫째, 두 국가는 공공기금을 사용해 공격적으로 금융부문의 자본을 재구성하여 투자심리를 회복시킨 다음 가능한 한 빨리 민영화를 추진하는 일이 가장 중요하며, 둘째 두 나라는 악성기업부채 문제에 대해 만족할 만한 해결책을 제시해야 한다고 주장했다. 그는 해결책으로 부채의 자본전환 또는 만기연장을 제시했다. 셋째, 거시경제정책은 팽창정책으로 추진해야 한다는 것이다. 필요하다면 환율을 다소 유동적으로 운영해서라도 완만한 평가절하 상태에서 통화팽창정책을 구사해야 한다는 것이다. 이와 함께 경상수지 흑자규모를 GDP의 10%, 물가상승률을 한자릿수로 유지해야 한다고 덧붙였다.

삭스 교수는 『금융위기는 대개 단기적인 현상으로 금융위기가 끝난다 하더라도 동아시아의 도전은 계속될 것』이라고 경고하면서, 『한국증시의 위험요소도 여전히 내재하고 있다』고 덧붙였다.

## 제 7 장

# 경기부양시의 테마 변화

　1998년 9월부터 본격적으로 추진되고 있는 정부의 경기부양 정책은 크게 통화확대, 금리인하, 재정적자 정책으로 나뉜다. 통화확대정책은 통화량을 늘림으로써 금리를 하락시키는 효과를 낸다. 이는 기업들의 차입금에 대한 이자부담을 경감시켜 기업의 수익성 향상으로 이어진다. 정부는 1998년 본원통화를 6조 6,000억 원 정도 추가로 방출하고, 총액대출한도를 확대하는 동시에 대출금리를 5%에서 3%로 인하했다. 이로 인해 시중의 실질 유동성은 크게 증가했다. 또한 은행에 대한 구조조정 자금으로 1998년에 약 40조 원을 지원함으로써 시중금리가 한자리 수준으로 낮아졌다. 이러한 유동성의 증가분은 금리의 하락을 가져왔을 뿐 아니라 기업에의 투자로 유입될 전망이다. 또한 정부의 SOC 부문 투자를 조기에 집행함으로써 건설경기의 하락폭도 상당 부분 진정될 전망이다. 이러한 경기부양 정책은 1998년 하반기에 GDP의 하락폭을 진정시키는 효과를 가져오는 동시에, 부채의 만기변경 및 조달금리 하락을 통해 기업의 재무구조를 건전하게 만드는 작용을 하고 있다.

과거의 경험으로 볼 때 정부의 적극적인 경기부양 정책은 주식시장에 긍정적인 영향을 미칠 뿐 아니라 기업의 수익성 향상에도 이바지해왔다. 특히 경기부양 정책이 발표된 후의 주가추이를 살펴보면 건설업과 증권업종의 주가상승이 두드러졌다. 경기부양 정책이 실효를 거두는 상황에서는 KOSPI 200의 대폭적인 상승으로 이어졌다.

그러나 경기부양 정책이 항상 증시의 활황으로 연결되지는 않는다. 특히 국내 경제가 해외 거시경제 변수(국제금리, 환율, 유가, 선진국의 경제성장률 등)에서 받는 민감도가 과거보다 훨씬 커지고 있는 현재의 상황에서는 섣부른 경기부양이 기업의 재무구조를 더욱 악화시킬 수도 있다. 1995년, 1996년의 경험에서 볼 때 과도한 설비투자나 해외변수에 역행하는 경기부양이 기업의 자금부담을 가중시킨 사례는 이러한 사실을 반증한다.

정부가 추진하는 경기부양책은 엔/달러 환율의 하락으로 엔화 가치가 상승하고, 미국을 포함한 선진국 경제가 예상대로 연착륙(soft landing)에 성공할 경우 상당한 효과를 발휘할 것으로 보인다. 특히 1998년의 금융 및 기업의 구조조정을 통해 재무구조가 건실해지는 기업은 수익성이 대폭 향상될 것으로 보인다.

이번의 경기부양책이 과거와 다른 것은 유동성 확충의 상당 부분이 은행의 자기자본을 확충하는 데 사용되었다는 점이다. 또한 재정적자를 감수하면서까지 사회간접자본에 대한 투자를 조기에 집행한다는 점이다. 이로 인해 일부 은행의 감자로 주주들이 피해를 입은 경우도 있었지만, 자본규모가 커짐으로써 재무적 안정성이 양호해지고 은행의 자기자본과 부채의 레버리지 효과로 인해 유동성이 더욱 확대되는 결과를 낳았다. 즉 은행의 부실화를 진정시키는 효과를 가져온 셈이다. 이런 점을 반영해 1998년 10월 이후 은행주들은 대폭적인 주가상승을 실현했고, 건설주도 동반 상승하는 추세를 보였다. 이러한 정부의 정책방향은 대외적인 변수에 따라 수정될 가능성은 있다. 그러나 기업의 구조조정이 지속적으로 추진되고 있는 상황에서는 시중 유동성을 확대하는 정책을 계속 펼칠 전망이다. 또한 재정정책을 통해 내수경기를 진작시키는 정책기조도 1999년까지는 유지될 것으로 보인다. 이러한 경기부양의 효과가 본격적으로 나타나는 1999년 1/4분기부터는 주가가 대폭 상승할 것으로 예상된다.

1999년에 증시가 상승추세를 보일 경우 이번 기업 구조조정의 과정에서 재무구조가 호전된 종목군과 업황이 개선된 종목군이 주가상승을 선도할 것으로 전망된다. 부채구조의 개선으로 금융비용이 대폭 감소한 업체로는 빙그레, 홍창, 웅진출판 등이 있다. 이들 업체는 1998년 10월~11월 사이에 회사채나 전환사채 등을 저금리로 발행하여 1998년 초의 고금리 단기부채를 상환한 업체들이다. 이들 업체는 정부의 경기부양과 기업 구조조정 정책의 동시 수혜업체들로서 앞으로 대폭적인 수익실현이 예상된다.

건설주도 경기부양책의 대표적인 수혜종목으로 인식되고 있으나 업체별로 차별화될 가능성이 높다. 특히 금리하락으로 인한 금융비용 부담 감소로 실질적으로 금융기관 차입금리가 낮아질 수 있는 재무구조를 보유한 건설업체가 수혜업체로 떠오를 전망이다. 또한 구조조정기금, 금융기관으로부터 구조조정자금을 지원받은 업체, 그리고 정부의 관급공사 비중이 큰 토목업체들이 이번 경기부양과 금리하락으로 큰 수혜를 입을 것으로 보인다.

그러나 은행을 비롯한 금융기관들이 기업구조조정에서 입은 손실의 폭을 줄이는 정책을 펼칠 경우 단기적으로는 손실부담에 대한 부정적인 측면이 주가에 작용할 것으로 보인다. 예를 들어, 워크아웃 업체에 대해 감자 등 주주들의 손실부담을 요구할 경우 장기적으로는 주가에 긍정적으로 작용하겠지만, 단기적으로는 주가 상승을 누르는 요인으로 작용할 것으로 분석된다. 따라서 경기부양으로 수혜를 입을 수 있는 업종 중에서도 실질적인 수혜의 폭은 업체별로 다양하게 나타날 수 있고, 이런 면에서 주식을 고를 때 신중을 기해야만 수익을 극대화시킬 수 있을 것으로 보인다.

### 1. 증권주·건설주 선취매 유리(1998년 8월 18일자)

**금융장세로 증시 상승 예상**

1998년 1/4분기 GDP 성장률은 마이너스 3.8%를 기록한 것으로 잠정 집계되었다. 이는 1997년 4/4분기 성장률 3.9%보다 무려 7.7% 포인트 감소한 수준이다. GDP성장률이 마이너스를 기록한 것은 1980년 4/4분기의 마이너스 7.8% 이후 처음이다. 성장률이 이처럼 급락한 것은 내수가 극도로 부진하기 때문이다. 최근에는 엔화약세와 위안화 평가절하 우려 등으로 수출마저 감소하고 있다.

내수부진은 산업활동 전반을 급격히 위축시키고 있다. 1998년 6월의 제조업가동률은 66.5%로서 1997년 6월의 80.3%에 비해 무려 13.5% 포인트 떨어졌고, 내수용 소비재 출하는 1997년 같은 달보다 26.5%나 감소세를 나타냈으며, 도소매판매는 15.3% 줄어들었다.

이처럼 생산이 위축된 것은 IMF 사태로 대량실업이 지속되고 근로자의 임금이 줄어드는 등 국민들의 가처분소득이 그만큼 축소되면서 소비가 예전과 비교할 수 없을 만큼 꽁꽁 얼어붙었기 때문이다. 특히 소비자들은 향후 경기가 더욱 악화되고 소득감소폭이 확대될 것을 우려해 소비를 극도로 자제할 것으로 보여 향후 불황은 더욱 심화될 전망이다.

수출동향을 보면 1998년 1월 0.3%의 감소세를 보인 후 1998년 2월에는 금 수출로 19.9%의 높은 증가세를 시현했으나 그 후 증가율이 급격히 둔화되고 있다. 5월에는 3.0% 감소, 6월 5.6%, 7월에는 무려 13.7%나 감소세를 보이는 등 수출이 석 달째 감소세를 보이고 있다. 수입도 연초 이래 계속 30%대의 감소세를 지속하고 있다. 6월에는 36.6%, 7월에는 무려 43.7%나 감소했다.

수출부진에도 불구하고 수입이 계속 큰 폭으로 줄고 있어 무역수지는 1월을 제외하고 매월 30억 달러 이상의 흑자를 시현하는 양상이다. 6월에도 39억 달러의 흑자를 기록했다. 이로써 1998년 상반기 수출은 최근의 부진에도 불구하고 연초의 호조 덕분에 3.6% 증가한 675억 7,000만 달러를 기록했다. 따라서 1998년 상반기 무역수지는 200억 달러의 흑자를 기록했다.

〈표 7-1〉 과거 경기부양시 주가 상승률

| 경기부양 시기 | 구 분 | 경기부양 전 최저점 대비 경기부양 후 최고점 간 상승률 |
|---|---|---|
| 1986년 초 | 주가지수 상승률 | 4년 간 663%(132 →1,007pt) : 연평균 166% |
| | 건설업 상승률 | 4년 간 582%(85 → 580pt) : 연평균 145% |
| | 증권업 상승률 | 4년 간 691%(600 → 4,208pt) : 연평균 173% |
| 1993년 초 | 주가지수 상승률 | 약 2년 간 149%(460 →1,145pt) : 연평균 75% |
| | 건설업 상승률 | 약 2년 간 215%(200 → 629pt) : 연평균 107% |
| | 증권업 상승률 | 약 2년 간 88%(1,676 → 3,142pt) : 연평균 44% |

그러나 무역흑자 200억 달러의 내용을 보면 불안하다. 수출용 원자재와 자본재의 수입감소율이 각각 33.8%와 37.8%에 달해 향후 수출 전망을 어둡게 하고 있는 것이다. 수출상품의 구성도 문제다. 즉 자동차(-5.8%), 반도체(-1.6%) 등 주력상품의 수출 경기가 바닥을 헤매고 있어 전체 수출이 늘어나는 데 한계가 있음을 예고하고 있다. 또한 원화평가절하에 따른 환율효과도 기대 이하다. 즉 원화가치 하락에 따라 수출물량은 늘어났지만 바이어들의 가격후려치기로 인해 전체 수출액은 늘어나지 않고 있다. 특히 반도체·전자제품 등 주력상품의 수출가격이 20~50%씩 큰 폭으로 떨어져 수출부진의 주요인으로 지적되고 있다. 따라서 향후 수출 및 무역수지는 다소 악화될 것으로 전망된다.

1998년 6월 이후 기업의 구조조정이 본격화되고 5개 은행이 퇴출되면서 실업자가 급증하고 있다. 기업의 자금사정이 나빠질 경우 산업위축은 더욱 심각해질 것으로 우려된다. 더욱이 그 동안 큰 폭의 증가세를 보이던 수출도 감소하고 있어서 경제전반에 걸친 불안요인은 더욱 심화될 것으로 예상된다. 따라서 정부는 신속한 구조조정을 통한 경쟁력 회복을 통해 국민들의 소득을 증대시킬 수 있는 여건을 마련하되, 실물경제 기반이 아예 와해되지 않도록 경기를 부양시키는 정책을 펼쳐야 할 시점으로 판단된다.

이런 추세라면 우리 경제는 심각한 침체국면에 접어들 수 있기 때문이다. 1998년 경제성장률은 마이너스 5% 수준으로 하락하고 실업률은 7%를 상회하여 최소한 200만 명의 실업자가 발생할 것으로 예상된다.

그럼에도 불구하고 정부는 당분간 금융 및 기업구조조정 작업에 박차를 가하고 경기부양 조치는 펼치지 않을 방침임을 천명하고 있다. 즉 정부는 우리 경제가 금융 및 기업의 구조조정 없이는 상당한 어려움에 처할 것이므로 1998년 9월까지 구조조정에 전력을 다할 것이며, 늦어도 연말까지는 구조조정 작업을 대략 마무리 짓는다는 계획이다. 다만, 강도 높은 구조조정이 금융경색을 심화시키는 측면이 있기 때문에 중소기업과 수출기업에 미치는 충격을 보완하기 위해 재정적자 확대를 추진하겠지만, 이는 경기부양이 아니라 잠재 성장력 붕괴방지를 위한 보완대책 수준에 그칠 것이라고 밝히고 있다.

### IMF도 긴축재정정책 완화 표명

1998년 초 정부는 IMF로부터 구제금융을 지원받으면서 IMF 통제 아래 긴축재정정책 및 긴축통화정책을 철저히 이행할 것을 천명했다. 그러나 경제학자들과 OECD 등은 IMF의 긴축 재정통화정책이 오히려 경제난을 가중시킨다고 비난하기 시작했다. 실제로 경제파국이 예상되자 IMF도 긴축 재정통화정책을 어느 정도 완화하겠다는 의사를 표명했다.

경기부양 여건도 조성되고 있다. 외환보유고가 급속히 늘고 원/달러 환율이 지나치게 하락하고 있다. 이제는 오히려 외환시장에 개입해 원화절상을 방어해야 할 수준에 이르렀다. 금리도 급격히 하락해 마침내 IMF 구제금융 신청 이전보다 오히려 낮은 한자리 수준까지 하락했다.

실물경제는 향후에도 더욱 악화될 것으로 예상된다. 실업자는 더욱 늘어날 것으로 보인다. 따라서 장기적인 관점에서 경기를 부양시키는 정책을 사용하지 않을 수 없는 상황이다.

빠르면 금융기관들의 구조조정이 어느 정도 마무리되는 1998년

> 깊이 읽기

### 경기부양시 투자종목

경기부양에 가장 민감한 종목은 건설주다. 건설주 중에서도 토목관련주들이 투자 유망하다. 또한 경기부양에 대한 기대감으로 실물경제가 본격 회복되기 전에 먼저 금융장세가 오는 것이 일반적이므로 증권주도 투자유망종목이다.

특히 금리하락기에는 금융장세가 전개될 가능성이 매우 높다. 금리하락으로부터 가장 큰 수혜를 보는 업종도 차입금이 많은 건설주와 증권주다. IMF 구제금융 이후 하락폭이 가장 큰 종목 역시 건설주와 증권주이므로 향후 건설 및 증권업의 선도회사(leading company)가 장세를 주도할 것으로 전망된다. 따라서 다음 표에 열거된 종목들이 경기부양과 관련해 투자유망종목으로 부상될 것으로 판단된다.

#### 경기부양관련 투자유망종목

(단위 : 억 원, %, 원)

| 종 목 | 매출액 | 경상이익 | 순이익 | EPS | PER |
|---|---|---|---|---|---|
| LG 건설 | 21,076.8(15.1) | 385.2(6.7) | 159.5(3.7) | 725 | 3.0 |
| 현대건설 | 56,074.3(18.5) | 441.2(45.8) | 140.5(-33.5) | 258 | 32.3 |
| 삼환기업 | 5,289.6(16.5) | 110.1(41.3) | 40.2(76.0) | 624 | 5.6 |
| 태 영 | 4,384.7(-5.9) | 99.5(4.6) | 54.6(-14.3) | 830 | 15.6 |
| 동부건설 | 15,526.5(29.1) | 113.7(67.2) | 370.6(1,076.2) | 5,986 | 0.5 |
| 삼성증권 | 2,466.6(61.4) | 121.3(흑자전환) | 122.4(흑자전환) | 808 | 20.2 |
| 대우증권 | 5,723.7(62.2) | -966.4(적자확대) | -968.7(적자확대) | -1,528 | - |
| 현대증권 | 4,218.8(31.4) | -2,070.4(적자확대) | -2,065.8(적자전환) | -7,500 | - |
| 동원증권 | 2,453.1(48.8) | 185.5(-56.3) | 27.1(-67.3) | 75 | 76.3 |
| 신영증권 | 964.0(10.4) | 256.2(-20.7) | 194.8(-15.7) | 1,185 | 6.5 |

주 : 1. 건설주는 1997년 말, 증권주는 1998년 3월 말 기준.
2. ( ) 안 수치는 전년동기 대비 증감률.
3. PER는 1998년 8월 5일 기준.

9월경이나 늦어도 연말부터는 본격적인 경기부양책이 거론될 것으로 예상된다.

과거 1990년대 초반과 중반의 경우 경기부양책이 발표되면 증시는 금융장세가 전개되면서 큰 폭의 상승세를 시현했다. 특히 금융장세 초기에는 증권주와 은행주 등 금융주들이 큰 폭으로 상승한 후 뒤이어 건설주, 그리고 무역주가 순환되면서 큰 폭의 상승세를 시현했다.

향후 금융기관의 구조조정과 5대 그룹 대기업들의 빅딜이 어느 정도 마무리되고 경기부양책이 나올 것으로 예상됨에 따라 지금부터 증권주나 건설주와 같은 해당종목을 선취매하는 투자전략이 유효할 것으로 판단된다. 특히 정부는 1998년 초 IMF의 긴축재정정책 요구로 SOC 투자예산을 줄였으나, 추가예산을 편성하더라도 사회간접투자 확대를 통한 실물경기부양은 불가피할 것으로 전망된다.

특히 한자리 수준까지 하락한 저금리 시대에 시중 부동자금과 지하경제자금이 뚜렷한 투자대상을 찾지 못하고 일시에 증시로 유입되어 유동성 장세가 전개될 것으로 전망된다.

### 2. 경기활성화대책과 증권시장 영향(1998년 9월 29일자)

#### 금융장세 기대, 긍정 평가

경제가 심상치 않다. 정부 국책연구기관 및 민간연구소들이 급변하고 있는 국내외 경기전망을 내놓으면서 교과서에서만 보아왔던 디플레이션이란 용어와 더불어 사상 최악이라든가, 몇십 년 만에 처음이라는 수식어를 붙여가며 비관적인 숫자만을 발표하고 있다. 이렇듯 더 이상 경제를 방치할 경우 국내경제가 회복하기는커녕 심각한 침체국면으로의 진입이 우려되고 있어 정부는 경제운용 방향을 구조조정에서 경기부양으로 전환하고 있다.

IMF 체제 상황에서 정부는 1998년 9월 말까지 금융부문, 12월 말까지는 기업부문에 대한 구조조정을 끝마치고 그런 이후에야 경기부양을 모색할 예정이었다. 그러나 IMF 체제라는 심각한 상황에도 불구하고 어느 정도 국내경제의 버팀목 역할을 해주던 수출마저 5개월째 부진한 모습을 보이는 등 어려움에 빠지자 경기부양쪽으로 선회했다. 1998년 2/4분기 중 국내총생산(GDP) 성장은 -6.6%, 생산 -10.0%, 소비 -12.9%, 설비투자는 -52.4%를 기록했다. 최악의 수치들이었다. 이러한 추세는 당분간 이어져 정부는 1998년 GDP 성장률이 -5%까지 내려갈 것이라고 공식 발표했다. 급속한 경기침체와 내수위축으로 성장률이 1998년 8월에 전망한 -4% 수준보다 더 하락할 것으로 예측한 것이다.

IMF도 초긴축과 금융개혁만을 강조한 나머지 경기위축과 재정적자를 초래한 그간의 정책대응에 잘못이 있었음을 시인하기에 이르렀다. 정부가 최근 들어 우리나라의 경제운용 목표를 경기침체

〈표 7-2〉 경기활성화 종합대책 주요 내용

| 구분 | 주요 내용 | 비고 |
|---|---|---|
| 재정 | • 추경예산 중 SOC 부문 조속한 집행 | 9월 |
| | • 7개 조건부승인 은행지원 강화(금융구조조정 재원 연내 40조원 집행) | 9월 |
| 금융 | • 한은 총액대출한도 확대(2조원 증액, 재할인금리 5%에서 3%로 인하) | 9월 |
| | • 본원통화 약 6조 6,000억원 탄력적 방출 | 9월 |
| | • 소비자대출 확대 유도 | |
| 수출 | • 외환수수료 인하, 수출신용장 개설시 양국이 상호 지급보증 | |
| 세제 | • 특별소비세 한시적 폐지, 부가세율 인하 등 감세 검토 | |

의 억제에 두고 이를 위해 재정적자를 통한 수요진작책을 차질없이 진행해야 한다고 언급한 것은, 이번 정부의 경기부양이 예전과 다른 새로운 접근방법을 도입할 것이라는 예상을 낳게 하고 있다.

정부는 우선 추경예산을 투입해 SOC 투자를 늘림으로써 경기진작에 본격 착수할 계획이다. 2조 8,000억 원을 투입해 공항·고속도로 건설 등 사회기간망 확충을 통한 건설경기를 부양하고 50만 명의 고용을 창출한다는 방침이다. 또한 금융권 구조조정의 과정에서 금융경색을 겪고 있는 은행권에 대해 BIS 기준 자기자본비율 8%를 조기에 충족시킴으로써 은행권의 대출기반을 확대시켜 줄 방침이다. 다만, 이러한 계획은 7개의 조건부승인 은행의 경영개선계획서가 긍정적인 것으로 받아들여질 경우에 한한다는 단서가 붙어 있다. 그러나 은행권 지원계획은 1차적인 기업·금융권 구조조정 마무리 시점에서 나온 것이어서 상당한 영향력을 발휘할 것으로 분석된다.

통화금융정책 면에서는 통화량을 확대시킬 것이다. 정부는 IMF와 합의한 본원통화기준 25조 4,000억 원에서 여유분인 6조 6,000억 원을 3/4분기에 신축적으로 방출해 금리를 지속적으로 인하하고, 중소기업 자금지원 확대를 위해 한국은행의 총액대출한도를 5조 6,000억 원에서 2조 원을 추가로 증액하기로 결정했다. 대출금리도 5%에서 3%로 2% 포인트 내리기로 했다. 또한 경기진작을 위해 내구소비재 구입을 위한 대출확대 방안을 적극적으로 마련하기로 했다. 이러한 통화확대 정책은, 본원통화가 추가로 5조 원 공급될 경우 총통화(M2) 기준으로 통화승수를 12로 계산하면, 60조 원의 통화공급 효과를 발휘한다. 총유동성(M3) 기준으로는 200조 원 정도를 지원하는 막대한 효과다.

일부에선 기업과 금융권에 대한 구조조정이 마무리되지 않은 상황에서 이러한 통화확대 정책은 불확실성이 제거되지 않아 자칫하면 수요위축을 해소하기 어렵다는 비관적인 시각을 내비치기도 한다. 불확실한 경제전망에 따라 일반국민들과 기업들이 소득감소를 우려해 소비를 축소하고, 이에 따라 생산이 위축되고 투자가 부진해질 수 있다는 것이다. 따라서 소득 감소로 이어지는 악순환을 해소하는 방안도 마련되어야 한다는 주장이다. 또한 통화가 확대되어도 기업들의 자금수요가 위축되어 있는 상황이기 때문에 확대된 통화는 금융권에서만 움직이고 실물경제부문으로 흘러들어가지 않을 것이라는 비판도 제기되고 있다.

그러나 정부는 통화확대로 금리가 더 떨어질 경우 금융권 내에서의 자금운용에는 한계가 있을 수밖에 없고, 결국에는 기업대출로 연결되어 실물경제에 대한 지원효과가 나타날 것이라는 입장이다. 얼마 전 IMF는 외환시장이 안정을 보이고 있어 추가적인 금리인하의 여지가 있다고 공식적으로 권고함에 따라 실세금리의 하락을 통한 기업의 금융부담 완화라는 정부의 통화확대·금리인하 정책이 힘을 얻어가고 있다.

이 밖에도 정부는 적극적인 수출지원 정책을 펼치고 있다. 외환수수료를 일정 수준 인하해 수출 부대비용을 줄여주는가 하면, 동남아시아 각국과 수출신용장 개설시 국가가 서로 지급을 보증해주는 수출신용장 신용보증 프로그램을 개발하기로 했다. 외환부문에서도 가용외환보유고 확충을 통해 외환시장 안정을 추진하기 위해 외국인 직접투자를 적극 유치하고 해외차입시 자산담보부채권(ABS) 등 담보부차입을 통해 차입비용을 줄이기로 했다.

정부가 이러한 내수진작책과 더불어 후속조치들을 지속적이고 효과적으로 시행할 경우 경기저점은 1999년 상반기 중에 나타날 것으로 분석된다. 산업은행이 발표한 기업 실사지수(BSI)는 최근 3분기째 연속 60 내외의 최저수준을 보이고 있다. 6개월 정도 후의 경기를 예고하는 선행종합지수도 7월 중 109.2로 나타남에 따라 4월 이후 추가적인 하락은 없을 전망이다.

정부는 6공화국 이후 크게 네 차례의 경기활성화대책을 실시했다. 이들 경기부양대책 발표 이후 증권시장의 움직임을 살펴보면 대체적으로 하락하는 국면이 많았다. 특히 1989년과 1990년은 경기 하강국면의 초기에 부양책을 실시해 경기가 호전되지도 못했을 뿐 아니라 증권시장도 침체국면을 보였다. 즉 경제 기초체력의 호전 없이는 증권시장이 상승세로 전환되기에는 역부족이었다.

이번의 경기활성화대책도 현재의 국내경기 침체뿐만 아니라 세계경제의 침체가능성이 어우러져 1차 대책으로 경기가 바로 호전되기는 어려울 것으로 보인다. 하지만 극심한 경기불황 이후 가시화되는 첫번째 조치라는 점에서 경제 및 증권시장에 일단 긍정적인 역할을 할 것으로 분석된다.

### 3. 수익률 큰 턴어라운드 종목 주목 (1998년 11월 17일자)

대세반전기 초기에는 먼저 블루 칩과 턴어라운드(turn-around) 기업들이 대세상승을 주도한다. 수익률 면에서는 턴어라운드 기업들의 수익률이 단연 으뜸이다.

턴어라운드 기업이란, 업황이 악화된다든가 경영환경의 현저한 악화로 경영실적이 극히 악화됨에 따라 주가가 대폭 하락했다가 기업 자체의 구조조정이나 주변 경영환경의 호전으로 기업이 소생

> 깊이 읽기

### 경기활성화대책이 시행되면…

경기활성화대책은 증권시장에 긍정적인 영향을 미칠 것으로 예상된다. 건설업종은 SOC투자 확대로 일단 어려운 고비를 넘길 것으로 전망된다. 총액대출한도 확대로 자금사정이 어려운 우량 중소기업들도 혜택을 볼 것으로 예상된다. 가장 큰 수혜를

**금리하락에 따른 경상이익 개선 상위종목**

(단위 : 억 원, %, 원)

| 종목 | 자본금 | 경상EPS 증가 | 1998.6 경상EPS | 개선율 |
|---|---|---|---|---|
| 현대시멘트 | 180.0 | 307.6 | -211.9 | 흑자전환 |
| 조광페인트 | 25.0 | 371.9 | -306.9 | 흑자전환 |
| 현대자동차 | 3,262.1 | 150.7 | -135.4 | 흑자전환 |
| 삼부토건 | 336.2 | 117.0 | -110.6 | 흑자전환 |
| 삼성중공업 | 3,699.0 | 175.8 | 11.9 | 1,475.6 |
| 동국실업 | 65.0 | 46.7 | 5.9 | 794.6 |
| 풍림산업 | 752.2 | 148.8 | 55.9 | 265.9 |
| 중앙건설 | 170.0 | 200.2 | 76.8 | 260.6 |
| 다우기술 | 80.0 | 14.4 | 5.8 | 249.7 |
| 아세아시멘트 | 219.0 | 187.1 | 77.0 | 243.0 |
| 금강개발 | 908.0 | 111.0 | 52.9 | 209.9 |
| 태양금속 | 115.0 | 125.2 | 70.0 | 178.9 |
| 한국전자부품 | 60.0 | 27.9 | 17.0 | 163.9 |
| 금호타이어 | 1,250.0 | 107.5 | 83.7 | 128.5 |
| 쌍용 | 404.6 | 152.1 | 122.1 | 124.6 |
| 홍창 | 115.2 | 172.1 | 158.7 | 108.5 |
| 광동제약 | 170.0 | 61.8 | 57.7 | 107.2 |
| 동원수산 | 100.0 | 150.7 | 151.6 | 99.4 |
| 대우전자부품 | 438.6 | 45.2 | 46.0 | 98.4 |
| 코오롱건설 | 679.6 | 135.2 | 137.6 | 98.3 |

주 : 단기차입금리 1% 하락 가정, 재무적 안정성은 고려하지 않음.

> 보는 업종은 역시 은행업종일 것이다. 당장 구조조정 시행으로 인해 진통을 겪겠지만 정부가 BIS기준 자기자본 비율을 10% 올릴 수 있도록 지원하기로 함에 따라 우량 은행은 물론 기타 은행들도 어려움에서 벗어날 것으로 예상된다.
> 　통화확대를 통한 금리인하 정책도 전반적으로 증권시장에 걸쳐 영향을 미칠 것으로 보인다. 통화공급 확대로 인한 시중 유동자금의 증시유입으로 일각에서는 조심스럽게나마 금융장세 전개를 기대하고 있다. 개별기업으로서는 금리하락으로 인해 수익성이 개선될 전망이다. 1998년 상반기 상장기업들의 평균 금융비용은 310억 원으로 평균 영업이익 198억 원보다 많아 금리하락으로 인한 금융비용 감소는 기업의 수익과 직결되기 때문이다.

하거나 실적이 호전되는 기업을 말한다. 기업경영이 턴어라운드할 경우 주가도 대폭적인 상승을 보이게 마련이다. 턴어라운드 기업들은 통상 경기하락 말기나 경기회복 초기에 많이 발생한다는 점에서 지금이야말로 눈여겨보아야 할 종목이다.

### 미국 크라이슬러, 턴어라운드 기업 전형

　미국에서 턴어라운드 기업의 전형적인 예로 크라이슬러를 든다. 크라이슬러 자동차는 1980년 회사가 미국 정부에 구제금융을 신청할 정도로 부실화되었다.
　1980년에 주당 11.56달러의 손실을 기록했고 주가는 3달러까지 하락했다. 그러나 이 회사는 정부의 지원과 아이아 코카란 인물을 영입한 후 성공적인 구조조정을 통해 극적으로 소생했다. 이에 따라 1980년에 3,000달러를 투자한 사람은 1987년 10월 블랙먼데이 직전에 35.6배인 10만 6,800달러로 불어났다. 미국에서 또 다른 턴어라운드 기업은 리퍼블릭 에어라인사다. 크라이슬러보다 덜 인상적이지만 울프라는 경영귀재가 이 회사를 급강하 상태로부터 상승세로 끌어올렸다.

그를 신뢰한 투자자들의 수익은 하늘 높이 날았다. 치솟는 연료비·고임금·운임 등이 결부되면서 이 회사는 적자로 전환되기 시작, 1983년 2억 2,000만 달러의 적자를 냈고 이로 인해 주가는 최고 11.72달러에서 3달러로 하락했다. 그러나 엄격한 고용계약 재협상, 엄격한 재무관리, 영업비용 삭감, 비행노선 변경, 연료효율이 높은 비행기 대체 등에 힘입어 주가가 상승했다. 울프가 이 회사를 노스웨스트에 매도하려고 했을 때에는 주가가 주당 17달러로 바뀌어 있었다.

국내에서는 은행주가 대표적인 예다. 최근 은행의 주가는 크게 상승했다. 상반기에는 은행들의 생존 자체가 문제가 되었으나 최근 사활의 고비를 넘기고 정부의 지원으로 부실여신이 대폭 감소하고, 통화공급 확대와 경기회복 조짐 등으로 기업부도가 대폭 감소하자 주가가 급등했다. 향후 은행의 실적이 호전될 것으로 기대되고 있기 때문이다.

최근에 주가가 급등한 한화종합화학의 경우도 턴어라운드 기업에 해당한다. 한화종합화학은 엄격한 의미에서 턴어라운드 기업은 아니지만 IMF 사태로 5대 그룹 이외의 그룹들이 자금사정이 어려워지면서 이 회사도 한화에너지의 적자로 협조융자를 받았다. 그러나 이 회사는 자산과 사업부를 외국인에게 매각하고 인력을 감축하는 등 구조조정을 성공리에 마쳤다. 때마침 이 회사의 주력제품인 유화수지들의 국제가격이 상승했다. 또 국내금리도 급락해 영업수지가 현저히 호전되면서 현금흐름이 크게 개선되었다. 이를 인식한 외국인 투자자들과 기관 및 개인투자자들이 주식을 매수해 이 회사의 주식은 단시일 내에 1,240원에서 3,950원까지 상승했다.

한화증권이 이번 장세 반전기의 턴어라운드형 기업으로 선정한 종목은 빙그레, 삼양사, 한화종합화학, 한솔화학, LG반도체, 센추리, 홍창, 현대자동차, 한진해운, 외환은행 등 12개 종목이다.

이 중 업황호전 턴어라운드 기업은 삼화전기, LG반도체, 한진해운, 현대자동차 등이다. 구조조정 성공 턴어라운드 기업으로는 동아제약, 삼양사, 한솔화학, 한화종합화학, 외환은행 등이다. 그리고 금융비용 증가 등으로 주가가 크게 하락했다가 구조조정기금 지원 등으로 턴어라운드가 예상되는 종목으로는 빙그레, 웅진출판, 홍창 등을 선정했다.

외자유치 및 구조조정기금 수혜예상 기업으로서 해외자금조달을 추진 중인 빙그레는 1,700만 달러의 IFC자금 유치가능성이 매우 높다. 웅진출판은 4개 구조조정기금을 통한 자금조달을 추진 중에 있다. 홍창은 금융비용 부담률이 24.8%에 이르는 현재의 고비용구조를 해외자금 유치를 통해 해소하려 노력 중이어서 이들 기업이 자금도입에 성공할 경우 금융비용 감소 및 재무구조의 획기적인 개선이 예상된다.

**동아제약, 수익성 개선 예상**
구조조정의 결과가 가시화되고 있는 기업인 동아제약은 외자도

### 〈표 7-3〉 턴어라운드 기업 재무내용

(단위 : 억 원, %, 원, 배)

| 회사명 | | 결산기 | 매출액 | 증감률 | 경상이익 | 증감률 | 순이익 | 증감률 | EPS | PER | ROE |
|---|---|---|---|---|---|---|---|---|---|---|---|
| 구조조정기금수혜가능기업 | 빙그레 | 97.9 | 4,011.4 | 2.8 | 57.1 | 흑전 | 41.2 | 흑전 | 915 | 17/8 | 5.1 |
| | | 98.9P | 4,234.1 | 5.6 | 90.8 | 59.1 | 66.3 | 88.4 | 1,417 | 0.0 | 7.5 |
| | | 99.9E | 4,509.3 | 6.5 | 115.6 | 27.2 | 92.6 | 27.2 | 1,282 | 0.0 | 8.7 |
| | | 자본금 | 234.0 | 부채비율 | 360.0 | 금융비용부담률 | 5.8 | (부채+지급보증)/매출액 | 76.1 | | |
| | | | | 유보율 | 265.6 | 차입금의존도 | 42.2 | 주당영업활동 현금흐름 | 4,058 | | |
| | 웅진출판 | 97.12 | 2,914.5 | 14.9 | 140.4 | 24.8 | 82.0 | 5.1 | 3,602 | 16/5 | 12.9 |
| | | 98.12E | 2,800.0 | -3.9 | 75.0 | -46.6 | 45.0 | -45.1 | 1,976 | 0.0 | 6.6 |
| | | 99.12E | 2,950.0 | 5.3 | 120.0 | 60.0 | 84.0 | 86.6 | 3,690 | 0.0 | 11.3 |
| | | 자본금 | 113.8 | 부채비율 | 279.5 | 금융비용부담률 | 4.8 | (부채+지급보증)/매출액 | 102.1 | | |
| | | | | 유보율 | 496.0 | 차입금의존도 | 40.4 | 주당영업활동 현금흐름 | 3,750 | | |
| | 흥창 | 97.12 | 1,031.8 | 17.2 | 64.1 | 44.0 | 46.2 | 7.7 | 2,005 | 39/9 | 8.8 |
| | | 98.12E | 1,157.5 | 12.2 | 52.6 | -17.9 | 39.5 | -14.5 | 1,714 | 0.0 | 7.4 |
| | | 99.12E | 1,377.1 | 18.9 | 88.9 | 68.9 | 66.7 | 68.9 | 2,894 | 0.0 | 12.3 |
| | | 자본금 | 115.2 | 부채비율 | 183.7 | 금융비용부담률 | 24.8 | (부채+지급보증)/매출액 | 264.5 | | |
| | | | | 유보율 | 380.3 | 차입금의존도 | 61.2 | 주당영업활동 현금흐름 | 2,625 | | |
| 구조조정성공기업 | 동아제약 | 97.12 | 2,895.4 | 6.9 | 117.0 | 9.7 | 58.5 | -17.5 | 713 | 11/9 | 5.9 |
| | | 98.12E | 3,000.0 | 4.9 | 70.0 | -40.2 | 220.0 | 269.7 | 2,620 | 0.0 | 21.7 |
| | | 99.12E | 3,300.0 | 10.0 | 80.0 | 14.3 | 90.0 | -59.1 | 1,072 | 0.0 | 8.9 |
| | | 자본금 | 419.8 | 부채비율 | 239.4 | 금융비용부담률 | 8.5 | (부채+지급보증)/매출액 | 147.9 | | |
| | | | | 유보율 | 149.8 | 차입금의존도 | 48.5 | 주당영업활동 현금흐름 | 2,058 | | |
| | 삼양사 | 97.6 | 11,287.0 | -1.3 | -118.4 | 적지 | 23.9 | 흑전 | 227 | 161/79 | 1.1 |
| | | 98.6 | 13,685.0 | 21.2 | 17.3 | 흑전 | 32.9 | 37.7 | 291 | 71/14 | 0.7 |
| | | 99.6E | 12,850.0 | -6.1 | 17.0 | -1.7 | 48.0 | 45.9 | 404 | 0.0 | 1.1 |
| | | 자본금 | 591.4 | 부채비율 | 195.6 | 금융비용부담률 | 5.1 | (부채+지급보증)/매출액 | 91.4 | | |
| | | | | 유보율 | 660.4 | 차입금의존도 | 49.7 | 주당영업활동 현금흐름 | 5,884 | | |
| | 한솔화학 | 97.12 | 1,241.5 | 17.6 | 87.9 | 11.5 | 71.3 | 8.9 | 1,357 | 18/2 | 8.2 |
| | | 98.12E | 1,415.0 | 14.0 | 98.0 | 11.5 | 78.0 | 10.8 | 1,298 | 0.0 | 7.6 |
| | | 99.12E | 1,550.0 | 9.5 | 116.0 | 18.4 | 92.5 | 17.1 | 1,519 | 0.0 | 8.3 |
| | | 자본금 | 304.3 | 부채비율 | 164.9 | 금융비용부담률 | 13.4 | (부채+지급보증)/매출액 | 130.0 | | |
| | | | | 유보율 | 238.1 | 차입금의존도 | 50.5 | 주당영업활동 현금흐름 | -79 | | |
| | 한화종합화학 | 97.12 | 17,018.1 | 10.9 | 184.4 | 흑전 | 110.7 | 흑전 | 192 | 50/8 | 1.7 |
| | | 98.12E | 17,060.0 | 2.5 | 305.0 | 65.4 | 182.0 | 64.4 | 316 | 0.0 | 2.1 |
| | | 99.12E | 17,650.0 | 3.5 | 512.0 | 67.9 | 131.0 | 72.0 | 543 | 0.0 | 2.9 |

| 회사명 | | 결산기 | 매출액 | 증감률 | 경상이익 | 증감률 | 순이익 | 증감률 | EPS | PER | ROE |
|---|---|---|---|---|---|---|---|---|---|---|---|
| 구조조정성공기업 | 한화종합화학 | 자본금 | 3,000.0 | 부채비율 | 226.5 | 금융비용부담률 | 13.3 | (부채+지급보증)/매출액 | 182.5 |
| | | | | 유보율 | 244.8 | 차입금의존도 | 60.0 | 주당영업활동 현금흐름 | 3,004 |
| | 외환은행 | 97.12 | 43,459.5 | 51.2 | 366.0 | -76.2 | -684.0 | 적전 | -416 | - | -3.3 |
| | | 98.12E | 71,120.0 | 63.6 | -10,275.0 | 적전 | -12,679.0 | 적지 | -6,040 | - | 135.2 |
| | | 99.12E | 71,941.2 | 1.2 | 161.0 | 흑전 | 1,381.0 | 흑전 | 317 | 0.0 | 12.2 |
| | | 자본금 | 15,616.5 | 예대마진율 | 4.47 | BIS 자기자본비율 | 7.0 | 주당영업활동 현금흐름 | 5,634 |
| | | | | 주당순자산가치 | 3,512 | 무수익 여신비율 | 6.0 | | |
| 업황호전기업 | 삼화전기 | 97.12 | 1,165.5 | 0.2 | 59.5 | 45.2 | -5.8 | 적전 | -435 | - | -1.8 |
| | | 98.12E | 1,359.5 | 16.7 | 109.5 | 57.5 | 11.2 | 흑전 | 2,095 | 0.0 | 8.2 |
| | | 99.12E | 1,418.8 | 4.4 | 90.7 | -17.2 | 27.2 | 17.1 | 2,450 | 0.0 | 9.0 |
| | | 자본금 | 66.1 | 부채비율 | 218.8 | 금융비용부담률 | 4.4 | (부채+지급보증)/매출액 | 53.2 |
| | | | | 유보율 | 396.8 | 차입금의존도 | 44.3 | 주당영업활동 현금흐름 | 7,867 |
| | LG반도체 | 97.12 | 20,074.0 | -0.1 | -2,842.0 | 적전 | -2,897.0 | 적전 | -4,159 | - | -20.4 |
| | | 98.12E | 24,300.0 | 21.1 | -2,500.0 | 적지 | -2,500.0 | 적지 | -7,230 | - | -35.1 |
| | | 99.12E | 29,500.0 | 21.4 | 3,200.0 | 흑전 | 2,400.0 | 흑전 | 2,132 | 0.0 | -9.5 |
| | | 자본금 | 3,483.0 | 부채비율 | 617.4 | 금융비용부담률 | 19.9 | (부채+지급보증)/매출액 | 345.4 |
| | | | | 유보율 | 211.7 | 차입금의존도 | 77.8 | 주당영업활동 현금흐름 | 7,076 |
| | 한진해운 | 97.12 | 26,825.5 | 30.7 | -2,569.9 | 적전 | -386.2 | 적전 | -3,198 | - | -12.3 |
| | | 98.12E | 42,510.0 | 58.4 | 235.4 | 흑전 | 213.4 | 흑전 | 1,756 | 0.0 | 5.3 |
| | | 99.12E | 43,785.0 | 3.0 | 280.0 | 18.4 | 229.4 | 4.9 | 1,843 | 0.0 | 4.8 |
| | | 자본금 | 607.4 | 부채비율 | 886.6 | 금융비용부담률 | 8.0 | (부채+지급보증)/매출액 | 182.0 |
| | | | | 유보율 | 645.8 | 차입금의존도 | 41.8 | 주당영업활동 현금흐름 | 6,741 |
| | 현대자동차 | 97.12 | 116,619.8 | 1.5 | 486.3 | -87.5 | 464.8 | 46.5 | 970 | 32/16 | 7.8 |
| | | 98.12E | 92,000.0 | -21.0 | 500.0 | 7.2 | 400.0 | -13.9 | 949 | 0.0 | 2.4 |
| | | 99.12E | 105,000.0 | 14.1 | 1,200.0 | 140.0 | 950.0 | 137.5 | 1,895 | 0.0 | 5.0 |
| | | 자본금 | 3,261.1 | 부채비율 | 462.8 | 금융비용부담률 | 10.1 | (부채+지급보증)/매출액 | 232.3 |
| | | | | 유보율 | 459.4 | 차입금의존도 | 56.2 | 주당영업활동 현금흐름 | 9,527 |

입, 공장매각, 계열사 지분매각 등의 노력으로 300억 원 이상의 순현금유입이 있었다. 한솔화학과 한화종합화학은 그룹계열사의 매각 등 그룹 차원에서의 적극적인 구조조정으로 재무 리스크의 감소 및 대외신인도를 제고시켜 주가의 적정평가과정이 예상된다.

업황호전을 통한 턴어라운드 예상기업인 삼화전기는 환율상승으로 수출호조에 있는 가전산업에 힘입어 콘덴서의 매출이 늘고 있다. 현대자동차는 엔강세에 따른 대일수출 경쟁력강화와 기아자동차 인수로 업계경쟁 지양 및 규모의 경제를 통해 중장기적으로 수익성 개선이 예상된다. 이들 종목에 대한 자세한 재무내용은 앞의 표와 같다.

제 8 장

# 선물시장은 현물시장의 거울

　1998년에는 외국인의 시장참여가 늘면서 위험관리와 수익률 제고 차원에서 선물시장이 본격적으로 확대되었다. 선물시장이 개장된 지 2년이 지나면서 선물시장은 현물시장의 거래대금을 능가하는 확장국면을 맞고 있다. 또한 하루 평균 2조 원이 거래되는 선물시장의 50% 정도를 개인투자자들이 점유해 개인투자자들이 선물시장의 주역으로 떠오르고 있다. 10% 대에 머물고 있는 미국과 비교해볼 때 개인투자자들의 참여가 활발한 편이다.
　선물시장이 이처럼 급속하게 성장하는 것은 적은 투자금액으로 큰 이익을 올릴 수 있기 때문이다. 선물거래는 위탁금액의 15%만 납부하면 선물거래에 참여할 수 있는 레버리지 효과를 통해 현물보다 투자원금의 6.7배까지 더 수익을 올릴 수 있다.
　현물투자와 달리 KOSPI 200이 하락할 때에도 이익을 올릴 수 있는 것도 선물투자의 이점이다. 현물투자는 일반적으로 종합주가지수가 올라야 이익을 볼 수 있으나, 선물시장은 KOSPI 200이 하락할 때에도 매도 포지션을 취해 이익을 얻을 수 있다. 또한 현물투자에 비해 투자하기가 용이하다는 점도 선물거래의 매력이다. 현물투자는 투자종목이나 투자업종에 매매시점 등 여러 가지 변수를 고려해야 하지만, 선물투자는 KOSPI 200의 등락만을 예측하면 된다. 투자자들이 전략을 세우기 쉽다는 얘기다. 또한 현물은 기업체가 부도날 경우 주식이 휴지조각이 되어버리지만, 선물은 부도위험이 없다는 점도 매력으로 작용한다. 선물거래는 현물거래에 비해 수수료도 저렴하다.

외국인과 개인투자자들의 참여가 활발한 주가지수선물은 KOSPI 200을 기초자산으로 거래되는 파생상품이다. KOSPI 200에는 한전, 삼성전자, 포철, SK텔레콤, 현대자동차 등 국내 업종별 대표종목 200개가 편입돼 있는데 시가총액의 70% 이상을 차지하고 있다.

선물시장에서는 주가지수 선물을 이용해 다양한 거래가 이루어진다. 우선 주가지수 선물을 보면 주식의 시장변동 위험을 헤지할 수 있고, 적은 비용으로 높은 레버리지 효과를 낼 수 있어 외국인을 비롯해 기관투자가들이 포트폴리오 관리를 위한 위험회피 수단으로 활용하고 있다. 주가지수 선물과 이론가격의 일시적 불균형 상태를 이용해 주가지수 선물계약과 현물투자 포트폴리오를 동시에 매입·매도함으로써 이익을 취하는 방식이다. 즉 주가지수 선물시장과 현물시장과의 일시적인 가격 불균형을 이용해 주가지수 선물시장과 현물시장에서 동시에 매입·매도함으로써 적은 위험을 안고 비교적 확정된 이익을 얻을 수 있다. 주가지수 선물거래는 적은 증거금으로 거래할 수 있으므로 레버리지 효과도 높다. 또한 현물 포지션을 갖지 않고 선물가격의 변화만을 갖고 거래함으로써 이익을 취하는 투기적 거래도 가능하다. 이러한 투기적 거래는 현물에 대한 가격예시 기능과 위험의 적정배분을 통해 현물 주식시장의 효율화와 활성화에 기여하기도 한다. 주가지수 선물의 투기거래는 포지션의 위험에 따라 단순투기와 둘 이상의 다른 선물 포지션을 동시에 보유해 이익을 얻으려는 스프레드 거래가 있다.

요즘 들어 국내 현물 주식시장에서 차익거래 매매만큼 주가지수를 좌우하고 투자자들의 관심을 끄는 것도 없다. 선물시장이 도입된 이후 요즘처럼 차익거래가 현물시장에 가장 크게 영향을 미치면서 증권투자의 주요한 방법으로 자리잡은 적이 없다. 증권산업이 현저히 발달한 미국에서도 차익거래가 현물가격에 현저히 영향을 미친다는 것은 입증된 사실이다.

국내 증시에서 차익거래가 본격적으로 시작된 시점은 선물시장 개설 후 약 10개월이 경과한 지난 1997년 3월부터다. 1998년 12월에는 차익거래 잔고가 6,000억 원대에 이르기도 했다. 1998년 9월 이후 선물가격이 고평가되면서 매도잔고 대신 매수잔고가 증가했다. 차익매수는 강세시장을 더욱 급등시키고 차익매도는 약세시장을 더욱 하락시키는 역할을 함으로써 증시의 변동성에 큰 영향을 주고 있다.

증권시장에 참여하는 투자자의 목표는 위험을 낮추면서 수익률을 최대한 높이는 것이다. 증시가 강세일 경우 정도의 차이만 보일 뿐 일정한 투자수익을 거둘 수 있으나 약세장에서는 투자수익을 얻기가 쉽지 않다. 오히려 대부분의 투자자들은 손실을 입기 십상이다. 하지만 선물시장을 이용하면 강세장과 약세장 모두에서 수익을 올릴 수 있다. 단, 선물시장에 참여하는 투자자들은 과도한 공격성향을 보일 경우 위험성을 내포할 수 있다. 레버리지 효과가 커 단기간에 손실폭도 크고 KOSPI 200의 움직임을 잘못 예측하면 순식간에 투자원금을 날려버릴 수 있는 게 선물시장이다. 최근 선물거래 규모가 급증하고 개인의 시장참여가 늘고 있으나, 선물매매시 기본적인 규칙을 정하고 실행하면 여전히 높은 수익이 기대된다. 선물투자시 시장의 방향성을 판단하여 매매계획을 수립하고 위험관리원칙을 세워 이를 준수한다면 현물과는 다른 묘미를 맛볼 수 있을 것이다.

### 1. 선물시장, 차익거래와 주가(1997년 11월 11일자)

#### 선물 만기일 장종료 10분 간 현물시장에 막대한 영향

주가지수선물시장이 개설되기 전인 1995년 가을 한국에 주재하는 일본증권사의 한 임원은 이렇게 말했다.

『차익거래(arbitrage trading)란 마치 길가에 떨어진 돌을 줍는 것 같아서 재빠른 손이 필요하다.』

그의 표현대로 증권투자에는 많은 기법이 있지만 「차익거래」만큼 투자자에게 짜릿한 환상을 안겨주는 것은 없을 듯싶다. 두 개의 시장에서 싸고 비싼 것을 반대로 매매해 이익을 챙기는, 그야말로 「공짜 점심(free lunch)」을 먹는 것 같은 이야기이기 때문이다.

#### 차익거래량, 최근 현물시장의 두 배 웃돌아

선물시장이 도입된 지 1년이 넘어서면서 차익거래가 증권투자의 주요 방법으로 자리잡아 가고 있다. 차익거래량이 급증하는 동시에 차익거래자들도 기관투자가들 중심에서 일반 개인투자자들로 급격히 확대되고 있다. 차익거래는 선물시장이 개설된 초기만

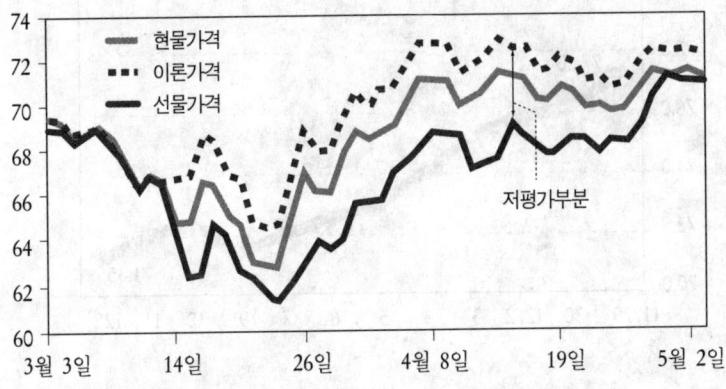

〈그림 8-1〉 현물·선물·이론가격 추이(선물 저평가기간)

해도 거래량이 현물시장의 절반 수준에 머물렀으나 최근에는 두 배 이상을 웃돌고 있다. 거래량 비율로 보면 개인투자자가 30% 이상을 차지하고 있다.

차익거래란 동일한 성격의 자산을 한쪽은 매도하고 한쪽은 매수함으로써 초기 투자없이 무위험 이익(no risk return)을 얻기 위한 거래를 의미한다. 주가지수 선물의 경우 주가지수 선물시장과 현물주식시장 사이의 일시적인 가격불균형을 이용해 주가지수 선물시장과 현물시장에서 동시에 매입·매도함으로써 적은 위험을 안고 비교적 확정된 이익을 얻을 수 있다.

국내 증시에서 빈발하는 차익거래의 대표적인 유형은 현물-선물 간에 일어나는 거래다.

선물시장의 도입으로 인한 차익거래는 현물시장의 급등이나 급락 등 가격왜곡 상태를 정상으로 되돌리는 역할을 한다는 점에서 증시에 큰 영향을 주고 있다. 정확한 예측과 고도의 분석력만을 갖춘다면 현물과 선물의 시장을 오가며 주식을 고를 수 있어 외부의 갑

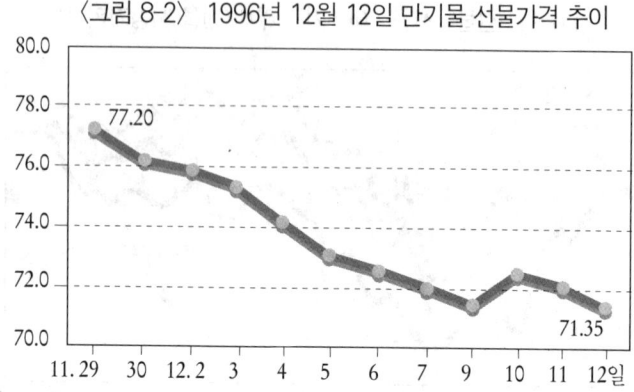

〈그림 8-2〉 1996년 12월 12일 만기물 선물가격 추이

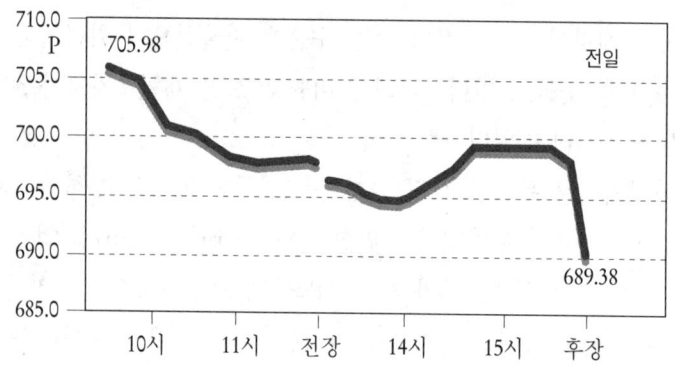

〈그림 8-3〉 1996년 12월 12일 일중종합주가지수 추이

작스런 변화에 그만큼 영향을 받지 않을 수 있기 때문이다.

    선물가격과 현물가격의 차이는 베이시스란 단위로 표시한다. 이 베이시스가 일정한 범위를 벗어나 현·선물의 괴리가 커졌을 때 차익거래의 기회가 발생한다. 대체로 증시가 상승세를 타고 있을 때에는 선물이 고평가되는 경향이 강해 선물은 매도하고 현물은 매수하는 경향을 보인다. 반대로 증시가 하락세로 돌아서면 선물이 저평가돼 선물은 매수하고 현물은 매도하는 경향이 강하다.

1998년 10월 중 차익거래에는 선물을 사고 현물을 파는 차익거래가 많았던 것도 증시의 하락세가 컸음을 의미한다. 그러나 10월 중에도 선물을 팔고 현물을 파는 차익거래도 상당했음을 감안할 때 주가변화가 그 어느 때보다도 컸음을 알 수 있다.

국내증시에서 차익거래가 본격적으로 시작된 시점은 선물시장 개설 후 약 10개월이 경과한 1997년 3월부터로 보는 것이 타당할 듯싶다. 이 시기를 기준으로 차익거래를 살펴보면 1998년 4월에는 차익거래잔고가 한때 현물기준으로 1,100억 원대에 이르기도 했다. 선물가격이 현물에 비해 저평가된 지난 3~5월까지 〈그림 8-1〉의 차익거래는 매도잔고가 증가했다. 지난 6월 이후 선물이 고평가되기 시작하면서부터는 매도잔고 대신 매수잔고가 증가했다. 이 시기에는 현물가격이 선물가격보다 비싸고, 적정가격으로 평가된 이론가격은 선물가격보다 훨씬 비싸 사두면 만기일에 가서 이익을 볼 것으로 기대됨에 따라 매수주문이 늘어났음을 의미한다.

### 미국, 차익거래가 현물가격에 큰 영향 줘

사실 증권투자자의 관점에서는 복잡한 차익거래의 구조나 내용보다는 선물의 만기일에 차익거래가 현물가격에 어떠한 영향을 미치는가에 관심이 더 있을 것이다. 증권산업이 발달한 미국에서는 차익거래가 현물가격에 현저히 영향을 미치고 있는 것으로 입증됐다. 선물·옵션 등이 만기가 끝나는 마지막 날의 거래시간에는 평상시와 판이한 거래동향과 변동성을 보이고 있다.

국내 증시에서는 만기가 아닌 평상일의 가격변동성보다는 아직 적은 것으로 파악되고 있으나, 거래규모가 커지면서 상당한 영향을 줄 것으로 전망된다. 가격변동성이 미국에 비해 적은 이유는 여러 가지가 있겠지만 우선 차익거래의 현물대상 종목들이 서로 비슷하고, 유동성이 풍부하지 못해 차익매매시 오히려 현물대상 종목의 가격이 변동함에 따라 본래의 차익거래 기회가 감소하거나 소멸해버리기 때문이다.

주목할 점은 만기일의 변동성이 평소에 비해 미미했지만 장마감 1시간 동안의 변동성은 높은 편이라는 사실이다. 이는 차익거래에 의한 것이라기보다 투기거래 포지션을 취한 투자자들이 그들의 선물 포지션을 유리한 쪽으로 청산하기 위해 종합주가지수 편입종목을 중심으로 매매하기 때문이다.

차익거래의 방법과 특성을 간단히 설명했지만 실제 과정은 더 복잡하고 전문적이다. 그래서 차익거래로 인해 변동하는 현물·선물의 흐름을 일반 증권투자자가 인식하기에는 매우 어렵다. 그러나 국내 주식투자자들도 그 변동에 관심을 기울여야 하는 이유가 있다. 차익거래 대상이 주로 시가총액 비중이 큰 대형주에 집중되어 있어 차익거래시 해당종목들의 주가가 이상변동을 보인다는 점이다. 특히 선물만기일에는 현물시장보다 10분 먼저 종료하는 선물시장의 영향으로 현물시장이 급격하게 변동하는 경향을 보이기도 한다. 이 10분 간에 현물시장이 급격히 상승할 수도, 하락할 수도 있다는 얘기다.

1996년 12월 12일 만기물 선물가격이 대표적인 사례다. 당시 전반적인 증시하락으로 선물가격은 12월 초부터 하락하기 시작해 만기일까지 6포인트 떨어졌다. 선물 만기일인 12일 종합주가지수는 다소 하락세를 보이다 선물시장이 종료한 뒤 이 마지막 10분 동안 무려 10포인트 이상 폭락했었다(그림 8-2, 8-3 참조).

성공적인 차익거래를 성사시키기 위해서는 정교한 모형과 신뢰성이 높은 시스템의 구축이 필요하며, 이러한 선결조건이 다 이루어진다 해도 시장에서 차익거래의 기회가 존재해야 한다.

1997년 11월 13일 목요일은 옵션11월물이 만기가 되는 날이다. 주의 깊게 이 날의 주가흐름을 분석해보면 또 다른 주식투자방법을 깨우치는 계기가 될 수 있다.

> **깊이 읽기**
>
> **차익거래와 관련된 주요 종목**
>
> 차익거래는 현물지수와 선물가격의 일시적 불균형으로 인한 차이를 겨냥한 거래다. 이 같은 거래는 현물에 대한 선물의 고평가 또는 저평가 현상에 따라 발생하므로 현물지수인 종합주가지수에 크게 영향을 미치는 시가총액 상위종목의 주가동향에 관심을 둘 필요가 있다. 즉 선물에 고평가현상이 일어나면 선물을 매도하고, 시가총액이 커 현물지수에 영향을 크게 미치는 종목을 매수하면 큰 위험없이도 차익을 얻을 수 있다.
>
>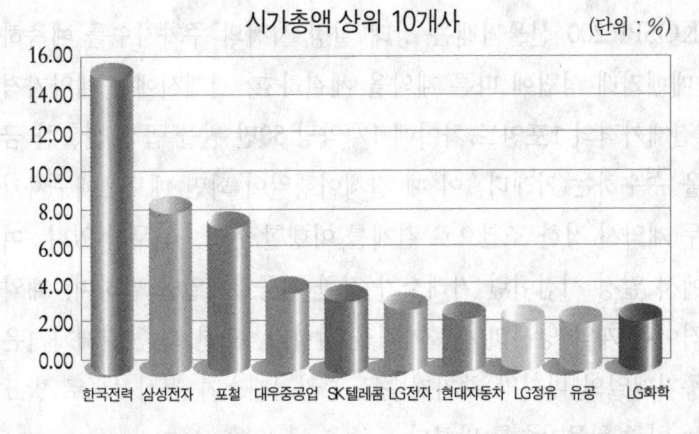

## 2. 약세장에서의 투자전략 (1998년 6월 16일자)

### 약세장에서도 수익 올리는 투자기법

증권시장에 참여한 투자자의 목표는 하나다. 위험 정도가 같다면 더욱 높은 수익률을 얻는 것이며, 동일한 수익률을 전제로 한다면 위험의 정도가 가장 낮은 투자를 노리는 것이다. 이러한 기준으로 투자하려 할 때 강세장, 즉 주가가 상승세를 보이는 경우에는 대부분의 투자자들은 정도의 차이 또는 기간상의 차이는 있지만 일정한 투자수익을 얻을 수 있다. 그러나 주가가 지속적으로 하락하는 약세장에서는 투자수익을 얻기가 만만치 않다. 오히려 대부분의 투자자들은 커다란 손실을 입을 수 있다. 하지만 선물시장과 옵션 시장을 이용하면 약세장에서도 수익을 얻을 수 있다. 또한 대주제도도 수익을 얻는 데 유용한 투자전략이 될 수 있다. 일정 이상의 환율상승이 예상되면 해외증시투자도 한 방법이다.

### 선물거래

KOSPI 200 선물거래는 장래 일정 시점의 주가지수를 예측하여 매매거래 성립에 따른 계약을 체결하고, 결제시에는 계약가격과 결제가격의 1포인트 차이에 1계약당 50만 원을 곱해 산출한 금액을 수수하는 거래다. 이 때 결제이행일이 되면 매도·매수자가 모두 계약시 정한 조건으로 결제를 이행할 권리·의무가 있다. 여기에서 일정 시점이란 거래소가 정한 최종결제일을 말하며, 계약가격이란 계약 당시의 선물가격을 말한다. 또한 최종 결제가격은 최종거래일의 마지막 주가지수로 증권거래소가 공식적으로 발표하는 최종 현물지수를 말한다.

선물시장 투자자들은 각자의 거래를 최종결제일까지 유지하지 않고서 기간 중에 반대의 매매를 하여(선물지수를 매도한 투자자는 동일한 수량을 매수하고, 선물지수를 매수한 투자자는 동일한 수량을 매도하여) 최종거래일 이전에 거래를 청산할 수도 있다.

현물시장에서는 유가증권을 보유하지 않으면 매도할 수 없어 최초 참여자는 매수밖에는 할 수 없으나 선물시장에서는 최초의 참여자도 매도가 가능하다. 따라서 향후 주가가 하락할 것으로 예상하는 경우에는 선물지수를 매도하는(매도 포지션을 취한다고도 함) 투자전략을 취하면 된다.

예를 들어, 4월 21일 선물지수 50포인트에서 주가지수가 하락할 것을 예상하고 매도 포지션을 취한 투자자가 5월 30일 선물지수 37포인트에서 매수 포지션을 취하면서 선물거래를 청산할 경우, 투자자는 거래비용을 고려하지 않는다면 13포인트(13=50-37)의 이익을 얻을 수 있다. 금액으로는 1계약당 650만 원(13포인트×50만 원)의 투자수익을 얻게 된다. 이 때 투자원금은 375만 원으로(50포인트×50만 원×거래증거금 15%) 173%의 투자수익률을 보이게 된다. 이와 같이 주가지수가 하락하는 약세장에서도 선물시장을 이용한 투자자는 높은 투자수익을 얻을 수 있다.

### 옵션거래

KOSPI 200 옵션거래는 KOSPI 200 지수를 이용해 옵션거래의 종류를 정하고 옵션에 나타난 권리를 매매대상으로 하는 거래다. 옵션거래는 추상물인 주가지수를 결제의 대상으로 하기 때문에 매수자가 결제일의 주가지수와 사전에 정한 가격(「권리행사가격」이라고 함)의 차이에 일정 금액(1포인트당 10만 원)을 곱해 산출한 금액을 결제한다.

옵션이란 매수자의 일방적인 의사표시에 따라 사전에 정한 조건으로 사거나 팔 수 있는 권리로서, 살 수 있는 권리인「콜옵션」과 팔 수 있는「풋옵션」으로 구분된다. 옵션거래 매수자의 일방적인 의사표시에 따라 권리행사의 여부가 결정되므로 옵션매매시에는 매수자가 매도자에게 권리의 대가(거래소 시장에서 수요·공급에 따라 결정되며「프리미엄」이라 한다)를 지불하고, 매수자는 향후 주가수준에 따라 자신에게 유리한 경우에만 권리를 행사해 이익을 얻고 불리한 경우에는 권리행사를 포기함으로써 프리미엄만큼의 손실만 보면 된다.

선물거래는 KOSPI 200지수를 대상으로 결제월별로 네 개의 종목이 거래되지만 옵션거래는 콜옵션과 풋옵션의 구분, 권리행사가격, 권리행사기간에 따라 손익구조가 서로 다르므로 권리내용이 동일한 경우를 각각 별도의 종목으로 구분하여 거래한다. 따라서 옵션거래는 상장종목 수가 많은 특성이 있으며, 언제나 60종목(콜옵션과 풋옵션 모두 6개의 결제월거래×5개의 권리행사가격) 이상이 상장되어 있다.

약세장에서의 옵션시장을 이용하는 방법을 살펴보자. 현재의 KOSPI 200 지수가 하락할 것을 예상한다면 풋옵션을 매수하는 전략을 취하면 된다. 즉 향후의 주가수준이 권리행사가격에서 프리미엄 가격을 차감한 것보다 하락할 것을 예상한다면 풋옵션을 매수하면 된다.

예를 들어, 권리행사가격이 45이고 프리미엄이 5라면 풋옵션을 매수한 투자자는 결제일의 지수가 40(45-5=40) 이하로 내려가 37이 되었다면 3포인트만큼의 수익을 얻게 된다. 지수가 40을 넘게되면 권리행사를 포기하고 프리미엄만큼의 손실만 보게 된다. 이처럼 옵션매매의 특징은 지수의 추이에 따라 손실은 프리미엄만큼만으로 고정되고 수익은 극대화할 수 있다는 점이다.

또한 단순히 하나의 옵션만을 사용하는 것 이외에도 옵션시장에서는 여러 가지 옵션을 혼합한 전략을 사용해 약세장에서도 투자수익률을 얻을 수 있다.

### 대주제도

약세장에서의 투자전략 중 선물시장과 옵션시장은 주가지수를 대상으로 한 투자전략이다. 개개의 종목에 대한 투자전략으로는 대주제도를 활용하는 방안이 있다.

대주제도는 투자자가 증권사로부터 해당주식을 빌려 매도하고 일정 기간 내에 매수해 상환하는 제도로서 신용거래의 일종이다. 신용융자의 반대개념인 셈이다. 특정 종목의 주가가 하락할 가능성이 높을 경우, 투자자는 증권사로부터 주식을 빌려서 매도하고 일정 기간이 경과해 주가가 하락한 경우 다시 주식을 매입해 증권사에 상환하면 매도가격과 매수가격의 차액만큼 수익을 얻을 수 있게 된다. 즉 주가는 하락했음에도 불구하고 선매도 후 재매수전략을 취함으로써 수익을 얻을 수 있다.

### 대차제도

대주제도와 유사한 것으로 기관투자가들이 유가증권 중개기관을 통해 서로 대여 및 차입하는 제도다. 증권대여자는 증권을 대여한 대가를 받고 차입자는 일정 기간 이용 후 동종·동량의 증권을 상환하는 거래로서 기관투자가들이 사용하는 일종의 대주제도라 할 수 있다. 증권 대차제도는 유가증권의 매매에 따른 결제부족 증권을 차입해 결제이행을 원활하게 하고, 주가지수 선물거래를 활성화시켜 증권시장의 안정성 및 유동성을 제고시켜준다. 기관투자가들은 대차제도를 이용해 주가의 하락을 예상하여 대주제도와 동일한 투자효과를 얻는 매매를 하거나 선물과 연계한 다양한 투자전략을 사용해 수익을 얻는다. 일반 개인투자자는 이러한 대차제도를 직접적으로 이용할 수는 없다. 하지만 대차거래를 발생시킨 종목은 결국 증권인도일로부터 6개월 이내에 매도한 수량만큼 매수하여 상환해야 하므로 해당종목의 매수세 유입으로 인한 주가상승 가능성을 염두에 두고 매매전략을 취할 수 있다.

### 단가 낮추기

기존에 주식을 매수하여 보유한 경우의 하락장세 전략으로는 매입단가를 낮추는 방법이 있다. 이는 주식이 일정한 흐름에 따라 상승할 가능성이 있다는 것을 염두에 둔 투자전략이다. 적극적인 수익획득의 전략이라기보다는 손실의 범위를 최소화하려는 전략이라 할 수 있다. 투자자는 보유한 종목의 시세가 장기적으로는 상승할 가능성이 있음에도 불구하고, 단기적으로는 하락세를 보이고 있는 경우 우선 해당종목의 일정 수량을 매도한 후 해당종목의 주가가 어느 정도 하락했을 때 동일 금액으로 매수하면 매도시 수량보다 더 많은 수량을 매수할 수 있게 되어 상승시보다 많은 수익을 얻을 수 있다.

### 해외증권투자

하락세를 보이고 있는 국내증권시장을 벗어나 해외로 눈을 돌리는 것도 투자의 한 방법이다. 국내 일반인도 증권사를 통한 해외의 증권투자가 가능하다. 해외증권투자는 해당국가의 주식투자 수익뿐만 아니라 환율의 등락에 따른 수익도 기대할 수 있는 장점이 있다.

이에 따라 1997년 국내 일반인의 해외증권투자 금액은 185건에 6,243만 달러로 1996년의 3,330만 달러의 두 배에 육박했다. 지역별로는 유럽이 4,933만 달러로 1996년의 2,485만 달러의 두 배를 넘어서 가장 많았고, 미국 996만 달러, 일본 195만 달러, 홍콩이 59만 달러를 나타냈다. 한편 국내 각 증권사에서 판매하고 있는 달러화표시 외국투신사 수익증권에 투자를 하면 해외증권투자와 동일한 효과를 기대할 수 있다.

### 3. 차익거래가 주가지수 좌우(1998년 9월 22일자)

#### 만기 전 현물 사고 선물 되팔아야 이익

최근 주식시장에서 차익거래만큼 지수를 좌우하고 투자자들의 관심을 끄는 것은 없을 것이다. 무엇이 차익거래이고, 왜 주가를 좌우하는지 알아보자.

차익거래란 현물주식시장과 선물시장을 연계해 행하는 거래다. 현물지수와 선물지수가 똑같이 움직이면 차익거래가 발생할 여지가 없지만, 현물시장과 선물시장이 항시 같이 움직이지는 않아 차익거래가 생긴다. 향후 주가가 크게 오를 것 같으면 선물지수가 현물지수보다 먼저 상승하고, 주가가 크게 하락할 것 같으면 선물지수가 현물지수보다 더 하락한다. 따라서 현물지수와 선물지수 간에는 항상 괴리가 발생한다. 이 괴리가 적으면 차익거래의 기회가 없으나 괴리가 커지면 차익거래를 통해 이득을 볼 수 있다.

### 현물과 선물지수 괴리 크면 이득 봐

현물지수 수준과 선물만기일이 얼마나 남아 있느냐에 따라 다르나 현재 KOSPI 200지수가 37이면 대개 베이시스(즉 현물지수와 선물지수의 차이)가 1.5포인트 이상일 때 차익거래가 가능해진다. 예를 들어, 현물지수가 35이고 선물지수가 33이면 차익거래자는 상대적으로 비싼 현물을 팔고(대개 시가총액이 큰 대형주 중심으로 30~50개 종목을 바스켓을 구성해 동시에 매도함) 상대적으

〈표 8-1〉 만기청산일 프로그램 거래 주요 종목의 주가 동향

(단위 : 백만 원)

| 종목명 | 현시가총액 | 현재가(원) | 전일대비 | 거래량 |
|---|---|---|---|---|
| 한국전력 | 13,129,754 | 20,900 | ▲1,700 | 2,638,630 |
| 삼성전자 | 4,940,021 | 45,500 | ▼100 | 1,144,380 |
| 포항제철 | 4,631,068 | 48,000 | ▲300 | 494,410 |
| SK텔레콤 | 2,946,484 | 460,000 | ▼14,500 | 22,460 |
| 현대전자 | 2,428,990 | 34,150 | ↑3,650 | 52,860 |
| 대우중공업 | 1,876,145 | 5,250 | ▲100 | 1,908,790 |
| 삼성전관 | 1,113,699 | 34,700 | ▼1,100 | 343,020 |
| LG전자 | 1,055,679 | 12,300 | ▲100 | 743,020 |
| 국민은행 | 775,977 | 4,160 | ▲220 | 7,178,590 |
| S K | 724,547 | 9,950 | ↑1,060 | 335,860 |
| LG반도체 | 710,532 | 10,200 | ▼400 | 346,660 |
| 제일은행 | 668,800 | 2,090 | ↑220 | 310,850 |
| LG화학 | 660,863 | 8,740 | ▲140 | 537,180 |
| 삼성화재 | 640,283 | 243,500 | ▼10,000 | 23,400 |
| 쌍용정유 | 624,833 | 11,100 | ▲400 | 121,730 |
| 현대차 | 609,989 | 15,200 | ▲900 | 371,590 |

주 : 1. 만기청산일은 9월 10일.
    2. ▲상승, ↑상한가, ▼하락

로 싼 선물을 사서 만기까지 보유하면 2포인트, 즉 5.9%
(=2/34)의 이익을 볼 수 있다. 실제이익은 5.9%에 못 미치는데,
이는 주식을 빌려와서 매도하는 데 따른 수수료가 필요하고, 또
「트래킹 에러」라 하여 현물을 살 때 종목에 따라서는 시장에서 매
도 물량이 적어 원래 의도했던 가격보다 비싸게 사야 하는 경우도
발생하기 때문이다.

### 선물시장 정상이면 차익거래 기회 적어

차익거래에서 이익을 보기 위해서는 처음 거래와 반대거래를
만기나 만기 이전에 다시 해야 한다. 즉 선물을 사고 현물을 파는
거래(프로그램 매도)를 통해 이득을 실제 실현하려면 만기나 만
기 이전에 현물을 사고 선물을 되팔아야 한다. 만기청산시 선물은
자동청산되므로 그대로 두어도 되고 현물만 사면 된다. 만기 이전
에도 베이시스가 0 내외의 수준으로 축소되면 원래의 포지션과 반
대되는 매매로 이득을 실현할 수 있다.

심하면 1주일에 한 번 차익거래와 이의 청산거래가 가능하다.
만기 이전 청산의 경우 이득은 베이시스가 얼마나 축소되느냐에
달려 있다. 매도차익거래를 처음 할 때의 베이시스가 마이너스 2
포인트였을 경우 이것이 마이너스 0.5포인트 축소되었을 때 차익
거래를 해소하면 그 차이인 1.5포인트가 이득이다. 만일 플러스
0.5로 되었다면 2.5포인트가 이득이다.

만일 선물시장이 정상이라면 차익거래의 기회는 그리 많지 않
다. 그러나 그 동안 주식시장도 약세였지만 타이거 펀드가 한국시
장을 비관적으로 보고 대규모 매도 포지션을 취한 결과 선물시장
이 현물시장보다 저평가되는 경우가 자주 발생했다. 이에 따라 증

권사 · 종금사 · 투신사 등 기관투자가들이 대규모 현물매도, 선물매수의 매도차익거래를 취했었다.

기관들이 매도차익거래를 할 때에는 현물지수가 하락한다. 하지만 긴 기간에 걸쳐 지수가 조금씩 하락하고 매도물량이 적기 때문에 현물시장에는 큰 영향을 미치지 않는다. 그러나 만기가 가까워지거나 만기시에는 매도 차익거래가 누적된 것이 많고, 그만큼 반대로 청산해야 할 물량이 많기 때문에 시장에 미치는 영향은 커진다. 이번 9월 10일 만기의 경우 9월 5일 프로그램 매도를 청산해야 할, 즉 현물시장에서 매수해야 할 청산물량이 3,000억 원에 달했다. 이때문에 9월 5일~10일까지 하루에 300억~500억 원의 프로그램 매수가 들어와 현물지수를 지지하거나 상승시키는 데 지대한 공헌을 했다.

특히 이번에 현물을 매수해 청산할 수밖에 없었던 것은 12월물

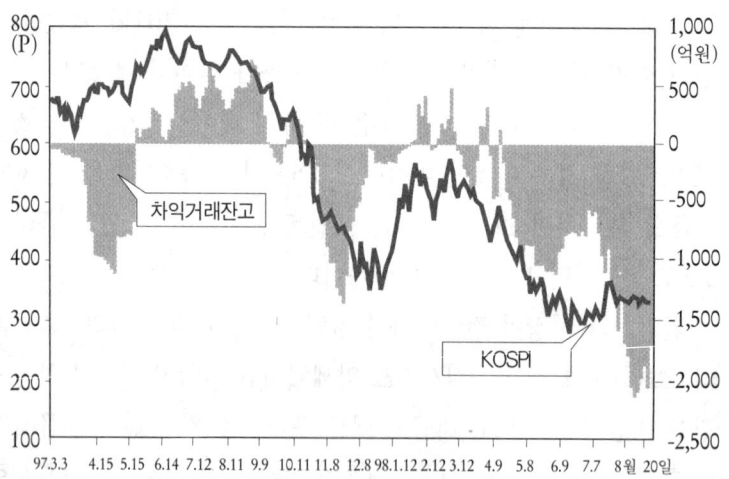

〈그림 8-4〉 종합주가지수와 차익거래 잔고 추이

의 베이시스가 플러스로 되어 있어 이월(롤오버)이 불가능했기 때문이다. 많은 사람들은 선물이 만기되면 청산해야 하는 것으로 (프로그램 매도의 경우 현물을 사야 하는 것으로) 알고 있으나 반드시 그렇지만은 않다. 만일 이번에 12월물의 베이시스가, 지난번 6월 때처럼 9월물의 베이시스가 이론가격 대비 마이너스 2포인트 정도 벌어져 있었다면, 현물을 매수해 청산하지 않고 12월 선물만을 매수해 그대로 이월하면 프로그램 매도를 다시 한번 한 결과가 된다.

이 경우 굳이 현물을 매수하고 선물을 매도한 후 베이시스가 2포인트 내외로 벌어졌을 때 다시 현물매도·선물매도를 해야 하는 번거로움을 덜 수 있기 때문이다. 요즘은 프로그램 매도를 할 경우 대개 수수료를 주고 다른 기관에서 주식을 빌려와서 해야 하므로 이 또한 번거롭다.

만일 현물을 매수하지 않고 선물만 만기청산해버리면 현물은 대주한 결과가 되므로, 만기 후 주가가 상승하면 차익거래자는 엄청난 손해를 보게 된다. 따라서 현물시장이 상승할 것으로 예상되면 프로그램 매도 물량은 무조건 재매수할 수밖에 없다. 이러면 현물시장은 급등하는 것이다.

이와 같은 차익거래는 만기나 만기가 가까울 때에만 영향을 미치는 것이 아니다. 평상시에도 현물시장에 많은 영향을 미친다. 현물주가가 하락해 베이시스가 마이너스 1.5포인트 정도 벌어지면 프로그램 매도가 나와 하락하는 주가를 더 하락시킨다. 주가가 상승할 경우에는 반대의 경우가 발생해 주가를 더욱 상승시킨다. 다만, 프로그램 매매는 무한정 일어날 수 없다는 것이다. 매도시에는 주식을 빌려와야 되는데, 빌려줄 물량이 한정되어 있고 매수할 경우에도 자금이 소요되기 때문이다.

또 프로그램 매매는 종가 무렵에 느닷없이 주가를 상승시키기도 한다. 이는 다음과 같은 경로를 통해 이루어진다. 차익거래 보유자가 차익거래를 해소하고자 하는데 베이시스가 마이너스 0.7포인트 정도 벌어져 있으면 먼저 선물을 매수해 베이시스를 마이너스 0.3~마이너스 0.4포인트 수준으로 축소시킨 다음 현물의 매수에 들어간다. 동시에 선물을 매도한다. 이리하여 차익거래를 청산한다. 이 때 먼저 산 선물의 처분이 문제가 되는데, 이것은 현물시장이 끝나고 선물을 종가 청산할 때 청산하면 된다. 그러면 낮은 가격에 매수한 선물도 이익을 남기면서 청산할 수 있다.

선물시장, 그 중에서도 차익거래는 이와 같이 여러 형태로 현물시장에 영향을 미친다. 따라서 현물시장의 흐름을 정확히 파악하기 위해서는 선물시장의 이해가 필수적이다.

## 제 9 장

# 주요지표는 분석의 잣대

　주가분석은 개별주식의 투자에 관련한 모든 유용한 자료와 정보를 수집해 분석하는 것을 말한다. 증권의 투자성과에 영향을 미치는 요인으로는 전반적인 경제환경과 산업전망뿐 아니라 재무제표와 경영전략 등이 포함된다. 주가분석은 이러한 변수에 대해 위험과 수익의 관계를 분석하는 것이다.
　증권의 수익과 위험을 전망하는 주가분석은 일반적으로 기본적 분석(fundamental analysis)과 기술적 분석(technical analysis)으로 나뉜다. 기본적 분석은 주가의 내재가치에 대한 정확한 평가를 목적으로 하는 반면, 기술적 분석은 주가의 흐름을 예측해 투자시점을 결정하기 위한 기법이다.

### 기본적 분석
　기본적 분석은 장기간에 걸친 기업의 실제가치에 대한 변화를 분석하는 것을 일컫는다. 전반적인 경제상황과 기업이 속해 있는 산업의 상황, 그리고 개별기업의 여러 가지 특성을 분석하는 것이다. 특히 개별기업의 분석은 재무제표의 분석을 중요하게 여긴다.

　기본적 분석과정을 좀더 구체적으로 살펴보자. 기본적 분석은 우선 경제분석에서 출발한다. 경제적 분석은 기업수익력에 절대적인 영향을 미치는 장차의 국민경제활동 수준을 예측하는 것이다. 증권시장의 전반적인 움직임을 예측할 수 있는 기초자료라 할 수 있다. 이는 또한 기업의 수익성, 성장성, 불확실성을 예측하는 출발점이 되어 주가에 그대로 영향을 미친다. 하지만 주가에 영향을 미치는 모든 경제적 요인을 파악하고 이런 요인이 주식에 어떠한 영향을 줄 것인지를 미리 예측한다는 것은 여간 어려운 일이 아니다. 경제 변수들을 꾸준히 관찰하고 관심을 가질 때에만 가능하다.

　경제변수를 분석하기 위한 자료는 정부나 공공연구기관이 제공하는 2차 자료를 보면 된다. 신문이나 방송에 귀를 기울이면 이러한 자료에 쉽게 접할 수 있다. 특히 재정경제부와 한국은행에서는 각종 경제지표를 작성해 정기적으로 발표한다. 국책연구소나 민간경제연구소에서도 경제동향보고서를 내놓기도 한다. 따라서 투자자들은 이러한 경제지표의 의미를 해석하고 상호 연관성을 파악함으로써 미래의 경제상황을 예측할 수 있다.

　경제적 분석이 끝나면 다음에는 산업분석에 들어가야 한다. 산업분석은 산업의 특성과 전망에 대한 분석을 말한다. 개별산업이나 관련산업에 영향을 미치는 요인을 폭넓게 분석함으로써 해당 산업에 속한 기업들의 장래 경영실적을 예측하는 데 도움을 준다. 산업분석에서 검토되는 사항은 과거의 실적, 경기변동에 대한 적응력, 대체산업분석, 정책·금융·세제 면에서 정부의 지원과 제한에 관한 정보수집과 분석, 인력수급 및 노사관계, 기업 간의 경쟁관계, 성장산업과 사양산업의 구분 등이다.

경제분석과 산업분석이 이루어지면 개별기업에 대한 분석으로 들어간다. 전체적인 경제흐름은 각 산업에 영향을 미치고, 산업동향은 개별기업의 경영실적에 직접 영향을 미치기 때문이다. 기업분석은 크게 두 가지 분야로 나뉜다. 질적 분석과 양적 분석이 그것이다. 질적 분석은 계량화할 수 없는 사항을 분석하는 것으로 기업의 성장과정, 자본금 변동상황, 경영진 변동상황 등 회사연혁과 사업내용 및 전망, 경영진, 그리고 시장점유율, 품질, 기업 이미지 등 업계 내 위치 등에 대한 분석이다.

양적 분석은 구체적으로 수치화할 수 있는 경영분석으로 재무제표분석이 대표적이다. 양적 분석에는 재무제표를 바탕으로 기업의 수익성과 안정성, 그리고 성장성 등 경영성과를 측정하는 데 목적을 둔다. 증시에서 중시하는 양적 지표로는 EPS, PER, PBR, PCR 등이 있다. 최근에는 EVA, ROA, EBITDA, TSR(총주주수익률) 등 선진지표들이 연이어 등장하고 있다.

최근 국내 증권사나 각종 종목분석에는 이러한 양적 분석내용이 주류를 이루고 있다. 좀더 현명한 투자자라면 이러한 양적 분석내용을 기초 자료로 삼으면서 장래의 경영성과에 큰 영향을 주는 최고경영자의 성향 등 질적 분석에 더욱 세심한 관심을 기울일 필요가 있다.

따라서 투자자들은 기업의 내재가치와 향후 발전가능성에 영향을 미치는 이러한 요인을 면밀히 분석·평가해 투자에 나서야 한다. 주식을 사거나 팔 때에도 자신이 평가한 주가에 기초를 두어야 한다. 자신이 마음 속에서 평가한 예상주가가 시장가격인 현재의 주가와 비교해 낮다고 판단되면 주식을 사고, 높다고 생각되면

팔아야 한다. 확실하고 정확한 주가평가만이 시류에 휩쓸리지 않는 유일한 길이다. 그리고 이는 주식투자에서 성공하는 비결이기도 하다.

### 기술적 분석

주식분석의 목적은 미래 예측에 있다. 기본적 분석은 논리에 근거를 두고 예측한다. 금리가 하락하면 주가가 오른다는 등 원인관계를 알면 미래에 대한 예측이 가능하다는 것이 기본적 분석이다.

그러나 이론적 근거는 없지만 예측이 가능한 경우가 있다. 과거의 경험을 기초로 반복되는 패턴을 발견함으로써 미래를 예측하는 것이다. 이것이 기술적 분석이다.

패턴을 분석하는 방법은 두 가지다. 첫째는 주가 자체에 대한 분석이다. 주가는 일정한 주기를 갖고 움직이며, 일정한 수준 이상으로 내려가거나 올라가면 이전의 수준으로 돌아가려는 속성을 지니고 있다는 가정 아래 주가의 미래 향방을 예측한다. 주가지표, 이동평균선, 현재주가와 이동평균선 간의 이격도 분석 등이 여기에 속한다. 또 다른 방법은 주가의 미래를 여러 지표에서 찾는 것이다. 가장 많이 보는 것은 역시 거래량이다. 거래량은 투자자의 행태를 가장 잘 보여주는 변수로서 매매의 시기포착에 유용하게 쓰이고 있다. 신용잔액·통화·경제변수 등도 기술적 분석의 주요 변수로 삼고 있다.

그러나 기술적 분석은 시간과 장소 등 상황에 따라 달라질 수도 있다는 점을 염두에 둬야 한다. 기본적 분석과는 달리 기술적 분석은 경험에 바탕을 둔 것이기 때문에 과거의 검증된 상황과 현재의 상황이 유사한지를 따져보아야 한다. 예를 들어, 25일 평균이

75일 평균을 상향 돌파하는 경우 이를 골든 크로스(golden cross)라 하여 본격적인 주가상승을 예고하는 것으로 알려졌으나, 지난 1989년 이후에는 대부분의 경우 주가하락을 예고하는 것으로 나타났다. 이는 기술적 분석이 틀린 것이 아니라, 경험법칙이 시간과 공간을 초월해 적용될 수 없음을 웅변해주는 것이라 할 수 있다. 또한 주가를 분석하는 기법도 시간 흐름에 따라 계속 개발해가야 한다는 것을 의미한다.

### 1. EVA를 주목하라 (1997년 12월 16일자)

**EVA 줄면 주가폭락, 기업부도**

한국경제는 1960년대 경제개발계획을 추진한 이래 비약적인 경제발전을 이루어 아시아의 네 마리 용으로까지 불렸다. 하지만 지금은 고비용·저효율의 문제가 구조적으로 진행되어 스스로 이를 해결할 능력을 상실하게 되었고, 급기야는 IMF의 자금지원이라는 카드를 사용할 정도로 매우 심각한 위기국면을 맞고 있다.

1980년대 초까지는 축적된 자본이 없고 자원마저 변변한 것이 없어 불모지와 다름없던 경제를 일으켜 세우기 위해 우리는 외국에서 자본을 도입해 공장을 세우고 원자재를 수입해 이를 가공하여 수출하는 정책을 펼쳤다. 기업들은 규모를 늘리는 외형극대화 전략을 추진했으며, 이에 필요한 자금은 기업 내부조달보다는 외부차입에 의존했다. 정부의 보호로 인해 기업들은 비효율적인 자본투자와 높은 금융비용에도 불구하고 높은 수익성을 보장받았다. 그러나 1980년대 중반 이후 개방화·자유화가 진전되고 경쟁이 심화되면서 국내기업은 더 이상 정부의 보호막 아래에 머무를 수 없게 되었으며 국경없는 무한경쟁에 직면하게 되었다.

이제는 고비용·저효율 구조 속에서 기업이 수익성을 확보하지 못하게 되었으며, 과도한 차입구조로 기업은 생존까지 위협받게 되었다.

이러한 환경변화에 대응하기 위해 기업은 외형 위주의 성장전략보다는 최소한의 수익을 확보할 수 있는 효율적인 투자전략이라는 가치척도를 도입해야 할 시점에 이르렀다.

EVA는 기업이 벌어들인 이익 중 세금과 자본비용을 차감한 금

〈표 9-1〉 EVA 상위종목

(단위 : 백만 원)

| 종목명 | 1996년 | 1995년 |
|---|---|---|
| 삼 성 전 자 | 718,124 | 2,860,173 |
| 현 대 자 동 차 | 483,353 | 316,670 |
| 포 항 제 철 | 235,650 | 260,434 |
| 현 대 전 자 산 업 | 235,132 | 1,038,072 |
| S K 텔 레 콤 | 215,616 | 141,652 |
| 대 우 전 자 | 142,533 | 103,548 |
| L G 전 자 | 142,253 | 111,726 |
| L G 반 도 체 | 125,130 | 842,841 |
| 쌍 용 정 유 | 104,511 | -42,658 |
| 대 우 | 93,644 | 42,566 |
| 한 화 에 너 지 | 59,769 | -22,352 |
| 삼 성 전 관 | 55,734 | -12,005 |
| L G 상 사 | 51,071 | 29,699 |
| 현 대 상 선 | 44,627 | -4,593 |
| 한 진 해 운 | 42,446 | 43,749 |
| 현대자동차써비스 | 33,881 | 41,836 |
| 대 우 통 신 | 31,425 | 11,098 |
| 아 남 산 업 | 26,370 | -8,822 |
| L G 정 보 통 신 | 25,267 | 10,201 |
| L G 산 전 | 24,378 | -2,862 |

액으로 투자된 자본과 비용으로 얼마나 많은 이익, 즉 부가가치를 창출했는지를 나타내는 지표다. EVA는 1980년대 미국에서 경기 침체가 지속되고 기업들의 구조조정이 진행되면서 양적 성장보다는 질적 충실이 중시되면서 처음 도입되었다.

### 경영의 새로운 척도 필요

　EVA를 조금 더 쉽게 설명하면 다음과 같다. 기업이 A라는 투자계획에 따라 100억 원을 투자해 매년 10억 원의 이익을 얻는다면, 그 기업은 100억 원의 자산증가와 10억 원의 이익증가를 얻게 되어 성장과 수익성을 모두 만족시키게 된다. 하지만 여기에는 자본의 비용이 포함되어 있지 않다. 차입에 의거한 자본조달이면 당연히 이자라는 비용을 지불하게 되나, 자기자본일 경우에는 추가적인 비용이 없다는 인식이 깔려 있다. 그러나 EVA 개념을 도입하면 달라진다.

　만일 이 기업이 자기자본으로 다른 곳에 투자를 하여 12%의 이익을 얻을 수 있음에도 불구하고(이 때의 12%를 투자자의 기회비용이라 하며 EVA 개념에서는 자본비용이라고 함) A라는 투자계획을 진행한다면 기업은 12억 원의 잠재적 이익을 포기하고 10억 원의 현실적인 이익을 얻음으로써 결국 2억 원의 손실을 보게 된다. 즉 기업가치가 매년 2억 원씩 하락하게 된다. 기업은 외형의 성장을 이룩할 수 있을지 몰라도 수익성은 하락하게 되어 도태되고 말 것이다. 이와 같이 기업의 가치증가 또는 감소를 정확하게 나타내주는 것이 EVA다.

　1990년대 들어 미국경기가 유례없는 대호황을 누리고 있는 요인 중 하나가 EVA 도입이라고도 할 수 있을 정도로 이제 EVA는 미국기업 경영의 일반원칙으로 자리잡은 지 오래다. 1970년대 이후 침체의 길을 걷고 있던 미국의 산업은 일부 기업을 중심으로 기업 경영이념의 전환을 시도했다. 이것이 기업의 경제적 부가가치를 극대화한다는 EVA 개념으로 나타나 이를 바탕으로 한 사업 구조조정을 통해 미국경제는 대호황을 누리고 있다는 분석이다.

대표적인 사례로 세계적인 다국적 기업인 코카콜라를 들 수 있다. 코카콜라사는 과거에는 청량음료를 비롯해 포도주·커피 등 여러 사업부문을 운영해왔다. 지금은 사망한 고이주에타 전 코카콜라 회장이 이들 사업 중 일부가 경제적인 부가가치를 감소시킨다고 분석하고 수익이 자본비용에 미치지 못하는 파스타, 인스턴트 차 등의 사업부문을 처분하고 고수익의 청량음료 사업에 자본을 집중시켰다.

또한 평균자본비용을 낮추기 위해 조달비용이 낮은 차입금을 증가시켰다. 이에 따라 코카콜라사는 12.0%의 자본비용으로 37.2%의 높은 투하자본수익률을 유지할 수 있게 되었으며 이후 주가도 큰 폭의 상승을 보였다.

### 미국 EVA 정착단계

한 연구에 따르면 EVA가 미래의 경제적 이익을 자본비용으로 할인한 현재가치의 합이라는 시장부가가치(MVA)를 가장 잘 설명해주는 것으로 나타났다. 1986년부터 10년 동안 미국의 100개 은행을 보면 주당순이익(EPS)이나 자기자본 순이익률(ROE)과 MVA와의 상호 관련성을 보여주는 상관계수가 각각 0.06과 0.10을 나타냈으나, EVA는 0.40으로 미국의 주식투자자들이 다른 어느 지표보다 주가와 관련해서는 EVA에 민감하게 반응을 보인 것

**EVA의 기본개념**

　　EVA(economic value added : 경제적 부가가치)의 개념은 1980년대 미국의 컨설팅 회사인 스턴&스튜어트사(Stern & Stewart Co)가 정립했다. EVA는 기업이 창출한 세후영업이익에서 자본비용을 차감한 값으로, 기업이 자본을 투자해 얼마만큼의 부가이익을 창출했는지를 나타내는 지표다. 여기에서 세후영업이익은 기업의 영업활동에서 얻어진 영업이익에 수입이자 및 수입배당금을 더한 금액의 세후이익이며, 자본비용은 영업활동에 투자된 자본의 조달비용을 의미한다.

　　EVA ＝ 세후영업이익－자본비용
　　　　＝ 세후영업이익－(자기자본×자기자본비용＋
　　　　　　타인자본×타인자본비용)

으로 나타났다.

　이를 가장 실증적으로 보여준 것이 코카콜라와 펩시의 주가다. 일찍이 EVA를 도입한 코카콜라와는 달리 최근에 와서야 일부 저수익사업을 정리한 펩시는 코카콜라에 비해 종업원 수 5.8배, 매출 1.7배, 총자산 1.6배의 외형에도 불구하고 주식의 시가총액은 코카콜라의 3분의 1 수준에 불과하다. 이것은 EVA가 기업의 경영차원을 넘어 주식시장의 투자지표로 활용되고 있음을 입증하는 것이다.

　정부와 재계에서는 현재의 경기침체가 고비용·저효율이라는 경제구조에 기인한다고 본다. 즉 높은 수준의 금리, 임금, 부동산

가격, 물류비용 등 제품원가를 구성하는 비용의 상승으로 인해 경쟁력을 상실, 경기가 침체국면을 보이고 있다는 것이다. 일면 타당성을 가진다고도 볼 수 있다. 하지만 경제가 발전하면서 이들 비용의 상승은 어느 정도 불가피한 것으로 감안할 경우, 이를 상쇄시킬 만한 생산성 향상이 없었다는 얘기와도 통한다.

과도한 차입구조를 바탕으로 한 외형 위주의 성장정책은 WTO 체제로 대표되는 무한경쟁 시대에서는 더 이상 유지하기가 어렵게

> 깊이 읽기

### EVA와 관련된 유망주

EVA가 지속적으로 증가하면 주가도 대체로 상승세를 탄다고 볼 수 있다. 삼성전자의 경우 1993년~95년 사이에 EVA가 지속적으로 증가하면서 주가 또한 상승세를 보여왔으나, 1996년 들어 EVA가 급격히 줄어들자 주가도 큰 폭으로 하락했다.

물론 모든 기업의 주가와 EVA가 똑같이 움직이지는 않지만 밀접한 관계를 갖고 있다는 것은 부인할 수 없다. 최근 들어 국가적인 경제위기 상황에서도 삼성전자, 포철, SK텔레콤 등 우량주에 대한 외국인의 매수세가 유입되고 있는 것은 이들 기업의 EVA가 전년에 비해 하락하기는 했으나 여전히 양(+)의 상황을 보여주고 있는 것과 무관치 않다. 또한 IMF 자금 지원의 조건으로 국내 증권시장이 외국인에게 50% 개방되면서, 어려운 국내경기를 감안할 때 외국인들은 최근 미국 등에서 이용되고 있는 EVA를 투자지표로 활용할 가능성이 높다.

되었다. 기업들은 구조조정을 발표하며 지금까지의 외형 위주 성장정책을 수정 내지는 포기하기에 이르렀다. 대기업을 중심으로 수익이 나지 않는 사업은 처분하고 고수익 사업부문으로 자본을 집중하려고 시도하고 있다.

국내 증권시장과 EVA와의 관계를 설명하려는 시도도 나타나고 있다. 1997년 초 부도를 내고 법정관리에 들어간 한보철강의 경우 1993년에는 양(+)의 EVA를 보였으나 1994년 이후에는 음(-)의 EVA를 나타내면서 주가가 지속적으로 하락세로 돌아섰다. 이후 EVA가 더욱 감소했고 기업은 마침내 부도를 내고 말았다. 1997년 4월 이후 부도를 낸 23개 상장사 중 21개사가 5년 전부터 음(-)의 EVA를 나타낸 것으로 분석됐다.

## 2. 실적호전 저PER주 발굴하라(1998년 3월 10일자)

국내 증시는 외국인이 중심이 된 수요자 시장(buyer's market)이라는 특성을 나타내고 있다. 재무구조 개선과 단기유동성 확보라는 명목 아래 국내 기관투자가들이 지속적인 매도우위를 나타내고 시세차익을 노리는 일반투자자들은 구심점 없이 시장흐름에 편승하는 투자자세를 보이고 있다. 국내 시장참여자들은 모두 시장의 방향성을 찾지 못하고 있는 형세다.

외국인 주식매입은 외국인 주식투자한도가 50%로 확대된 1997년 12월 11일 이후 지속되면서 약 4조 원의 순매수를 보이고 있다. 외국인 투자자들은 이미 최대의 매수세력으로 등장한 상태다. 이들 외국인 투자자들은 일정한 기준을 바탕으로 매수대상 종목을 선정하는 투자행태를 보이고 있어 주식시장의 방향성 및 투자척도를 제시하는 역할까지 수행하고 있다. 이에 따라 국내 시장참여자들은 외국인 투자동향에 주의를 기울이고 있으며, 외국인 투자자들의 시장 영향력은 증폭되어 주가형성에 결정적인 영향을 미치고 있는 상태다.

외국인 투자자들의 초기 투자방향 및 척도는 철저한 대형 우량주 중심의 투자대상 포트폴리오 형성이었다. 그러나 초기에 선정되었던 대형 우량주들의 주가상승세가 상당 기간 진행된 최근에는 주요 매수대상이 상대적으로 저평가된 중소형 우량주 및 실적호전이 기대되는 중저가 대형주로 그 범위가 확대되는 추세를 보이고 있다. 투자 패턴의 변화에도 불구하고 변하지 않는 투자대상 선정

〈표 9-2〉 1997년 12월 결산법인 실적 추정

| 구 분 | 업 종 | 1996.12 | 1997.12(E) | 증감률 |
|---|---|---|---|---|
| 매 출 액 | 전산업 | 370,600 | 417,156 | 12.5 |
| (10억 원) | (은행 제외) | 339,691 | 382,781 | 12.7 |
| 경상이익 | 전산업 | 6,042 | 786 | -87.0 |
| (10억 원) | (은행 제외) | 4,885 | 1,931 | -60.5 |
| 순 이 익 | 전산업 | 4,087 | -2,746 | 적자전환 |
| (10억 원) | (은행 제외) | 3,069 | 1,085 | -64.6 |
| E P S | 전산업 | 599 | -388 | 적자전환 |
| (원) | (은행 제외) | 621 | 213 | -65.7 |

주 : 전산업은 12월 결산법인 501개사 추정, 은행 제외는 은행업 제외한 475개사.

〈표 9-3〉 1998년 상장법인 실적추정

| 구 분 | 업 종 | 1996.12 | 1997.12(E) | 증감률 |
|---|---|---|---|---|
| 매 출 액 | 전산업 | 411,853 | 450,066 | 9.4 |
| 경상이익 | (금융업 | 2,098 | 4,556 | 117.1 |
| 순 이 익 | 제외) | 1,123 | 3,332 | 196.6 |
| EPS(원) | | 183 | 542 | 196.2 |

주 : 금융사를 제외한 전결산기법인.

기준은, 물론 재무구조가 우량한 실적호전주라는 것이다.

### 1998년 수출관련업체 수익 호전된다

1997년 12월결산 상장업체의 영업실적은 소폭의 외형성장에도 불구하고 수익성이 전반적으로 악화된 것으로 분석되고 있다. 1998년 2월에 추정된 영업실적을 살펴보면 매출액은 전년 대비 12.5% 증가했으나 경상이익과 순이익은 각각 87% 감소와 적자전환을 기록해 심각한 수익성 악화를 기록한 것으로 나타났다. 부실자산 증가에 따른 대손처리로 극심한 실적악화를 나타낸 은행업을 제외할 경우에도 매출액은 12.7% 증가했지만 경상이익 및 순이익은 각각 60.5%, 64.6% 감소한 것으로 추정되고 있다.

그러나 1998년에는 부문별로 영업실적이 차별화될 것으로 예상된다. 내수관련 업체들의 경우에는 전반적인 산업경기의 악화와 고금리에 따른 금융비용 부담증대 등의 영향으로 영업실적 악화추세가 지속될 전망이지만, 수출관련 업체들은 원화절하로 강화된 가격경쟁력을 바탕으로 큰 폭의 실적회복이 예상되고 있다. 또한 1997년결산시 원화절하로 외화표시부채를 보유해 대규모 외환관련손실을 계상했던 업체들이 1998년에는 예상되는 원화절상으로 손실계상요인이 해소될 것으로 보여 실적이 호전될 전망이다. 1998년 금융업을 제외한 상장법인 영업실적은 매출액이 전년 대비 9.4% 증가해 외형성장세는 둔화될 전망이지만, 수출관련 업체들을 중심으로 수익성 개선이 본격화해 경상이익 및 순이익이 각각 117.1%, 196.6% 증가할 것으로 추정된다.

산업별로 보면 1998년 실적호전이 기대되는 업종은 제지, 석유정제, 1차금속, 조선, 전기전자, 전기가스, 은행 등이 될 전망이다. 그러나 장부상으로 실적이 호전될 업종에는 석유정제, 전기가스 등 1997년 원화절하로 대규모 외환관련 손실이 발생했으나 1998년 외환부문의 안정화로 추가적인 손실요인이 없어진 업종이다. 이 중에서도 수출관련 업종은 실질적으로 실적이 호전될 것으로 보인다. 따라서 섬유, 의류, 합성피혁, 정보통신, PCB, 봉제, 조선 등과 같이 전체 매출에서 수출비중이 높은 업체에 관심을 가져야 할 것이다.

투자유망한 1998년의 실적호전 업체들은 크게 다섯 가지 유형으로 분류된다. 물론 반도체 · 조선 · 화섬 · 봉제 등 주요 수출관련업체들이 실적호전의 주축을 형성할 전망이지만 내수관련 업체들 중에서도 시장지배력을 보유한 업체, 순금융수익이 발생한 업체, 외환수지가 개선된 업체, 구조조정으로 인한 수혜업체들도 실적호전이 예상된다. 이 밖에 내재가치대비 저평가주로서 안정적인 수익성을 유지하는 업체들도 투자매력을 보유하고 있는 것으로 판단된다.

### 한전 · 포철 · 대우중공업 등 외환수지 개선될 듯

시장지배력을 보유한 업체로서는 농심, 무학주정, 코오롱유화 등을 들 수 있다. 이들 업체는 대부분 해당업종의 내수시장에서 시장지배자적인 지위를 확보해 원가상승 요인을 실수요자에게 이전할 수 있는 가격협상력을 보유하고 있다. 이들 업체는 판매가격 인상으로 수요 축소를 보전하고 수익성 개선까지 기대할 수 있다.

순금융수익이 발생할 것으로 예상되는 업체들은 삼애실업, 한섬, 동양석판 등으로 이들 업체는 국내 금융시장의 고금리 상태에서 차입금 규모가 적고 풍부한 여유자금 운용으로 순금융수익이 증가, 실적호전이 예상되고 있다.

외환수지가 개선될 것으로 보이는 업체로는 한국전력, 포항제철, 대우중공업 등을 들 수 있는데, 이들 업체는 외화표시부채를 보유하고 있어 1997년결산시 대규모 외환관련 손실이 계상돼 영업실적이 악화되었으나 1998년에는 상대적으로 실적호전이 예상되고 있다.

구조조정을 통해 수혜 볼 업체로는 윌림, 삼성출판사, 미래와 사람 등을 들 수 있다. 이들 업체는 1997년부터 본격화된 소속 업종의 구조조정으로 인해 경쟁업체들이 도태, 시장경쟁이 오히려 완화되거나 자체 부실사업 부문의 철수로 수익성이 개선되고 있다. 또한 단기적으로 실적호전이 기대되지는 않지만 안정적인 수익성을 유지하면서도 보유 자산가치 및 수익가치대비 저평가된 업체(삼천리, 부산가스, 신세계 등)들도 관심의 대상이 되고 있다.

이들 실적호전 업체는 투자유망종목으로 관심을 가져야 한다. 실적호전 종목이라 해도 사거나 팔 때에는 기존의 투자척도인 PER에 의해 저평가 여부를 판별해야 함은 물론이다. 현재의 주가가 시장평균 및 비교업체에 비해 상대적으로 저평가된 실적호전 저PER 업체들을 지속적으로 발굴하는 노력이 필요하다.

### 3. EPS 높은 주식을 잡아라 (1998년 4월 7일자)

어떤 기업의 주식이 투자가치를 가지기 위해서는 그 주식의 소유자에게 미래의 일정 기간에 걸쳐 상대적으로 높은 수익을 제공해야 한다. 주식을 소유함으로써 갖게 되는 수익은 배당금과 시세차익(자본이득) 등 두 가지다.

그러면 어떠한 기업의 주식이 투자하기에 적합한 것인가를 판

> 깊이 읽기

## 수출호황산업

| 업 종 | 동향 및 전망 |
|---|---|
| 섬 유 | • 수출비중이 각각 68%와 80%인 화섬원사와 직물의 경우 외형증가 및 수익성 개선이 두드러질 전망<br>• 특히 화섬원사인 폴리에스터 업체들은 원료가격 하락 및 수출 확대로 실적호전의 대표적인 업체로 부각될 전망 |
| 의 류 | • 주요 수출지역인 미국의 경기호황과 원화절하로 강화된 가격경쟁력을 바탕으로 수출확대<br>• 국내 원·부자재 조달비율이 높은 업체들의 실적개선폭 더욱 확대될 전망 |
| 정보통신 | • 국내시장에서 통신장비 수요 격감 전망에 따라 수출에 주력<br>• 단말기와 기지국 장비를 중심으로 수출 확대<br>• 국내 상장 통신장비업체들의 1998년 수출액은 1997년 대비 50% 이상 증가할 전망 |
| PCB산업 | • 원화절하로 일본·대만 등 경쟁업체에 비해 가격경쟁력이 강화돼 수출호기를 맞을 전망<br>• 원료 조달원가 상승에도 불구하고 수출규모의 증가로 고수익성 유지가 가능할 전망 |
| 조 선 | • 1997년 차입금 및 외화표시 부채규모에 따라 업체별 실적이 차별될 전망<br>• 1998년에는 외환관련 손실 축소 및 원화절하에 따른 수익성 개선효과가 본격화되면서 실적이 대폭 개선될 전망 |
| 봉 제 | • 주요 수출국인 미국과 EU의 경기호조 및 원화절하를 통한 환차익 발생으로 1997년부터 실적호전 추세 지속 전망 |

## 실적호전 및 저PER 종목

| 구 분 | 관심 포인트 | 관련종목군 |
|---|---|---|
| 수출관련주 | • 원화절하로 수출경쟁력 확보업체<br>• 원화표시 매출확대로 외형확대 및 수익성 제고 | 서흥캅셀, 한국합섬, 성안, 세양산업, 삼애실업, 태평양물산, 한국제지, 신무림제지, 이수화학, 화인 케미칼, SKC, 덕성화학, 대양금속, 계양전기, 대동, 코리아데이타, 코리아써키트, 광전자, 대성전선, LG전선, 삼립산업, 한진중공업, 메디슨, 진웅, 미래와 사람, 청산 |
| 시장지배력 보유주<br>(고기술보유) | • 시장지배자적 업체<br>• 원가상승요인 수요자 이전이 가능해 가격인상으로 수익증가 | 농심, 무학주정, 코오롱유화, 한미약품, 율촌화학, 포항제철, 배명금속, 대창공업, 선진금속, 성미전자, 홍창, 동해전장, 덕양산업, 공화, 신흥, 한국공항 |
| 순금융<br>수익발생주 | • 재무구조 우량업체<br>• 차입금 규모가 적고 여유자금 운용으로 영업외수익 증가 혜택 | 삼애실업, 한섬, 동양석판, 세원중공업, 신도리코, 삼성라디에타, 유성기업, 창원기화기, 평화산업, SJM, 퍼시스, 삼영무역 |
| 외환수지 개선주 | • 외화표시부채 과다보유로 1997년 대규모 외환관련 손실이 발생했으나 1998년에는 개선 | 한국전력, 포항제철, 대우중공업, LG전선, 제일제당, 조광피혁, 상림, 선진, 삼애실업, 태평양물산, 우성사료 |
| 구조조정 수혜주 | • 소속업종의 구조조정으로 경쟁업체 축소되는 등 시장점유율 확대<br>• 자체 사업부문 구조조정으로 수혜 | 원림, 대현, 삼성출판사, 웅진출판, 태평양, 현대시멘트, 모나미, 미래와 사람 |
| 내재가치비 저평가주 | • 자산가치 및 수익가치 우량주<br>• 증시침체로 실질가치대비 저평가 | 삼천리, 부산가스, LG건설, 현대산업개발, 신세계, 극동전선 |

단하는 기준은 무엇일까? 여러 가지 실무적인 투자척도 가운데 현재 가장 보편적으로 이용되고 있는 PER에 대해 알아보자. PER(price earning ratio)는 현재의 주가를 주당순이익(earnings per share : EPS)으로 나눈 것으로, 기업의 단위당 수익력에 대한 상대적 주가수준을 나타낸다.

주가 = 정상 PER × 주당순이익

예를 들어, A기업의 주당순이익이 1,000원이고, 현재의 주가가 2만 원이면 PER는 20배(2만 원/1,000원 = 20)가 된다. 이는 A기업의 1원의 수익력에 대해 투자자들이 20배의 대가를 지불하고 있음을 나타낸다.

- $PER(배) = \dfrac{현재주가}{주당순이익(EPS)}$
- $EPS(원) = \dfrac{당기순이익 - 우선주 배당금}{보통주의 가중평균 주식 수}$

1997년 결산실적을 근거로 한 주당순이익을 기준으로 1998년의 투자유망 기업을 알아보자. 여기에서는 주당순이익이 1,000원 이상인 1997년 12월 결산법인 중 흑자전환기업과 경상이익증가율 상위기업을 기준으로 선정했다.

경상이익증가율 상위기업의 특징은 크게 네 가지로 분류할 수 있다. 첫째, 원화절하에 따라 수출경쟁력이 살아나면서 그 수혜를 받은 기업이다. 둘째는 해외현지화에 성공한 기업이다. 셋째는 세계적인 기술력을 보유함으로써 산업 내에서 경쟁우위에 있는 기업이다. 마지막으로 업황호전, 원자재가격 하락, 구조조정 성공 등의 특징을 보유한 기업 등을 들 수 있다.

### 원화절하에 따른 수출경쟁력 확보기업

삼아알미늄은 산업용 중간재인 알루미늄박 제조업체인데 수출호조(수출비중이 45%)에 따른 14억 8,000만 원의 환차익 발생과 20억 원 규모의 감가상각비 감소로 흑자전환했다. 그러나 자본금이 17억 2,000만 원에 불과해 유동성이 부족한 것이 단점이다.

대림통상도 원화절하에 따른 가격경쟁력 강화와 주요 수출지역인 미주지역의 경기호조로 주력제품인 기물 및 양식기 수출이 64%와 25%의 높은 증가를 보이면서 흑자전환되었다. 이 회사는 1998년 3월 13일의 주주총회에서 소수주주의 경영권 참여요구로 의결권 확보경쟁이 진행 중에 있어 그 추이가 주목된다.

청산은 가장 특이한 기업이다. 청산은 혁제 가방, 벨트 전문 무역업체로 수출의 70%를 차지하는 미국경기가 호조를 보임에 따라 매출은 57%, 경상이익은 797%의 증가를 보였다. 사양산업으로 인식되던 혁제품의 수출로 대규모 이익을 발생시켜 동 산업에 대한 새로운 인식전환이 필요한 것 같다.

고니정밀은 전자제품의 핵심부품인 수정진동자를 생산하는 업체인데, 수출비중이 95%에 이르고 있어 1998년에 높은 성장이 기대되는 기업이다.

### 해외현지화 성공기업

해외진출로 성공한 기업은 국내의 고임금과 높은 금리를 극복하기 위해 일찍부터 해외현지화 전략을 추진하여 높은 성장세를 구가하고 있다. 영원무역은 스포츠 의류, 동성화학은 신발생산용 원·부자재, 진웅은 텐트 등의 분야에서 세계적인 시장점유율을 기록하고 있는 해외 현지화 성공기업이다. 이들 기업은 현지법인으로의 원·부자재 수출 확대, 과실송금 유입 등으로 안정된 매출과 수익원을 확보하고 있어 1998년에 큰 폭의 외형 및 이익신장이 기대된다. 특히 동성화학은 태국·인도네시아 현지법인에서의 과실송금 유입액이 1996년 29억 원에서 1997년에는 38억 원으로 대폭 증가하고 있다.

### 세계적인 기술력 보유기업

기술수출로 영업실적이 향상된 기업으로는 한미약품을 들 수 있다. 의약기술 불모지인 우리나라에서 기술수출로 외화를 벌어들이는 기업은 손에 꼽을 정도인데, 이 회사는 1997년 2,000만 달러, 1998년에는 800만 달러의 기술수출금이 유입되어 기업의 위상이 한 단계 높아질 것으로 보인다. 이러한 사실은 우리나라도 이제 기술선진국으로 진입할 수 있다는 신호탄으로 볼 수 있다.

신도리코는 세계적으로 기술력을 인정받고 있는 사무기기제조업체다. 국내 복사기시장 점유율이 40%에 이르고 있다. 또한 디지털복사기 등 신제품 출시와 사무기기를 중심으로 한 정보통신, 시스템 비즈니스 사업으로 다각화를 추진하고 있다.

이 밖에도 의료기기업체인 메디슨, 신흥 등도 투자유망기업이다. 특히 메디슨은 국내 최대의 초음파진단기 생산업체로서 세계 최초로 입체 초음파진단기를 개발할 정도로 세계적인 기술력을 보유하고 있다. 이처럼 높은 기술력과 함께 원화절하로 인한 가격경쟁 우위까지 확보되어 이 회사의 매출액증가율은 1997년 55%를 기록했으며, 1998년에도 30%의 높은 신장률을 기록할 것으로 예상된다.

건축용, 자동차용, 그리고 반도체 등 첨단도료 생산업체인 고려화학과 자동차용 및 산업용 벨로즈 생산업체로서 포드, GM, 닛산 등 세계 유수의 자동차업체에 납품하고 있는 SJM 등도 투자유망한 기업으로 평가된다.

### 기타 특징 기업

코리아써키트는 고부가가치 제품인 다층인쇄회로기판(MLB)의 수요 급증과 수출호조로 매출액 58.3%, 순이익 133%의 높은 성장률을 보였다. 1998년에도 미국과 중국의 자회사를 통한 수출증가로 큰 폭의 수익증가가 예상되고 있다.

모나미는 IMF 한파로 오히려 영업환경이 호전된 기업이다. 환율 상승으로 수입품과의 경쟁에서 우위를 유지하게 되었고, 경쟁사이던 마이크로, 모닝글로리의 부도로 반사이익을 얻게 되었다. 이러한 추세는 1998년에도 지속될 전망이다.

한편 미원과 세원의 합병으로 새로이 탄생한 대상은 성장촉진용 사료첨가제인 라이신 가격 상승으로 자본금의 두 배에 가까운 477억 원의 경상이익을 기록했다. 그러나 1998년 3월 18일 그룹 구조조정 작업의 일환으로 핵심사업인 라이신 부문을 독일의 바스프사에 6억 달러에 매각했다. 이 매각대금으로 대상그룹은 차입금 상환 등 자본구조가 충실해질 전망이나, 핵심 수익사업인 라이신

사업을 매각해 단기적으로 수익성 저하가 우려된다.

태평양은 인원감축, 물류거점의 통폐합 등 구조조정 노력의 효과, 유통구조 개선에 따른 마진폭 확대 등과 함께 수입제품과의 가격경쟁 우위로 471%의 경상이익증가율을 기록했으며, 1998년에도 높은 성장이 예상된다.

## 4. 기술적 지표로 본 장세 전망(1998년 10월 6일자)

증시가 300선에서 맴돌면서 무려 4개월 이상 바닥장세를 보이고 있다. 반등세로 돌아설지 모르는 지루한 상황이 이어지고 있는 것이다. 기술적 분석을 이용한 주가향방을 분석해보자.

주식 투자에서 향후 주가를 예측하는 방법으로는 크게 기본적 분석과 기술적 분석이 있다. 기본적 분석이 투자자산의 내재가치를 연구분석하여 투자하는 방법이라면, 기술적 분석은 주가를 결정하는 것이 내재가치만이 아니라 수급요인에 따라 결정된다는 전제 아래에서 투자하는 방법이다.

기술적 분석에는 일반적으로 추세분석, 패턴 분석, 시장특성분석, 시장구조이론이 있다.

### 추세분석을 통한 주가 전망

추세분석은 변화하는 주가의 움직임으로부터 추세선을 관찰함으로써 주식의 매매시점을 포착하는 기법이다. 추세분석에서 대표적인 기법이 지수이동평균법에 의한 지지와 저항 개념이다.

지수 이동평균선의 원리상 지수가 상승 추세에서는 지수>단기이동평균선>장기이동평균선의 순서로 정배열된다. 지수가 하락

> 깊이 읽기

### 실질적 경상이익증가율 상위 기업군

| 종목명 | 자본금 | 경상이익 | 증감률 | EPS | 주가 | PER |
|---|---|---|---|---|---|---|
| 삼아알미늄 | 17.3 | 19.6 | 흑자전환 | 2,841 | 37,000 | 13.0 |
| 대림통상 | 105.0 | 73.4 | 흑자전환 | 2,705 | 22,000 | 8.1 |
| 대 동 | 53.5 | 24.2 | 흑자전환 | 2,084 | 14,800 | 7.1 |
| 대창공업 | 186.1 | 48.3 | 흑자전환 | 1,142 | 9,510 | 8.3 |
| 롯데칠성 | 67.8 | 136.3 | 852.9 | 5,878 | 77,000 | 13.1 |
| 청 산 | 80.0 | 35.9 | 797.5 | 2,650 | 14,500 | 5.4 |
| 계양전기 | 170.0 | 100.7 | 783.3 | 1,956 | 24,000 | 9.0 |
| 모 나 미 | 40.7471 | 15.7 | 554.2 | 1,669 | 17,200 | 10.3 |
| 한미약품 | 112 | 158.0 | 510.0 | 6,036 | 36,400 | 6.0 |
| 태 평 양 | 510.0 | 406.3 | 471.4 | 1,087 | 18,700 | 17.2 |
| 영원무역 | 178.5 | 224.3 | 282.1 | 4,460 | 38,300 | 8.6 |
| 고니정밀 | 85.0 | 41.0 | 217.7 | 2,011 | 15,200 | 7.5 |
| 덕성화학 | 55 | 40.4 | 190.9 | 3,022 | 37,900 | 12.5 |
| 세방전지 | 70.0 | 63.0 | 182.5 | 2,393 | 34,400 | 14.3 |
| 세방기업 | 68.4 | 49.9 | 154.4 | 1,419 | 31,200 | 21.9 |
| 동성화학 | 187.2 | 123.8 | 154.2 | 2,732 | 14,800 | 5.4 |
| 코리아써키트 | 96.3 | 135.7 | 136.5 | 5,462 | 47,500 | 8.7 |
| 율촌화학 | 98.5 | 126.5 | 125.8 | 4,174 | 39,800 | 9.5 |
| 대 상 | 251.79 | 477.0 | 125.5 | 7,751 | 54,000 | 6.9 |
| 유양정보 | 64.5 | 30.7 | 114.2 | 1,704 | 22,900 | 13.4 |
| 진 웅 | 128.7 | 60.9 | 105.7 | 1,818 | 13,600 | 7.5 |
| 고려화학 | 200.0 | 212.1 | 99.5 | 4,470 | 35,500 | 7.9 |
| 메 디 슨 | 131.9 | 172.8 | 99.5 | 568 | 11,300 | 19.8 |
| 신라교역 | 47.0 | 63.3 | 91.1 | 4,520 | 33,500 | 7.4 |
| 신 흥 | 67.3 | 58.0 | 81.3 | 3,120 | 17,100 | 5.5 |
| LG가스 | 343.0 | 158.2 | 65.1 | 1,885 | 13,900 | 7.4 |
| S J M | 50.0 | 73.4 | 58.3 | 5,805 | 59,500 | 10.2 |
| 무학주정 | 43.0 | 38.9 | 56.8 | 2,779 | 19,200 | 6.9 |
| 신도리코 | 494.1 | 593.8 | 50.2 | 4,626 | 54,000 | 11.6 |
| 광 전 자 | 70.0 | 62.3 | 46.6 | 3,636 | 40,500 | 11.1 |

주 : 1.경상이익증가율 상위 기업 중 EPS 1,000원 이상인 기업 2.유가증권처분, 고정자산처분 등 비경상적 이익발생기업은 제외. 3. 주가는 3월 25일 종가 기준.

추세일 경우에는 장기이동평균선>단기이동평균선>지수로 역배열이 발생한다. 따라서 지수 사이클을 볼 때 정배열 전환 → 정배열→ 역배열 전환 → 역배열→ 정배열 전환으로 이동평균선의 배열이 변하므로 이를 매매에 이용한다. 즉 정배열 시점에 매수하고 역배열 시점에 매도하는 방법이다.

가장 보편적으로 사용되는 이동평균법을 이용한 매매기법은 이동평균선의 교차를 이용하는 것이다. 단기 이동평균선이 장기이동평균선을 상향 돌파할 때(골든 크로스) 매수하고, 단기이동평균선이 장기이동평균선을 하향 돌파할 때(데드 크로스) 매도하는 방법이다.

현주가는 지수 이동평균법(토요휴장제 이후 120일, 60일, 20일, 5일로 변경)에 따르면 150일, 75일, 25일, 6일 장단기 이동평균선이 역배열상태에 있어 하향추세가 이어질 것으로 보인다. 7월부터 두 차례 정도 상승을 시도하여 9월 중순에는 150일 지수이동평균선을 제외한 단기와 중기 이동평균선이 315포인트대에서 밀집되면서 정배열 상태에 있었으나, 국내 기관투자가와 외국인의 지속

〈표 9-4〉 추세분석

| | |
|---|---|
| 상승추세선 | 매입세력이 매도세력보다 강하게 형성되며, 매입세력은 지수의 저가수준에서 나타나기 때문에 그 저점을 이은 선이 상승추세 |
| 하락추세선 | 매도세력이 매입세력보다 강하게 형성되며 그 고점을 이은 선이 하락추세 |

〈표 9-5〉 패턴 분석

| | |
|---|---|
| 전환형 패턴 | 헤드 앤드 숄더형, 원형, 삼중형, 이중형, V형, 역헤드 앤드 숄더형, M형 |
| 지속형 패턴 | 대칭삼각형, 직각삼각형, 역삼각형, 쐐기형, 페넌트형, 사각형, 다이아몬드형 |

적인 매도로 인해 지수가 하락해 완전 역배열 상태로 전환되었다.

통상 이동평균선이 역배열 상태에서 상승추세로 전환되려면 낙폭과대를 겨냥한 반발매수세가 유입되어 몇 차례 이격좁히기 작업이 전개되어 정배열 상태로 전환되는데, 이에 소요되는 기간은 1~2개월이 걸린다. 따라서 추세분석으로 보면 현재 주식시장은 횡보에서 하향국면으로 전환되어 상승국면으로 전환되기에는 기간이 걸릴 것으로 전망된다.

### 패턴 분석을 통한 주가 전망

패턴 분석은 추세선이 변화될 때 과거에 나타났던 여러 가지 주가변동 모형을 미리 정형화해 향후 주가 추이를 예측하는 기법이다. 추세분석이 시세의 진행을 동적으로 관찰함으로써 주가흐름의 방향을 예측하고자 하는 데 반해, 패턴 분석은 정적인 관찰에서 주가의 전환시점을 포착한다는 차이점이 있다.

패턴에는 전환형 패턴과 지속형 패턴이 있다. 전환형 패턴은 현 추세가 반전되어 이전의 추세 방향과 반대방향으로 전환해 새로운 추세가 나타날 것을 예시하는 패턴이다. 지속형 패턴은 현추세의 진행과정 속에서 일시적인 조정의 결과로 나타나는 패턴이다.

패턴 분석에 따르면 5월부터 지속되고 있는 사각형의 지속형 패턴은 저점인 280포인트대를 하향하지 않고 있어 이 패턴이 아직 진행되고 있는 것으로 보인다. 그러나 강력한 지지선이었던 300포인트를 하향한 이후 반등했으나 300~330포인트대는 1998년 거래량의 40% 이상이 거래된 매물대로 원활히 매물 소화를 하면서 상승세를 유지하기는 어려울 것으로 보인다. 따라서 패턴 분석으로 보더라도 지속형 패턴이 이어지기보다는 M자 하락 전환형 패턴이

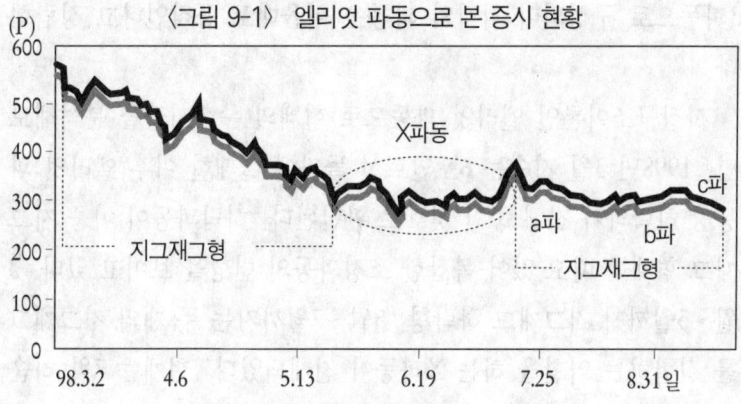

〈그림 9-1〉 엘리엇 파동으로 본 증시 현황

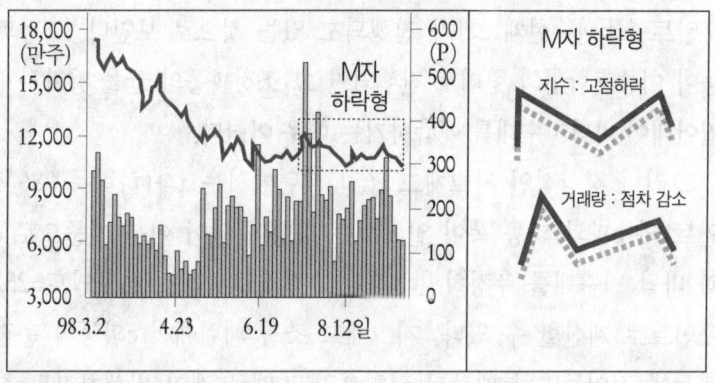

〈그림 9-2〉 패턴으로 본 증시 현황

될 가능성이 높아 시장은 약세가 이어질 것으로 전망된다.

### 시장구조이론을 통한 주가 전망

 시장구조 이론은 과학적·합리적으로 설명하기는 어렵지만 경험적으로 시장 움직임을 분석해 시장의 변동논리를 해석하는 방법으로 엘리엇 파동이론이 대표적이다. 엘리엇 가격변동법칙은 시장가격이 일정한 리듬을 반복한다는 가정 아래 상승 5파와 하락의

3파동으로 구성되며 각각의 파동은 비율대로 움직인다고 정립했다.

시장구조이론인 엘리엇 파동으로 현재의 주식시장을 분석해보면, 1998년 3월 지수는 6포인트선 돌파에 실패한 이후 엘리엇 파동상 하락파가 진행 중인 것으로 판단된다. 하락파동이 이중 지그재그 형태를 띠고 있어 복잡한 조정파동의 변형을 보이고 있다. 3월~5월까지 지그재그 하락형, 5월~7월까지는 두 개의 지그재그를 결합하는 역할을 하는 X파동이 전개되었다. 현재는 7월 하순부터 또 다른 지그재그 하락파가 진행되는 것으로 볼 수 있다. 7월 21일 374포인트에서 8월 18일 288포인트를 a파, 9월 10일 338포인트를 b파, 현재 c파가 진행되고 있는 것으로 보인다. 조정파동이 이중혼합형의 형태로 진행되면 그 조정파동의 끝을 정확하게 집어내어 바닥지수대를 예측하기는 매우 어렵다.

그러나 정상적인 지그재그 조정 패턴에서는 a파(하락폭 : 86포인트)와 c파의 파동 폭이 일치하는 경향이 있어 이를 기준으로 c파 바닥 지수대를 추정하면 b파의 고점 338포인트-86포인트=252포인트로 계산할 수 있다. 지그재그 조정 패턴에서 c파동의 충격파동에 접어들면 투매를 불러일으키고 때로 갭이 발생하기도 한다. 또한 c파동에서는 그 하락폭이 매우 커 수익을 얻기는 어려운 시점이다. 조정장은 선물시장을 적절히 활용하면 초과 수익을 낼 수 있는 시점이기도 하다.

### 종합주가 전망

기술적 지표로 현장세를 종합분석하면 단기지표는 바닥권에서 매수 신호가 나타나고 있어 반등이 예상된다. 그러나 중장기 지표인 지수이동평균선이 역배열 상태에서 하락추세가 이어지고 있어 반등을 하더라도 상방에 있는 지수 이동평균선이 저항선으로 작용할 가능성이 높고 300포인트대 이상에서는 매물부담이 있어 반등폭은 제한적일 것으로 전망된다. 시장 패턴도 지수의 고점이 낮아지고 거래량도 점차 감소하고 있기 때문에 사각형의 지속형 패턴에서 M자 하락전환형 패턴으로 전환되고 있는 것으로 보인다. 또한 현재의 장세가 엘리엇 파동상 하락 c파가 진행되는 국면이라고 판단되면 일정 부분 현금을 보유하면서 노출된 위험을 축소하고 선물시장에서 효과적으로 대응하는 것이 바람직한 투자방법으로 판단된다.

### 5. 결산기말 고배당 종목에 눈돌려라(1998년 12월)

일반적으로 주식투자를 할 때 사람들은 주식의 시세차익을 내는 것만을 생각하게 된다. 즉 대부분의 주식투자자는 어떻게 하면 주식을 싸게 사서 비싸게 팔 것인가만을 생각한다. 하지만 주식투자의 수익을 내는 데는 시세차익만 있는 것이 아니다. 배당투자도 수익을 올리는 방법이다.

주식회사 제도에서 주주는 회사에 대해 여러 종류의 권리를 갖는다. 그 중 하나가 이익배당 청구권이다. 이익배당 청구권이란 회사가 회계연도 기간 동안(보통은 1년이며 많은 상장기업이 1월 1일~12월 31일까지를 회계연도로 하고 있음) 영업활동을 통해 얻은 이익에 대해 일정 부분의 배당을 요구할 수 있는 권리다. 주주라면 당연히 배당 받을 권리를 갖고 있는 셈이다. 배당은 현금으로 지급하는 현금배당과 당해 회사의 주식으로 지급하는 주식배당으로 나뉜다.

　상장회사들은 적자를 보이지 않는 한 기업의 이미지 제고, 경영에 대한 자신감 표현, 건실한 경영에 대한 과시, 주주들에 대한 예우, 적정수준의 주가관리 등 여러 가지 이유로 배당을 실시한다. 배당 수준은 시중은행의 정기예금 금리 수준에서 결정하는 것이 보통이다.

### 배당투자 잘 이용하면 메리트 있다

　그러면 기업은 과연 어느 주주에게 배당을 지급해야 하는가에 대한 문제에 직면하게 된다. 상장회사의 주식은 증권시장이 열리는 동안이면 언제라도 사고팔 수 있어 주주가 수시로 바뀌기 때문이다. 이를 해결하기 위한 수단 중 하나가 배당을 받을 수 있는 주주의 자격 규정이다. 즉 결산기말 현재 당해 기업의 주식을 보유한 주주가 배당을 받을 수 있다고 규정하고 있다. 기업들은 이들 주주에게 배당금을 지급하게 된다.

---

**용어해설**

- 배당률 : 1주당 액면금액 대비 배당금 지급비율
- 배당투자수익률 : 현재 주가대비 배당금 지급비율
- 배당성향 : 당기순이익 중 기업이 배당금으로 지급한 금액의 비율

예) A라는 기업의 자본금이 300억 원, 당기순이익 100억 원, 배당금 지급금액 30억 원, 액면가 5,000원, 현재 주가 2만 원이라 할 때 배당률은 10%, 배당투자 수익률은 2.5%, 배당성향은 30%이다.

따라서 결산기말 현재 단 하루를 보유하고 있는 사람도 일정한 배당을 받을 수 있다는 얘기다. 이 같은 특성으로 인해 배당은 연 수익률로 환산할 경우 적지 않은 수익을 얻을 수 있는 방법이 될 수 있다.

그러나 배당을 목적으로 한 투자는 우리 증권시장의 여러 가지 특성상 활발하지 못했다. 미국의 경우와 달리 액면가제도를 택하고 있는 우리나라는 주주에게 지급하는 배당을 액면을 기준으로 지급하기 때문이다.

즉 통상적으로 10%의 배당을 지급한다고 해도 현재의 주가가 2만 원이라 하면 배당투자 수익률은 액면가 5,000원의 10%인 500원을 배당으로 얻기 때문에 실질적인 배당투자 수익률이 2.5%로 떨어진다는 얘기다. 2.5%의 수익을 얻기 위해 2만 원을 투자해야 하기 때문에 메리트가 적다는 통념이 자리잡고 있었다. 배당률도 주주총회에서 결정되기 때문에 배당투자를 목적으로 할 경우 투자수익이 결정되지 않은 상태에서 투자해야 한다는 불안감도 작용했다.

그 지급시기도 주주총회에서 배당률을 결정한 후 회사에서 배당금으로 지급할 재원을 마련하는 등의 시간을 감안하면 12월 결산법인의 경우 보통 3월 이후에 배당금이 지급되는 것도 배당투자를 망설이는 이유로 작용했다.

그러나 배당투자도 잘만 활용하면 충분히 메리트가 있다. 배당투자 수익률을 먼저 살펴보자. 위의 예에서처럼 현재가 2만 원인 주식에 대해 10%의 배당을 실시하면 액면가 5,000원의 10%인 500원의 배당금을 수익으로 얻을 수 있게 되어 배당투자 수익률은 2.5%가 되지만 배당을 얻기 위한 보유기간은 12월 결산법인의 경우가 제일 길지만(1998년의 경우 1998년 12월 28일의 납회와

1999년 1월 4일 개장일 사이의 7일 간) 그 밖의 결산기법인인 경우는 단 하루만의 보유로도 배당을 받게 된다. 따라서 12월 결산법인의 경우라도 7일 간의 투자로 2.5%의 투자수익률을 올릴 수 있다. 이를 연수익률로 환산하면 130%의 투자수익률을 올리는 셈이다.

배당락에 대해서도 살펴보자. 배당락은 배당금을 고려해 인위적으로 주가를 하락시키는 행위를 말한다. 지난 1998년 7월부터 현금배당에 대해서는 배당락을 실시하지 않고 있으나, 주식배당에 대해서는 결산기말 15일 전까지 공시를 하는 경우에 한해 배당락을 실시하고 있다. 따라서 주식배당의 경우 배당률이 공시되고 배당락의 폭도 예측이 가능하기 때문에 불확실성이 제거되고 있다. 현금배당의 경우에는 배당률이 확정되지 않는 대신에 인위적으로 주가를 하락시키지 않기 때문에 배당의 수익을 모두 향유할 수 있게 된다.

### 완급 조절한 배당투자 고려할 시점

배당률과 배당투자수익률의 괴리문제도 절대적인 것은 아니다. 과거 증권시장에서는 통상 주가수준이 액면가를 넘어서 배당투자수익률이 배당률을 밑돌았다. 그러나 1998년 증권시장의 주가수준은 얼마 전까지만 해도 액면가 이하의 종목이 상당히 많았으며 아직도 이러한 현상은 지속되고 있다. 따라서 현재의 주가가 3,000원인 기업이 10%의 배당을 실시한다고 가정하면 배당금은 500원이 되고 현재 주가 3,000원에 대한 배당투자수익률을 계산하게 되면 배당투자수익률이 16.6%나 된다. 연수익률로 환산하면 무려 800%가 넘는 셈이다.

이는 이미 1998년 6월 결산법인에 대한 배당투자에서도 나타났다. 신신금고의 6월 말 주가는 1,815원이었는데 현금배당을 주당 500원을 실시하여 27.5%의 배당투자수익률을 단기에 올렸다. 동양금고는 6월 말 주가가 1,885원, 배당은 주당 400원으로 배당투자 수익률이 21.2%였다. 제일금고는 6월 말 주가가 2,190원, 배당은 주당 500원으로 배당투자수익률이 22.8%를 보였다. 단 하루만의 투자로 이러한 수익을 얻는다는 것은 배당투자의 상당한 메리트라 할 수 있다.

IMF의 위기국면에서 일단 한 고비를 넘어서자 일반투자자들이 저가주를 선호한 것도 주가상승에 대한 기대감과 더불어 현재가가 액면가를 훨씬 밑돌고 있었기 때문으로 분석된다. 다시 말해 이들 종목에 대한 배당투자는 채권투자와 비슷한 수준의 투자수익률을 보장하고 있었다고 볼 수 있다.

배당투자수익률을 극대화하기 위한 또 다른 방법은 우선주에 대한 투자다. 우선주는 우리 증권시장에 M&A 열풍이 불면서 의결권이 없다는 이유로 급격한 주가의 하락을 보였다. 그 뒤 보통주에 비해 훨씬 낮은 가격을 보이고 있다. 하지만 이들 우선주에 대해서는 보통주보다 더 많은 배당(통상적으로 보통주보다 1%의 추가적인 배당을 실시함)을 주고 있기 때문에, 우선주는 보통주보다 높은 배당률과 낮은 주가수준으로 인해 월등한 배당투자수익률을 얻을 수 있다. 다만, 이들 우선주에 대해서는 일반인들의 관심 부족으로 거래가 부진한 경우가 많기 때문에 유동성을 감안해야 한다.

따라서 우선주에 대한 배당투자를 할 경우에는 고율의 배당을 지급해온 기업 가운데서 이번 회계연도 중 영업실적이 우수하여 배당을 실시할 가능성이 높고, 우선주의 거래가 활발하여 주식을 팔려고 할 때 손쉽게 팔 수 있는 종목을 선택하는 것이 좋다. 즉 유동성을 보유하고 있으며 재무적인 안정성을 확보한 우선주를 선별해 골라야 한다는 얘기다.

연말이 가까워오는 현재의 증권시장은 풍부한 자금유동성을 바탕으로 지수관련주를 중심으로 바닥권 탈출에 성공했다. 개별성 종목들도 이에 편승해 나름대로의 상당폭 상승을 한 이후 조정국면을 보이고 있다. 따라서 섣불리 종목을 선택하기가 쉽지 않은 시점이다. 이러한 상황을 종합할 때 지금은 성급한 종목수익률을 목적으로 한 투자보다는 완급을 조절한 배당투자도 고려할 시점인 것이다.

### 6. 실적호전주 노려라 (1998년 12월 29일자)

주가가 급등락을 거듭하면서 조정양상을 보이고 있다. 1998년 12월 15일 주가는 개인투자자들의 폭발적인 매수세에 힘입어 579를 기록, 1998년 들어 최고치를 경신했다. 16일에도 주가는 장중 한때 599까지 치솟았다. 주가 600선의 벽을 깰 수 있다는 기대감이 무르익어가는 순간이었다.

그러나 이러한 기대에도 불구하고 이 날 주가는 단기급등에 대한 경계매물이 쏟아지면서 하락세로 돌변, 단번에 전날보다 33포인트가 떨어진 545로 마감했다. 장중 변동폭은 무려 60포인트. 이러한 하락세는 이튿날인 17일에도 이어져 그 동안 주가를 끌어올리는 데 결정적인 역할을 하던 증권주와 건설주를 일제히 하한가로 끌어내렸다.

> 깊이 읽기

### 지난 3년 간 배당투자수익률 상위기업 (단위 : %, 원)

| 종목명 | 현금배당률 | | | | 배당투자 수익률 | 현재가 12/2 종가 |
|---|---|---|---|---|---|---|
| | 1995년 | 1996년 | 1997년 | 3년 평균 | | |
| 쌍용양회(우) | 13.0 | 11.0 | 9.0 | 11.00 | 26.83 | 2,050 |
| 동양시멘트(우) | 13.0 | 12.0 | 11.0 | 12.00 | 26.43 | 2,270 |
| 성원건설(우) | 11.0 | 8.0 | 3.0 | 7.33 | 25.91 | 1,415 |
| 금호석유(우) | 11.0 | 10.0 | 8.0 | 9.67 | 22.38 | 2,160 |
| 성신양회(우) | 13.0 | 12.0 | 11.0 | 12.00 | 20.34 | 2,950 |
| 코오롱상사(우) | 9.0 | 9.0 | 2.0 | 6.67 | 17.92 | 1,860 |
| 삼성물산(우) | 11.0 | 11.0 | 6.0 | 9.33 | 15.93 | 2,930 |
| 쌍용 | 10.0 | 8.0 | - | 6.00 | 15.50 | 1,935 |
| 한일건설 | 10.0 | 10.0 | 8.0 | 9.33 | 14.31 | 3,260 |
| 현대차써비스(우) | 13.0 | 12.0 | 4.0 | 9.67 | 14.22 | 3,400 |
| 금호석유 | 10.0 | 9.0 | 7.0 | 8.67 | 13.54 | 3,200 |
| 성원건설 | 10.0 | 7.0 | 2.0 | 6.33 | 13.48 | 2,350 |
| 동양시멘트 | 12.0 | 11.0 | 10.0 | 11.00 | 13.41 | 4,100 |
| 쌍용정유(우) | 31.0 | 27.0 | 11.0 | 23.00 | 13.07 | 8,800 |
| 동부제강(우) | 9.0 | 9.0 | 4.0 | 7.33 | 12.26 | 2,990 |
| 삼환기업(우) | 9.0 | 9.0 | 6.0 | 8.00 | 11.99 | 3,335 |
| 신일건업 | 10.0 | 10.0 | 7.0 | 9.00 | 11.84 | 3,800 |
| 시우 | 12.0 | 6.0 | 4.0 | 7.33 | 11.46 | 3,200 |
| 코오롱상사 | 8.0 | 8.0 | 1.0 | 5.67 | 11.22 | 2,525 |
| 성미전자(우) | 26.0 | 31.0 | 21.0 | 26.00 | 11.11 | 11,700 |
| 쌍용양회 | 12.0 | 1.0 | 8.0 | 7.00 | 10.99 | 3,185 |
| 현대정공(우) | 11.0 | 12.0 | - | 7.67 | 10.95 | 3,500 |
| 고려산업 | 12.0 | 12.0 | - | 8.00 | 10.83 | 3,695 |
| 대우중공업(우) | 6.0 | 6.0 | 6.0 | 6.00 | 10.64 | 2,820 |
| 제일모직 | 12.0 | 12.0 | - | 8.00 | 10.64 | 3,760 |
| 삼환까뮤 | 8.0 | 7.0 | - | 5.00 | 10.59 | 2,360 |
| 레이디가구 | 20.0 | 8.0 | - | 9.33 | 10.56 | 4,420 |
| 서통(우) | 9.0 | - | 3.0 | 4.00 | 10.47 | 1,910 |
| 한솔제지(우) | 16.0 | 10.0 | - | 8.67 | 10.32 | 4,200 |
| S K(우) | 13.0 | 13.0 | 11.0 | 12.33 | 10.28 | 6,000 |

주 : (우)는 우선주

단기적인 급등에 대한 경계심리가 팽배해지던 시점에서 고객예탁금의 증가율이 하락하고 미국의 이라크 공격으로 원유와 금 등 국제원자재 가격이 일제히 올랐다는 소식이 전해지면서 개인투자자들이 일제히 투매함으로써 증시가 일시에 하락세로 변했다.

### 주가하락에 대한 인식

증시 전문가들은 대부분 이러한 주가의 급반전에 대해 일단 과열증시에 대한 조정으로 보고 있다. 시장주변 환경에 큰 변화가 없는데도 주가가 급등락을 보이는 것은 심리적 요인이 크게 작용하기 때문이라는 것이다. 최용구 대우증권 조사부장은 『그 동안 증시는, 증권주와 건설주의 폭등과 이에 따른 저가주에 대한 무조건적인 매수가 주가를 끌어올렸다. 기업의 가치와는 상관없이 주가가 지나치게 부풀려지면서 일부 종목에서 거품현상이 두드러진 게 사실이다. 이러한 거품이 이번에 꺼진 것에 불과하다』고 말한다. 김성권 한화증권 리서치 팀장도 『단기급등에 따른 투자심리 경계로 상승세가 꺾였을 뿐 매수 종목을 찾는 증시 주변의 자금은 여전히 떠나지 않고 있다』고 밝힌다.

### 증시 전망

증시는 1998년 말까지 주가가 크게 폭등하거나 폭락할 공산은 거의 없다는 분석이다. 이충식 동원경제연구소 분석실장은 『급상승을 보였던 증권주와 건설주가 이틀 연속 하한가를 치고, 그 이후 하락안정세를 보임에 따라 증시는 전반적으로 상승세가 한풀 꺾인 것으로 봐야 한다』고 말한다. 그는 『걸프 사태도 증시에는 별다른 영향을 주지 않을 것으로 보여 1998년 말까지 주가지수

〈표 9-6〉 1998년 실적호전 대우증권 매수추천 종목

(단위 : 억 원, %)

| 회사명 | 순이익 | 증감률 | PER | 회사명 | 순이익 | 증감률 | PER |
|---|---|---|---|---|---|---|---|
| 경동가스 | 49.0 | 1.86 | 9.94 | 송원산업 | 50.0 | 259.56 | 7.04 |
| 계양전기 | 51.9 | -21.97 | 10.87 | 수출포장 | 110.0 | 흑자전환 | 4.73 |
| 고려아연 | 602.0 | 2015.77 | 6.40 | 신도리코 | 536.2 | 17.31 | 8.02 |
| 고려운수 | 145.0 | 848.72 | 0.97 | *신동아화재해상보험 | 92.0 | 339.20 | 8.83 |
| 고려화학 | 191.0 | 6.81 | 9.42 | *신영증권 | 256.0 | 31.44 | 14.83 |
| *국제약품 | 14.6 | 19.53 | 11.87 | 아세아제지 | 50.0 | 자전환 | 6.81 |
| 금강 | 141.7 | -36.46 | 12.45 | 영원무역 | 320.0 | 100.92 | 3.45 |
| 금호케미칼 | 56.0 | 흑자전환 | 5.97 | 영창실업 | 60.0 | 847.81 | 3.77 |
| 남해화학 | 510.4 | 1378.27 | 3.82 | 우성사료 | 72.5 | 2409.01 | 5.11 |
| 대덕산업 | 152.9 | 77.18 | 6.50 | 유한양행 | 176.3 | 235.43 | 7.66 |
| 대덕전자 | 178.7 | 148.45 | 14.38 | *유화증권 | 135.0 | 116.81 | 16.61 |
| 대림통상 | 130.2 | 129.29 | 3.83 | 일신방직 | 106.5 | 660.48 | 8.72 |
| 대성산업 | 65.0 | 83.73 | 17.76 | 제일제당 | 680.3 | 615.70 | 8.20 |
| 대한가스 | 166.0 | 17.19 | 15.16 | 창원기화기공업 | 6.5 | -81.82 | 55.34 |
| 동양화학 | 1,211.0 | 4347.14 | 1.45 | 코리아써키트 | 137.3 | 30.48 | 5.33 |
| *동원증권 | 89.0 | 228.46 | 83.49 | 태평양물산 | 57.0 | 176.66 | 3.39 |
| 롯데삼강 | 121.0 | 흑자전환 | 1.71 | 포항제철 | 11,055.5 | 51.66 | 5.01 |
| 메디슨 | 170.1 | 13.52 | 21.24 | *한국전자 | 187.6 | 30.22 | 4.59 |
| 부산가스 | 135.0 | 27.06 | 20.00 | 한국제지 | 555.3 | 894.88 | 1.39 |
| □삼양사 | 67.0 | 103.85 | 17.30 | 한국철강 | 43.4 | 흑자전환 | 14.38 |
| *삼립산업 | 35.0 | 331.42 | 7.11 | 한국화장품 | 14.3 | 흑자전환 | 19.8/ |
| 삼성엔지니어링 | 78.9 | 23.16 | 12.66 | 한라공조 | 280.0 | 흑자전환 | 8.69 |
| 삼성전자 | 2,850.0 | 130.80 | 33.50 | 한진해운 | 384.0 | 흑자전환 | 3.48 |
| *삼성화재해상보험 | 737.0 | 405.74 | 14.39 | *현대해상화재보험 | 201.0 | 810.69 | 8.70 |
| 새한정기 | 62.0 | 100.20 | 9.79 | 홍아타이어공업 | 149.3 | 150.26 | 4.58 |
| 서울가스 | 145.0 | 18.91 | 12.89 | LG전선 | 270.0 | 5273.40 | 6.91 |
| 세림제지 | 45.0 | 결산변경 | 6.68 | *LG화재 | 353.0 | 324.49 | 5.29 |
| 세방기업 | 21.0 | 8.08 | 15.63 | SK | 1,593.1 | 688.00 | 6.58 |
| 세아제강 | 124.2 | 91.96 | 5.70 | SK텔레콤 | 2,268.5 | 99.68 | 16.52 |

주 : 1. *는 3월 결산회사.
 2. □는 6월 결산회사.

520선 정도에서 등락을 거듭할 것』으로 전망한다.

최용구 부장도『주가의 갑작스런 하락에 놀란 개인투자자들의 경계심이 높아지면서 조심스런 투자자세가 강화될 것으로 보인다』고 말한다. 그러나 그는『시중자금이 증시에서 떠나지 않고 있어 적어도 연말까지는 급격한 하락이나 상승은 없을 것』으로 분석한다.

### 증시 호재와 악재 분석

현재 증시는 악재보다는 호재가 많은 편이다. 최근의 주가 하락도 악재의 비중이 높아졌다기보다는 주가 폭등, 사소한 악재가 크게 부각된 데 불과하다는 것이 증시전문가들의 분석이다. 증시 상황에 따라 증시의 호악재도 큰 영향을 주기도 하지만, 대수롭지 않게 지나가기도 한다.

지금 국내증시에서 가장 큰 호재는 무엇보다도 국내실물경기에 대한 회복 기대감을 든다. 여기에다 세계적인 신용평가기관인 영국의 피치-IBCA사가 1999년에 국가신용도를 상향 조정할 것이 확실시되는 것도 증시를 부추기는 요인으로 작용하고 있다. 또한 증시 열기에 불을 당기는 촉매역할을 톡톡히 해냈던 외국인들의 국내증시에 대한 관심이 여전히 높다는 점이다.

세계 각 지역을 하나의 투자대상으로 올려놓은 외국인들은 1999년 한국경제가 호전될 것으로 보고 투자비중을 늘려 잡고 있다는 것이다. 기업수익도 크게 호전될 것으로 각종 조사보고서는 예상하고 있다.

증시의 대내적 악재는 유무상증자다. 재무구조개선을 위한 대기업들의 유무상증자가 20조~30조 원에 이르고 있다. 또한 대외적으로는 세계경제가 불안하다는 점이다. 미국경기의 연착륙 여부가 불투명한데다 중남미의 경제도 언제 추락할지 모르는 상황이다. 이충식 실장은 『중국의 위안화 절하 가능성도 도사리고 있는 등 대외변수가 국내증시에 그대로 영향을 미치는 것이 IMF 이후 나타난 증시의 큰 변화』라고 말한다.

**투자전략**

연말에는 실적호전주에 투자하라는 것이 전문가들의 공통된 의견이다. 무조건 매도에 나서기보다는 중소형 개별종목을 중심으로 철저히 분석한 뒤 저점매수전략을 취해야 한다는 것이다.

이충식 실장은 그 동안 대세를 이끌었던 증권 건설주의 상승세가 한풀 꺾이면서 이들 주식에 대한 매수 세력도 예전보다 크게 줄 것으로 예상한다. 증권·건설주의 거품이 40% 정도 가시면서 이제는 중저가 대형주나 중소형 우량주로 종목이 점차 바뀔 것이란 분석이다.

이를 위해서는 당분간 현금 보유비중을 늘리면서 장세 방향이 어느 쪽으로 결정되는지를 살펴본 뒤 투자하는 전략이 필요하다는 주장이다. 그는 『1999년에는 주가가 되살아날 것이 확실한 만큼 개인투자자들은 단기적인 주가변동에 흔들리지 말고 내재가치가 높은 실적 호전주를 중심으로 장기투자에 나설 것』을 충고한다.

최용구 부장도 연말이면 각 증권사마다 1998년과 1999년도 경영실적에 대한 분석보고서를 내놓는 만큼, 이러한 자료를 토대로 기업가치가 높은 실적호전 종목에 투자할 것을 권한다. 급등락장에서도 기업가치가 뒷받침되는 종목은 주가의 등락이 심하지 않다는 것이 그의 추천 이유다.

제 *10* 장

## M&A와 주가 동향

　국내 기업들은 IMF의 충격에서 벗어나고자 구조조정을 서두르고 있다. 과도한 차입경영으로 인한 금융위기에서 벗어나기 위한 탈출방법으로 기업들은 계열사 매각 및 통폐합, 사업축소, 보유주식 매각 등의 방법을 동원하고 있다. 급기야 국내 대그룹은 빅딜 형태로 소속 그룹사 및 사업부문 간의 교환을 추진하는 등 국내산업계는 그야말로 과거에 경험해보지 못한 대대적인 구조조정을 겪고 있다. 국내에서 추진되고 있는 이러한 구조조정의 목적은 무엇보다도 대그룹 간에 형성된 비효율적이고 중복된 산업구조를 더욱 효율적으로 재편하는 데 있다. 그리고 그 수단으로 선택된 방법은 대부분 그 동안 국내기업이 생소하게 인식해온 M&A의 전형적인 주요 방법들이 주류를 이루고 있다.

　M&A는 합병 및 매수를 일컫는다. 합병은 독립적인 두 개의 기업이 하나로 합해지는 경우다. 매수는 어떤 기업이 다른 기업을 매입하는 것을 가리킨다. 합병과 매수는 형태에서 다르기는 하지만, 과거의 경영진이 새로운 경영진으로 교체된다는 데에는 공통

점이 있다. 따라서 M&A는 「한 기업의 경영진이 다른 주인의 이익을 대리하는 새로운 경영진에 의해 교체되는 행위」로 정의될 수 있다. 또한 이 같은 행위가 일어나기 위해서는 기업의 인적·물적 자원의 배분에 대한 최종 결정권, 즉 경영권이 다른 경제주체에 이전되어야 하므로 M&A를 단순히 「경영권의 거래」라고도 정의한다. 이런 이유에서 M&A시장을 경영권 시장이라고도 부른다. 국내에서도 이러한 경영권을 확보하기 위한 거래 및 경쟁이 구조조정의 진행과정에서 무수히 발생하고 있다.

기업은 기업의 확장을 위해 기업인수라는 방법을 택하고 있다. 그러나 기업이 항상 확장만을 지향하는 것은 아니며, 전략적인 측면에서 규모를 축소할 때도 많다. 또한 기업인수에는 늘어나는 부채를 줄이기 위해 일부 사업부를 매각하는 경우도 흔하다. 이처럼 기업의 일부였던 사업부를 떼어내어 독립적인 기업으로 분리하는 기업분할 행위를 기업재편이라고 한다. 즉 영업단위를 다른 경영진에 양도하는 행위라 할 수 있다. IMF 체제 이후 국내 기업들에 나타난 대표적인 M&A 형태는 기업매수 형태보다는 기업 및 사업부문의 매각 형태로 진행되어왔다. 주요 매수자도 외국인들이 대부분이었다. 대그룹 간의 빅딜도 그룹계열사의 축소와 주력기업으로의 그룹 역량 집중을 위해 부수적인 사업을 포기하거나 기업을 매각하는 형태로 진행되고 있다.

현실적으로 나타나고 있는 기업분할은 분리설립과 분리매각이의 두 가지 형태를 띠고 있다. 분리설립은 기업의 일부를 떼어내 독립기업으로 분리 설립하면서 지분구성은 모회사의 지분구성을 그대로 유지하는 경우다. 이는 모회사로의 현금유입은 발생하지 않으나 독립기업이 자회사로 탄생하는 형태다. 분리매각은 말 그대로 기업의 일부를 현금을 받고 매각하는 것이다. 사업부가 독립기업으로 전환한다는 점에서 분리설립과 같으나, 모회사에 현금이 유입된다는 점이 다르다. 분리매각은 어떤 사업부가 부진한 성과를 지속적으로 보이거나 그 사업부가 기업 전체의 전략과 조화를 이루지 못할 때 흔히 일어난다. 대부분 사업부를 매각해 얻은 자금은 기업의 핵심역량을 강화하기 위해 활용된다. 국내에서 진행되고 있는 것은 두 가지 방법 모두를 혼용하는 형태다. 부실사업부문을 매각해 분사화 형태를 취함으로써 본사의 경비를 줄이는 방법이 사용되기도 하며, IMF 체제 아래에서 현금유동성 확보가 우선될 때에는 분리매각의 형태를 많이 이용해 자금확보 수단으로 활용하고 있다.

M&A가 경영주체의 합리적인 의사결정의 결과라면 M&A가 발생하는 동기는 M&A를 통해 주주의 가치를 증대시키기 위한 것이다. 즉 경영진은 주주의 가치를 증대시키기 위해 항상 노력하는 까닭에 M&A라는 경영형태 역시 주주의 가치를 증대시키는 방법의 하나로 활용하는 셈이다. 이러한 주주가치의 증대는 관련 기업이 상장기업인 경우 상장된 주식의 가격상승으로 나타난다. M&A를 통해 기업의 경영효율성이 높아질 것으로 판단되기 때문이다. 일반적으로 M&A와 관련해 주가가 상승하는 원인은 세 가지다. 첫째는 자원활용의 효율성 증대이고, 둘째는 단순 지분에 의한 기존 경영인의 유지보다는 신임하는 경영진의 선임 등에 의해 대리인 비용이 하락하고 가치가 창출된다. 셋째는 자본시장의 비효율성으로 인해 저평가된 주가 등이 M&A를 통해 적정평가되는 등 가치가 창출된다.

## 1. 외국인 소유한도 철폐와 유망주(1998년 1월 6일자)

**M&A 관련주 증시 주도**

외국인에 대한 1인당 한도 철폐가 증시에 영향을 끼칠 전망이다. 외국인들이 이사회와 감독당국의 승인을 얻어 금융기관을 소유할 수 있도록 허용된데다 금융기관을 제외한 일반 상장기업에 대해서도 이사회의 승인을 거쳐 50%까지 소유할 수 있게 됐기 때문이다. 다만, 일반 상장회사의 경영권을 행사하기 위해서는 10% 이상 보유시 이사회의 승인을, 그리고 5% 이상 보유할 때에는 사후 신고하도록 되었다.

그러나 외국인이 주총을 통해 이사를 선임할 수 있도록 해 외국인도 국내기업을 소유하는 데 큰 장애가 없게 되었다. 외국인 10명을 동원하면 신고도 필요없게 됐다. 또 국내의 2대주주나 3대주주와 결탁할 수 있고 내국인을 내세울 수도 있다. IMF와의 합의문에는 적대적 M&A를 금지하도록 되어 있으나, 바로 그 뒷부분에서 지배적 위치의 남용과 관련된 한국의 법률제도를 여타 선진국 기준에 맞추기 위해 적대적 인수행위에 대한 법률안을 제출토록 규정해 사실상 M&A의 자유화가 실시될 예정이다.

외국인에 대한 국내기업의 적대적 M&A 허용은 증시수급 구조를 크게 호전시킬 것으로 전망된다. 당장에는 외국인의 국내기업 M&A가 이루어지지 않더라도 회사내용이 좋고 지분이 적은 대주주는 지분을 높이지 않을 수 없는 상황이 됐다. 또한 외국인에 대한 소유한도 철폐는 내국인에게도 동일한 대우를 하지 않을 수 없어 대주주는 외국인과 내국인으로부터 동시 협공을 당할 것으로 예상된다. 현재 의무공개매수 규정 완화가 거론되고 있으나 이 이상의 조치도 배제할 수 없는 상황이다.

최근의 금융시장 불안으로 지수가 지속적으로 상승하기는 어렵고 M&A 테마주도 상승세를 계속 유지하기는 힘들다. 그러나 상당 기간 M&A가 증시를 주도하는 테마주로서 관심을 끌 것으로 보인다. 현재와 같이 주가가 쌀 때 대주주 처지에서는 가장 싼 비용으로 회사를 지킬 수 있는 시기이므로, 여력이 있는 대주주를 중심으로 주식매수가 꾸준할 것으로 보이기 때문이다. 현재의 시가 수준에서는 한국의 재벌 모기업조차 500억~1,000억 원만 투자

〈표 10-1〉 선도기업과 M&A 관련 투자유망 기업군

| 구 분 | 관련 기업군 |
|---|---|
| 지주 기업<br>(holding company) | 현대건설, 삼성전자, SK, 대우, LG 화학, LG 전자, 한화, 태평양, 동양시멘트, 대성산업, 롯데제과, 태영, 동양화학, 동아제약, 유한양행, 신세계, 제일제당, 대상공업, 태경산업, 대림산업, 효성T&C, 코오롱, 세방기업, 삼화콘덴서 |
| 우량 금융기업 | 주택은행, 장기신용은행, 국민은행, 하나은행, 한일은행, 삼성화재, 대우증권, 동원증권, 신영증권, 한외종금, 한국종금 |
| 외국인 선호 기업 | SK텔레콤, 삼성전자, LG정보통신, 데이콤, 현대자동차, SK, 삼성전관 |
| 시장지배적 기업 | 농심, 대덕산업, 창원기화기, 주택은행, 이수화학, 국도화학, 동성화학, 서흥캅셀, 한국제지, 한국타이어, 퍼시스 |
| 자산가치 우량 기업 | 대한제분, 대한제당, 롯데칠성, BYC, 경방, 동일방직, 효성T&C, 태광산업, 성창기업, 삼성정밀화학, 송원산업, 대한페인트, 대림통상, 대한전선, 대한방직, 신세계, 제일제당, 태영, 세방기업 |
| 대주주 지분이 높지 않은<br>재무구조양호 저PBR종목 | 코오롱상사, 대림수산, 오리온 전기, 세아제강, 신동방, 영창악기제조, 신세계 백화점, 선창산업, 한국화장품, 회성전선 |
| 외국인 신규투자 가능기업<br>(직접투자 지분이 26%이상) | 한국포리올, 한국화인케미칼, 국도화학, 호남석유화학, 쌍용정유, 세방전지, 신영와코루, 삼영전자, 신도리코 |
| 해외 DR, CB<br>발행과다 업체 | 삼성전자, 포철, SK 텔레콤, 국민은행, 주택은행, 현대자동차, 하나은행, 한솔제지, 장기신용은행 등 |
| 외국인의 경영전략상<br>관심종목 | 유통, 금융, 통신, 제약, 자동차 및 자동차 판매업체 |

하면 인수할 수 있을 정도로 매우 낮다.

산업의 선도기업(leading company)도 장세의 관심을 끌 전망이다. 선도기업주는 외국인 투자한도 확대의 수혜주와 중복되기는 하나 재무위험과 시장지배력이 중요한 투자판단이 되는 현시점에서는 관심을 끌 수밖에 없을 것이다.

이번 외국인의 지분한도를 50%까지 확대키로 한 조치와 관련해 선도기업과 M&A관련 투자유망종목군을 살펴보기로 하자.

우선 은행주가 외국인들이 가장 선호하는 종목으로 떠오를 것이다. 비금융업에 대해서는 유통업·자동차 판매·정보통신 등 일부 업종을 제외하고는 고임금·고지가·고물류비용 등으로 국내 기업들이 경쟁력이 없다고 보아 큰 관심을 보이지 않을 것으로 분석된다.

그 동안 은행주 소유한도는 4%로 제한되어 재벌을 포함한 국내인에게도 은행소유가 사실상 금지되었다.

### PBR 낮은 기업도 관심종목 부상

그러나 멕시코의 경우 규모가 큰 3개 은행을 제외하곤 외국인이 대주주가 될 수 있도록 변경함으로써 IMF 자금지원 이후 은행의 3분의 1 정도가 외국인의 소유로 넘어갔다. 태국에서도 방콕은행이 미국의 시티은행에 인수됐고, 태국의 최대 파이낸스 컴퍼니인 파이낸스 원사(Finance One PLC)도 CS 퍼스트 보스턴에 양도의향을 밝혔다. 방콕 투자사(Bangkok Investment PLC)도 미국의 AIG 컨슈머 파이낸스 그룹사에 지분 80%를 양도하기로 한 것으로 알려지고 있다.

우리 정부도 일단 외국인에 대해 은행과 증권의 국내 현지법인 설립을 1999년 상반기 중에 허용함으로써 개방시기를 앞당기기로 방침을 정한 것으로 전해졌다. 하지만 국내 현지법인 허용은 기존 은행의 외국인 소유 허용과는 거리가 멀어 외국인들이 새로운 법인을 세워 영업한다는 것은 쉽지 않을 전망이다. 때문에 IMF는 외국인의 기존은행 소유를 바로 허용해줄 것을 요구했고, 정부는 외국인에 대해 50%의 은행소유를 허용할 것이라고 밝혔다.

현재와 같이 은행주가가 주당 1~2달러에 불과할 정도로 싼 수준에서 은행들을 넘긴다는 것은 분명 아까운 일이다. 하지만 외국인에 대한 금융기관의 지분제한 철폐는 최근 국제적으로 논의 중인 다자간투자 자유화협정(MAI)이 타결되면 불가피한 조치다.

외국인에 대한 소유가 본격화하면 외국인에 의한 은행주 M&A 기대감과 금융산업 부실의 조기해소 기대감으로 은행주가는 한 단계 높아질 가능성이 크다. 특히 외국인에게 은행소유가 허용되면 국내재벌이나 사채업자에게도 은행소유가 허용될 것으로 보이며, 그럴 경우 그 동안 은행에 눈독을 들여온 재벌들이나 사채업자들의 은행소유 경쟁도 벌어질 공산이 높다. 재벌이나 외국인에게 은행소유를 허용하기 위해서는 동일인 은행소유한도 4%와 15% 규정을 변경하는 조치도 필요하다. 물론 외국인과 재벌의 은행소유에 대한 국민들의 거부감과 반발도 크겠지만 IMF와의 약속이 우선시돼 이 같은 조치가 취해질 가능성은 어느 때보다 크다고 할 것이다.

현재 은행주 투자환경은 부실채권기준 강화와 유가증권 평가손 100% 반영요구, 금리 급등, 기업부도 급증, 일본에서의 은행과 증권사 연쇄부도 등으로 어두운 것이 사실이다. 하지만 외국인과 재벌에 대한 은행소유가 이루어질 경우 이들 악재를 상쇄시킬 만큼 큰 재료가 될 것으로 보인다.
 한국에 비해 금융산업의 환경이 열악하고 규모도 비교가 안 될 정도로 적은 태국에서도 금융기관 매수를 위한 외국인들의 열기가 매우 높은 점을 감안한다면 국내에서도 태국과 같은 사태가 닥칠 가능성이 매우 크다고 할 것이다.
 현재 은행주의 시가총액이 2억~4억 달러에 불과해 우량은행주는 외국인들에게 어느 때보다 매력이 높은 것으로 분석되고 있다. 경제기초 측면에서도 우량은행주 주가가 현재 2,000~3,000원 수준에 불과해 주당 순자산가치보다 현저히 낮아 장기적인 투자가치는 높다.
 은행주 다음으로 외국인들이 관심을 가질 종목은 지주회사(holding company)들이다. 한국기업의 지배구조는 모회사가 자회사의 지분을 상당수 갖고 있는 경우가 많아 모회사만 소유하면 자회사는 동시에 소유할 수 있다는 결론이 나온다. 대표적인 회사들이 선경·대우·현대건설·LG전자·삼성전자·삼성물산·대성산업·태영·신세계·제일제당 등이다.
 그 밖에도 시장지배적 기업, 그리고 제약·유통·정보통신·자동차판매 등은 외국인들이 경영전략상 판매망을 구축하거나 CDMA 기술을 획득하기 위해 관심을 가질 것으로 예상된다. 또한 자산가치와 재무구조가 우수하면서도 주가가 지나치게 급락해 주가 순자산비율(PBR)이 낮은 기업들도 외국인 레이더스(raiders : 공격적인 투자자)들이 관심을 가질 것으로 예상된다.

## 2. 금융기관 M&A 시나리오(1998년 1월 13일자)

정부의 금융기관 구조조정 방안이 부실 금융기관의 폐쇄라는 극단 조치보다는 M&A를 중심으로 가닥을 잡아가고 있다. 지난 1997년 12월 15일 정부가 발표한 금융기관 합병에 대한 인가기준 및 지원사항이 이를 뒷받침하고 있다.

정부의 이 조치는 자금지원을 조건으로 부실 금융기관 폐쇄를

〈표 10-2〉 금융기관 합병기준 및 지원사항

| 구분 | 합병유형 | 지원사항 |
|---|---|---|
| 동업종간의합병 | 선도은행<br>(시중은행+시중은행)<br>(시중은행+지방은행) | • 증권, 보험, 종금사 중 1개 자회사 신설 허용(신규 인가기준 중 자본금 요건만 적용)<br>• 융통어음 발행, 할인, 매매, 중개, 인수업무 허용<br>• 증권업무 허용(단, 위탁매매 제외) |
| | 지역은행<br>(지방은행+지방은행) | • 서울, 광역시에 지점설치 제한 폐지<br>• 지방조성자금 환류제도 적용 배제 |
| | 투자은행<br>(증권사+증권사) | 종금사업무 중 증권사에 부적합한 업무 외 허용(구체적인 업무내용은 검토 중이며 투융자 업무, 외환업무, 리스 업무 등으로 예상) |
| | 생보사+생보사<br>손보사+손보사 | 지급여력기준(생보), 연간보유보험료 총액한도요건(손보), 미달규모에 따라 최장 5년 안에 이행하도록 유예 |
| | 지방종금사+지방종금사 | 전국종금사로 인정(본점위치제한 폐지, 지방사 우대조치는 3년 간 유지) |
| | 지방보험사+지방보험사 | 전국보험사로 인정(본점위치제한 폐지, 지방사 우대조치는 3년 간 유지) |
| 타업종간의합병 | 선도은행<br>(시중은행+증권사) | • 증권업무 중 유가증권위탁업무를 제외한 업무 허용<br>• 유가증권위탁매매 전담하는 자회사 설립 허용 |
| | 일반은행<br>(은행+종금사) | 종금사업무 중 어음관련업무 허용(융통어음을 포함한 어음의 할인, 매매, 중개, 인수 및 보증업무, CMA 업무) |
| | 투자은행<br>(증권사+종금사) | 종금사업무 중 증권사에 부적합한 업무를 제외한 종금업무 허용(구체적인 업무내용은 검토 중이며 투융자업무, 외환리스 업무 등으로 예상) |

강력히 요구한 IMF와는 달리, 되도록 금융기관을 살리면서 경쟁력을 강화하겠다는 의지로 판단된다. 합병 허용범위는 리스·신용카드·할부금융 등 여신전문 금융기관을 제외한 모든 금융기관으로 같은 업종이든 다른 업종이든 업종에 구분없이 합병이 허용된다(표 10-2 참조).

합병형태는 우선 동종업종 간의 이합집산을 들 수 있다. 은행은 은행끼리, 증권사는 증권사끼리, 종금사는 종금사끼리 합침으로써 규모의 경쟁력을 키워나갈 것으로 보인다. 또 다른 형태는 이업종의 금융기관끼리 뭉쳐 업무의 다양화를 꾀하는 방법이다. 이를 통해 서로의 장점을 최대한 살리고 업무영역을 넓힘으로써 고객 서비스를 향상시키고자 할 것이다.

정부가 외국은행의 국내은행에 대한 적대적 M&A를 허용함에 따라 국내은행들은 이제 자의든 타의든 은행 간 또는 증권사나 종금사 간에 인수합병이 불가피한 실정이다. 따라서 앞으로 국내 금융기관들은 다른 은행이나 증권사와의 인수합병을 통해 초대형 금융기관으로 탈바꿈하든가, 아니면 종금사를 인수해 CP나 CMA 등 업무영역을 확대하는 일반 금융기관으로 변신될 전망이다.

구체적으로 은행들은 타은행이나 종금사와의 합병을 통해 선도은행(leading bank)이나 종합금융 그룹으로 변신할 것이다. 처한 사정에 따라 합병 파트너도 다양해질 전망이다. 시중은행과 시중은행, 시중은행과 지방은행, 지방은행과 지방은행 등 지역거점의 장점을 고려한 합병이 발생하는가 하면 시중은행과 증권사, 은행과 종금사 간 등 업무영역의 확대를 노린 합병도 예상된다. 이 같은 은행 간 합병에 나서지 못하는 은행들은 현재와 같이 예금과 대출을 취급하는 기관에 머무르게 될 것으로 보인다.

### 종금사 업종 자체가 사라질듯

증권사들의 경우 대형증권사는 당장은 실현이 어려울지라도 소형증권사를 인수해 대형투자은행(investment bank)으로 발돋움할 가능성이 크다. 또한 대형증권사 간 또는 종금사와의 M&A를 통해 선진국처럼 은행 고유업무를 제외한 모든 금융 서비스를 취급할 수 있는 대형투자은행으로도 탈바꿈할 것이다. 합병을 못하는 증권사는 위탁중개 업무만을 전담하는 소형증권사(brokerage house)로 격하되는 등 증권사의 양극화가 두드러질 것이다.

종금사의 경우에는 은행이나 증권사에 흡수합병되지 않으면 전문기관으로 살아남아야 한다. 그러나 종금사를 인수하는 은행 및 증권사에 종금업무가 허용되게 되어 있으므로 특화하기란 그리 쉽지 않을 것으로 보인다. 따라서 장기적으로는 종금사라는 업종 및

〈표 10-3〉 금융기관 간 예상 M&A 시나리오

| 구분 | 유형별 | 시나리오 |
|---|---|---|
| 은행 | 정부주도 | • 외국은행의 국내진출 허용에 대비한 국민은행과 외환은행 간의 합병 가능성<br>• 기업은행과 대동은행, 동남은행 간 합병 가능성 |
| | 자율적 | • 종금사의 외화자산 및 부채를 양수한 7개 은행과 해당 종금사 간의 합병 가능성<br>• 하나와 보람은행 등 우량 후발은행 간 합병 가능성 |
| 증권 | 자율적 | • 영업정지된 종금사와 그룹계열 증권사 간의 합병<br>• 영업정지된 종금사와 대우증권 등 선발증권사 간의 합병<br>• 후발증권사와 후발증권사 간의 합병<br>• 선발증권사와 후발증권사 간의 합병<br>• 선발증권사와 선발증권사 간의 합병 |
| 종금사 | 자율적 | • 대주주가 동일한 한길종금과 경남종금 간의 합병<br>• 계열사 금융기관 간의 합병<br>• 영업정지된 금융기관 간의 합병<br>• 선발 금융기관과 후발종금사 간의 합병 |

회사 자체가 사라지게 될 것으로 전망된다.

　정부는 금융기관 간 M&A에 대해 자율의 원칙을 표명하고 있다. 특히 IMF와의 협상과정에서 시장경제원리에 입각한 금융기관 간 인수합병을 약속하고 있어 이를 둘러싼 제약이 거의 사라질 것으로 보인다. 한 걸음 더 나아가 정부는 부실한 금융기관을 정리하는 차원에서 금융기관 간 M&A를 장려하는 정책으로 선회할 것이 확실하다. 이럴 경우 종금사의 외화자산 및 부채를 양도받은 7개 은행과 해당 종금사 간의 합병 가능성은 어느 경우보다 높다고 할 수 있다(표 10-3 참조).

　제일은행이나 서울은행이 외국금융기관에 매각될 경우 등 외국금융기관들은 은행업을 거점으로 다른 증권사 및 종금사까지 M&A를 통해 국내 금융시장을 지배할 가능성이 크다. 이에 대비하기 위해서라도 국내 금융기관들은 경쟁력을 확보하기 위한 M&A가 불가피한 실정이다.

　그러나 단기적으로는 국내 금융기관들의 부실화가 심해 M&A를 주도하는 금융기관들로서는 부담이 될 수 있다. 장기적으로는 금융기관 간 업무영역이 전업화에서 겸업화로 전환되는 과도기인 만큼 흡수합병하지 않은 금융기관은 경쟁에서 업무영역의 한계로 도태될 것이다. 따라서 금융기관 간 M&A는 매우 활발하게 전개될 것이며, 이러한 흐름은 다른 산업에도 파급효과가 커 M&A가 시장 전체를 주도하는 테마로 부상할 것이다.

> 깊이 읽기

**투자유망종목**

구체적으로 금융기관 간 M&A을 어떻게 이루어질 것인가? 예상할 수 있는 은행 간 M&A 시나리오를 보면 우선 외국은행의 국내진출에 대항하기 위해 대형화가 불가피하기 때문에, 도매금융에 비교우위를 갖고 있는 외환은행과 다점포로 소매금융에 비교우위를 갖고 있는 국민은행이 합병할 경우 시너지 효과가 가장 크므로 이들 은행 간 합병을 기대할 수 있다.

여타 시중은행 중 상대적으로 재무구조가 양호한 한일은행, 조흥은행, 상업은행은 은행 간 합병보다는 증권사나 종금사와 합병하여 업무영역을 확대하는 것이 시너지 효과가 클 것으로 예상된다. 그리고 업무 및 설립 취지상 기업은행은 대동은행 및 동남은행과 합병하고, 지방은행은 지방은행 간 합병을 통해 대형화할 가능성이 높다.

증권사의 경우 영업정지된 고려증권과 동서증권은 증권사를 보유하고 있지 않은 은행이나 외국인에게 매각될 가능성이 크다. 대우증권 등 대형증권사는 종금사를 인수해 업무영역을 확대하고 투자은행으로 변신할 가능성이 매우 높다. 여타 재무구조가 우량한 중소 증권사들은 브로커 업무만 전담하는 증권사로 남을 것으로 전망된다.

전체 30개사 중 14개 사가 영업정지된 종금사의 경우에는 다른 금융기관보다 가장 빨리 구체화될 것으로 보인다. 영업정지된 14개 종금사들은 증자나 자산매각 등을 통한 자구노력에 박차를 가하고 있으나, 실제로 이를 순조롭게 수행할 수 있는 종금사는 일부에 지나지 않을 전망이다. 1997년 11월 재경원이 7개 종금사에 외화부채 및 외화자산을 7개 시중은행에 일괄 양도를 지시한 만큼 이들 종금사와 은행 간의 합병도 고려할 만하다.

M&A 관점에서 본 투자유망 금융주

| 구 분 | 투자유망 종목 |
|---|---|
| 은 행 | 국민은행, 외환은행, 하나은행, 보람은행, 한미은행 |
| 증권사 | 대우증권, LG증권, 신영증권, 동원증권 |
| 종금사 | 추천종목 없음 |

### 3. 부동산 개방, M&A 주 「뜬다」 (1998년 4월 1일자)

IMF의 충격으로 우리나라 기업들은 구조조정을 서두르고 있다. 과도한 차입경영으로 인한 금융위기에서 벗어나고자 기업들은 계열사 매각 및 통폐합, 사업축소, 보유주식 매각 등과 더불어 보유하고 있는 부동산의 매각에 나서고 있다.

그러나 전반적인 경기위축으로 부동산 매물은 원활하게 소화되지 않고 있다. 부동산시장을 부양시키고자 정부가 국내 부동산시장을 외국인들에게 전면적으로 개방한 것이다. 여기에다 건설경기를 회복시키기 위한 조치도 별도로 마련하고 있다.

외국인에 대한 부동산시장의 전면적인 개방은 IMF 위기를 타개하기 위한 중요 전환점으로서 그 의미가 있다고 볼 수 있다.

**부동산시장 회복, 다소 시일 걸릴 듯**

정부가 마련한 「외국인토지제도 개편방안」에 따르면 해외동포를 포함한 외국인들도 내국인과 마찬가지로 국내 부동산을 매매할 수 있게 된다. 외국기업도 국내기업과 동일한 용도와 면적을 제한 받지 않고 토지를 취득할 수 있다. 특히 외국기업이 국내기업을 M&A할 경우 국내기업 명의의 토지를 계속 보유할 수 있게 된다. 외국인이 국내기업을 M&A한 경우 인수한 기업이 보유하고 있던 비업무용 부동산을 외국인 명의로 보유할 수 있게 되었으며, 3~5년의 처분유예기간도 없어지게 되었다. 기업이 구조조정을 위해 외국인에게 부동산을 매각하는 경우에는 세제감면 혜택도 주기로 했다.

이처럼 국내기업 M&A의 최대 걸림돌이 제거됨에 따라 국내기업의 M&A는 더욱 활성화될 것으로 예상된다. 5년 이상 체류하는 외국인 거주자에게만 주거 및 주상복합용지, 상업용지를 살 수 있도록 하던 것을 앞으로는 거주자와 비거주자 제한없이 매입할 수 있게 했다. 토지취득 절차도 매우 간소해져 종전에는 외국인들이 매매계약을 체결하기 전에 허가를 얻도록 하던 것을 매매체결 후 신고만 하면 된다.

그렇다고 외국인에 대한 부동산시장의 전면적인 개방이 우리의 필요에 의한 것만은 아니다. 기업들이 구조조정 차원에서 부동산을 매각하려 내놓은 매물이 늘어나고 있는데다 IMF 충격으로 원화가치가 큰 폭으로 하락함에 따라 외국인의 관심이 고조된 것도 부동산시장 개방의 한 요인으로 작용했다. 원화가치 하락과 급매물의 증가로 외국인의 시각에서 볼 때 1997년보다 무려 절반 이상 하락한 가격으로도 국내 부동산을 매입할 수 있게 됐음을 뜻한다. 이처럼 시세차익을 겨냥한 부동산매매가 가능해짐에 따라 실제로 성업공사 및 다국적 부동산중개업체에 외국인의 부동산 매입문의

가 크게 늘고 있는 것으로 나타나고 있다.

### 정부, 건설경기 회복에도 관심

그러나 외국인에 대한 부동산시장의 전면개방 효과가 당장 나타날 것으로는 보이지 않는다. 부동산시장 개방에 따른 제도적 정비를 위해 다소간의 시일이 필요하기 때문이다. 부동산 가격을 산정하는 방식에서도 내국인과 외국인 간의 시각차가 존재할 것이다.

아직 외국인들은 임대수입이 기대되는 업무용 임대건물에 관심을 갖고 있는데, 부동산을 공급하는 내국인은 매매가격의 기준을 원가주의에 입각해 부동산 가격을 산정하는 데 비해 외국인은 수익가치, 즉 임대수입 측면에 입각해 매입 적정가격을 산정한다.

이럴 경우 양자 간에는 가격에 관해 현격한 견해 차이를 보일 것이 분명하다. 또한 달러 대비 원화가치의 하락을 고려하지 않을 경우 국내 부동산은 여전히 비싸다는 인식이 깔려 있다.

하지만 이번 부동산시장 개방조치로 IMF 충격 이후 크게 위축된 부동산시장이 바닥에서 탈출하는 데 긍정적인 영향을 줄 것으로 예상된다. 임대수입이 기대되는 도심형 부동산, 호텔, 리조트 등에 대한 외국인 투자가 활발할 것으로 보인다. 특히 사우디아라비아의 왈리드 왕자도 국내의 호텔 등 각종 부동산에 관심을 갖고 있는 것으로 알려지고 있는 등 외자유입을 통한 부동산경기의 바닥탈출을 기대해볼 수 있다.

IMF 충격에 의한 금융시장 불안으로 건설업계는 자금난과 더불어 부동산 및 건설경기 위축으로 큰 어려움을 겪고 있다. 1997년 부도율을 업종별로 살펴볼 때 전체 평균은 6.12%, 제조업은 6.27%를 보인 반면, 건설업종의 경우는 8.87%로 가장 높게 나타났다.

정부는 이러한 건설업의 부진을 방치하지 않겠다는 의지를 가진 것으로 보인다. 1998년 실업자가 200만 명에 이를 것으로 전망되는 등 전반적인 경기위축으로 실업률 증가가 예상되는 가운데 건설회사의 부도가 발생할 경우, 하도급 업체 및 연관산업으로의 파급효과가 커 경기침체를 가속화시킬 수 있다는 생각이다. 이번에 부동산시장을 외국인에게 전면 개방한 것도 정부의 이러한 시각이 반영됐다고 볼 수 있다.

건설투자가 10억 원 늘어날 경우 연관산업에 19억 7,000만 원의 생산유발 효과가 기대되며 27명의 고용창출효과가 있는 것으로 알려졌다. 정부는 부동산시장을 전면 개방, IMF 체제하의 재정긴축 범위 내에서 사회간접자본 투자를 적정 수준에서 지속적으로 유지함으로써 공공기관 공사를 조기에 발주하는 방안을 모색하고 있다. 민간부문에서도 1가구 2주택 양도소득세 비과세 요건을 1년에서 2년으로 완화했다. 그리고 1997년 말 현재 전국적으로 7만 2,000가구에 달하는 국민주택규모 이하의 미분양주택 분양활성화를 위해 1가구 2주택자가 서울을 제외한 지역에 있는 미분양주택을 구입해 5년 이상 보유한 뒤 매각하는 경우에 양도차익의 20%만을 과세할 예정이다. 또한 5가구 이상으로 되어 있는 임대사업자 등록가구도 2가구 이상으로 완화해 침체된 부동산 경기를 부양하기로 했다.

한국감정원의 전망에 따르면 지가와 경제성장률, 통화량 등 주요 경제지표를 감안할 경우 1998년에는 토지·주택 등 부동산의 지가변동률이 1.52% 하락할 것으로 보인다. 1999년에는 수출증가로 인한 경상수지 적자폭 감소와 경기회복 등으로 2.67% 상승

> 깊이 읽기

## 시장 개방으로 설레는 건설주

부동산시장 개방과 가장 밀접한 부분은 역시 건설주다. 건설업계는 그 동안 IMF 충격으로 재무구조가 취약해진 건설업체를 중심으로 부도가 급증했다. 건설업의 특성상 부채비율이 다른 업종보다 높은 반면, 금융권으로부터의 자금조달에 어려움을 겪고 있기 때문이다. 현재 고금리의 부담과 영업환경 악화로 증권시장에서 건설업은 지루한 바닥권 횡보를 보이고 있다. 최근에는 경제대책조정회의에서 건설업체의 자금난 해소를 위해 건설관련 예산을 상반기 중에 조기집행하기로 했다. 외국인에 대한 부동산시장의 조기개방과 이를 계기로 M&A 활성화 기대감, 그리고 낙폭과대 및 장기 횡보에 따른 저가 메리트를 재료로 거래가 늘고 있다. 건설업의 자금난이 일시적인 부양책 등으로 단기간에 해소될 수는 없겠지만 재료를 보유한 종목으로서 관심을 가질 필요가 있다.

지루한 바닥권 횡보를 보이고 있는 건설주

| | |
|---|---|
| 경남기업 | 대우그룹 계열의 중견 건설업체로 오·폐수 정화처리 기술을 도입해 환경사업에 참여 |
| 삼부토건 | 순자산가치 우량주로 자산재평가에 따른 재무구조 개선기대 |
| LG건설 | LG 그룹의 종합 건설업체로 그룹관련 공사비중 높아 안정적인 영업기반 확보 |
| 현대건설 | • 현대그룹 모회사로 국내 선두의 건설업체<br>• 현대전자 등 우량자회사주식 다수 보유 |
| 범양건영 | • 제주 탑동매립지 보유로 개발 가능성 상존<br>• 낮은 부채비율과 양호한 현금흐름 |

할 것으로 나타나 1999년부터 점차 회복세를 보일 것으로 예상된다. 1998년에 부동산 경기가 바닥을 칠 것으로 예상되고, 실업자 수는 150만 명에 달할 것으로 추정된다. 따라서 이를 극복하기 위한 방안으로 미국의 뉴딜정책과 같은 사회간접자본 투자를 통한 경기부양의 정책요구가 목소리를 더해지고 있어 부동산 및 건설경기의 저점이 앞당겨질수도 있을 것으로 보인다.

제 11 장

## 해외경제와 증권시장

　IMF 이후 우리는 해외경제가 국내경제에 얼마나 큰 영향을 미치는지 실감했다. 환율의 등락 정도만이 국내경제에 영향을 주리라고 생각했던 일반인들의 고정관념을 정면으로 무너뜨린 것이다.
　우리 경제가 IMF 체제로 떨어진 것은 국내경제의 고비용과 저효율이라는 내부적인 부실요인이 상당부분 작용했지만 결정적으로 영향을 미친 것은 동남아시아 국가의 경제위기였다. 태국을 비롯한 동남아시아 국가의 경제위기가 이들 국가에 투자한 국내 금융기관의 부실화를 가져왔고, 이들 국가에 투자한 국내 제조업체에도 많은 피해를 안겨주었다. 이로 인해 국가 신용도가 급격히 하락했고 외화자금이 빠른 속도로 유출돼 결국 모라토리엄이라는 국가부도사태 직전까지 치달았던 것이다.
　동남아시아의 경제위기는 한국뿐 아니라 일본·미국·유럽·러시아에도 영향을 미쳤다. 특히 러시아는 많은 상처를 입었다. 동남아시아의 경제위기가 주변국들에 악영향을 미치며 세계경제를 크게 위축시키고 있는 것이다. 이는 세계경제가 하나로 이어지고 있다는 증거다. 한국도 좋든 싫든 간에, 이 영향권에 들어가 있는 셈이다.

　해외 경제변수에 따른 국내시장의 영향은 우선 해외 투자자금의 움직임에서 감지된다. 일반적으로 개인투자자나 기관투자가들은 자산을 운용할 때 포트폴리오를 구성한다. 포트폴리오를 구성하는 것은 위험을 최소화하면서 투자수익을 극대화하기 위해서다. 이 때 투자자들은 부동산·현금·은행 예금·채권·주식 등에 자금을 분산 투자한다. 해외의 대규모 자금들도 포트폴리오를 구성하면서 투자대상을 자국의 상품에만 한정하지 않는다. 미국의 연기금 펀드의 경우 미국 내의 주식·채권뿐 아니라 유럽 및 동남아시아, 중남미 등 다른 나라의 주식과 채권에도 투자하고 있다. 해외에 투자되는 이러한 자금의 규모는 미국 내에서 투자되는 자금 규모보다는 여전히 적은 편이다. 그리고 이들 자금 중 한국에 투자되는 자금의 규모는 더 적은 수준이다. 하지만 한국의 증권시장 규모를 고려해보면 이들 자금이 결코 적은 것이 아니다. 또한 국내에 투자되는 경우 이들 자금은 집중적으로 투자되기 때문에 그 영향력은 무시 못 할 정도로 크다. 따라서 이들 자금의 흐름에 따라 국내증시는 커다란 영향을 받을 수밖에 없다.

　해외투자자금은 투자수익의 극대화를 위해 쉴새없이 움직인다. 투자대상국의 경제성장 가능성을 고려하되, 위험의 최소화를 위해 투자대상국의 국가적인 위험도(국가 신용도)를 감안한다. 이 때 자국 내의 투자와는 달리 환율이라는 문제가 개입된다. 자금을 투자대상국에 유입시키는 과정뿐만 아니라 원금과 수익을 회수하는 과정에서도 환율을 고려해야 한다. 국제적인 투자자금 중 상당 부분이 미국의 자금이기 때문에 대부분의 경우 미국 달러화에 대한 각국의 환율이 큰 영향을 미친다.
 미국의 금리수준은 달러화에 대한 각국의 환율을 결정하는 중요 변수로 작용하기도 한다. 지난 1년 간 국제적인 투자자금은 동남아시아 경제의 불안상황으로 인해 투자수익보다는 안정성을 추구하는 경향을 보였다. 이로 인해 이들 자금은 미국의 금융시장으로 대거 유입되었다. 달러화 가치는 상승세를 탔다. 미국의 주식시장도 다시 오름세를 탔고 채권금리는 하락했다. 하지만 미국 재할인금리가 인하되고 동남아시아 경제가 다소나마 안정세를 보이자 이들 자금이 다시 한국을 비롯한 동남아시아 국가로 나오고 있다. 한국의 경우 이들 자금이 유입되면서 국내의 풍부한 유동성과 함께 증권시장이 바닥국면을 탈출해 상승세를 타기 시작했다
 여기에서 해외경제 변수 중 한국에 가장 큰 영향력을 행사하는 환율을 잠시 살펴보자. 국내기업의 해외경쟁력은 1990년대 이전에는 가격경쟁력이 좌우했다. 주요 수출대상국이 미국이었기 때문에 원/달러 환율이 국내경제에 미치는 영향력이 매우 컸다. 하지만 1990년대에 접어들면서 국내산업이 성장하고 일본과 경쟁하게 됨에 따라 엔/달러 환율이 원/달러 환율보다 주가흐름에 더 많은 영향을 끼치고 있다.
 이처럼 주식시장은 국내경제, 산업, 개별기업뿐 아니라 해외의 실물경제 및 자금흐름에도 큰 영향을 받는다. 이제 투자자들은 주식투자에서 성공하려면 해외경제의 흐름에 큰 관심을 기울여야 할 것이다.

## 1. IMF 이후의 멕시코 증시 동향(1998년 6월 16일)

### 주가, 10개월 만에 바닥 딛고「2배」

IMF 시대를 성공적으로 극복한 나라로 꼽히는 멕시코의 당시 증시상황은 어땠을까? IMF로부터 구제금융을 받은 지 6개월이 지난 지금 주식시장이 혼미를 거듭하자「멕시코 케이스」에 관심을 갖는 사람들이 많다.

결론부터 말하면 멕시코의 경우 IMF 체제를 무난히 벗어났듯이, 증시도 완만하지만 상당히 성공적으로 기력을 회복했다. 멕시코 증시도 1994년 말 외환위기라는 직격탄을 맞고 붕괴위기에 몰리긴 우리와 마찬가지였다. 당시 페소화 가치 폭락으로 외국인 투자자들이 주식을 투매해 1995년 2월 말 주가가 1994년 11월에 비해 41%나 떨어졌다. 그러나 정부의 과감한 구조조정 추진과 국민들의 협조로 환율과 금리 등이 안정세를 되찾으면서 주가도 급속히 회복됐다. 그 결과 1,400대까지 떨어졌던 멕시코 주가지수(IPC)는 1995년 말 2,930선까지 올라갔다. 이후 실물경제가 되살아나면서 멕시코 주가는 1997년 5,300포인트에 이르렀다.

IMF 구제금융 이후 멕시코의 주가는 어떻게 출렁거렸고 어떤 과정을 거쳐 회복세를 탔는지 살펴보자. 이는 한 치 앞을 내다볼 수 없는 한국증시에 적잖은 참고가 될 듯싶다.

### IMF 지원 이후 주가추이

1995년 IMF 체제 아래에서 멕시코 주가는 3단계를 거쳐 상승세를 탔다. 우선 IMF 금융지원(2월) 직후인 3월 초부터 4월 초까지가 1단계로 1차 상승국면이다. 4월 초부터 6월 초까지는 2단계

제11장 해외경제와 증권시장  329

〈그림 11-1〉 IMF 체제하의 멕시코 금융시장 동향

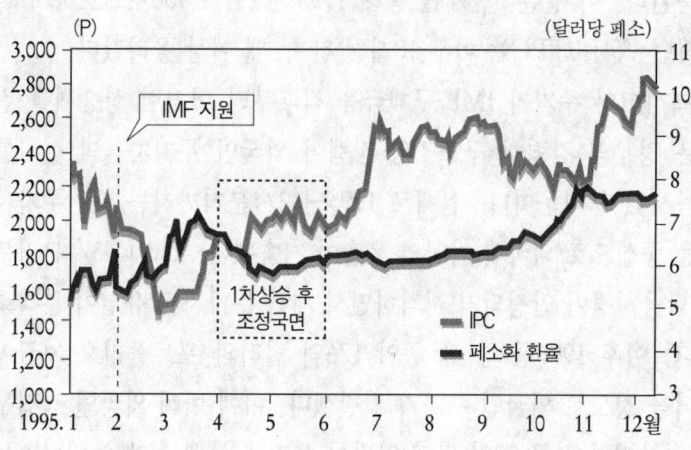

자료 : 대우증권

〈그림 11-2〉 1995, 1996년 멕시코의 업종별 주가상승률

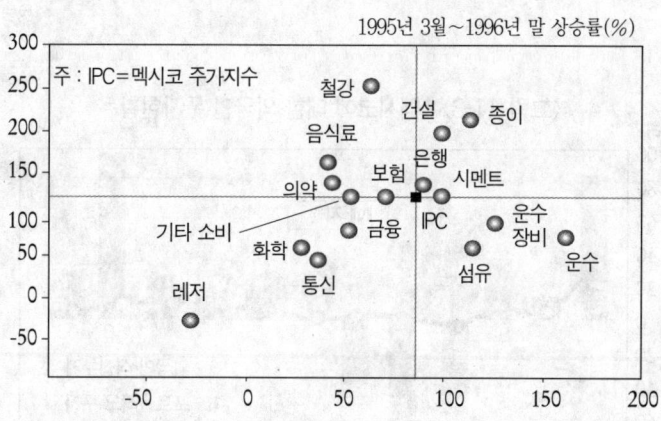

자료 : 대우증권

로 조정국면. 3단계는 6월 초부터 연말까지로 2차 상승국면으로 구분된다. 이 같은 3단계를 통해 1995년 2월 1,400포인트까지 떨어졌던 멕시코 IPC는 이후 10개월 간 두 배 이상 올라갔다.

멕시코의 주가가 IMF 구제금융 직후부터 이처럼 상승세를 탄 것은 정부의 강력한 구조조정 정책이 외국인 투자자들의 신뢰를 회복시켰기 때문이다. 실제로 1995년 2/4분기까지는 채권투자자금을 중심으로 외국인 자금의 유출이 지속됐다. 그러나 3/4분기부터 금융시장이 안정되기 시작하면서 채권 투자자금 유입이 본격화됐다. 이후 1996년 한 해 동안 176억 달러의 포트폴리오 자금이 들어올 정도로 외국인 투자가 활발했다. 이에 반해 외국인 직접투자는 분기당 평균 20억 달러 안팎이 유지됐을 뿐 크게 늘어나지는 않았다.

구체적으로는 1차 주가 상승 후 2개월 정도의 조정국면이 있었지만 1995년 6월부터 환율이 안정되고 금리가 IMF 이전 수준에 근접하자 주가는 크게 상승했다. 물론 하반기에도 은행들의 부실

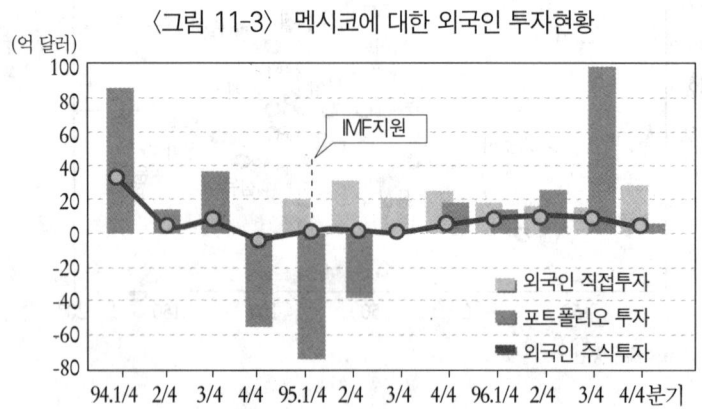

〈그림 11-3〉 멕시코에 대한 외국인 투자현황

채권이 증가해 금융위기가 재연될 조짐이 나타나자 환율이 다시 올라 주가가 일시적으로 조정을 거치는 듯했지만 이내 재반등했다. 이 때 금리는 안정세가 지속됐다.

1995년 멕시코의「IMF 주가」추이에서 주목할 점은 무엇보다 주가가 금융시장 동향보다 앞서 반영됐다는 점이다. 즉 금융시장에서 주가의 선행성을 분명히 나타낸 것이다. 멕시코의 환율과 금리는 IMF 구제금융 이후 2~3개월 후에야 떨어졌지만 주가는 1개월 후에 바로 상승세를 탔다. 주가가 환율과 금리보다 1~2개월 앞서 회복된 셈이다. 또 금리가 급속히 떨어졌던 4~6월 중 주가는 조정국면에 들어갔다는 점이다. 이후 금리와 환율이 충분히 하향 안정된 후에야 주가가 2차 상승세를 탔다는 점도 눈여겨볼 만한 대목이다.

### 종목별 동향, 수출과 SOC 관련주가 주도

1995년 멕시코의 주식시장을 주도한 종목은 역시「수출 관련주」였다. 전반적인 내수침체로 경제성장률(GDP 기준)은 -6.2%를 기록했으나 페소화의 절하와 북미자유무역협정(NAFTA) 발효로 수출은 상승탄력을 받았기 때문이다. 실제로 1995년 멕시코의 수출 증가율은 50%에 육박할 정도로 기록적이었다. 이에 힘입어 수출 기업들의 이익이 급증하면서 주가도 뛰었다. 이 밖에 시멘트·건설 등 SOC 관련주들로 평균 주가상승률을 웃돌았다. 은행주도 평균 수준을 유지했다. 특히 외국인 직접투자가 활발했던 자동차 부품주, NAFTA체제 가동으로 물동량이 늘어난 운송주도 강세 대열에 합류했다.

물론 단계별로는 주가 상승폭이나 주도주의 얼굴이 달랐다. 우선 1차 상승국면(1995년 3~4월 초) 때에는 주가 상승폭이 30% 였다. 상승률 상위 10% 이내 종목들의 평균 상승률은 44%에 달했다. 여기에 해당되는 주요 종목으로는 SIDEK, SIMEC와 같은 철강주와 GCC 등 시멘트주, 펩시콜라 등 일부 음료주, 자동차 부품주 등이었다.

조정국면인 2단계에서는 주도주가 수출 관련주로 본격 교체된다. 일부 금융주와 보험주도 강세였다. 이 때 가장 높은 상승률을 보인 주식은 철강회사인 AHMSA사로 126%의 수익률을 보였다. 매출액 대비 수출비중이 절반을 넘는 이 회사는 1995년 1/4분기까지만 해도 적자 기업이었다. 그러나 환율절하에 따른 수출증대 효과가 가시화되면서 4월부터 이익을 내기 시작했다. AHMSA의 1995년 상반기 중 순이익은 무려 125% 급증했다. 또 자동차부품 회사인 DESC도 IMF 체제에서 대표적인 실적 호전주로 1차 상승국면에 이어 조정국면에서도 상승세를 이어갔다. 이 회사의 주가는 1차 상승 때 24% 올랐고 조정국면에서는 55%나 뛰었다.

2차 상승국면에서는 수출관련주보다 시멘트·건설 등 SOC 관련주의 상승이 두드러졌던 게 특징. 수출증가에 따른 실적반영은 상반기 중 마무리되고 SOC 투자확대에 따른 수혜주가 본격 등장한 셈이다. 종목별로는 건설주인 ICA(82%), QTEL(75%)과 시멘트 회사인 TTOLMEX(75%), CPO(68%) 등의 주가 상승폭이 컸다.

### 시사점

물론 1995년 멕시코의 주식시장 상황을 1998년 한국의 증시에 그대로 대입할 수는 없다. 하지만 멕시코나 한국이나 IMF 체제에서 주요 경제정책과 거시지표 들의 움직임은 긴밀하게 맞물려 돌아간다. 따라서 3년 전 멕시코의 증시는 지금 우리에게 적지 않은 시사점을 준다는 게 전문가들의 지적이다. 예컨대『수출관련 우량주들의 실적이 크게 호전될 경우 상반기까지는 수출관련주의 상승 가능성이 높고, 하반기엔 내수진작에 따른 SOC 관련주와 금융시장 안정에 따른 낙폭 과대 소외주들의 상승 가능성이 있다』(대우증권 투자정보부)는 것 등이다.

한편 외국인 투자를 보면 멕시코의 경우 금융시장이 완전히 안정을 회복하고 경제가 어느 정도 제자리를 찾은 뒤에야 본격적인 투자가 이뤄졌다는 점을 참고할 수 있을 것이다. 즉 한국의 경우도 대규모 외국자금 유입은 금융시장의 안정 여부에 달렸다는 얘기다.

## 2. 러시아 모라토리엄의 영향(1998년 9월 1일자)

### 자금인출 가속 요인될 듯

그 동안 말도 많던 러시아가 모라토리엄을 선언했다. 그리고 이는 90일 간의 모라토리엄으로 그칠 것 같지 않다. 1980년대에는 1982년의 멕시코에 이어 칠레·브라질·볼리비아·아르헨티나·콜롬비아·코스타리카 등 중남미 국가들이 줄줄이 모라토리엄을 선언했다. 1990년대에 들어서는 러시아가 처음이다. 러시아를 계기로 앞으로 모라토리엄을 선언하는 나라가 줄을 잇지 않을까 걱정이다.

모라토리엄은 외환보유고가 바닥나고 신용까지 붕괴돼 차입을 통해 채무이행을 할 수 없게 되었을 때 취해지는 조치다. 러시아는 엔화약세와 위안화 평가절하 압력에 따른 주가 폭락과 신인도 하락 등으로 국제자본이 급격히 빠져나가 어려움을 맞았다.

러시아가 모라토리엄을 선언함으로써 러시아 경제는 향후 심한 어려움에 봉착할 전망이다. 서방국가들이 옐친정부의 붕괴를 방지하기 위해 지원에 나설 것으로 보이지만, 옐친정부의 경제 수습 능력에 대해 회의적인데다 이미 러시아 경제가 수습될 단계를 넘어선 것으로 보이기 때문이다.

이는 과거 모라토리엄을 선언한 국가의 경우에 잘 나타나고 있다. 멕시코와 브라질(1987년), 아르헨티나(1987년)의 사례를 살펴보자. 일반적으로 모라토리엄을 선언한 국가는 외자도입의 어려움과 해외로부터의 물자조달 곤란으로 공장가동률이 하락했다. 성장은 급감했으며 물가와 금리는 급등했다. 수입감소로 인해 경상수지는 감소했으며, 이는 성장기반을 잠식해 경기침체를 장기화시켰다.

이들 3개국의 경우 유예선언이 있었던 해의 성장률은 그 직전

〈표 11-1〉 중남미 3개국의 모라토리엄 전후의 경제지표

(단위 : 백만 달러, %)

| 구분 | 국가 | T-3 | T-2 | T-1 | T | T+1 | T+2 | T+3 | T+4 | T+5 | T+6 |
|---|---|---|---|---|---|---|---|---|---|---|---|
| 성장률 | 아르헨티나 | 1.8 | -6.6 | 7.3 | 2.5 | -1.8 | -6.3 | 0.2 | 8.9 | 8.6 | 6.0 |
| | 브라질 | 5.4 | 7.9 | 8.4 | 3.3 | -0.3 | 3.3 | -4.6 | 0.4 | -1.2 | 5.3 |
| | 멕시코 | 9.3 | 8.4 | 8.8 | -0.6 | -4.2 | 3.7 | 2.7 | -3.9 | 2.3 | 1.0 |
| 물가상승률 | 아르헨티나 | 627 | 672 | 86 | 123 | 348 | 3,087 | 2,314 | 172 | 25 | 11 |
| | 브라질 | 197 | 227 | 142 | 229 | 683 | 1,287 | 2,983 | 400 | 1,100 | 2,147 |
| | 멕시코 | 25 | 40 | 14 | 75 | 93 | 67 | 58 | 87 | 131 | 114 |
| 증권투자자금 | 아르헨티나 | 372 | -617 | -542 | -572 | -718 | -1,098 | -1,346 | -34 | -680 | -9,010 |
| | 브라질 | -272 | -237 | -450 | -428 | -498 | -421 | 512 | 3,808 | 7,366 | 12,872 |
| | 멕시코 | -393 | 421 | 1,160 | 921 | -653 | -756 | -984 | -816 | -397 | -880 |

주 : T년은 모라토리엄 선언이 있는 해

연도에 비해 5~9% 포인트 하락했다. 그 이듬해에는 전부 마이너스 성장으로 주저앉았다. 아르헨티나의 성장률 회복속도는 브라질이나 멕시코에 비해 빠른 편이어서 모라토리엄을 선언한 지 4년 후 선언 직전 수준으로 회복되었다. 반면 멕시코와 브라질의 경우 성장회복에 6~7년이나 걸렸다.

지불유예를 선언한 나라는 모두 극심한 인플레를 겪는다는 공통점을 보였다. 이는 지불유예선언으로 수입중간재의 조달이 어려워 생산에 차질이 발생, 물자부족 사태가 일어나기 때문이다. 브라질이나 아르헨티나의 경우 치약·비누와 같은 기초 생필품조차 한때 품귀현상을 빚기도 했다. 금리 또한 이와 같이 높은 인플레와 통화긴축으로 초고금리를 면치 못했다.

반면 경상수지는 지불유예선언 후 4~5년 동안은 개선추세를 보였다. 멕시코의 경상수지는 지불유예선언이 나오기 바로 전 해인 1981년에 139억 달러 적자에서 1982년에는 63억 달러의 적자로 전환되었다. 1983년에는 54억 달러의 흑자로 돌아섰다. 이와 같은 경상수지 개선은 수입감소에 기인한 것으로, 멕시코의 경우 1982년과 1983년에 수입이 각각 36.3%와 38.9% 감소했다.

자명한 이야기이지만 지불유예가 선언되면 해외로부터 증권투자자금 유입은 급격히 줄어들고 투자자금 이탈은 크게 늘어난다. 멕시코의 경우 지불유예 선언 이후 자본수지 중 증권투자 부분이 순유입으로 바뀌는 데 9년이 걸렸다. 아르헨티나는 6년, 브라질은 4년이 소요되었다.

러시아도 이와 유사한 경로를 밟을 가능성이 크다. 기초 생필품을 해외에 의존하고 있는 러시아로서는 향후 극심한 물자부족에 시달릴 것이다. 물자부족과 루블화의 평가절하로 물가는 급등할 것이다. 또한 외자유입과 수입의 급격한 감소는 기업의 투자의욕을 급격히 위축시킬 것이며, 이는 러시아의 잠재생산능력을 감소시킴으로써 경기침체를 장기화시킬 것이다.

또 이번의 사태가 러시아의 재정고갈에서 발생한 만큼 재정의 초긴축운용도 불가피하다. 재정긴축과 물가급등에 따른 초고금리, 그리고 초고금리와 물자부족에 따른 공장가동률 급감, 기업의 도산, 실업자 양산을 면치 못할 것이다. 이러한 사태는 결국 옐친의 실각으로 연결될 가능성이 크다.

이는 중남미 3개 국가에서 이미 공통적으로 일어난 현상이기도 하다. 일부에서는 핵을 보유한 러시아의 특성을 고려해 서방 선진국들이 지원에 나설 것으로 예상하나, 그 같은 예상은 부질없는 것처럼 보인다. 모라토리엄을 선언한 국가는 무엇보다 자신의 수습능력이 제일 중요한데, 러시아정부(야당을 포함)는 현재까지의 경제상황으로 볼 때 이미 위기수습능력에 대해 의심을 받고 있다.

### 러시아 사태 장기화되면 세계경제 위협

따라서 러시아 사태는, 단기적으로 국제 금융시장에 미치는 충격이 진정되고 있으나 (미국과 영국·독일·일본 주식시장과 외환시장은 러시아 사태에도 불구하고 도리어 상승. 동유럽·아시아·중남미 개도국들의 시장은 모라토리엄 발표 후 하루 하락했으나 이튿날 반등) 중장기적으로는 인도네시아의 경우처럼 두고두고 국제금융시장과 우리 증시를 괴롭힐 것으로 예측된다. 러시아의 경우 핵을 보유하고 있다는 사실과 공산당의 재대두 가능성 때문에 인도네시아보다 파급효과가 더욱 클 것으로 예상된다.

문제는 러시아의 모라토리엄 선언이 단순히 러시아 국내의 문

〈표 11-2〉 품목별 수출추이

(단위 : 백만 달러, %)

| 품 목 | 1997년 수출액(증감률) | 1998년 수출액(증감률) |
|---|---|---|
| 기계 및 운반류 | 344.5(18.5) | 160.7(-14.5) |
| 전자 및 전기 | 519.2(-49.1) | 14.7(-35.9) |
| 1 차 산 품 | 355.2(35.6) | 135.7(-16.1) |
| 섬 유 류 | 266.9(49.1) | 123.3 (30.6) |
| 비 금 속 광 물 | 92.4(44.1) | 59.6 (50.1) |
| 생 활 용 품 | 62.3(11.1) | 29.6 (-6.1) |

〈표 11-3〉 7월과 8월의 일별 수출 및 무역수지 추이

(단위 : 백만 달러, %)

| 구 분 | 수출(증가율) | | 수입(증가율) | | 무역수지 | |
|---|---|---|---|---|---|---|
| | 7월 | 8월 | 7월 | 8월 | 7월 | 8월 |
| 5일 | 988(-18.01) | 760(-13.8) | 1,059(-54.1) | 992(-33.3) | -70 | -231 |
| 10일 | 2,607(2.2) | 1,791(-13.1) | 2,631(-39.3) | 2,262(-31.9) | -24 | -471 |
| 15일 | 3,934(-3.9) | 3,270(-13.1) | 3,663(-41.9) | 3,532(-36.2) | 271 | -262 |

제로 그치면 다행이지만 다른 국가에 영향을 미칠 수도 있다는 점이다. 아시아 3개국의 IMF 관리 편입, 홍콩의 고정환율제 붕괴와 중국 위안화 평가절하 가능성, 일본의 경제개혁부진 등 일련의 사태와 함께 러시아 사태가 세계경제에 나쁜 영향을 줄 조짐을 보이고 있다는 사실이다. 현재 세계경제는 유럽을 제외하고는 모두 하락 또는 경착륙 단계에 있으며, 하루가 다르게 전문기관들은 세계경제 전망치를 하향조정하고 있다. 러시아 사태가 장기화되면서 이러한 세계경제의 추락에 일조할 것으로 보인다. 구체적으로는 CIS국가와 동유럽, 그리고 일부 유럽 국가들의 경기를 위축시킬 것으로 보인다. 또한 아시아·동유럽·중남미 등 개도국으로부터 선진국들의 자금이탈을 가속화시키는 요인으로 작용할 것이다.

러시아 사태는 한국경제와 증시에도 적지 않은 영향을 미칠 것

이다. 단기적으로는 우리 증시가 하루 폭락 후 회복되었지만 러시아가 단시일 내에 사태를 수습하지 못하고 장기화될 가능성이 많아 두고두고 속을 썩일 가능성이 크다. 우선 증시에서 선진국들의 개도국에 대한 자금인출을 촉진시켜 외국인들의 매도를 증가시키는 역할을 할 것이란 점이다. 특히 러시아와 같은 유사한 사건이 또다시 발생하면 외국인 자금인출은 두드러질 것으로 분석된다.

둘째, 러시아 사태는 현재 급감하고 있는 국내 수출을 더욱 감소시켜 경기의 바닥시점을 예측하기 어렵게 만들고 있다. 러시아에 대한 국내수출은 1997년 16억 3,000만 달러, 1998년 6월까지 7억 2,000만 달러로 그다지 크지는 않으나 통계에 잡히지 않는 보따리 수출까지 합치면 이보다 훨씬 크다. 품목별로 보면 섬유·자동차·전자의 비중이 높다. 우리나라의 1998년 7월 전체 수출은 6월보다 17억 달러나 감소했고, 8월 들어서도 15일까지 전달보다 6억 6,000만 달러나 감소했다.

이러한 수출감소세가 이번 러시아 사태에 따른 러시아와 CIS, 동유럽 국가들에 대한 수출감소로 이어져 더욱 가속화될 가능성이 크다. 수출경기의 위축은 상반기에 사상 최대의 적자를 기록했던 기업실적을 하반기에 더 나쁘게 만들어 주가를 끌어내리는 요인으로 작용할 것으로 우려된다.

### 3. 해외변수와 외국인 매매동향(1998년 12월 1일자)

**엔/달러 안정, 외국인 매수 증가**

과거의 경험으로 볼 때 엔/달러 환율과 종합주가지수는 대체로 역의 상관관계를 보여왔다. 그래서 엔/달러 환율은 증시의 방향성

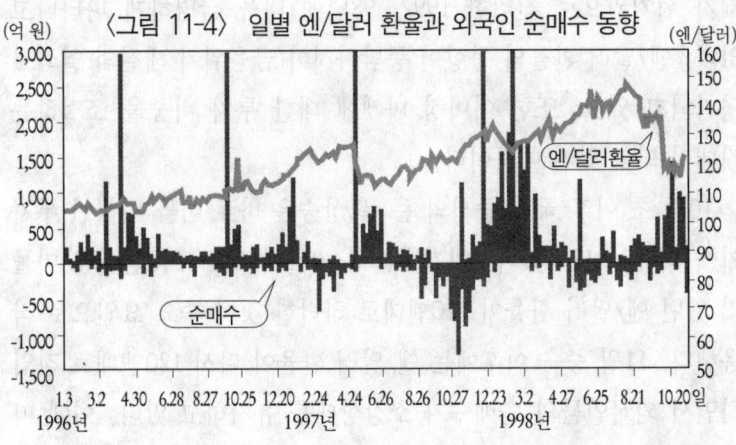

〈그림 11-4〉 일별 엔/달러 환율과 외국인 순매수 동향

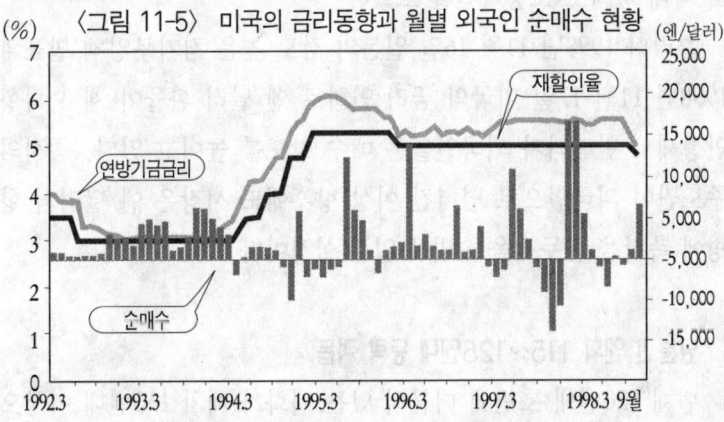

〈그림 11-5〉 미국의 금리동향과 월별 외국인 순매수 현황

을 좌우하는 주요 지표의 하나로 인식되어왔다. 최근 증시를 주도하고 있는 외국인들도 엔/달러 환율의 동향에 따라 국내 증시에 대한 매매 패턴을 달리해왔다. 엔/달러 환율이 상승세를 보이면 매도 규모를 늘리고 엔/달러 환율이 하락세를 보이면 매수 규모를 늘려왔다.

외국인들의 이러한 매매 패턴은 한국을 포함한 동남아시아 경제가 위기권으로 진입한 1997~98년에 더욱 극명하게 나타나고 있다. 엔/달러 환율의 동향이 동남아시아 금융위기 해결의 열쇠로 평가되고 있고, 또한 이머징 마켓에 대한 투자 비중을 조절하는 잣대가 되고 있기 때문이다.

10월 초 이후 국내 증시의 큰 폭 상승은 바로 이들 외국인 투자자에 의해 주도되었다. 여기에는 8~9월에 130~140엔대에 머물러 있던 엔/달러 환율이 110엔대로 하락한 것이 주요 요인으로 작용했다. 11월 중순 이후에는 엔/달러 환율이 다시 120엔대로 진입하면서 외국인들의 순매수가 소강상태를 유지하고 있다. 이에 따라 국내 증시도 조정국면을 보였다.

그러나 1998년 11월 16일 일본의 강도 높은 경기부양책 발표와 1998년 11월 17일 미국의 금리 인하로 엔/달러 환율이 재차 하향 안정세로 반전되자 외국인들은 매수 강도를 높이고 있다. 증시의 주도권이 외국인으로 넘어간 이상 향후에도 시장은 엔/달러의 향방에 촉각을 곤두세울 수밖에 없는 실정이다.

### 당분간 엔화 115~125엔대 등락 거듭

현재 120엔대 초반에 머물러 있는 엔화가 재차 130엔대 이상으로 상승할 가능성은 크지 않다는 판단이다. 미국의 경기가 1997년을 정점으로 점차 성장률이 둔화될 전망인 반면, 일본 경기는 다소간의 불확실성에도 불구하고 정부의 강력한 경기부양책으로 점차 회복 기조를 보일 가능성이 많기 때문이다.

실제로 WEFA는 1998년 9월 「세계경기전망」을 통해 1998~2000년 중 미국과 일본의 GDP 성장률을 각각 3.4%, 2.7%, 1.9%와 △1.8%, 1.4%, 2.4%로 예측하고 있다. 예상대로 일본

경기가 회복된다면 엔/달러 환율은 하락할 수밖에 없다.

### 미국 금리인하는 국제자본 분산요인

한편 미국의 금리인하 추세도 엔/달러 환율을 하락시키는 요소로 작용하고 있다. 미국은 1998년 9, 10월 두 차례에 걸친 금리인하에 이어 11월 17일 열린 정례 공개시장위원회(FOMC)에서 연방기금금리와 재할인율을 각각 0.25% 포인트씩 인하함으로써 세 차례의 금리인하를 단행했다. 1998년 3/4분기 미국의 GDP 성장률이 예상을 뒤엎고 3.3%를 기록하는 등 일부 경기지표가 예상외의 호조세를 보이고 있어 추가적인 금리인하 가능성이 희석되고 있으나 1999년 초까지 현재의 금리 수준(연방기금금리 기준)에서 0.25% 포인트 정도 추가 인하될 것이라는 시각이 우세하다. 성과를 예단할 수 없지만 1999년 초 출범 예정인 유러화도 달러화 약세 요인이 될 전망이고, 미국 기업의 수익 둔화도 달러 약세 압력으로 작용할 전망이다.

APEC 정상회담에서 헤지 펀드 규제 등의 금융시장 안정책이 구체화됨에 따라 동남아시아 금융시장에서의 투자 위험이 상당 부분 해소되게 되고, 이에 따라 달러화 선호 추세도 한층 완화될 전망이다. 미국의 금리 동향도 엔/달러 동향과 더불어 국내 증시에서의 외국인 순매수에 영향을 미치고 있는 것으로 분석되고 있다. 미국이 저금리 기조를 유지한 1992~93년에 외국인은 큰 폭의 순매수를 기록했고, 금리인하가 있었던 1995년 하반기와 1998년 하반기에 순매수를 보이고 있다. 미국의 금리인하가 미국으로 집중되는 국제자본을 이머징 마켓으로 분산시키는 역할을 하고 있는 것이다. 물론 미국의 금리인하 자체가 외국인 순매수를 유도한다

〈표 11-4〉 1998년 11월 4주 간 외국인 매수 상위종목

(단위 : 주)

| 종목명 | 한도소진율 증가분(%PT) | 외국인 매수수량 |
|---|---|---|
| 주 택 은 행 | 8.82 | 7,864,025 |
| 한 진 중 공 업 | 6.05 | 2,207,150 |
| 삼 성 증 권 | 5.77 | 1,822,988 |
| 현 대 상 선 | 5.41 | 1,547,650 |
| 영 원 무 역 | 5.22 | 189,030 |
| 경 남 에 너 지 | 5.12 | 152,830 |
| 국 도 화 학 | 4.51 | 262,330 |
| 코 오 롱 우 | 3.63 | 139,620 |
| 대 우 증 권 | 3.56 | 1,758,534 |
| 삼 성 전 자 | 3.37 | 4,164,845 |
| 코리아써키트 | 2.92 | 47,510 |
| 화 인 케 미 칼 | 2.83 | 101,840 |
| 모 나 미 | 2.80 | 33,530 |
| 삼 성 전 자 우 | 2.58 | 616,826 |
| 농 심 | 2.56 | 161,320 |
| 한 국 유 리 | 2.35 | 283,000 |
| 대 덕 전 자 | 2.33 | 65,711 |
| 동 원 증 권 우 | 2.31 | 204,440 |
| 한 화 종 화 | 2.31 | 1,335,480 |
| 동 양 화 학 | 2.30 | 257,697 |
| 호 남 석 유 | 2.25 | 717,390 |
| 서 흥 캅 셀 | 2.25 | 132,650 |
| 쌍 용 정 유 | 2.24 | 1,257,880 |
| 롯 데 제 과 | 2.23 | 31,760 |
| 신 호 제 지 | 2.16 | 651,913 |
| 동 원 증 권 | 2.07 | 558,910 |

기보다는 엔/달러 환율의 변화를 통해 외국인 순매수를 유도한다고 보는 것이 타당할 수도 있다.

그러나 어쨌든 미국의 금리인하는 국내 증시에 긍정적인 영향을 미치고 있는 것만은 명백한 사실로 나타나고 있다.

그러면 엔화강세와 미국 금리인하가 우리나라 주식매수에 긍정적인 영향을 미치면서 외국인들은 어떤 주식들을 매수했을까?

외국인들이 11월 18일 기준으로 4주 간에 걸쳐 많이 산 종목을 살펴보면 주택은행 786만 주, 삼성전자 416만 주, 한전 323만 주, 한진중공업 220만 주, 삼성증권 182만 주, 현대상선 154만 주를 매수했다. 이는 외국인매수 절대수량 기준이다. 자본금을 고려한 한도소진율이 컸던 종목으로는 상기의 주택은행, 한진중공업, 삼성증권, 현대상선 이외에도 영원무역, 경남에너지, 국도화학, 코리아서키트, 화인케미칼, 농심, 대덕전자 등 우량중소기업 주식들이 많이 포함돼 있다.

### 외국인 매수하는 선도주 매수를

이제 외국인들의 장세 영향력이 크고 또 엔강세와 미국 금리인하를 배경으로 향후 외국인 매수가 커질 때 투자자들은 어떤 매매전략을 펼쳐야 고수익을 올릴 수 있을지 살펴보자.

이를 위해서는 과거 사례가 많은 도움이 될 것이다. 1992년 하반기 이후 장세가 대세반전할 때 삼성전자, 포철, 한전과 같은 블루 칩이 고수익을 올렸다. 특히 같은 업종 내에서 1등 기업이 고수익률을 내었으며, 2등 기업은 상당 기간 소외되다가 맨 마지막에야 상승대열에 합류했다.

이번에도 국내증시는 이와 비슷한 양상을 보이고 있다. 최근 상승폭이 컸던 증권 내에서 선도주인 삼성증권과 다른 증권주와의 상승률 차이는 컸다. 따라서 외국인의 장세 영향력이 크고 향후에도 지속적인 매수가 기대된다면 업종 내에서 시장점유율이 크고 수익창출력이 뛰어난 주력주를 매수하는 것이 고수익의 첩경으로 분석된다.

### 4. 증시 패러다임 바뀌고 있다 (1998년 12월 8일자)

증시를 바라보는 투자자들의 눈빛이 매우 불안하다. 실물경기의 호전이 가시화되지 않는 상태에서 주가가 연이어 오른데다 상승속도 또한 가파랐기 때문이다. 최근 들어서는 「개미군단」으로 일컬어지는 개인투자자들이 대거 객장에 몰리고 증시에 자금이 몰리는 현상이 나타나면서, 증시가 다시 폭락할지도 모른다는 불안이 증폭되고 있다.

예전의 경험에서 보면 보통 개인투자자들이 주식시장에 몰려든다는 것은, 주가가 정점을 쳤음을 예고하는 현상으로 받아들여지고 있다. 이러한 투자자들의 불안을 반영하듯 주가는 460선을 지지선으로 하여 등락을 거듭하고 있다. 이른바 통화공급의 확대 등에 의한 유동성 장세는 주변 여건이 변하면 언제라도 폭락세로 돌아설 수 있다는 우려가 팽배해지고 있는 것이다.

실제로 주가는 1998년 11월 말 460포인트대로 올라섰다. 9월 말 300선이었던 점을 감안하면 2개월 만에 무려 50% 이상 급등했다는 계산이다. 이 기간 동안 주가가 두 배 이상 오른 종목도 허다하다. 개인투자자의 주식매수 대기자금인 고객예탁금도 9월 말 1조 8,000억 원에서 11월 19일 2조 원대로 올라선 뒤 불과 1주일도 안 돼 3조 원대로 껑충 뛰었다. 각종 지표로 볼 때 증시가 틀림없이 과열되고 있다는 얘기다. 주식전문가들도 증시가 너무 과열된 감이 있다는 데 대체로 동의한다. 최용구 대우증권 조사부장은 『최근 주가가 내릴 줄 모르고 급격히 올라 조정을 받을 공산이 어느 때보다 높다』고 진단한다.

그러나 주가가 급격한 폭락세로 돌아설 것이라고 예상하는 전문가들은 드물다. 이 전문가들은 국내경기의 상황으로 볼 때 주가수준이 다소 높기는 하지만 급격히 하락할 공산은 적다는 분석이다. 대우증권의 최 부장은 『현재의 국내경제만을 고려할 때 주가가 조정국면을 맞을 경우 370선까지 하락할 수도 있겠지만, 전체적인 상황을 감안할 때 조정을 거친다 해도 410포인트대 이하로는 떨어지지 않을 것』으로 전망한다.

### 해외변수에 주가 영향 더 받아

그렇다면 주가는 앞으로 어떤 곡선을 그릴 것인가? 주가의 향방을 예측할 때 예전보다 훨씬 국제경제의 영향을 더 많이 받는 등 증시의 패러다임이 변하고 있다는 점을 간과해서는 안 된다는 게 증시전문가들의 공통된 견해다.

대표적인 예가 외국인투자다. 외국인투자는 IMF 이후 국내증시의 향방을 좌우하는 주요 변수로 떠오르고 있다. 외국인들은 국내경제가 구체적인 개선 조짐을 보이지 않는 상황에서도 투자를 끊임없이 늘려왔다. 국내경기가 호전되고 있다는 증거는 없지만, 국제자본시장이 상대적으로 악화됨으로써 한국·태국 등 아시아의 경제에 대한 신뢰가 높아지고 있기 때문이라는 것이다.

물론 국내증시에 대한 외국인투자는 달러와 엔화 등 국제기축통화의 환율과 미국·일본을 비롯한 선진국들의 금리가 변할 때마다 함께 움직였다. 이 같은 현상은 국내 증권시장이 IMF 이후 두드러지게 달라진 특징이기도 하다. 한 마디로 예전의 잣대로 국내증시를 바라보아서는 낭패하기 쉽다는 얘기와도 상통한다.

증시전문가들은 앞으로의 주가향방도 이 같은 시각에서 바라보아야 한다고 조언한다. 안창희 한화증권 이사는 『최근의 국내증시는 국내요인보다 해외요인에 더 큰 영향을 받고 있다. 주가가 급등하는 등 최근의 국내증시는 예전의 시각으로 바라보면 분명히 과열현상을 띠고 있지만, 새로운 증시의 패러다임을 고려하면 우려할 만한 수준은 아닐 수 있다』고 말한다.

안 이사는 외국인들이 최근 들어 국내증시에 대한 투자를 급격히 늘리기 시작한 것이 그 증거라고 밝힌다. 메릴린치, 골드만삭스를 비롯한 외국인 투자자들은 1998년 10월 이후 국내주식에 대한 대대적인 매수에 들어갔다. 당시만 하더라도 국내경기에 대한 전망은 지금보다 더 불투명한 시기였다.

그러나 외국인들의 국내주식 매수세는 매우 거셌다. 국내경제에 대한 전망이 불투명한 상태에서 외국인들이 적극적으로 국내주식을 사들인 이유는 무엇일까? 이를 두고 증시에서는 미국경제의 둔화 등 세계경제의 악화와 함께 클린턴 미국 대통령의 정치적 입지를 동시에 고려해볼 필요가 있다고 말한다. 외국인 투자자들은 경제적 요인 이외에 정치적 요인을 근거로 한국에 대한 투자를 늘렸을 것이란 분석이다.

클린턴 대통령은 아시아 위기에 대한 IMF 프로그램에 대해 많은 학자들로부터 비난을 받아왔다. 그로서는 한국·태국 등 아시아 지역에서 IMF 프로그램을 모범적으로 이행함으로써 성공한 국가를 만들어낼 필요성이 시급했던 것이다. 게다가 한국은 IMF의 프로그램에 따라 금융과 기업의 구조조정을 신속히 추진해 비교적 성공적인 나라로 평가받고 있다. 이러한 한국을 적극 지원해 성공할 경우 클린턴 대통령의 정치적 입지도 한층 강화될 수 있다는 얘기다.
　이를 뒷받침하듯 클린턴 대통령은 아시아 외환위기의 주범으로 지목돼온 헤지 펀드에 대한 규제를 APEC 정상회담을 통해 천명하는 한편, 1998년 11월 20일 저녁 한국을 전격 방문했다. 클린턴 대통령이 보인 이 같은 일련의 움직임과 외국인들의 한국주식 매입과는 밀접한 관계가 있다는 분석이다.
　게다가 루빈 미국 재무장관이 장관으로 취임하기 직전 골드만삭스에 근무한 인연을 이용해 미국정부의 이 같은 입장과 한국에 대한 신인도가 높아질 것이라는 정보를 입수한 미국의 투자기관들이 투자에 나섰을 공산이 높다는 것이다.
　최근 무디스, S&P 등 세계 신용평가회사들도 시기만 차이가 날 뿐 조만간 한국의 신용등급을 한 단계 올릴 공산이 큰 것으로 알려지고 있다. 한국도 대외신인도 제고를 위해 대외부채를 앞당겨 상환한다는 방침이다.
　정부가 1998년 말 돌아올 IMF 차입금 28억 달러의 상환을 연장하지 않고 제때 갚는다는 방침을 세운 것은, 국제신용평가회사들이 한번 내린 국가등급을 올리기 위해서는 뚜렷한 명분을 제공해야 한다는 판단인 것으로 보인다. 차입금을 갚아버림으로써 한국이 외환위기에서 벗어났다는 점을 외국인들에게 분명히 인식시키겠다는 계산인 셈이다.
　이러한 국제적인 암묵적 합의와 아시아 경제에 대한 회복기대로 인해 해외언론에서는 아시아 경제에 대한 낙관론이 일색을 이루고 있다. 특히 한국에 대해서는 주식과 채권 등 한국물 증권에 대한 장기적인 투자를 권하고 있다.

### 세계 신용평가사 「등급 상향조정할 듯」

세계적인 투자전문지인 〈배런〉은 최근 호에서 『미국의 공격적인 금리인하로 아시아가 희망적인 신호를 보내고 있다. 투자자금이 불과 몇 달 전만 하더라도 투자자들로부터 외면당한 이들 아시아 국가들을 비롯한 이머징 마켓으로 흘러들어가고 있다』고 보도했다.

이어 『투자자들은 또한 이머징 마켓 국가 중에서도 차별적으로 접근하고 있는데, 아시아에서도 한국·태국·필리핀에 대한 투자를 늘리는 반면, 인도네시아와 말레이시아에 대해서는 투자를 줄이고 있다』고 덧붙였다.

메릴린치도 최근의 글로벌 리서치 자료를 통해 『아시아 지역의 주식시장은 평균 50% 상승했다. 단기적인 관점에서 대부분의 주식시장은 과매수 국면에 있다. 이는 아마도 조정국면이 조만간 필요하다는 점을 암시하는 것이다. 그러나 중기적인 지표들은 전반적으로 긍정적인 신호를 보내고 있고 연말까지는 현상태를 유지할 것으로 보인다. 이것은 현재의 강세국면이 다소 이어질 것을 암시하고, 길게는 1999년 1월까지 이어질 수 있다는 것을 의미한다』고 밝혔다.

결국 대외여건을 감안할 때 주가는 일시적으로 조정을 받겠지만 그 하락폭은 크지 않을 것이라는 분석이다. 조정국면이 끝나는 1998년 12월 말부터는 오히려 상승할 공산이 더 크다. 최 부장은 『기술적 분석으로 살펴볼 때 주가는 460선을 지지선으로 조정국면에 들어가 410포인트 선에서 머물다가 다시 상승, 1999년 1/4분기에는 600포인트까지 치솟을 것』으로 전망한다.

## 제 12 장

## 증시테마 알면 유망주 보인다

　증권시장은 금리·환율·통화정책 등 각종 경제지표로 나타나는 경기환경에 밀접한 영향을 받는다. 기업들은 이들 경기주변환경을 배경으로 영업을 하며, 이들 기업의 주가도 이 결과에 따라 등락을 거듭한다. 또한 시중자금흐름의 변화 등 증시의 수급이 개선되어 금융장세가 전개되기도 한다. 증시에서는 이러한 전체적인 주가흐름 속에서 간혹 특정 종목들이 집단적으로 주가흐름을 만들어내기도 한다. 이를 증시에서는 테마가 형성되었다고 말한다. 일반적인 경기와 시장의 수급에 관계없이 일부 종목의 주가가 두드러지게 움직이는 것은 시장의 테마 때문이다.

　국내 증시에서도 테마주는 일찍부터 형성되었다. 1970년대 말에는 중동건설 붐을 배경으로 건설주가 테마주로 급부상했으며, 증권시장 개방과 함께 저PER주가 부각되었다. 금융실명제 이후에는 자산가치 우량주, 이후에는 블루 칩으로 불리는 업종대표주, 신약개발과 관련해서는 제약주, 환경문제에 관심이 높아지면서부터는 환경관련주, 앞에서 소개한 M&A관련주도 테마주로 떠오르는 등 여러 변수가 증시에 영향을 미치면서 그 때마다 관련 테마가 유행처럼 거쳐갔다. 이들 테마 중에는 일과성을 띠는 것도 있으며, 테마를 형성하는 종목만 바뀔 뿐 주변 상황 변화에 따라 증시에 주기적으로 나타나는 것도 있다.

테마 중에는 기업의 자산과 관련된 테마가 자주 등장한다. 주식의 가치는 어느 기업이 얼마만큼의 수익성을 확보하는가 하는 수익적 가치와 그 주식이 얼마만큼의 자산적 가치를 지니고 있는가로 나뉜다. 일반적인 경우 주가는 기업의 수익과 밀접한 관계를 갖고 움직인다. 하지만 이들 수익은 자산 형태로 기업에 남기 때문에 주가의 수준은 자산가치와도 어느 정도 비례하여 나타난다. 이러한 자산적 가치는 증권시장이 정상적인 경제환경 아래에서 움직일 경우에는 시장에 커다란 영향력을 행사하지 못한다. 오히려 경기가 침체되거나 경제환경이 급격하게 변할 때 크게 나타난다. 금융실명제 이후 전개된 자산주 장세가 대표적인 예다. 1993년 8월 금융실명제 실시 이후 자금시장의 혼란이 예상되면서 기업의 청산가치, 즉 자산가치에 관심이 집중되었다. 이후 성창기업, 만호제강 등 이른바 자산주가 몇 배의 주가상승을 보였음은 말할 나위도 없다. 이후에도 자금시장이 어려워지거나 경기에 대한 불확실성이 제기될 때마다 주가가 상승세를 타곤 했다.

기업이 지닌 자산가치의 장부가격을 현실화하는 작업인 자산재평가는 자산주와 맥락을 같이한다. 기업은 자산재평가를 통해 자산가치를 적절하게 장부에 기재할 수 있기 때문에 재무구조를 개선시키는 효과를 지닌다. 다만, 자산재평가는 실질적인 자금의 유입없이 많은 자산재평가세 등의 비용과 감가상각 등으로 부담이 될 수 있어 조심스런 접근이 요구된다.

제약주를 비롯한 신기술 개발 관련주도 증권시장을 자주 풍미하는 테마다. 신약관련 제약주의 경우 신약을 개발하는 기간이 10년 정도 걸리고 성공확률도 극히 희박하다는 악조건에도 불구하고, 개발에 성공할 경우에는 엄청난 외형성장과 수익성을 확보할 수 있다는 매력 때문에 유망종목으로 자주 주목받는다. 외국 유명 제약회사들은 가끔 시장성 높은 단일제품을 선보여 세계적으로 연간 몇조 원의 매출을 올리는 사례도 심심치 않다는 점을 감안하면 제약주의 상승잠재력은 크다 할 수 있다.

최근 증권시장에 잠시 떠오른 테마로는 남북경제협력 관련주를 꼽을 수 있다. 정주영 현대그룹 명예회장의 방북과 금강산 개발을 계기로 금강개발 주식이 대폭 상승했다. 사업의 단기적인 수익성 확보는 미약하겠지만 시장선점이란 잠재적인 측면에서는 주가를 상승시키기에 충분했다.

이상 몇몇 테마에 대해 살펴보았지만 이들 테마가 어느 날 갑자기 찾아오는 것은 아니다. 아무런 이유 없이 등장하는 것도 아니다. 따라서 테마에 편승해 투자하고자 하는 투자자들은 늘 정치·경제·사회적으로 어떤 이슈와 주제가 여러 사람의 관심의 대상이 되는가에 초점을 맞추어야 한다. 몇 줄 안 되는 신문기사도 주식을 움직일 수 있다는 점을 염두에 두고 항상 증시를 둘러싼 여러 이슈를 세심히 살피는 노력이 필요하다. 조금은 힘들고 피곤한 작업이긴 하지만, 이들 테마주의 주가 상승률은 너무나 크다는 점을 명심해야 할 것이다.

## 1. 음식물 쓰레기 처리업체 주목하라 (1997년 10월 28일자)

### 앞으로 5년 간 1조 시장

국내 증시가 침체의 늪을 헤어나지 못하고 있다. 이런 와중에서 관심을 가져볼 만한 종목은 없을까? 증시가 전반적으로 침체를

〈표 12-1〉 음식물 쓰레기 감량 의무 확대시행 세부세획

| 시행시기 | 집단 급식소 | 음식점 | 기타 사업장 |
|---|---|---|---|
| 1995년 9월 | 일평균 연 급식인원 2,000인 이상 | 객석면적(객실포함) 200평 이상 휴게 및 일반 음식점 | |
| 1997년 7월 | 일평균 연 급식인원 1,000인 이상 | 객석면적(객실포함) 180평 이상 휴게 및 일반 음식점 | 호텔, 콘도미니엄, 백화점 |
| 1997년 10월 | 일평균 연 급식인원 500인 이상 1,000인 미만 | 객석면적(객실포함) 100평 이상 180평 미만의 휴게 및 일반 음식점 | |
| 1998년 1월 | 일평균 연 급식인원 100인 이상 500인 미만 | 객석면적(객실포함) 30평 이상 100평 미만의 휴게 및 일반 음식점 | 대규모점포, 농수산물 도매시장 및 100세대 이상 APT 등 공동주택 건설시, 관광단지개발시 |

자료 : 환경부

〈표 12-2〉 음식물 쓰레기 처리 주요 기술 방식

| 구 분 | 기술방식 | 내 용 | 비 고 |
|---|---|---|---|
| 감량화 | 발효식 | 반응기 내에 공기를 주입하면 미생물에 의해 유기물질이 분해되면서 발효하여 전체 반응을 진행 | 악취발생 가능 |
| | 소각식 | 건조기에 쓰레기를 넣고 가열하여 소각시킴 | 매연발생 가능 |
| | 발효건조식 | 60도 이상에서 미생물에 의한 퇴비화 유도 | 악취발생 가능 |
| | 소멸식 | 미생물을 이용해 장기 발효시킴. 감량률 90% 정도 | |
| | 건조파쇄식 | 건조기에서 건조시키면서 회전으로 음식물 분쇄 | 수질오염 우려 |
| | 탄화방식 | 건조기에서 쓰레기를 간접가열, 건조, 탄화처리시킴 탄화처리된 추출물은 무공해 퇴비로 사용 가능 | 오수, 악취 없음 |
| 자원화 | 발효퇴비식 | 미생물에 의해 처리된 쓰레기를 퇴비로 이용 | |
| | 지렁이사육식 | 수분제거 후 지렁이 먹이로 사용, 분비물 퇴비화 | 장시간 소요 |
| | 건조퇴비식 | 건조 후 처리물을 퇴비로 이용 | |

보일수록 실적호전이 예상되는 개별주를 눈여겨보라고 권하고 싶다. 그렇다면 실적이 호전될 가능성이 높은 개별종목은 무엇일까?

음식물 쓰레기 처리 관련주가 그 하나다. 1996년부터 수도권 매립지에 젖은 음식물 쓰레기 반입이 금지된 데 이어 1997년에는 환경부 및 지방자치단체 관련법규를 본격 강화하고 나섰기 때문이다. 1997년 6월 환경부는 폐기물관리법 시행규칙을 개정하면서까지 음식물 쓰레기 다량배출 사업장에 대한 쓰레기감량 의무를 단계별로 확대하는 방안을 마련했다(표 12-1 참조).

이 조치로 감량의무 적용을 받게 되는 사업장은 1997년 6월 말 현재 523개소에서 1998년 1월에는 30평 이상 음식점 5만개소를 비롯, 모두 6만개소로 늘어날 전망이다.

여기에다 100세대 이상의 신규 공동주택이나 음식점도 음식물 쓰레기 처리시설이 허가조건으로 되어 있어 음식물 쓰레기 처리시설의 수요는 급격히 늘어날 것이 확실하다. 물론 처음에는 이들 사업장이 자체 감량화보다는 재활용하거나 전문처리업체에 위탁할 것으로 보이나, 처리비용의 증가에 따라 점차 자체 처리로 전환할 것으로 예상된다. 2005년부터 시지역(군지역 제외)은 음식물 쓰레기의 직매립을 금지하고, 발효과정을 거쳐 사료나 퇴비로 만들고 나머지는 소각 후 재만 매립하도록 한 규정이 이를 뒷받침하고 있다.

따라서 단기적으로는 정부와 지방자치단체의 정책시행 의지에 따라 시장규모가 달라질 수 있으나 음식물 쓰레기 처리사업은 향후 2~3년 간 수요초과 기간을 거쳐 2000년 이후에는 안정되어 성장산업으로 자리잡을 전망이다.

## 음식물 쓰레기 감량화 정책, 중소형기기 수요 증가시킬 듯

국내 음식물 쓰레기 하루 발생량은 약 1,500t. 이 쓰레기 중 음식점이 42%를 배출하고 있으며, 가정이 40%를 이루고 있다. 또한 음식물 쓰레기는 95%가 단순 매립되고 있으며, 감량화 및 재활용되는 비율은 5% 안팎에 불과한 실정이다. 음식물 쓰레기는 전통적인 식생활문화에 따른 특성과 국민소득 증가로 인한 생활수준 향상으로 많은 양이 배출되고 있다.

음식물 쓰레기 처리기술은 크게 쓰레기의 양을 감소시키는 데 1차적인 목적이 있는 감량화 기술과 처리된 쓰레기의 재활용에 중점을 둔 자원화 기술로 대별된다. 감량화 기술은 주로 음식점 등에 적용되는 중소형 기기로서 악취 발생, 부산물 발생, 재활용에 따른 문제 등을 내포하고 있다.

1997년 7월부터 단계적으로 시행되는 음식물 쓰레기 감량화정책은 이 중소형 기기의 수요를 증가시킬 것으로 보인다. 자원화 기술은 주로 정부·지방자치단체·전문용역업체 등에서 사용되며, 충분한 처리공정을 거쳐야 하기 때문에 비교적 용량이 큰 장치가 필요하다. 설치시 고려할 점은 단순히 음식물 쓰레기 처리에 따른 비용보다는 매립에 소요되는 수거, 운반, 그리고 매립지의 건설 및 유지 등의 비용과 사료 및 퇴비로 활용한 가격과 비교해 경제성 있는 쪽을 택해야 할 것이다(표 12-2 참조).

한국리서치연구소에 따르면 음식물 쓰레기 처리장치는 1997년 말까지 4만 7,768대, 1998년 말까지는 6만 2,125대, 1999년 말까지는 6만 9,209대가 보급될 것으로 추산된다. 신규수요는 1997년 4만 7,768대, 1998년 1만 4,357대, 1999년 7,084대로 연평균 15~20%의 성장률을 보일 전망이다. 일반음식점의 경우 200kg 미만의 소형기종(대당 판매가격 1,000만~3,000만 원), 지방자치단체나 대형사업장의 경우 1t 이상의 대형기종(대당판매가격 1억 원 이상)에 대한 수요가 예상된다.

이에 따라 음식물 쓰레기 처리시설 시장규모는 음식점 4,500억 원, 집단급식소 1,000억 원, 도매시장 800억 원, 지방자치단체 3,500억 원에 달해 앞으로 5년 간 1조 원의 시장이 창출될 것으로 예측된다. 처리 주체별로는 자체 처리가 5,500억 원으로 55%를 차지하고, 나머지 45%는 지방자치단체와 위탁처리가 각각 3,500억 원과 1,500억 원에 이를 것으로 추산된다.

음식물 쓰레기 처리시설 생산업체 수는 지난 1997년 8월 말 현재 130여 개로 90% 이상이 중소업체다. 이 중 100여 업체는 1996년과 1997년에 신규참여한 업체인데다, 대부분 중소업체들이어서 자금과 기술 부문에서 한계를 보일 것으로 예상된다.

결국 기술력과 영업력, 그리고 소비자 인지도가 높은 상장업체들의 시장점유율이 확대될 공산이 크다. 그만큼 음식물 쓰레기 처리시설에 대한 수요 증가는 곧 이들 상장업체의 실적 호전으로 이어져 주가의 상승으로 연결될 것이란 분석이다.

산업화 진전에 따른 환경파괴로 환경산업이 하나의 거대산업으로 부각되고 있다. 음식물 쓰레기 처리사업도 여러 환경산업 가운

〈표 12-3〉 음식물 쓰레기 처리 시장규모 전망

| 구 분 | 음식점 | 집단급식소 | 가 정 | 도매시장 | 기 타 |
|---|---|---|---|---|---|
| 처리 주체 | 자체/위탁 | 자체 | 지자체 | 자체/위탁 | 자체 |
| 처리 용량 | 소형/플랜트 | 소/중형 | 플랜트 | 대형/플랜트 | 소/중형 |
| 시장 규모 (억 원) | 4,500 | 1,000 | 3,500 | 800 | 200 |

> 깊이 읽기

### 음식물 쓰레기처리 관련 주요 종목

한화기계는 발효 미생물을 이용해 냄새를 제거한 소멸식 설비를 개발했다. 이 설비는 감량화가 95% 이상으로 K마크를 획득한 26개 제품 중 유지비용이 가장 낮은 것으로 나타났다. 도시개발공사의 플랜트 건설을 수주하는 등 시장규모가 큰 플랜트 시장에서 선점하고 있다. 대기업으로서 우수한 영업력과 관계사들의 수요 등에 힘입어 안정적인 매출증가가 예상된다.

핵심텔레텍은 소멸식으로 일본의 SI사와 음식물 쓰레기 처리기의 핵심인 바이오 칩을 공동 개발해 10월부터 100kg 용량의 음식점용 기기를 판매한 데 이어, 11월부터는 20만 원대의 가정용 제품을 출시해 본격적으로 시장을 공략할 예정이다. 환경사업을 전담할 신설법인 HBI를 설립하는 등 환경사업을 주력사업으로 육성한다는 야심찬 계획을 세워놓고 있다.

동양물산은 핵심부품인 탈취기를 자체 개발해 부산물의 악취를 제거한 발효건조식 설비를 선보였다. 서울 일부 구청에 판매하는 등 가시적인 성과를 보이고 있다.

태봉전자는 탄화방식의 음식물 쓰레기 처리기를 개발, 1997년 3월 발명특허를 출원했고 카본스타란 상표도 등록을 완료한 상태다. 1997년에 100대를 생산한 뒤 1998년에는 1,500대 이상 생산·판매할 계획이다. 이 회사는 점진적으로 환경관련 사업의 매출비중을 확대하는 사업구조조정을 추진하고 있다.

서울식품이 생산하는 뉴오카도라는 건조파쇄식으로 서울의 일부 구청과 풀무원·대림산업 등에 판매한 실적을 갖고 있다.

1997년 매출목표는 20억 원이다. 중앙제지도 일본 고도부키사와 기술제휴로 발효건조식 설비를 조립·생산하고 있는데, 성남구청과 유통업체에 10여 대를 시범 설치해놓고 있다.

음식물 쓰레기 처리기 주요 생산업체 비교

| 종 목 | 처리방식 | 처리용량 | 가격(100kg/일) | K마크인증시기 | 비 고 |
|---|---|---|---|---|---|
| 한화기계 | 소멸식 | 1.5kg~100t | 1,500만 원 | 1997.8 | 유지비 저렴 |
| 핵심텔레텍 | 소멸식 | 1.5~100kg | 1,200만 원 | 1997.11(예정) | 제품가격 저렴 |
| 태봉전자 | 탄화방식 | 50~300kg | 1,800만 원 | 1998.1(예정) | 부산물 최소화 |
| 서울식품 | 건조파쇄식 | 20kg~10t | 1,600만 원 | 1997.5 | 단시간 처리 |
| 동양물산 | 발효건조식 | 50kg~100t | 1,800만 원 | 1997.3 | 발효상태 우수 |
| 중앙제지 | 발효건조식 | 50~150kg | 1,600만 원 | 1997.11(예정) | 좁은공간 설치가능 |

데 하나라 할 수 있다. 환경부가 2001년까지 6조 5,000억 원을 투자해 도시형 종합처리시설 9개소, 위생매립시설 55개소, 소각시설 43개소 등 총 512개소의 폐기물처리시설을 설치 및 정비하고 생활폐기물 소각처리율을 현재의 4%에서 2001년까지 20% 수준으로 끌어올린다는 「국가폐기물관리 종합계획」이 구체적인 증거다. 요즈음 같은 증시 침체기일수록 시대의 흐름에 걸맞은 새로운 호재의 종목을 발굴하는 안목이 필요하다 하겠다.

## 2. 자산재평가법 개정시 자산주 유망(1998년 3월 3일자)

기업들의 자산에 대한 재평가가 실시될 전망이다. 기업들의 재무구조 악화로 경영난이 심각해짐에 따라 자산재평가를 통한 재무구조 개선을 도모하기 위해서다. 이는 장기적으로 재산재평가 제도를 폐지하기 위한 한시적인 조치로도 해석할 수 있다.

최근 국민회의·자민련·한나라당은 공동으로 의원입법 형식으로 자산재평가법을 발의, 이번 임시국회에 상정해 통과시킬 예정이었으나 일단 보류했다. 여야 각 당은 모두 이번 자산재평가 개정안에 원칙적으로 찬성하고 있어 1998년 3월에 열리는 임시국회에서 이 법안을 통과시킬 가능성이 매우 높은 것으로 알려졌다.

자산재평가제도는 사업용 자산을 현실에 적합하도록 재평가하는 것이 그 목적이다. 이를 통해 자산의 감가상각을 가능케 하고, 기업자본을 확실하게 정함으로써 경영의 합리화를 도모하기 위한 것이다. 따라서 자산재평가 대상은 상각이 가능한 국내소재 사업용 자산에 국한시키고 있다. 이는 감가상각의 현실화라는, 자산재

〈표 12-4〉 자산재평가법 개정안의 내용

| 구 분 | 개정안 | 비 고 |
|---|---|---|
| 자산재평가 허용대상 | 기업이 소유한 토지 등 모든 고정 자산 | 단, 비업무용 자산은 제외 |
| 자산재평가 허용기간 | 1998년부터 2001년 말까지(3년 간) | 한시적으로 허용 |
| 자산재평가 실시시기(기준일) | 사업연도 개시일과 하반기 개시일 : 즉 12월 결산기업은 1월 1일과 7월 1일을 기준으로 연 2회 재평가 실시 허용 | • 도매물가지수 누적 상승률 25% 이상을 기준으로 한 재평가 제한규정 삭제<br>• 토지의 경우 지금까지 1983년 말 이전 취득분에 한해, 그것도 1회만 재평가가 허용되어왔음 |
| 자산재평가 절차 간소화 | 자산재평가심의회 폐지 | 기업은 관할세무서에 차액 등을 신고하는 것만으로 사실상 마무리돼 현재 길게는 1년 이상 걸리는 재평가 기간이 몇 개월 이내로 대폭 단축 |
| 자산재평가시 세금 | • 자산재평가로 인한 차액에 대한 자산재평가세 3%(현행과 동일)<br>• 재평가 실시 후 자산을 매각할 때는 재평가 실시 전 매입단가를 기준으로 차익을 산정해 법인세 및 특별부가세 부과 | • 현행과 동일<br>• 재평가 실시 후 자산을 매각하면 과표가 되는 장부가와 시가 간 차익이 줄어 기업들이 자칫 재평가를 세금감면 수단으로 악용할 소지가 있기 때문임 |

평가제도의 취지에도 근본적으로 부합하는 것이라 할 수 있다.
 그러나 국내에서는 토지를 상각자산 중 예외적으로 자산재평가 대상에 포함시키고 있다. 토지가 기업자산에서 차지하는 비중이 매우 높은데다 물가의 상승에 선행해 지가가 앙등, 사실상 재평가의 매력이 발휘될 수 있기 때문이다.
 이런 점이 크게 작용해 기업들은 토지를 선호하면서 비생산적인 토지취득에 열중하는 현상을 빚었다. 1983년 말 자산재평가법 개정 때 토지를 자산재평가 대상에서 제외시킨 것도 이러한 부작용을 막기 위한 조치였다. 당시에도 자산재평가법 개정에 대한 경과조치로 1983년 이전에 취득한 토지에 대해서만 1984년 이후 1회에 한해 재평가할 수 있도록 했다.
 원래 자산재평가제도는 1958년 처음 도입된 이래 40여 년이 지났다. 이 제도는 원래 8·15 해방과 6·25 사변을 거치면서 피폐된 경제 아래에서 나타난 극심한 물가상승으로 왜곡된 기업회계기준을 바로잡기 위한 것이었다.

### 기업 고정자산 공시지가로 환산하면 차익 커질 듯

 자산재평가 제도에서 가장 중요한 사안은 공정한 가격으로 재평가하는「평가의 공정성」이랄 수 있다. 이를 위해 정부는 자산재평가에 깊이 관여하고 있다. 자산재평가를 기업에 임의로 맡길 경우 조세절감효과를 확대하기 위해 과대평가를 서슴지 않을 것이기 때문이다. 이를 막기 위해 재평가를 원하는 기업은 소정의 절차에 따라 정부에 신고해야 하고, 정부는 재평가차액에 대해 재평가세를 결정하도록 돼 있다. 그리고 자산재평가 차액에 대해서는 자산재평가세 3%만 과세하고, 법인세는 부과하지 않고 있다. 그러나 나중에 재평가된 자산을 매각할 때에는 법인세를 내도록 돼 있다.

그렇다면 자산재평가는 기업에 어떠한 영향을 미치는가? 우선 기업의 재무구조가 개선된다. 자산재평가액은 영업이익과는 달리 자본의 성격을 가지므로 재평가 차액이 배당이나 기타 사외 유출의 재원으로 활용돼서는 안 된다. 자산재평가법에 따르면 자산을 재평가하는 법인은 재평가차액에서 이월결손금을 공제한 잔액을 자본잉여금의 재평가적립금으로 적립하도록 규정함으로써 재평가차액의 사외유출을 금지하고 있다. 따라서 재평가적립금의 자본에의 전입은 외부자본의 유입 없이 자본을 증액시키는 효과를 가져옴으로써 자기자본비율을 높이고 부채비율을 낮춰 재무구조가 개선되는 효과를 안겨준다.

둘째는 자금조달이 용이해진다. 자산재평가로 재무구조가 개선되면 대외적인 신용이 올라가고, 신용이 제고되면 사채의 발행이나 은행차입이 쉬워진다. 또한 기업의 재무구조 개선에 따라 직접 자금시장에서의 증자를 통한 자금조달도 용이해진다.

셋째는 조세부담이 경감된다. 법인이 자산을 재평가하면 그 자산에 대한 취득원가가 재평가된 금액으로 변경되고, 이 금액이 향후 감가상각의 기초가 돼 법인소득세를 절감하는 효과를 얻을 수 있다. 또한 재평가한 자산을 양도할 때 재평가액이 장부가격(취득가격)이 됨에 따라 양도차액에 대한 양도세절감 효과를 볼 수 있다. 정부는 자산재평가제도의 이러한 허점을 조세회피 수단으로 이용하는 것을 막기 위해 자산재평가 후 1년 이내에 해당 자산을 양도할 때에는 재평가하지 않은 것으로 보고 재평가 이전의 취득원가를 기준으로 양도차익을 계산한다.

### 재평가 따른 이익에 무상주 교부 가능

이 같은 자산재평가는 기업에 긍정적 영향을 미칠 것으로 보여 주가를 부추기는 요인으로 작용할 것으로 분석된다. 특히 재평가에 따른 이익을 재원으로 하는 무상주 교부가 기대됨에 따라 자산재평가 가능성이 높은 종목에 관심을 둘 필요가 있다. 특히 자산재평가가 인플레이션이 심할 것으로 예상되는 IMF 체제하의 향후 2~3년 간 활발히 실시될 것으로 보여 해당기업의 주가가 한 단계 상승할 것으로 예상된다.

구체적으로 살펴보자. 조선선재의 경우 현재 보유한 고정자산의 장부가가 24억 2,000만 원에 불과하나, 현재 공시지가로 환산하면 무려 14배가 되는 331억 2,000만 원이 된다. 자산재평가법의 개정을 계기로 자산을 재평가하면 약 307억 원의 자산재평가 차익이 발생해 실질 순자산가치는 313억 3,000만 원에 달한다. 이 실질순자산을 총발행주식 수로 나눈 주당 순자산(book-value per share : BPS)은 무려 5만 2,217원에 이른다.

그러나 현재 주가는 실질 순자산이 단지 15% 수준인 7,920원 수준으로 저평가되어 있는 실정이다. 향후 이 회사가 자산을 재평가하면 주가는 적어도 5만 원 수준으로 올라갈 수 있음을 뜻한다. 다시 말해 자산재평가 차액만을 고려할 때 이 주식은 500% 이상의 투자수익률을 기대할 수 있다는 얘기다.

또한 자산재평가로 발생하는 307억 원의 자산재평가 차익은 자본잉여금으로서 자기자본을 증가시켜 현재 35억 3,000만 원인 자기자본이 342억 3,000만 원으로 증가하게 된다. 이와 함께 타인자본, 즉 총부채를 자기자본총계로 나눈 부채비율은 현재 1,468%에서 151%로 줄어들게 된다. 이 같은 재구구조 개선은 신용제고를 부추기면서 회사채 발행 등 자금조달을 용이하게 할뿐더러 자금조달비용을 낮추는 효과를 가져온다. 또한 유상증가를 통한 자금조달도 한층 쉬워진다.

> **깊이 읽기**
>
> ### 유망종목
>
> 자산재평가법이 개정될 경우 가장 수혜 보는 종목으로는 역시 보유 부동산이 많은 기업들이다. 특히 장부매입가와 현재 시가와의 차이가 큰 기업들은 자산주로서 다음과 같은 표의 종목들이 유망할 것으로 전망된다. 이 밖에도 현재 매립지 등 보유 부동산이 많으며, 용도변경시 시세차익이 매우 클 것으로 예상되는 종목들도 투자유망종목으로 부상할 것이다.
>
> **자산재평가시 투자유망종목**
>
> (단위 : 억 원, %원)
>
> | 종 목 | 자기자본 | 고정자산 | | | 실질 순자산 | BPS | | 주가 (2/17) |
> |---|---|---|---|---|---|---|---|---|
> | | | 장부가 | 공시지가 | 차 액 | | 현재 | 실질 | |
> | 조선선재 | 6.3 | 24.2 | 331.2 | 307.0 | 313.3 | 5,882 | 52,217 | 7,920 |
> | 대림통상 | 281.9 | 48.0 | 480.0 | 432.0 | 713.9 | 13,367 | 33,995 | 18,700 |
> | LG전선 | 3,127.2 | 511.6 | 3,330.4 | 2,818.8 | 5,946.0 | 12,582 | 25,480 | 6,630 |
> | 한국화장품 | 826.3 | 213.4 | 925.6 | 712.2 | 1,538.3 | 40,112 | 74,683 | 15,200 |
> | 한국타이어 | 2,756.3 | 1,237.2 | 3,484.6 | 2,247.4 | 5,003.7 | 47,821 | 86,811 | 31,500 |
> | 롯데칠성 | 316.0 | 800.0 | 2,600.0 | 1,800.0 | 2,116.0 | 22,508 | 156,047 | 68,500 |
> | 대한제당 | 921.0 | 117.0 | 800.0 | 683.0 | 1,604.0 | 33,295 | 59,013 | 15,100 |
> | 삼천리 | 944.2 | 99.0 | 483.9 | 384.9 | 1,329.1 | 31,464 | 44,303 | 31,900 |
> | 대웅제약 | 893.3 | 90.5 | 310.2 | 219.7 | 1,113.0 | 33,042 | 41,169 | 21,000 |
> | 성창기업 | 526.1 | 1,135.4 | 5,998.4 | 4,863.0 | 5,389.1 | 17,522 | 83,170 | 18,800 |
> | 대한통운 | 6,524.7 | 9,920.0 | 22,690.7 | 12,770.7 | 19,295.4 | 44,713 | 86,971 | 6,100 |
> | 방림 | 1,588.4 | 2,307.8 | 3,748.5 | 1,440.7 | 3,029.1 | 52,363 | 99,924 | 18,500 |

## 3. 액면분할, 개별종목 주가상승 부추긴다(1998년 3월 17일자)

주식의「액면분할」이 이어지고 있다. 1998년 3월 2일 상장사인 미래산업은 액면이 분할된 주권을 신규 상장시켰다. 미래산업에 이어 메디슨, 팬택, 콤텍시스템 등 여러 회사들도 액면분할을 추진하고 있다. 미래산업의 경우 액면을 분할한 후 연 3일 연속 상한가를 기록하는 등 이들 주가가 상승하면서 액면분할 주식과 그 효과에 관심이 쏠리고 있다.

주식의 액면분할이란 무상증자와는 달리 자산이나 자본의 증감 없이 기존의 발행주식을 일정 비율로 세분화해 발행주식의 총수를 늘리는 것을 말한다. 미국증시처럼 무액면주의를 취할 수 있는 경우에는, 액면가액이 존재하지 않아「주식분할」이란 용어를 일반적으로 사용한다.

현행 국내 상법은 액면주식의 발행만을 인정하여 1주의 금액이 5,000원 이상으로 균일해야 한다고 규정하고 있다. 이러한 액면주

〈표 12-5〉 액면분할 공시기업

| 종 목 | 자본금(억원) | 분할가격(원) | 변경후 발행주식(만주) | 기준일 | 공시일 |
|---|---|---|---|---|---|
| 메 디 슨 | 119 | 500 | 2,638 | 2.24 | 97.11.7 |
| 팬 택 | 72 | 500 | 1,440 | 4.9 | 97.11.11 |
| 한국타이어 | 332 | 500 | 6,656 | 8.1 | 98.2.7 |
| 서 흥 캅 셀 | 57 | 1,000 | 590 | 5.1 | 98.2.11 |
| 선 도 전 기 | 86 | 500 | 1,729 | - | 98.2.14 |
| 콤텍시스템 | 85 | 500 | 1,700 | - | 98.2.25 |
| 혜 인 | 51 | 500 | 1,035 | - | 98.2.26 |
| 다 우 기 술 | 79 | 500 | 1,500 | - | 98.2.27 |
| 공 화 | 45 | 500 | 900 | - | 98.3.2 |
| S J M | 50 | 500 | 1,000 | - | 98.3.3 |
| 삼영전자 | 60 | 500 | 1,200 | - | 98.3.4 |

식은 회사의 재산을 확보할 수 있다는 장점이 있다. 그러나 주식의 액면액은 다만 주식을 발행할 때 회사의 자본으로 납입한 사실만을 증명할 뿐 주식의 시장가격과는 직접적인 관계가 없다.

이러한 단점을 보완하기 위해 액면분할방안이 1997년 10월 증권시장안정대책의 일환으로 발표됐다. 5,000원으로 돼 있는 주식 액면을 기업으로 하여금 자율적으로 선택하되 액면 최저금액을 100원으로 정해 자유화하기로 결정했다. 1995년과 1997년에도 각각 상법 개정과 증권업협회의 건의로 재경원 등 관련부처가 이를 검토했으나 주식발행비용과 상법 개정 등의 어려움으로 인해 일단 백지화된 적이 있다.

1997년 8월 국회를 통과해 10월부터 시행된「벤처기업육성에 대한특별조치법」과 동법 시행령에 따르면 ① 신기술, 신물질 개발기업을 포함해, ② 벤처자본의 출자지분이 해당기업 자본의 10% 이상, ③ 전환사채, 신주인수권부사채 등을 포함해 벤처자본의 출자지분 20% 이상, ④ 최근 사업연도의 매출액 대비 연구·개발비 투자비중이 5% 이상 등의 요건 중 한 가지 요건을 충족할 경우 벤처기업으로 간주된다. 이들 기업은 상법상 액면금액이 5,000원 이상이어야 한다는 규정에도 불구하고 액면금액을 100원 이상으로 하여 액면분할이 가능하다.

### 액면분할 기대효과

증시부양책의 일환으로 발표된 이번 액면분할은 소액투자자금을 운용하는 일반투자자들에게 주식을 매수할 수 있는 기회를 높여 줌으로써 종목별로 유동성 증가를 가져다 줄 수 있다. 따라서 매수기반 확충을 통해 추가적인 자금소요 없이도 증시부양효과를 거둘 수 있다. 액면분할 효과를 구체적으로 살펴보면 다음과 같다.
 첫째, 개인투자자의 구매력 증가다. 소액의 자금을 투자하는 개인투자자들도 가격에 대한 부담 없이 고가주식을 매입할 수 있어 이들의 증권시장 이탈을 방지해준다. 또한 현재 장외시장에서 단주를 매입하는 방식으로 이뤄지던 고가의 우량주에 대한 매매가 거래소시장을 통해 형성됨에 따라 가격효율성을 높여준다.
 둘째, 적정 주가를 형성한다. 높은 성장가능성과 수익전망에도 불구하고 둔화된 유동성으로 인해 주가가 기업의 가치에 비해 저평가되는 경우가 있다. 이 경우 적정한 액면분할은 고주가의 부담을 해소시켜주면서 주가가 적정수준으로 환원될 수 있도록 도와준다. 즉 주가상승이 가능하도록 해준다.
 셋째, 자금조달이 용이해진다. 투자자의 접근이 활발해짐에 따라 주주의 수가 증가하고, 해당기업은 당해 주식의 적정한 투자가치를 유지하는 상태에서 유상증자 등을 통해 자금조달을 할 수 있다.
 넷째, 주식의 분산으로 경영권을 방어해준다. 주주 수가 늘어 주식분산이 적절히 이루어지면 특정 소수에 의한 주가조작 및 주식매집이 어려워진다. 이는 대주주의 경영권 방어가 더 쉬워진다는 얘기와도 통한다.
 다섯째, 기업홍보 효과가 있다. 주식의 액면분할은 기업의 현재 가치와는 무관하게 주식 수만을 증가시킬 뿐 자금 유입은 없다. 또한 액면가를 기준으로 한 배당률보다는 배당성향에 대한 인식 증대로 배당의 압력이 높아지게 된다. 이러한 불이익에도 불구하고 액면분할을 단행하는 기업은 이를 극복할 수 있는 자신감, 즉 수익을 지속적으로 창출할 수 있다는 자신감을 표명하는 것으로 볼 수 있다. 이러한 자신감은 주가에 긍정적인 영향을 주는 것으로 평가된다.

### 미국 사례

액면에 관한 제한규정이 없어 극단적인 경우 무액면주식까지 발행이 허용되는 미국에서는, 많은 기업들이 액면분할을 통해 투자자들에게 고가주식에 대한 부담을 줄여주고 있다. 이들 대부분은 성장기에 있는 기업으로서, 높은 성장성 및 수익성으로 인해 주가가 큰 폭으로 오르는 경우 분할을 통해 가격에 대한 부담을 줄이고 있다. 따라서 장기간 성장한 우량주의 경우 액면가가 극히 낮아지고 심지어는 무액면에 이르게 된다. 이처럼 고주가에 대한 부담을 액면분할로 극복하려는 경향을 반영해, 국내기업은 해외주식예탁증서(DR)를 발행할 때 원주를 2주 이상으로 분할하여 발행했다.

코카콜라는 1960년 1주의 액면가를 24달러로 분할한 이래 여덟 차례에 걸쳐 0.125달러로 분할했는데도 주가가 60달러선을 유지하고 있다. 마이크로소프트사도 주가의 급격한 상승에 따른 고주가 부담을 덜고자 몇 차례에 걸친 액면분할로 액면가가 0.00005달러까지 낮아졌으나 주가는 80달러선을 보이고 있다. 반면 월마트는 1993년 이전까지만 해도 액면분할 과정에서 주가가 상승했으나 1993년 액면분할 이후 조정국면을 겪고 있다.

〈표 12-6〉 미국 주요 기업의 액면분할 추이

(단위 : 달러)

| | | | | | |
|---|---|---|---|---|---|
| 코카콜라 | 24(1960년) | 12(1965년) | 6(1968년) | 3(1977년) | 1(1986년) |
| | 0.5(1990년) | 0.25(1992년) | 0.125(1996년) | | |
| 마이크로소프트 | 0.0009(1990년) | 0.0006(1991년) | 0.0004(1992년) | 0.0002(1994년) | 0.0001(1996년) |
| | 0.00005(1998년 2월) | | | | |
| G E | 1.28(1983년) | 0.64(1987년) | 0.32(1994년) | 0.16(1997년) | |
| 월 마 트 | 0.2(1985년) | 0.1(1987년) | 0.05(1990년) | 0.025(1993년) | |

〈그림 12-1〉 마이크로소프트 주가 추이

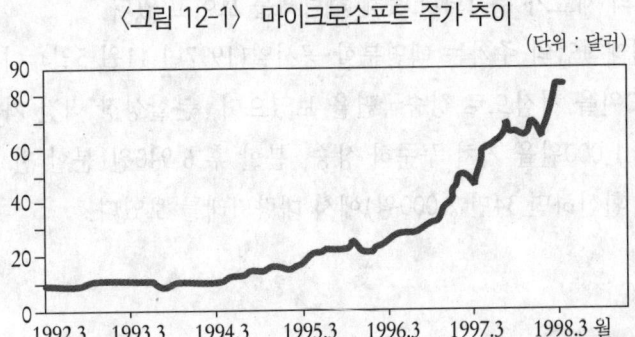
(단위 : 달러)

사례에서 볼 수 있듯이 「액면분할=주가상승」이라는 등식이 반드시 성립한다고는 볼 수 없다. 다만, 성장성과 수익성을 담보로 하는 액면분할은 주가의 지속적인 상승을 부추기는 것으로 판단된다.

**씨티아이 반도체 첫 액면분할**

국내에서는 씨티아이 반도체가 최초로 액면분할을 실시했다. 최근 제정된 벤처산업을 육성하기 위한 「벤처기업육성에대한특별조치법」 및 동법 시행령에 따른 것이었다.

벤처기업으로 처음 액면분할을 한 씨티아이 반도체는 검토공시일(1997월 8월 27일) 이후 높은 성장성과 액면분할이란 재료가 가미되어 고주가라는 부담에도 불구하고 최고 45%의 주가상승을 보였다. 한편 경방기계는 액면가가 1만 원으로 현행법상의 최저요건에 맞춰 액면금액을 5,000원으로 낮추는 액면분할을 추진했다. 액면분할 직후 역시 유동성을 확보할 수 있다는 점이 재료로 부각돼 최고 77%의 주가상승을 기록했다. 그러나 액면분할 이후 씨티아이 반도체는 거래량이 증가하면서 코스닥시장의 전반적인 약세에 영향을 받아 횡보국면을 보이고 있는 반면, 경방기계는 성장성의 재료가 부각되지 못해 하락세를 보이고 있다.

　미래산업의 주가는 액면분할 공시일(1997년 11월 5일) 이전에 9,600원을 저점으로 상승국면을 보였으며, 분할상장 직전 가격은 22만 1,000원을 거쳐 꾸준히 상승, 분할 후 6,940원(분할 전 가격으로 환산하면 34만 7,000원)에서 대량거래를 보였다.

> 깊이 읽기
>
> **SK텔레콤 등 고가우량주 활발한 움직임 일듯**
>
> 　벤처기업의 액면분할뿐 아니라 일반 상장기업에 대한 액면분할이 이루어지면 SK텔레콤, 삼성전자, 포철, 삼성화재 등 상당수의 고가 우량주가 액면분할을 할 것으로 예상된다.
>
> 　1998년 3월 3일 현재 우선주를 포함해 5만 원 이상의 고주가는 50개 종목에 이른다. 이들 종목 중 단순히 고주가라는 이유만으로 일반인의 관심에서 멀어졌던 상당수 종목은 주가에 긍정적인 영향을 미칠 것으로 보인다. 남양유업, 성미전자, 대덕산업, 대덕전자, 대상, 디아이, 한국단자, LG정보통신, SK텔레콤 등의 종목이 액면분할의 가능성이 높아보인다. 이들 종목은 액면분할 이후에도 성장성 등을 바탕으로 높은 주가수준을 보일 것으로 예상된다. 이 밖에도 고가에 대한 부담으로 거래량 부진종목, 성장성이 높아 주가상승이 기대되는 종목, 저PER 종목, 상장주식 수가 적고 주당순이익이 높아 배당압력을 소화할 수 있는 종목, 외국인 한도 확대에 따라 우량기업의 경영권방어를 목적으로 한 종목 등이 액면분할을 추진할 것으로 예상된다.

## 4. 연결재무실적 주가등락 좌우(1998년 5월 19일자)

### 30대 그룹 대부분 악화

주가가 연 사흘째 급락, 종합주가지수 380선이 무너지면서 1998년 들어 가장 낮은 수준까지 떨어진 지난 5월 6일. 이 날 고합과 효성티앤씨의 주가가 큰 폭으로 뛰어올랐다. 고합은 상한가를 기록했다. 고합 우선주와 계열사인 고합물산도 상한가로 올랐다. 동양철관도 가격 제한폭까지 상승해 1,220원에 마감됐다. 또한 대우, 효성그룹주들은 낙폭이 작거나 오히려 소폭 올랐다. 반면 삼성, 현대 등 대부분의 그룹주들은 큰 폭으로 떨어졌다.

이 날 증시침체는 수급불균형과 지지부진한 구조조정 등 기존 악재가 증시를 짓누른데다 인도네시아 소요사태로 아시아 증시가 폭락한 것이 큰 이유가 됐지만 국내기업의 영업실적이 생각보다 심각하다는 결과도 크게 작용했다. 연결재무제표 기준으로 볼 때 상장사 영업실적이 이미 발표된 결산실적보다 더욱 악화된 것으로 드러난 것. 예전과는 달리 증시가 연결실적에 민감한 반응을 보인 셈이다.

그렇다면 연결재무제표가 어떻게 작성되는지 알아보자. 연결재무제표란 한 회사의 재무상황이나 경영상황을 나타내는 재무제표를 1개 회사 차원에서 끝내지 않고 계열사끼리 통합해 작성한 재무제표다. 연결재무제표의 작성범위로는 지분을 50% 초과해 갖고 있거나 30%를 초과하면서 최대주주이거나, 지배종속관계에 있는 회사가 합해 50%를 초과하거나 30%를 초과하면서 최대주주인 경우다. 특수관계자와의 거래가 빈번한 경우 개별기업의 재무제표보다 연결재무제표를 봐야 기업의「속사정」을 알 수 있다는 얘기다.

연결손익계산서상 당기순이익을 계산해보자. 일반적으로 지배기업의 순이익에 종속회사의 순이익 중 지배회사의 지분만큼을 가산한 것이 연결당기순이익이다. 예를 들어, 지배회사 A기업이 종속회사 B기업의 지분을 30% 보유하고 있는 경우 B기업이 100억 원의 순이익을 기록하면 이 중 70%의 외부주주지분을 제외한 나머지 30%, 즉 30억 원이 지배회사의 당기순이익에 가산되어 연결당기순이익이 계산된다.

금융감독위원회와 증권거래소는 1998년 5월 5일 이 같은 연결재무제표 방식을 이용해 12월 결산 276개 상장사의 1997년 실적을 분석한 결과를 발표했다. 분석자료에 따르면 조사대상 상장사들의 당기순손실은 재무제표 연결 전 기준으로 4조 615억 원이었으나 연결후에는 8조 245억 원으로 무려 97.58%나 급증한 것으로 집계됐다.

### 대우, SK 연결 후 호전

분석대상 267개 상장사를 총종속회사 1,047개사와 연결한 점을 감안할 때 대상회사들이 평균적으로 5.1개의 종속회사를 거느린 것으로 보인다. 연결당기순이익이 감소한 기업은 총 203사(73.6%)였으며 이 중 54개사(19.6%)는 연결 전 개별실적으로는 당기순이익이 발생했으나 연결 후 적자전환했다. 반면에 연결당기순이익이 증가한 업체는 71개사(25.7%)로 나타나 전체적으로는 실적악화가 심화된 것으로 나타났다. 또 적자였던 회사가 연결 후 당기순이익이 증가(순손실 감소)한 곳은 동국제강을 비롯해 대우, SK, 효성, 고합, 신호 등 6개사에 불과했다. 특히 30대 그룹

92개 주력기업의 1997년 적자는 개별재무제표상 5,095억 원에서 연결 후 3조 5,847억 원으로 일곱 배나 증가했다. 4대 그룹 중에는 일찍 세계경영을 펼쳤던 대우만 연결 후 흑자를 냈다. 대우는 그룹 전체 당기순이익이 연결 후 2,297억 원으로 189억 원이 늘었다. 대우, 대우전자 등 세계화에 앞선 기업들의 연결 후 이익이 큰 폭으로 늘었다.

이처럼 연결재무제표상의 영업실적이 악화된 것은, 대기업들이 종속회사와의 내부거래로 이익을 과다하게 산정했거나 대기업 자회사들이 경기침체로 부실해지자 모기업의 손실로 되돌아왔기 때문으로 분석된다. 특히 대그룹들은 해외 현지법인들의 적자 발생으로 손실이 더욱 심화된데다 국내 종속회사들이 외환관련 손실을 포함해 영업외비용이 큰 폭으로 증가했기 때문이다.

삼성전자, 현대전자, LG반도체 등 해외진출을 적극적으로 추진했던 국내 반도체 3사의 경우 모두 해외 현지법인의 대규모 적자로 실적 악화가 심화되었다. 삼성전자는 지분율 75.8%의 AST가 3,362억 원이 적자를 기록했으며, 현대전자와 LG반도체는 맥스터(지분율 100%)와 제니스(지분율 39%)가 각각 1,553억 원, 2,845억 원의 적자를 기록했다.

1997년 결산실적 발표로 이미 주가재편이 이루어진 상장업체들이 연결실적을 바탕으로 추가적인 주가영향을 받을 전망이다. 과거에는 단독실적에 익숙했던 국내 시장참여자들의 기존 투자 패턴 지속으로 연결실적의 주가영향도가 낮았으나, 외국인 투자자들에게 연결재무제표가 대상업체의 경영상황을 더욱 정확히 파악할 수 있는 수단으로 이용된다는 점을 고려한다면, 외국인들의 투자영향도가 확대된 현 증시에서는 중장기적으로 과거보다는 높은 주가영

〈표 12-7〉 당기순이익(연결) 증가 상위 20개사

(단위 : 억 원)

| 순위 | 업체명 | 개별(EPS) | 연결(EPS) | 증가액 | 주요 원인 |
|---|---|---|---|---|---|
| 1 | 동양철관 | -1,287.9 (-24,959) | -163.9 (-3,176) | 1,124.0 | 신호종합물류(81.7%)관련 대손상각 1,075억 원을 연결계산시 환입처리 |
| 2 | 대우전자 | 414.7 (501) | 991.3 (1,197) | 576.6 | 대우자동차(23.0%) 2,511억 원 흑자 |
| 3 | 고 합 | -19.6 (-70) | 455.6 (1,625) | 475.1 | 12개 해외현지법인 실적호전, 고려석유화학(36.1%) 18억 4,000만 원 흑자 |
| 4 | 대 우 | 538.9 (468) | 835.2 (725) | 296.3 | 대우자동차(37%) 2,511억 원, 대우중공업(30.1%) 947억 원 흑자 발생 |
| 5 | 삼미특수강 | -1,847.0 (-4,197) | -1,560.8 (-3,546) | 286.2 | 적자발생 계열사 관련 손실이 환입 처리되었으나 청산절차 진행 중으로 요주의 |
| 6 | 동 성 | -549.0 (-2,670) | -285.6 (-1,389) | 263.4 | 자료 미입수 |
| 7 | 효성T&C | -39.1 (-476) | 139.5 (1,697) | 178.6 | 자료 미입수 |
| 8 | SK | 202.2 (278) | 368.8 (506) | 166.6 | SK가스(38.9%) 104억 원, SKEA(100%) 134억원, HKPC(100%) 86억 원, SK옥시미칼(100%) 56억 원 흑자 등 |
| 9 | 상업은행 | -1,639.3 (-964) | 1,533.4 (-902) | 105.9 | 상은리스(49%) 34억 원, 뉴욕현지법인(100%) 43억 원, 인도네시아 현지법인(80%) 75억 원 흑자 |
| 10 | 효성기계 | -527.3 (-4,887) | -434.6 (-4,028) | 92.7 | 효성금속관련 투자유가증권 감액손실 291억원을 연결시 환입처리, 효성금속(46%) 168억 원 적자 |
| 11 | 금 강 | 223.0 (3,717) | 309.4 (5,157) | 86.4 | 금강종합건설(62.5%) 23억 원, 고려시트카(40%) 44억 원, 금강화학(40%) 9억 원 흑자 등 |
| 12 | LG상사 | -550.9 (-1,878) | -466.5 (-1,591) | 84.4 | LGIA(100%) 11억 원, LGIJ(100%) 17억 원, LGIH(100%) 9억 원 등 현지법인 실적호전 |
| 13 | 국민은행 | 1,043.9 (970) | 1,127.8 (1,048) | 83.8 | 국민카드(93%)40억 원, 국민리스(50%)10억 원 흑자 등 |
| 14 | 한미은행 | -370.9 (-863) | 291.8 (679) | 79.2 | 한미리스(40%) 180억 원 흑자 |
| 15 | 제일제당 | 95.1 (1,107) | 170.5 (1,985) | 75.4 | 인도네시아 현지법인 P.T.CSI(82.5%) 147억 원 흑자 |

제12장 증시테마 알면 유망주 보인다 373

| 순위 | 업체명 | 개별(EPS) | 연결(EPS) | 증가액 | 주요 원인 |
|---|---|---|---|---|---|
| 16 | 고려제강 | 45.3 (5,033) | 105.2 (11,689) | 59.9 | 홍덕산업(55%) 30억 원, 고려강선(50%) 100억 원 흑자 등 |
| 17 | 동양화학 | 27.2 (242) | 78.9 (703) | 51.7 | DCI와이오밍(51%) 260억 원 흑자, 인천방송(30%) 90억 원 적자 유니드(65%) 15억 원 적자 |
| 18 | 현대리바트 | -458.0 (-4,786) | -410.7 (-4,292) | 47.3 | 미국 현지법인 흑자 발생 |
| 19 | 현대상선 | 85.4 (299) | 128.9 (451) | 43.4 | 금강기획(83.3%) 55억 원 흑자 |
| 20 | 신　원 | -471.6 (-10,434) | -429.3 (-9,498) | 42.3 | 과테말라, 중국 등 현지법인 실적호전 |

〈표 12-8〉 당기순이익(연결) 감소 상위 20개사

(단위 : 억 원)

| 순위 | 업체명 | 개별(EPS) | 연결(EPS) | 감소액 | 주요 원인 |
|---|---|---|---|---|---|
| 1 | 삼성전자 | 1,235.1 (1,275) | -6,098.9 (-6,296) | -7,334.0 | AST(75.8%) 3,362억 원 적자 |
| 2 | LG전자 | 915.6 (1,067) | -5,728.5 (-6,674) | 6,644.3 | LG반도체(46.3%) 2,897억 원 적자, 일부 해외현지법인 적자 발생 |
| 3 | 현대전자 | -1,835.4 (-3,278) | -5,695.7 (-10,171) | -3,860.3 | 맥스터(100%) 1,553억 원 적자, 해외현지법인 실적악화 |
| 4 | 한국전력 | 5,606.3 (892) | 3,781.9 (602) | -1,824.5 | 한국가스공사(35.5%) 3,354억 6,000만 원 적자 |
| 5 | 금호건설 | 46.6 (159) | -1,658.2 (-5,673) | -1,704.8 | 아시아나항공(30.65) 3,982억 5,000만 원 적자 |
| 6 | LG반도체 | -2,897.2 (-4,159) | -4,588.4 (-6,587) | -691.2 | 제니스(39%) 2,845억 원 적자 |
| 7 | 아남반도체 | -2,516.9 (-8,258) | -3,848.3 (-12,626) | -970.4 | 아남건설(49%) -101억 원 적자 등 |
| 8 | 삼성전관 | 1,041.5 (3,843) | 222.7 (822) | -818.8 | 해외 현지법인과 내부거래조정 과정상 대차상계 처리로 이익 감소 |
| 9 | 현대건설 | 140.5 (258) | -624.0 (-1,145) | -764.5 | 현대전자(20.9%) 1,835억 4,000만 원 적자 |
| 10 | 현대자동차 | 464.8 (1,158) | -288.4 (-719) | -753.2 | 해외종속법인CAPICO(50%) 120억 원, HMA(100%) 210억 원 등 적자 |

| 순위 | 업체명 | 개별(EPS) | 연결(EPS) | 감소액 | 주요 원인 |
|---|---|---|---|---|---|
| 11 | 제일은행 | -16,150.7 (-5,047) | -16,851.6 (-5,266) | -700.9 | 일은증권(49%) 473억 원, 뉴욕현지법인(100%) 232억 원, 홍콩현지법인(100%) 39억 원 적자 등 |
| 12 | 한국유리 | 166.0 (1,554) | -456.0 (-4,270) | -621.9 | 한국세큐리티(60%) 78억 원 적자, 한국전기초자 지분매각이익 160억 원이 연결시 순자산가격을 하회로 상계처리 등 |
| 13 | 삼보컴퓨터 | -754.3 (-8,326) | -1,307.0 (-14,426) | -552.7 | 나래이동통신 지분매각이익 300억 원 연결과정 차감, 해외현지법인 실적악화 |
| 14 | 쌍용정유 | 943.6 (1,676) | 431.9 (767) | -511.7 | 범아석유(100%) 410억 원, 쌍용인터내셔날(100%) 60억 원 적자 |
| 15 | 한화종화 | 110.7 (192) | -392.9 (-682) | -503.6 | 한화에너지(23.8%) 582억 원 적자 등 |
| 16 | 대림산업 | 27.8 (86) | -395.4 (-1,217) | -423.2 | 대림엔지니어링(100%) 436억 원 적자 |
| 17 | 장기은행 | 416.6 (642) | 12.4 (19) | -404.1 | 장은증권(36%) 214억 원, 장은할부금융(33%) 700억 원, 해외현지법인(100%) 110억 원 적자 등 |
| 18 | 오리온전기 | 60.1 (376) | -321.9 (-2,012) | -382.0 | 한국전기초자(46%) 598억 원 적자 |
| 19 | LG산전 | 128.9 (633) | -222.3 (-1,092) | -351.3 | LG백화점(33%) 230억 원, LG엔지니어링(20%) 397억 원, 기타 해외법인 소폭 적자 발생 |
| 20 | 해태전자 | -1,391.4 (-12,141) | -1,739.7 (-15,181) | -348.3 | 해태아이엔시(91.4%) 298억 원, Sherwood USA(100%) 183억 원 적자 |

향도가 예상된다. 이에 따라 연결 후 상대적으로 개별실적 대비 연결실적의 변동폭이 큰 업체들은 기관투자가 중심의 중장기 포트폴리오 재편과정에서 주가변동을 겪을 전망이다.

## 5. 남북 경협과 증시(1998년 6월 23일)

### 경공업중심 경제협력 늘 듯

정주영 현대그룹 명예회장이 소를 몰고 판문점을 거쳐 북한을 방문한다고 한다. 이번 방북 때에는 통상적인 경제협력과는 달리 북한의 식량난을 원조하기 위해 서산농장에서 사육 중인 소 1,000마리를 북한에 농사지원용으로 전달하는 것으로 알려졌다. 정 명예회장의 이번 방북은 현대그룹의 대북사업 실무조사단이 북한을 방문, 북한과의 경제협력 방안을 논의하고 돌아온 뒤에 전격 발표된 것이어서 주목된다. 또한 정부가 대북한 정책에 변화를 가져올 것으로 시사한 시점에 맞추어 나온 것이어서 향후 남북관계, 특히 경제 분야의 교류에 물꼬를 트는 것이 아닌가 하는 기대감을 불러 일으키고 있다.

### 기업인방북 자유화, 투자확대 영향

최근 정부는 불안정한 남북 간의 관계를 평화공존의 관계로 전환시키고자 실현 가능한 분야부터 교류와 협력을 확대하기로 방침을 정했다. 즉 정부는 첫째, 남북 간 전쟁억제를 위한 확고한 안보태세를 유지함으로써 평화를 파괴하는 일체의 무력도발 행위를 용납하지 않으며, 둘째 북한의 내부붕괴를 유도하기 위한 압박정책이나 흡수통일정책을 배제하고, 셋째 가능한 분야부터 남북간 화해와 협력을 적극적으로 추진함으로써 북한이 스스로 변화할 수 있도록 지원한다는 내용의 대북정책 3원칙을 발표했다.

특히 정부는 남북 간의 경제협력을 정경분리 원칙에 입각해 활성화하기로 추진방향을 설정했다. 남북경협에 대한 기업의 자율적인 판단을 존중하고, 대기업 총수 등 기업인의 방북을 규제하던 것을 대폭 완화해 사실상 자유화하기로 했다. 대북투자시 100만 달러 이하인 경우에만 허용하던 위탁가공설비의 반출제한도 철폐했다. 대북투자 품목은 지금까지 허용 분야만을 인가하던「포지티브 리스트 시스템(positive list system)」에서 허용대상 이외의 분야를 정하는 「네거티브 리스트 시스템(negative list system)」으로 바꾸기로 했다. 최대 1,000만 달러로 억제해오던 대북한 투자규모의 제한도 완전히 폐지함으로써 그 동안 경공업, 사회간접자본, 서비스 분야 등에 대해 시범적으로 허용해온 대북투자사업을 일부 방위산업과 중공업을 제외하고는 대부분 개방했다.

### 기업, IMF 극복 차원서 대북경협 관심

그러나 북한은 여전히 통미대남(通美對南)식 외교정책, 북한식 정경분리정책 등을 통해 한국정부를 압박, 소외시킴으로써 반사적인 이익을 얻는 기존의 정책을 고수하고 있다. 하지만 신정부의 적극적인 정경분리정책으로 남북경협에 대한 기업의 자율성이 크게 보장됨에 따라 한국정부를 배제해왔던 북한식의 정경분리정책이 더 이상 실효성을 갖기 어려워지게 됐다. 또한 미국과 일본의 대북한 접근이 남북관계를 해치지 않는 한 이들 국가의 북한 접촉과 관계개선을 허용한다는 정부의 자신감 있는 대외정책으로 인해 오히려 한국-미국-일본 간의 자발적인 공조를 강화해 북한의 통미대남식 외교정책의 실효성을 약화시킬 것으로 전망된다. 더욱이 IMF 체제의 영향과 아시아 경제위기로 남북교역이 위축되고 국제사회의 대북지원 축소 등으로 북한경제는 더욱 침체될 가능성이 높아져 남북경협에 대한 북한의 필요성이 더욱 커질 것으로 예상된다. 비록 실패는 했지만 1998년 4월 북경에서 열린 남북당국 대표회담에서 북한측이 비료 20만t의 조기지원을 요구한 것이 이를 잘 반영해준다.

앞으로 북한은 대한국 정책에서 점차 변화를 보일 것으로 예상된다. 한화경제연구원은, 북한이 단기적으로는 남북 간의 정치적 대립과 적대관계를 기본적으로 유지하면서 실리추구를 위해 제한적으로 남북대화를 수용하고 경제협력을 받아들이는 불완전한 평화공존 정책으로 점진적으로 이행할 것으로 내다보았다.

즉 북한은 유례 없는 식량난과 경제난을 겪고 있으며, 이러한 문제들은 외부의 지원 없이 자체적인 노력으로 단기간에 극복할 수 없는 지경에 이르렀다는 얘기다. 따라서 북한은 경제적인 실리를 얻기 위해서라도 미국 및 일본과의 관계개선을 모색할 필요성이 크며, 이러한 점을 고려할 때 북한은 불완전하나마 평화공존을 모색할 것으로 보인다. 이 과정에서 남북관계는 자연스럽게 개선

〈표 12-9〉 남북 협력사업자 승인 현황 (1998년 2월 말 현재)

| 기 업 | 사업내용 | 금액(만 달러) |
|---|---|---|
| 대        우 | 남포공단 셔츠, 가방, 재킷 등 9개 사업 | |
| 고 합 물 산 | 의류, 봉제, 직물 등 4개 사업 | 686 |
| 한 일 합 섬 | 스웨터, 봉제, 방적 등 4개 사업 | 980 |
| 국 제 상 사 | 신발 | 350 |
| 녹   십   자 | 혈전증 치료제(유로키나제) 제조사업 | 300 |
| 동 양 시 멘 트 | 시멘트 사일로 건설 | 300 |
| 삼 성 전 자 | 나진·선봉 통신센터 | 700 |
| | 전전자 교환기 등 통신설비 생산 | 500 |
| 태        창 | 금강산 샘물 개발 | 580 |
| 대 우 전 자 | TV 등 가전제품 생산 | 640 |
| 한 국 전 력 | 경수로 건설사업 | |
| 한        화 | PVC 장판 제조 | 90 |
| LG전자/상사 | 전자제품(컬러TV) 조립생산 | 450 |
| 코  오  롱 | 섬유 및 섬유제품 가공, 생산 | 400 |
| 신        원 | 의류, 봉제사업 | 100 |
| 외 환 은 행 | 경수로사업 부지 내 은행점포 개설 | |
| 롯 데 제 과 | 과자류 생산 및 판매 | 575 |

될 가능성이 높다. 더욱이 평화공존을 목표로 하고 있는 한국정부의 정경분리라는 대북정책이 미국·일본·러시아·중국 등 주변 국가로부터 지지를 얻고 있어 남북경협의 경제외적인 환경은 대폭 개선되었다고 할 수 있다.

기업들도 IMF 사태에 따른 경제적인 어려움을 극복하기 위해 대북한 경협사업을 유지 또는 확대할 의사를 보이고 있는 것으로 알려졌다. 기업들은 단기적으로는 IMF 체제 극복을 위한 국내사업의 구조조정 차원에서, 중장기적으로는 남북 간 산업구조조정 차원에서 대북경협에 관심을 보이고 있다.

다만, 경제적인 측면에서 볼 때 기업들은 IMF 체제의 영향에 따라 전반적인 경제 침체 속에 자금난을 겪고 있으며, 외형확대의 팽창 추구보다는 수익성을 추구하는 경향으로의 전환을 고려한다면, 과거와 같은 단순한 홍보차원의 사업 또는 시장선점 차원의 대북한 투자는 위축될 가능성이 높다. 또한 북한의 지속적인 경제 침체로 남북경협을 위한 사회간접자본 등 전반적인 기업운영 환경이 아주 미미한 수준을 보이고 있어 경제적인 부문에서의 투자여건이 단기적으로 크게 개선되기는 어려울 것이다.

그렇다면 남북경협은 어느 분야에서 활발히 이루어질 것인가? 우선 남북한 경제 간의 상호보완성이 큰 섬유·의복 등 경공업 업계를 중심으로 북한에 대한 진출노력이 활발해질 것으로 보인다. 또한 남북경협을 위한 정부 및 민간부문의 노력이 지속적으로 추진되어 남북대화가 정례화되는 정도로까지 남북관계 개선이 이루어질 경우 북한의 식량난 완화를 위한 비료·농약 등을 비롯한 농업부문과 음식료부문, 수산물 가공부문도 활성화될 것으로 예상된다. 또한 절대적으로 부족한 사회간접자본 건설을 위한 SOC 부문에서도 활발한 움직임을 보일 것으로 판단된다.

### 농업·음식료·수산물 가공부문 활성화

남북경협이 증시에 미칠 영향을 살펴보자. 최근 증권시장은 전반적인 체력의 약화 속에 외국인들의 시장지배력이 커져 가는 모습을 보이고 있다. 또한 증권시장의 주요 관심사로는 금융권과 기업의 구조조정이 크게 부각되고 있어 당장 남북경협이 증권시장에서 핵심 테마로 부상하기는 어려울 것으로 보인다. 하지만 한·미 양국의 정상회담과 공동기자회견에서 클린턴 대통령은 한국의 주도권과 4자회담에서의 진전을 통해 향후 몇 개월 또는 1년 내에 남북관계가 진전을 보일 수 있을 것으로 전망했다. 이에 따라 남북관계의 진전과 남북경협의 본격화는 그리 먼 시점의 얘기는 아닐 것으로 보인다. 지금으로서는 남북경협관련 테마의 부상에 주의를 기울여야 할 것으로 보인다.

구체적으로 살펴보면 현대그룹이 1998년 3월 북한으로부터 철도차량을 임가공 형태로 반입한 것을 계기로, 자동차·전자부품 등으로 임가공사업 범위를 확대하고 있다. 금강산 개발계획도 적극 추진하기로 했다. 삼성은 의류부문의 임가공사업 수준을 전자·정보통신 등 북한 통신현대화 사업부문까지 넓히기로 했다. LG그룹도 컬러TV 조립 등 가전제품의 임가공사업을 추진하고 있으며, 대우그룹은 현재 가동 중인 남포공단 내 3개 라인의 활성화에 주력하기로 했다. 이 밖에도 롯데제과가 제과공장, 한화가 PVC 장판제조공장 설립을 계획하고 있으며 녹십자·태창·코오롱 등도 대북한 투자를 추진 중에 있다.

## 6. 기업퇴출, 증권시장 「태풍의 눈」(1998년 7월 7일자)

### 외국인 신뢰회복, 금리하락엔 호재

1998년 6월 18일 55개 부실기업의 퇴출 발표가 있었다. 55개 중 상장사는 10개사로 대부분 비상장사였다. 이들 퇴출기업의 면면을 보면 이미 거의 정리되어 퇴출이 필요 없거나 이미 부도상태인 기업이 대부분이었다. 퇴출된 상장사들의 주가도 대부분 500원 미만이었다. 외국인들은 국민경제와 소속 그룹의 다른 계열사에 많은 짐이 되는 대형 부실기업은 제쳐두고 「피라미」기업 또는 이미 퇴출가치조차 없는 기업들만 골라 발표했다는 반응이다.

그러나 이번 부실기업 퇴출을, 외국인들이 보는 것처럼 반드시 비하할 필요는 없다고 본다. 이번의 부실기업 퇴출은 이제부터 본격적으로 시작될 부실기업들과 부실금융기관 퇴출의 시작일 따름이기 때문이다. 1998년 6월 27일 부실은행 퇴출, 6월 말 9개 리스사 퇴출에 이어 8월 중에는 5대 그룹 계열사 중 계열사 간의 내부거래(예 : 자금지원, 지급보증, 물품구매, 인력, 설비지원 등)에

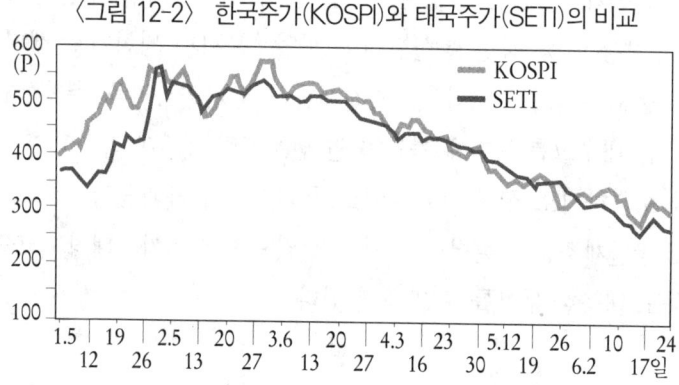

〈그림 12-2〉 한국주가(KOSPI)와 태국주가(SETI)의 비교

의지해 연명하고 있는 많은 계열사들이 퇴출될 예정이다. 8월까지는 이른바 5대 그룹 간의 빅딜도 마무리될 것으로 보인다.

특히 재벌계열사 간의 내부거래 조사는 5대 그룹에 머무를 것으로 보이지 않아 30대 그룹으로까지 확대될 전망이다. 이에 따라 부실계열사의 추가퇴출은 30대 그룹으로 확대될 것으로 보인다. 결국 30대 재벌그룹 계열사를 포함해 65대 재벌그룹 계열사 및 기타 중견 부실기업들이 2, 3, 4차로 계속 시장에서 퇴출될 것으로 보여 증권시장에서는 기업의 퇴출문제가 태풍의 눈으로 작용할 것으로 보인다.

그러면 증권시장에는 부실기업 퇴출이 어떤 영향을 미칠 것인가? 먼저 부실기업의 퇴출은 증권시장에서 호재로 작용한다. 한국이 구조조정을 한다는 것을 보여줌으로써 외국인으로부터 신뢰감을 회복할 수 있고 금리하락, 수출금융 활성화도 기대할 수 있기 때문이다.

### 퇴출되지 않은 기업 주가 회복

또 퇴출되지 않은 기업은 망하지 않을 가능성이 커짐으로써 퇴출 우려로 인해 폭락했던 기업들의 주가도 회복될 수 있다. 1998년 6월 18일자의 퇴출기업 발표는 전반적으로 기대수준 이하여서 앞의 세 가지 효과는 나타나지 않았다. 다만, 그 동안 퇴출 우려로 폭락했던 주식들의 주가가 퇴출발표 이후 1~2일 간 급등하는 현상이 발생했다. 그러나 앞으로 2, 3차 퇴출이 일어나면 앞의 세 가지 효과는 어느 정도 나타날 것으로 예상된다.

현재 외국인들이 한국주식을 파는 것은, 우리의 구조조정이 부진한 탓보다는 한국을 포함한 아시아 국가들의 경기악화가 예상보다 심각하고 경기침체가 상당기간 지속되지 않을까 하는 우려에서 찾는 것이 옳을 듯하다. 경기가 계속 악화될 경우 구조조정을 해도 별로 효과가 없고 계속 부실기업이 발생할 것이 뻔하기 때문이다.

따라서 국내 주가가 본격적으로 반등하려면 구조조정이 어느 정도 진행된 상태에서 금리하락과 경기회복이 이루어져야 한다. 즉 구조조정은 주가상승의 필요조건이지 충분조건은 아니라고 볼 수 있다.

이는 태국의 예에서 잘 알 수 있다. 태국은 한국보다 5개월 먼저 IMF 관리를 받았다. 태국은 구조조정을 위해 50여개 파이낸스사의 폐쇄, 외국인에 대한 은행 매각, 시장을 통한 금융기관 부실여신 매각 등으로 우리나라보다 구조조정에 앞선 것으로 모든 외국인으로부터 평가되고 있다.

그러나 태국의 주가는 경기가 계속 악화되고 회복을 기약하기 어려워지면서 바닥을 모르고 하락하고 있다. 현재 태국의 주가는 우리보다 낮은 270포인트 수준을 보이고 있다. 그 동안 태국의 주가지수는 한국지수와 거의 유사한 수준에서 동반현상을 보여왔다.

그러나 1998년 3월의 산업생산증가율이 전년 동월 대비 마이너스 22%에 달하면서 태국지수는 더욱 싸늘하게 돌아섰다(우리나라는 4월에 산업생산증가율이 마이너스 11%였다).

이제 부실기업의 퇴출이 개별기업에 미치는 영향을 살펴보자. 먼저 퇴출기업의 주가는 퇴출 후 처리방법에 따라 달라진다. 만일 우량 계열사와 합병한다면 합병비율이나 감자 여부에 따라 달라지겠지만 주가는 상승 가능성이 높다. 현대리바트가 대표적인 예다. 퇴출 우려로 230원까지 급락했던 현대리바트 주가는 퇴출발표 후 현대건설과의 합병 가능성으로 인해 330원까지 급등했다.

그러나 이는 예외적인 경우로서 대부분의 퇴출기업들은 매각 또는 청산의 길을 걷게 될 것이다. 이 경우 퇴출기업의 주식은 휴지조각이 되고 만다. 따라서 우리 경제가 IMF 관리 아래 지속적인 어려움을 겪는 한 향후 퇴출 가능성이 있는 기업들의 주식에 투자자들이 가까이하지 않는 것이 상책이랄 수 있다. 비록 당장은 퇴출을 면했다 할지라도 언제 퇴출될지 모르기 때문이다.

### 우량계열사와 합병, 지급보증 손실 없어

또한 부실기업 퇴출은 이들 기업에 지급보증을 섰거나 이들 기업이 발행한 회사채 또는 CB나 CP를 보유하고 있는 기업과 금융기관에도 큰 악재로 작용한다. 지급보증은 은행·증권·보증보험 등 금융기관들과 우량계열사들이 주로 섰기 때문에 이들 기업이 청산될 경우 지급보증을 선 기관이나 기업들은 지급보증채무를 대신 변제해야 하기 때문이다. 이번 부실기업 퇴출에서 보면 통일중공업이 1,453억 원, LG화학이 1,263억 원, 한국티타늄이 1,046억 원, 거평제철화학이 1,009억 원, 거평이 1,298억 원의 지급보증을 섰다.

금융기관들의 지급보증을 살펴보면 회사채에 대해서만 한일은행이 1,100억 원, 산업은행이 550억 원, 농협이 538억 원, 경남은행과 대동은행도 각각 300억원, 충청은행이 280억 원의 지급보증을 섰다. 금융기관들의 전체지급보증 규모는 회사채 이외에도 대출, CP 등에 대한 것도 있을 것이므로 이보다 더 많을 것으로 추정된다. 물론 지급보증을 서면서 담보를 잡아놓은 경우 손실은 줄겠지만, 최근 부동산의 담보가치가 크게 줄어들어 손실이 불가피할 전망이다. 다만, 퇴출기업이 우량계열사와 합병할 경우 지급보

〈표 12-10〉 55개 퇴출기업 재무상태

(단위 : 억 원)

| 그룹 | 회사명 | 부채 | 매출액 | 당기순이익 |
|---|---|---|---|---|
| 현대 | 현대리바트 | 4,161 | 5,146 | -458 |
|  | 현대알루미늄 | 1,205 | 1,586 | -1 |
|  | 현대중기산업 | 666 | 1,127 | 3 |
|  | 선일상선 | 214 | 256 | 2 |
| 삼성 | 이천전기 | 1,763 | 592 | -388 |
|  | 삼성시계 | 778 | 336 | -66 |
|  | 대도제약 | 216 | 29 | -48 |
|  | 한일전선 | 921 | 813 | -67 |
| 대우 | 한국자동차연료시스템 | 215 | 210 | -26 |
|  | 오리온전기부품 | 427 | 796 | 7 |
|  | 동우공영 | 211 | 430 | 1 |
|  | 한국산업전자 | 277 | 208 | -42 |
|  | 대창기업 | 983 | 730 | -182 |
| LG | LG오웬스코닝 | 1,490 | 554 | -111 |
|  | 원전에너지 | 475 | 667 | -16 |
|  | LG전자부품 | 1,433 | 2,416 | -83 |
|  | LG ENG | 241 | 321 | -36 |
| SK | 미아TV | 129 | 29 | -71 |
|  | SK창고 | 184 | 85 | 1 |
|  | 경진해운 | 979 | 361 | -19 |
| 쌍용 | 범아석유 | 5,970 | 21,539 | -411 |
| 한화 | 오트론 | 1,043 | 334 | -97 |
|  | 한화관광 | 422 | 64 | -68 |
| 동아건설 | 동아엔지니어링 | 706 | 509 | -58 |
| 효성 | 효성미디어 | 407 | 41 | -17 |
|  | 효성원넘버 | 44 | 281 | -17 |
|  | 동광화성 | 27 | 26 | -6 |
| 고합 | 고합아이티 | 2 | - | -1 |
|  | 고합정밀화학 | 23 | 59 | -1 |
|  | 고합텍스타일 | 689 | 295 | -69 |
|  | FCN |  | 155 | 0.4 |
| 해태 | 해태제과 | 10,861 | 7,890 | 104 |
|  | 해태전자 | 7,940 | 4,199 | -1,391 |

| 그룹 | 회사명 | 부채 | 매출액 | 당기순이익 |
|---|---|---|---|---|
| 해 태 | 해태유통 | 3,770 | 4,005 | -214 |
| 신 호 | 신호전자통신 | 685 | 1,038 | -206 |
| | 신호상사 | 2,949 | 2,379 | -126 |
| | 영진테크 | 1,332 | 319 | -733 |
| 뉴코아 | 시대축산 | 465 | 704 | -179 |
| | 시대유통 | 1,852 | 2,049 | -246 |
| | 뉴타운기획 | 763 | 247 | -44 |
| 거 평 | 대한중석 | 3,570 | 2,151 | 6 |
| | 거평종합건설 | 1,827 | 1,185 | 2 |
| | 거평산업개발 | 3,432 | 485 | -189 |
| 한 일 | 한일합섬 | 11,401 | 6,975 | -874 |
| | 진해화학 | 654 | 569 | -124 |
| | 남주개발 | 803 | 164 | -87 |
| | 신남개발 | 1,700 | 216 | -197 |
| 갑 을 | 신한견직 | 485 | 157 | -125 |
| 동국무역 | 동국전자 | 689 | 166 | -131 |
| 통 일 | 일화 | 3,323 | 1,263 | -89 |
| 우 방 | 태성주택 | 15 | 20 | 0.5 |
| 한국합섬 | 이화상사 | 120 | 379 | -60 |
| 비계열 | 대한모방 | 811 | 324 | -65 |
| | 양영제지 | - | 630 | 2 |
| | 우징병원(괴천) | | 93 | -10 |

증에 따른 손실은 없다.

그렇다면 투자자 입장에서 볼 때 퇴출 가능성이 있는 기업을 판단하는 방법은 과연 무엇일까? 이번에 퇴출된 기업들을 선정하는데 주로 이용된 기준은 3년 연속 적자기업, 자본잠식 기업, 차입금이 매출액을 상회하는 기업, 부채비율이 높은 기업, 경영권 분쟁이 있는 기업 등이었다. 투자자들로서는 주식투자 핸드북이나 그 회사의 재무제표를 잘 살펴보고 퇴출 가능성 여부를 판단해야 할 것이다.

무엇보다 금융비용부담률이 10%를 상회하는 기업, 부채비율이 400%를 넘는 기업, 부채와 지급보증 합계가 매출액을 초과하는 기업, 그리고 영업활동을 통한 현금흐름이 마이너스인 기업 등에 대한 투자는 가급적 삼가 하는 것이 위험을 줄이는 최선의 방법으로 보인다.

## 7. 뮤추얼 펀드와 주식시장 (1998년 7월 21일자)

### 기관투자자 비중 증대시켜 증시 안정

정부는 당초 1998년 6월 말까지 뮤추얼 펀드와 관련된 입법을 모두 마친 후 7월부터 허용할 방침이었으나 국회의 공전으로 아직 실시하지 못하고 있다. 그러나 국회가 개회되는 즉시 입법 통과될 것으로 보여 늦어도 8월부터는 우리나라에도 뮤추얼 펀드가 도입될 것으로 예상된다.

정부가 뮤추얼 펀드를 도입하고자 하는 배경에는 기존 투신사들의 수익증권을 빠르게 대체하고 투신업계의 구조조정을 이끌어낸다는 복안이 있다. 즉 투자자들이 주주가 되어 운용이익이나 손실을 떠안는 뮤추얼 펀드를 도입함으로써 투신사의 부실을 개선해 나갈 수 있다는 판단이다. 현재 기존 투신사들은 계약형 펀드를 운용해 만기 이전이라도 고객들의 환매요구가 있으면 원금에 이자까지 돌려줘야 했다. 따라서 환매한 펀드에 편입된 유가증권을 투신사가 떠안게 돼 이에 따른 부실 규모가 확대돼왔다.

뮤추얼 펀드 투자자는 투자에 대한 운용수익을 배당 형태로 받아 회수한다. 시장에 상장된 뮤추얼 펀드 주식을 매각함으로써 원금과 수익도 동시에 회수할 수 있다. 상장된 주식이 환금성이 없을 때에는 만기시 펀드 청산을 통해 회수한다.

미국의 경우 뮤추얼 펀드는 지난 10년 간 실세금리인 미재무부 장기채권(Treasury Bond)의 평균수익률 7%보다 두 배나 높은 13.9%의 평균수익률을 올렸다.

뮤추얼 펀드가 도입될 경우 증시에 미칠 영향을 살펴보자.

우선 간접적인 주식투자의 증가다. 뮤추얼 펀드는 투자손실을 투자자가 떠안아야 한다는 부담은 있지만 고수익을 노릴 수 있다는 장점을 갖고 있다. 이로 인해 일반투자자들은 뮤추얼 펀드를 이용한 간접투자방식에 의한 투자로 많이 전환할 것이다. 즉 뮤추얼 펀드가 도입될 경우 투자자들이 직접 주식을 매매하는 것보다 뮤추얼 펀드를 매입함으로써 주식투자에 대한 노고와 기회비용을 줄일 수 있으며 투자자들의 본연의 업무에 충실할 수 있을 것이라는 얘기다.

둘째, 증시의 안정이다. 종이회사(paper company)인 뮤추얼 펀드는 기관투자가로서 기관투자가들의 비중이 증대, 증시의 기관화를 촉진하는 계기가 될 것이다. 현재 우리나라 주식시장의 기관 비중은 약 30% 수준에 지나지 않는다. 따라서 주로 개미군단에 의한 개인투자자들의 뇌동매매가 많아 주식시장의 등락이 매우 심한 편이다. 향후 뮤추얼 펀드가 도입되면 기관투자가들의 비중이 증대되어 주식시장의 안정화에 기여할 것으로 보인다.

셋째, 자금의 이동이다. 정부가, 뮤추얼 펀드가 금융시장에 미칠 파장을 우려해 당분간 환매가 불가능한 폐쇄형만 허용할 경우에는 자금이 일시에 뮤추얼 펀드 쪽으로 몰리는 자금대체 현상은 크지 않을 것으로 보인다. 그러나 처음부터 개방형 뮤추얼 펀드를 허용하거나 폐쇄형만 허용하더라도 장기적으로는 기존 투신사의 수탁고 150조 원과 은행의 신탁자금 180조 원을 비롯해 보험사, 종금사 등에 맡겨진 자금 중 상당 부분이 뮤추얼 펀드로 이동할 것으로 예상된다.

넷째, 음성 증권투자 양성화 및 소득조세 포착이 용이해진다는 점이다. 지금까지 몇몇 사람들이 자금을 모아 증권투자를 하던 음성적인 투자형태를 뮤추얼 펀드라는 수단을 통해 양성화시켜주는 결과를 가져올 것으로 전망된다. 특히 그 동안 문제가 되었던 사설 투자자문회사들이 뮤추얼 펀드를 설립해 합법화됨으로써 난립된 불법 사설증권투자 활동이 양성화될 것으로 보인다.

다섯째, 금융상품 간 차별화가 한층 심화될 것이다. 수익증권 및 신탁상품이 처음 도입될 때 금융기관들은 대수롭지 않게 생각했으나, 현재 수익증권 및 신탁상품의 잔고가 약 330조 원으로 우리나라 총 금융자산 1,200조 원의 4분의 1 이상을 차지하고 있다. 미국의 경우 전체 금융자산 중 시중은행의 예금에 이어 뮤추얼 펀드가 2위를 차지하고 있는 현실을 감안할 때, 향후 우리나라에도 뮤추얼 펀드가 급속히 팽창할 것으로 전망된다.

여섯째, 투자기법의 고도화다. 뮤추얼 펀드가 도입될 경우 선진화된 투자기법과 운용에 대한 노하우를 갖춘 외국 투자기관들의 펀드가 속속 등장할 것으로 전망된다. 또한 펀드 운용자들의 운용능력에 따른 펀드 간의 수익률 차별화 현상이 가속화해 향후 펀드 매니저와 분석가들의 비중은 더욱 부각될 것이다.

일곱째, 주식 수요기반 확충이다. 무엇보다도 뮤추얼 펀드가 도입되면 주식투자에 대한 수요기반을 확충함으로써 주식시장의 안정화에 지대한 기여를 할 것으로 예상된다. 물론 현재 주식투자자들이 뮤추얼 펀드를 설립해 뮤추얼 펀드를 통해 주식시장에 투자한다면 주식시장의 수요는 변함이 없다. 그러나 뮤추얼 펀드가 도입됨으로써 새로운 자금이 뮤추얼 펀드에 유인될 것이므로 주식수요기반의 확충이 예상된다. 특히 금리가 급속히 하락하고 이자소득세가 24.2%로 높아짐에 따라 고수익을 추구하는 은행신탁자금과 투신사 채권형 수익증권 자금이 상당 부분 뮤추얼 펀드로 유입될 것으로 예상된다.

여덟째, 수익기반의 다양화다. 지금까지 브로커리지(위탁수수료)에 의존해온 증권사들은 뮤추얼 펀드를 판매함으로써 판매수수료 수입을 올릴 수 있으며, 투신사들은 뮤추얼 펀드를 운용함으로써 운용수수료 수입을 올릴 수 있을 것이다. 최근 대형 증권사들의 수익증권 판매 호조가 이들 증권사의 신인도와 수익기반 확충에 지대한 공헌을 하듯이, 향후 뮤추얼 펀드도 증권사 및 투신사의 수익기반 확충에 지대한 기여를 할 것으로 예상된다.

마지막으로 다양한 상품개발을 통한 고객수요 충족이다. 뮤추얼 펀드의 특징은 고객의 수요에 부응하는 다양한 펀드를 설립할 수 있다는 것이다. 예컨대, 자금을 안정적으로 운용하고자 하는 방어적인 고객은 보수적인 뮤추얼 펀드에 투자하면 되고, 고위험·고수익을 추구하는 고객은 공격형 뮤추얼 펀드에 투자하면 된다. 또한 정크 본드나 부실기업에 투자하여 회생시 일확 천금을 노리는 투자자들은 벌처 펀드에 투자하면 된다. 이처럼 뮤추얼 펀드가 도입되면 어떠한 형태의 펀드도 설립 가능하므로 다양한 고객의 요구에 부응하는 다양한 상품이 출현할 것이다.

> 깊이 읽기

### 뮤추얼 펀드 도입시 투자유망종목

 뮤추얼 펀드가 도입될 경우, 현재의 한국경제 여건상 초창기 뮤추얼 펀드의 포트폴리오에 편입되는 대상 종목은, 재무구조가 양호하고 성장성과 수익성이 양호한 업종 대표종목일 것으로 예상된다.

 따라서 재무구조가 양호하고 성장성과 수익성이 양호한 다음과 같은 종목이 각광받을 것으로 전망된다.

**뮤추얼 펀드 도입시 투자유망종목**

(단위 : 억 원, %)

| 종 목 | 매출액(증감률) | 경상이익(증감률) | 순이익(증감률) | EPS(원) |
|---|---|---|---|---|
| 동양제과 | 4,428.0(9.6) | 133.5(32.7) | 96.1(28.6) | 2,241 |
| 제일제당 | 24,083.0(18.2) | 600.0(413.2) | 42.0(342.1) | 3,488 |
| 캠브리지 | 1,600.0(2.9) | 40.0(107.3) | 35.0(695.5) | 1,148 |
| 삼양통상 | 2,250.0(17.3) | 156.1(91.8) | 124.8(92.9) | 4,138 |
| 한국제지 | 3,100.0(12.7) | 125.0(74.5) | 463.0(729.9) | 9,260 |
| LG화학 | 46,235.0(12.4) | 297.0(19.8) | 22.7(245.8) | 251 |
| 이수화학 | 5,124.0(39.0) | 294.0(127.1) | 235.2(277.1) | 2,260 |
| 태평양 | 7,493.1(8.5) | 415.0(2.2) | 249.0(124.5) | 2,892 |
| 한국타이어 | 13,510.2(16.7) | 351.5(116.6) | 232.0(127.2) | 3,486 |
| 삼성전기 | 21,000.0(20.0) | 750.0(67.1) | 620.0(61.9) | 2,182 |
| 삼화전기 | 1,359.5(16.9) | 35.7(2,037.6) | 27.7(흑자전환) | 1,136 |
| 삼성증권 | 2,466.6(61.4) | 121.3(흑자전환) | 122.4(흑자전환) | 808 |

주 : 1998년 예상치 기준.

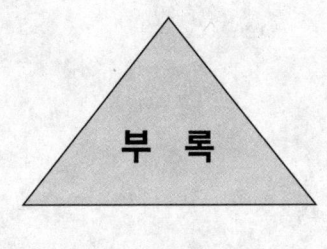

금리 · 환율 · 종합주가지수 추이

부록 393

## 1. KOSPI(98. 5〜99. 2)

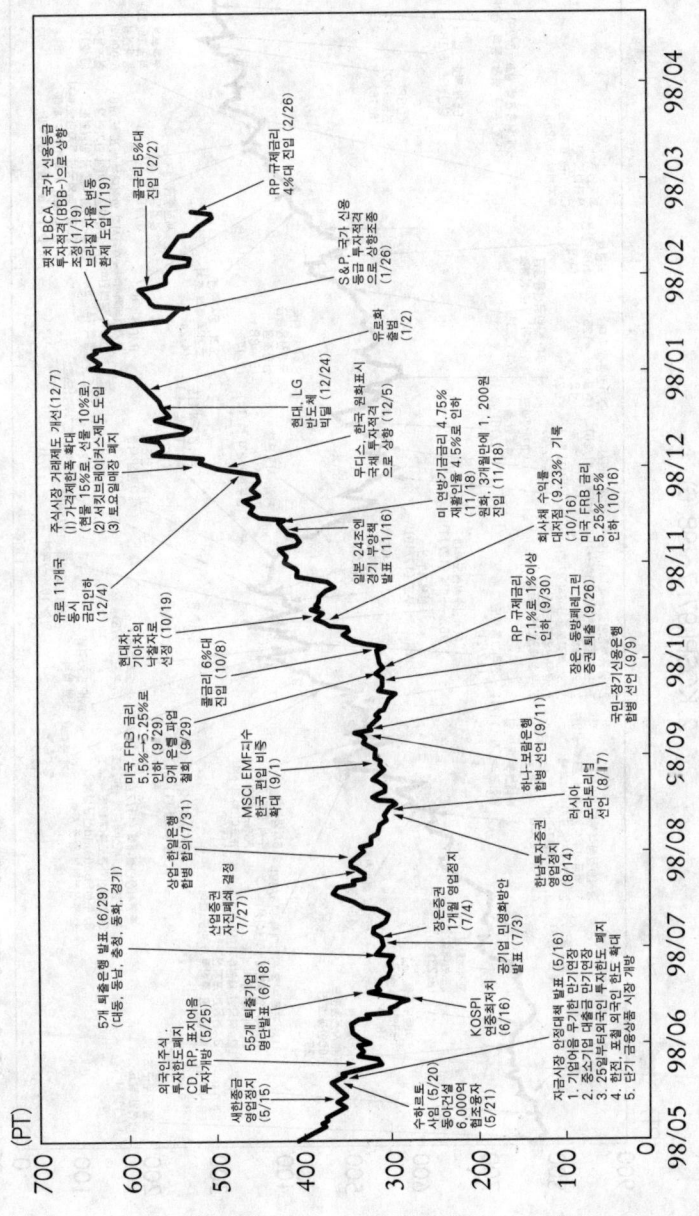

## 2. KOSPI(97.7~98.6)

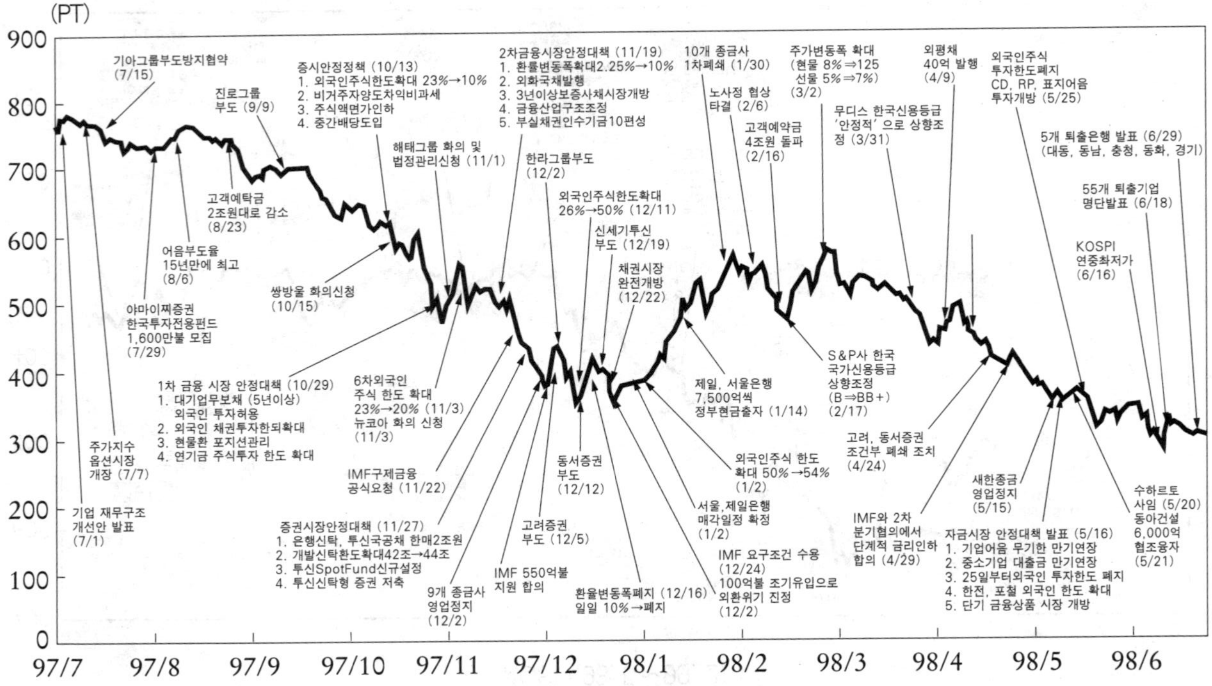

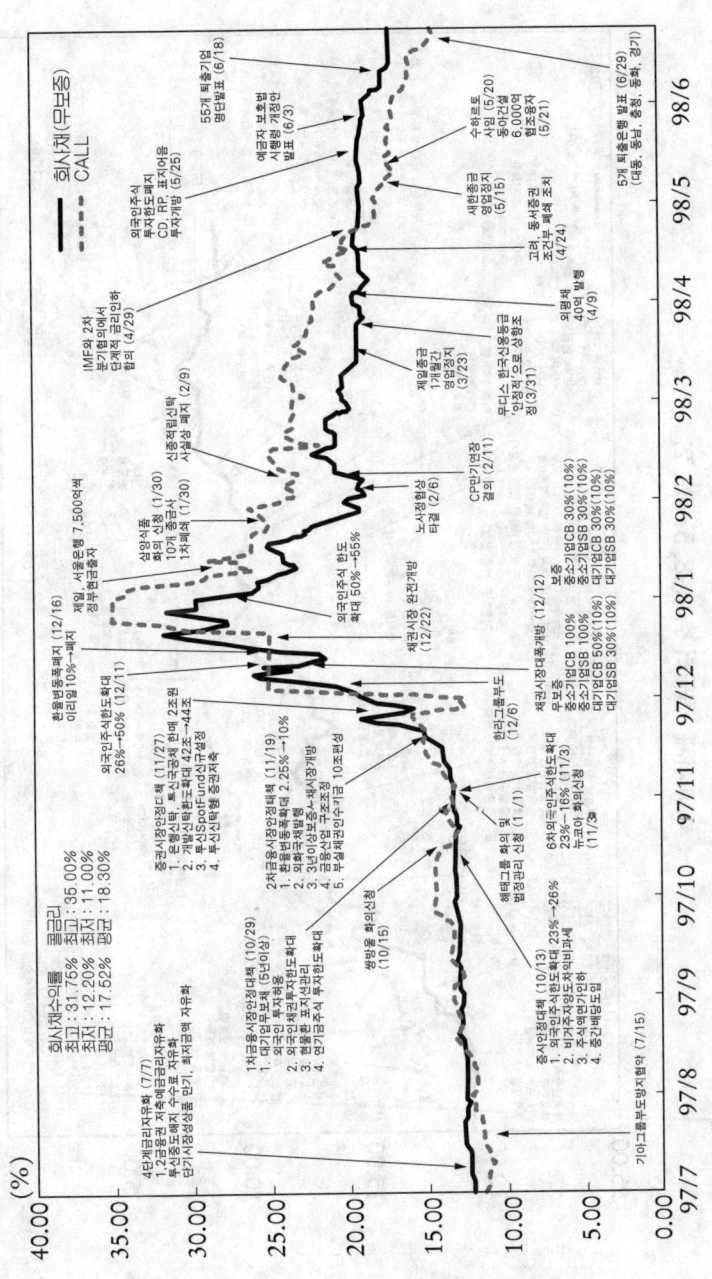

3. 회사채·콜금리 추이(97.7~98.6)

## 4. 회사채·콜금리 추이(98. 5~99. 2)

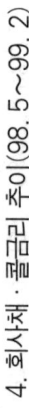

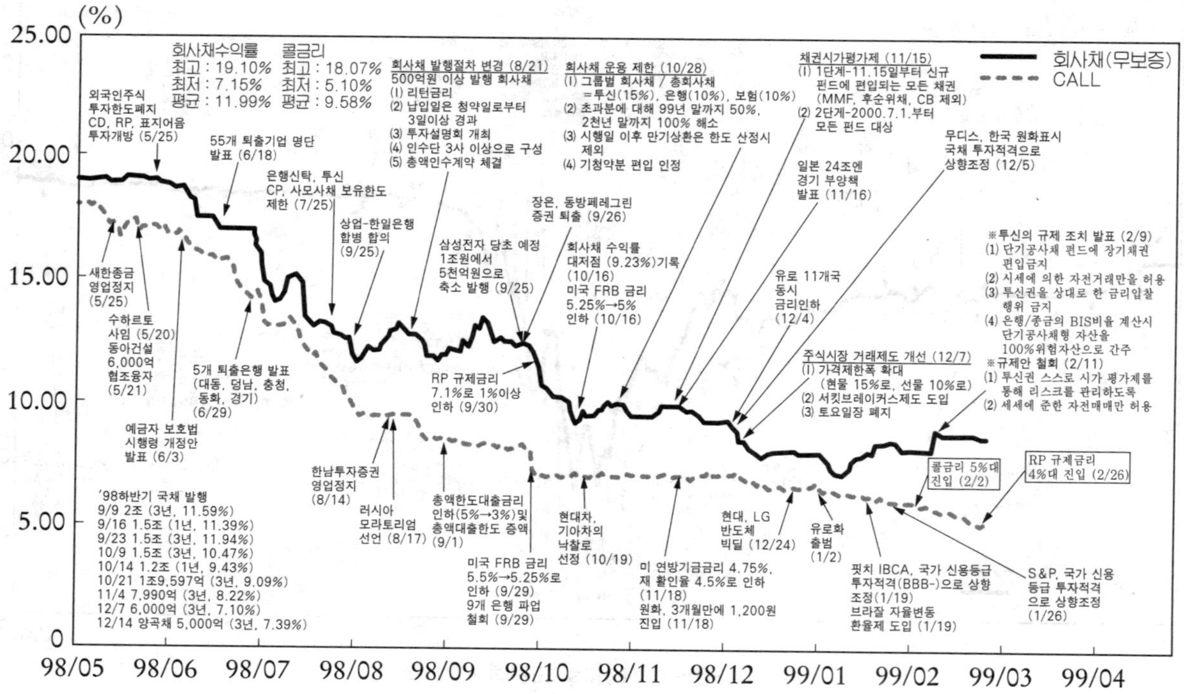

부록 397

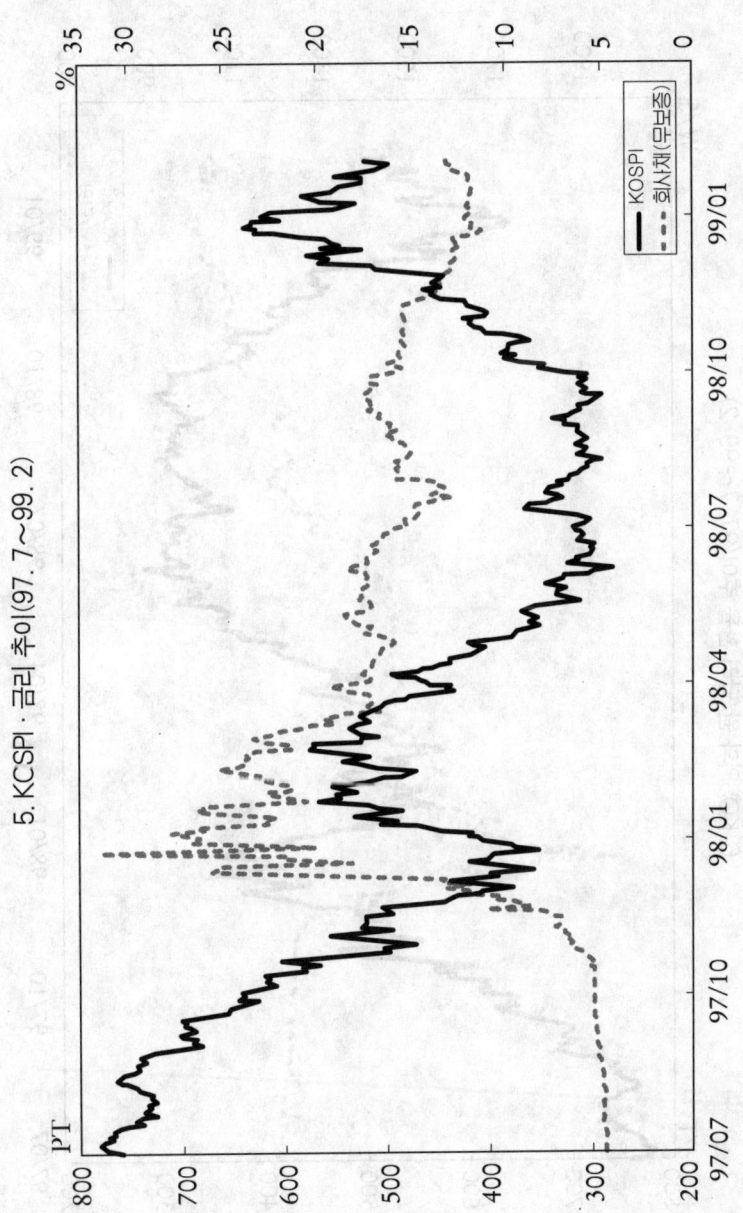

5. KCSPI · 금리 추이(97. 7~99. 2)

6. KOSPI와 원/달러 환율 추이(97. 7~99. 2)

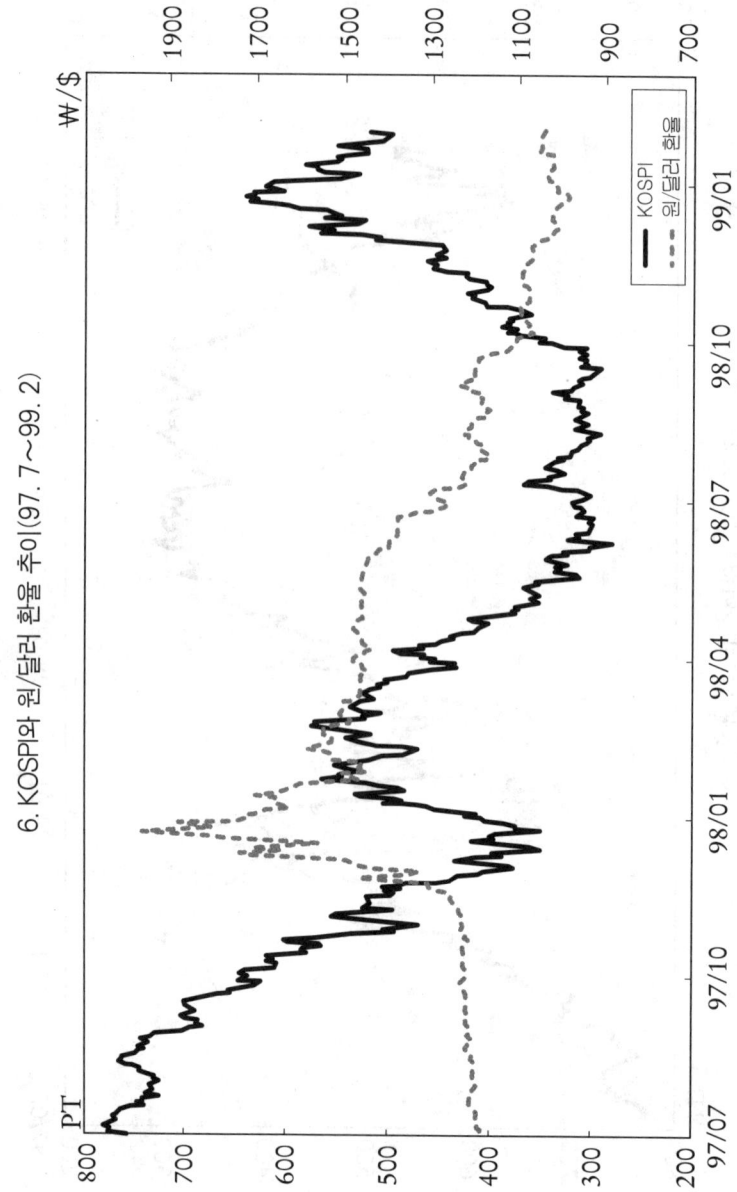

## 7. KOSPI와 엔/달러 환율 추이(97. 7~99. 2)

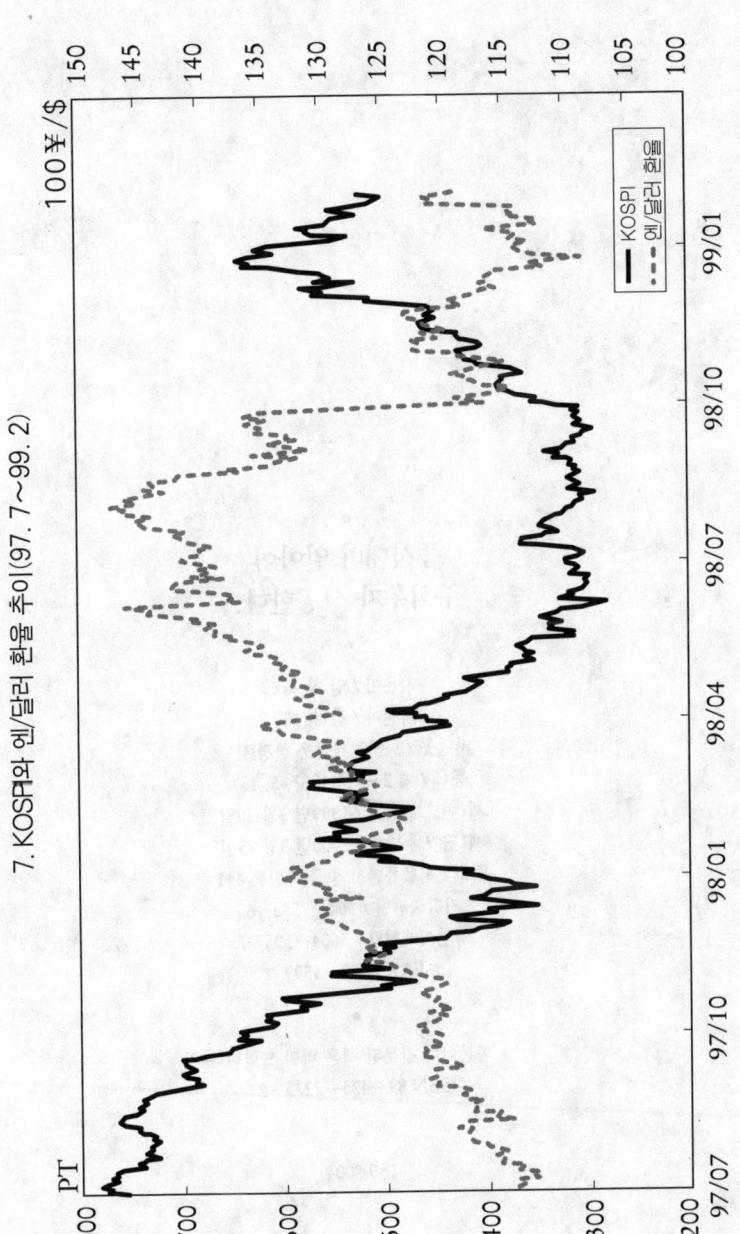

증시테마 알아야
주식투자 성공한다.

지은이 / 안 창 회
펴낸이 / 김 경 태
펴낸곳 / 한국경제신문 한경BP
등록 / 제 2-315(1967. 5. 15)
제1판 1쇄 인쇄 / 1999년 3월 20일
제1판 9쇄 발행 / 2000년 3월 25일
주소 / 서울특별시 중구 중림동 441
기획출판팀 / 3604-553~6
영업마케팅팀 / 3604-595~7
FAX / 360-4599

* 파본이나 잘못된 책은 바꿔 드립니다.
ISBN 89-475-2273-2

값 9,800원

# 한국경제신문 출판법인 한경BP의 책들

— 평생 한번은 꼭 읽어야 할 물과 공기 같은 책 —

## 권력이동
앨빈 토플러 지음 / 이규행 감역

21세기를 맞이해 폭력·부·지식 등 사회 각부문의 권력격변은 어떤 형태를 취하고 있는가? 이러한 격변은 어디에서 기인하는가? 앞으로 다가올 변화는 누가 어떻게 통제할 것인가? 세계 곳곳에서 일어나고 있는 권력의 대지진과 격변을 놀라운 통찰력으로 예견하고 있다.

양장/12,000원

## 미래쇼크
앨빈 토플러 지음 / 이규행 감역

인간에게 격심한 변화가 닥쳤을 때 인간은 도대체 어떤 상태에 이르게 될 것인가? 어떻게 하면 미래의 변화에 적응할 수 있을 것인가? 오늘의 현대인에게 미래의 충격적 상황을 예시하고 이를 극복할 방향을 제시하고 있는 역작. 미래 기술적·사회적 변화의 속도를 예감할 수 있는 구체적 내용을 담았다.

양장/10,000원

## 제3물결
앨빈 토플러 지음 / 이규행 감역

기존질서의 붕괴와 전자문명의 개막이 가져다 준 생활패턴의 변화라는 격랑에 현대인은 표류당하고 있다. 어떻게 이러한 새로운 시대의 질서와 생활패턴에 적응하고 나아가 이에 능동적으로 대처해 나갈 것인가를 예리한 문명비판적 시각에서 제시해 주고 있다.

양장/11,000원

## 전쟁과 반전쟁
앨빈 토플러 지음 / 이규행 감역

새로운 세기로 접어들고 있는 오늘의 지구촌에서 새 문명의 등장으로 촉발된 대규모 평화위협의 실상을 파악하고 「신세계질서」의 이상형을 예측하고 있다. 전쟁과 반전쟁에 관한 저자의 방법론적 탁견은 전쟁을 예방하기 위한 평화적 해결책을 제시하고 신비한 미래사의 문을 활짝 열어주고 있다.

양장/9,500원

## 경영혁명
톰 피터스 지음 / 노부호 옮김

정보화사회는 불확실성이 심화된 사회로 기업경영의 경기규칙과 새로운 경영스타일 등 생존을 위한 변화는 가히 혁명적이라 할 수 있다. 이 책은 전통적 사고에 도전하고 조직이 사람을 위해 존재할 수 있도록 변화를 유도하는 45가지 경영 실천전략을 제시한 기업경영자의 「비즈니스 핸드북」이다.

양장/13,000원

## 해방경영
톰 피터스 지음 / 노부호 외 옮김

2000년대의 경영사조는 무엇이며, 이를 주도할 기업의 생존철학은 무엇인가? 장장 1,300여 페이지에 걸쳐 좋은 기업을 만들기 위한 조직의 창조적 파괴와 일반통념으로부터의 해방을 핵심테마로 다루고 있다. 자유분방한 필치와 수많은 은유, 패러독스가 곳곳에 번득여 방대한 분량임에도 불구하고 읽는 동안 재미와 해방감·지적 충족감을 더한다.

양장/19,000원

## 경영파괴
톰 피터스 지음 / 안중호 옮김

이제 리스트럭처링·리엔지니어링으로는 급변하는 시대를 이길 수 없다. 기업의 조직은 상상을 초월하는 혁신적인 네트워크형이 되어야 한다. 이 책은 기업을 운영하는 사람들이 재창조와 혁명을 향해 전진할 수 있도록 9개의 「넘어서」를 중심으로 구체적인 혁신방안을 제시하고 있다. 변화하지 않는 기업이나 조직은 망한다는 것이 저자의 한결같은 주장이다.

양장/8,500원

## 혁신경영
톰 피터스 지음 / 이진 옮김

팀, 권한위임, 리엔지니어링, 품질관련 책은 많은데 혁신에 관한 책은 왜 없는가? 혁신의 순환을 이루는 15개의 불연속적인 아이디어를 독특한 방식으로 설명하고 있다. 톰 피터스는 모든 조직이 지속적으로 혁신을 추구할 수 있도록 극단적이지만, 실용성 있는 가이드 라인을 제시하고 있다. 혁신이야말로 개인과 조직이 살아남는 최후의 생존전략이 될 것이다.

양장/15,000원

## 강대국의 흥망

폴 케네디 지음 / 이왈수 외 옮김

역사학자이자 미국 예일대 교수인 저자는 이 책에서 지난 5세기 동안에 전개되었던 강대국들의 흥망성쇠는 그들의 경제력과 군사력의 변화 추이에 따라 좌우되어 왔다고 진단하면서 다가오는 21세기에는 미국·소련·서유럽 등의 쇠퇴와 중국·일본 등 아시아 강국들의 부상을 예언하고 있다. 〈뉴욕 타임스〉 선정 최우수 도서.

양장/13,000원

## 21세기 준비

폴 케네디 지음 / 변도은·이왈수 옮김

우리에게 충격을 던졌던 「강대국의 흥망」 저자 폴 케네디 교수가 다가올 21세기 문명세계의 각종 위기를 명쾌히 분석·정리한 역작. 향후 30년 사이 우리에게 닥칠 도전들과 그 대응방법 그리고 인구폭발, 환경오염, 생명공학, 로봇, 통신수단, 가공할 파워의 양태 등을 특유의 통찰력으로 분석·예견하고 있다.

양장/11,000원

## 메가트렌드 2000

존 나이스비트 외 지음 / 김홍기 옮김

90년대는 정치개혁과 경이적인 기술혁신 등으로 인류에게 지금까지와 전혀 다른 변화양상을 안겨줄 것이다. 이 책은 90년대의 변화로 경제호전, 예술의 번영, 시장사회주의의 출현, 복지국가의 쇠퇴 등을 예시하고 있다. 과거 어둡고 비관적인 세기말적 변화보다는 밝고 새로운 흐름을 부각시키고 있다.

양장/9,800원

## 메가트렌드 아시아

존 나이스비트 지음 / 홍수원 옮김

미래예측가로 세계적 명성을 떨치고 있는 나이스비트는 21세기에는 아시아가 미국주도의 상품과 소비시장에 가장 중요한 경쟁자로 떠오를 것으로 내다보고 현재 역동적으로 변화하는 아시아의 모습을 8가지 트렌드로 분석했다. 특히 아시아와 세계라는 맥락 속에서 한국에 나타나고 있는 폭넓은 변화들을 살펴보고 한국이 아시아에 기여할 수 있는 방안도 짚고 있다.

양장/9,500원

## 20세기를 움직인 사상가들

기 소르망 지음 / 강위석 옮김

20세기 사상계에 결정적인 영향을 끼친 사람들은 과연 누구인가? 프랑스의 저명한 경제학자이자 사회학자인 기 소르망이 29명의 생존해 있는 현대 최고의 사상가들과 직접 인터뷰를 통해 그들 자신이 선택한 분야에 전 생애를 바친 사상과 사색의 놀라운 통찰을 기록·정리한 「살아있는 도서관」.

신국판/8,000원

## 자본주의 종말과 새 세기

기 소르망 지음 / 김정은 옮김

세계적인 석학인 저자는 자본주의 체제를 위협하는 것은 「도덕적 불만」과 「자본주의에 대한 몰이해」라고 주장하고 러시아·중국·독일·인도 등 20여개국의 자본주의의 현재 모습을 생생히 그리고 있다. 또한 현재의 자본주의의 위기를 극복하기 위한 구체적인 실천방안에 대해서도 통찰하고 있다. 방대한 분량인데도 르포형식이어서 전혀 지루하지 않다.

양장/13,000원

## 열린 세계와 문명창조

기 소르망 지음 / 박선 옮김

서로 다른 문화가 충돌하는 유럽, 러시아, 중국, 일본, 아프리카, 라틴아메리카의 국경으로 우리를 이끈다. 서양인의 독백이나 나르시시즘이 아니라 바로 한반도에 대한 진단이며 치료제가 될 수 있다. 통독 이후의 문제, 북한의 실상과 우리의 미래, 미국화로 상징되는 맥몽드(McMonde)의 악몽 속에서 나름대로의 대응법을 찾을 수 있다.

양장/13,000원

## 편집광만이 살아남는다

앤드류 그로브 지음 / 유영수 옮김

인텔 불패(不敗) 신화의 주인공, 앤드류 그로브의 경영과 인생! 경쟁에서 이기기 위한 키워드 '편집광'을 주목하라. 지루함을 모르는 직장, 도전정신으로 머릿속이 꽉찬 편집광 직원들, 그리고 인텔에 대한 진솔한 이야기가 담겨 있다. 예리한 판단력과 관찰력을 겸비한 그로브는 첨단산업을 경영하는 데 필요한 이론으로 「전략적 변곡점」을 정립해 자세히 설명하고 있다.

양장/10,000원

## 미래기업

피터 드러커 지음 / 고병국 옮김

우리 시대의 가장 뛰어난 사회·경영학자이자 미래학자인 드러커의 「변혁시대 기업생존전략 연구서」! 세계경제가 빠르게 바뀌어 감에 따라 기업의 새로운 생존 경영전략 모델, 즉 기업이 살아남기 위한 5가지 변화조건을 예리하게 분석·고찰했다. 특히 사회·경제학 시각에서 세계경제 흐름을 독특하고 분석적으로 통찰했다.

양장/9,500원

## 자본주의 이후의 사회

피터 드러커 지음 / 이재규 옮김

사회주의권의 급격한 몰락 이후 탈냉전 분위기가 고조되고 있는 시점에서 향후 세계 변화가 주요 관심사로 떠오르고 있다. 저자는 향후 세계는 자본주의적 시장구조와 기구는 그대로 존속되겠지만 주권국가의 통제력은 약화되고 전문지식을 갖춘 지식경영자 중심의 글로벌화 사회가 될 것으로 예측하고 있다.

양장/9,000원

## 미래의 결단

피터 드러커 지음 / 이재규 옮김

현대 경영학의 대부, 피터 드러커는 이 책에서 「스스로를 다시 생각함으로써 회생할 수 있다」고 전제하고 기업의 5가지 치명적 실수, 가족기업을 경영하는 규칙, 대통령을 위한 6가지 규칙, 새로운 국제시장의 개발, 3가지 종류의 팀조직, 오늘날 경영자들이 필요로 하는 정보 등 바람직한 미래를 실현하기 위한 방안을 제시했다. 21세기를 위한 새롭고 시의적절한 경영지침서.

양장/9,000원

## 비영리단체의 경영

피터 드러커 지음 / 현영하 옮김

선진국에서는 학교, 자선단체 등 비영리단체의 경영혁신이 선풍을 일으키고 있다. 이 책은 필자가 교수생활을 하면서 비영리단체에서 봉사했던 경험을 바탕으로 조직관리, 예산 등 경영전반에 대한 문제점을 심도있게 분석하고 개선방안을 제시했다. 전문가들과의 대담을 통해 경영의 효율성을 높이기 위한 여러가지 방안이 눈길을 끈다.

신국판/8,000원

## 21세기 지식경영

피터 드러커 지음 / 이재규 옮김

새로운 경영 패러다임이 경영의 원칙과 관련한 기본가정을 어떻게 변화시켜 왔는지, 또 어떻게 계속 변화시킬 것인지에 대해 통찰하고 있다. 앞으로 수십년 아니 수년내에 틀림없이 일어날 여러 문제에 대처하지 못한다면 혼란의 시대, 구조변화의 시대, 전환기의 시대에 생존할 수 없다는 드러커의 마지막 경고는 반드시 귀담아 들어야 할 것이다.

양장/13,000원

## 미래의 조직

피터 드러커 외 지음/이재규 옮김

경영학의 두 거물인 피터 드러커가 서문을 쓰고 찰스 핸디가 결론을 내린 미래조직의 최종완성판! 당대 최고의 경영학자, 실무자, 컨설턴트가 참여한 이 책에는 미래 조직이 존속하고 번영하려면 조직과 지도자가 어디에 언제, 그리고 어떻게 변해야 하는지 각 분야별로 실질적인 조언을 하고 있다. 특히 정부, 기업, 사회단체 등 모든 인간조직의 미래모습에 대해 통찰력있는 비전을 제시하고 있다.

양장/13,000원

## 자본주의 이후 사회의 지식경영자

피터 드러커 지음 / 이재규 옮김

20세기가 낳은 가장 위대한 경영학자인 드러커 교수는 정보(information)가 권위를 대신하고 보고(report)가 사라진 조직에서 적응하기 위해 경영자들이 어떻게 해야 하는지 그 해답을 제시한다. 새롭게 도래하고 있는 미래 조직에서의 효과적인 의사결정방법, 경영혁신의 체계적 관리와 함께 지식경제에서 경영자가 직면할 구체적인 도전, 지식근로자의 생산성 향상을 위한 동기부여에 대해 충고하고 있다.

양장/10,000원

## 트러스트

프랜시스 후쿠야마 지음 / 구승회 옮김

한 나라의 경제는 규모만으로는 설명될 수 없고 문화적 요인이 중요하다. 이 문화적 요인이 사회적 자본이며 가장 중요한 덕목이 바로 신뢰다. 저자는 이 책에서 개인주의, 가족주의에 기반을 둔 저신뢰 사회의 특성을 혹독하게 비판하면서 건강한 사회가 되려면 공동체적 연대와 결속의 기술을 터득해야 하며 신뢰는 경제와 사회, 문화를 아우르는 놀라운 가치라고 강조한다.

양장/12,000원

## 코피티션

배리 네일버프 외 지음 / 김광전 옮김

비즈니스 게임은 끊임없이 변하므로 전략도 당연히 변해야 한다. 경쟁(competition)과 협력(cooperation)에 관한 과거의 법칙들을 넘어서 양자의 장점을 결합한 코피티션 전략은 기존의 비즈니스 게임을 혁신할 혁명적인 신사고다. 저자들은 게임 자체를 변화시켜서 이득을 최대화하는 방법을 보여주는 5가지 요소(전략의 PARTS)의 비즈니스 전략을 체계적으로 제시했다.

양장 / 9,000원

## 회사인간의 흥망

앤소니 샘슨 지음 / 이재규 옮김

이 책은 17세기 동인도 회사에서 현재의 마이크로소프트사에 이르기까지 기업의 변화과정과 직장인들의 문화변천사를 통해 회사인간이란 무엇인가를 규명했다. 생생한 인물묘사와 인터뷰, 사례를 곁들이면서 전혀 도전받을 일이 없을 듯이 보였던 「기업관료들」이 어떻게 레이더스, 모험기업가, 일본의 경쟁자들, 컴퓨터, 여자 회사인간들에 의해 차례차례 공격당했는가를 밝히고 있다.

양장 / 9,800원

## 팝 인터내셔널리즘

폴 크루그먼 지음 / 김광전 옮김

산업위축과 실업증가, 실질소득 향상의 둔화를 비롯해 소득격차의 확대, 산업시설의 유출 등 선진경제가 지닌 문제점을 상세히 분석하고 그 원인이 개발도상국과의 교역에 있는 것이 아니라 선진국의 산업구조 변화와 기술발전에 있다고 밝히고 있다. 레스터 서로에 필적하는 20세기 최고의 경제학자인 저자가 지적하는 개도국 성장 비결은 우리에게 시사하는 바가 크다.

신국판 / 7,000원

## 2020년

해미시 맥레이 지음 / 김광전 옮김

다양한 인종만큼이나 상이한 정치·경제체제와 독특한 문화양식을 지니고 있는 세계 각국은 저마다의 주무기를 앞세워 미래를 설계하고 있다. 경제평론가인 저자는 앞으로 국가경쟁력을 결정짓는 요인은 기술이 아니라 문화라고 강조한다. 현재 세계 각국이 처해있는 상황을 바탕으로 치밀하게 전망한 2020년경의 세계 각국의 모습에서 우리의 진로는 어떻게 모색해야 할 것인가?

양장 / 9,000원

## 제4물결

허먼 메이너드 2세, 수전 E. 머텐스 지음 / 한영환 옮김

21세기 범세계적 기업을 위한 낙관적 비전을 제시하고 있는 이 책은 한마디로 앨빈 토플러의 《제3물결》을 넘어 장기적 미래의 비전에 집중하고 있다. 지금 우리는 공업화를 상징하는 「제2물결」에서 탈공업화적인 「제3물결」로 이전하고 있지만, 머지 않은 곳에서 새로운 차원의 「제4물결」이 밀려오고 있다고 진단하고 있다.

양장 / 4×6판 / 5,000원

## 소명으로서의 기업

마이클 노박 지음 / 김진현 감역

실업과 빈곤의 해결책은 무엇일까. 마이클 노박은 종교적 윤리 기반위에 선 민간기업만이 그 해결책이 될 것이라고 명쾌하게 주장한다. 민주자본주의 하에서 신학적·윤리적 기초를 갖는 기업이야말로 이윤창출기관인 동시에 민주주의와 인권을 증진시키는 기관이며 사회공동체를 만드는 기관이다. 기업의 위치, 정신의 설정과 사회관계 정립에 등불이 될 내용들이 가득하다.

신국판 / 7,000원

## 21세기 오디세이

마이클 더투조스 지음 / 이재규 옮김

20년 동안 기술 전도사, 기업가, 경영 컨설턴트로서 정보혁명을 이끌어온 마이클 더투조스는 농업혁명과 산업혁명을 밀어낼 제3의 정보혁명에 대해 보다 폭넓은 관점을 제시한다. 저자는 21세기 글로벌 정보시장의 생생한 모습을 보여 주는 한편, 그 기술적인 문제점들을 폭로하고 한편으로 해결책을 제시하여, 영감에 가득찬 미래의 청사진을 제공한다. 보디넷, 전자 코, 촉각 인터페이스의 미래를……

양장 / 12,000원

## 21세기를 여는 7가지 키워드

오마에 겐이치 지음 / 임승혁 옮김

다가오는 21세기에는 서구 선진국의 뒤만을 쫓을 수는 없다. 그들을 앞서 나가기 위해서는 지금까지와는 다른 창의적인 발상, 새로운 전략, 확실한 준비가 필요하다. 21세기를 능동적으로 맞이하려는 사람들에게 띄우는 오마에 겐이치의 독특한 키워드. 1.시간축 발상 2.신커뮤니케이션론 3.자유재량시간 4.글로벌경쟁시대 5.정보발신시스템 6.이미지전략 7.네트워크의 힘

양장 / 4×6판 / 6,500원

## 신창조론

이면우 지음

미증유의 경제위기를 맞은 한국, 한국인, 한국기업은 어디로 가야 하는가? IMF는 변화를 모르는 기업전통, 말만 많은 우매한 현자들의 득세, 재벌의 출혈경쟁, 모방으로 날새는 제조업, 부서이기주의에 찌든 업무절차 등 우리의 병세를 알려 준 고마운 의사다. 난장의 활기, 국가적 비전, 중소기업 활성화, 가상연구소, 동북아 경제 네트워크(신창조론)가 강력한 치료약이 될 것이다.

신국판/8,000원

## 내인생 내가 살지

서상록 지음

예순둘의 나이에 대기업그룹 부회장에서 식당 견습웨이터로 변신한 서상록씨의 자전에세이. 그는 이 책을 통해 왜 최고경영자의 위치에서 모두들 하찮게 여기는 식당 견습웨이터를 하게 되었는지, 그의 평범하지 않은 인생을 감칠맛나게 들려주고 있다. 더불어 인생의 눈높이를 낮춰 하고 싶은 일을 하면서 누구보다 즐겁게 살라는 충고도 들려준다.

신국판/7,800원

## 유머인생 1~6

한국경제신문 출판부 편

많은 독자들이 1980년 12월부터 본지에 연재되고 있는 「해외유머」를 책으로 출판하면 어떨지, 그런 계획은 없는지 물어왔다. 이 책은 독자들의 그러한 성원에 보답하자는 취지로 출판되었으며 우스갯소리 가운데서 인생의 묘미도 느끼고 영어공부도 할 수 있게끔 어려운 단어나 어구에는 주석을 달아 독자들의 이해를 돕고자 노력했다.

4X6판/각권 4,500원

## 성공적인 점포경영 33선

류광선 지음

5,000만원 정도의 소자본으로, 심지어 무자본으로도 사업을 시작할 수 있는 아이디어를 담았다. 저자가 현장을 발로 뛰면서 바로 개업하기에 유망한 33개 업종을 선별, 입지선정부터 개업절차·경영 비법까지 최신 노하우를 총집결시켰다. 경영지침이나 사업의 성패진단법은 물론 직접 점포를 운영하는 사람들의 현장 목소리를 담아 차별화를 꾀했다.

신국판/9,000원

## 실전 부동산 경매

전 철 지음

법원경매든 성업공사 공매든 경매는 이제 누구나 쉽게 배우고 참여할 수 있게 되었다. 경매물건에 대한 마음가짐을 얼마나 유연하고 객관적인 자세로 평가할 수 있느냐가 성공의 지름길이다. 이 책은 부동산 경매에 대한 전반적인 원리를 누구나 알기쉽게 배울 수 있도록 설명했다. 실전사례중심으로 실패없는 부동산 경매 방법을 체계적으로 정리한 실전 가이드.

신국판/12,000원

## 사장님을 위한 5분 경제

손정식 지음

경영일선에 있는 경영자가 매일매일 직면하는 경제·경영현상에 대해 기본적인 원리를 설명한 이 책은 경제현상을 올바로 이해하여 기업경영의 이론적 토대를 튼튼히 하는데 보탬이 되는 경제상식들만 모았다. 가격관리와 비용관리에서부터 기업전략, 경쟁과 윤리, 기업과 금융, 국제무역과 국제금융에 이르기까지 꼭 알고 있어야 할 경제원리들을 강의하듯 풀어서 설명했다.

신국판/8,500원

## 새노동법 해설
(개정판)

윤욱현 지음

노동법이 전면 개정되었다. 개정 노동법은 개별적 노동관계법의 대명사인 근로기준법상의 변형 근로시간제, 정리해고제 등을 도입하고 집단적 노동관계법에서 금지됐던 복수노조, 제3자개입, 정치활동 등을 허용했다. 이 책은 저자가 현장에서 직접 느끼고 체험한 노사간의 문제점들을 살펴보고 개정 노동법 전반을 알기 쉽게 해설한 책이다.

신국판/11,000원

## 금융시장 예측

김성우 지음

주식, 금리, 상품 등의 현물시장은 물론 선물 및 옵션 등의 파생상품시장에서도 생존할 수 있는 방법을 다양하게 제시하고 있다. 20여년간 외환시장 등 다양한 시장에서 딜러, 투자가, 분석가로 활동하며 풍부한 현장경험을 가지고 있는 저자가 시장상황에 따른 기술적 지표의 분석요령과 심리적 동요의 극복방안을 현장사례 중심으로 상세히 설명하고 있다.

양장/12,000원

## 걱정하지 말고 살아라

리처드 칼슨 지음 / 채선영 옮김

스트레스 컨설턴트이자, 강연가인 리처드 칼슨이 풍요롭고 즐거운 인생을 창조하는 100가지 아이디어를 알려준다. 걱정이 사라졌을 때 어떤 멋진 인생이 펼쳐질지 따뜻하면서도 설득력있는 문체로 읽는 사람을 격려하고 있는 이 책은 걱정과 불안으로 마음을 어지럽힐 것이 아니라 결심과 실천으로 이어지도록 마술과도 같은 삶의 방법들을 제공하고 있다.

신국판/8,000원

## 시간이동

스테판 레트사푼 지음 / 형선호 옮김

사람들에게 있어서 시간은 객관적인 것이 아니라 주관적인 것이다. 이 책에서 저자는 시간에 대한 사고방식을 바꿈으로써 자신의 인생에 대한 통제를 되찾을 수 있다고 강조한다. 그 과정을 통해 우리는 인생을 최대한 즐길 수 있으며 많은 시간을 자신과 가족과 함께 더 한층 고양된 삶의 의미를 느낄 수 있다. 이 책은 명상서로서 자신의 삶을 컨트롤하는 방법을 제시한다.

신국판/9,000원

## 마음을 치유하는 79가지 지혜

레이첼 나오미 레멘 지음 / 채선영 옮김

정신분석학자로서 영혼의 연금술사로 평가받는 저자는 보다 큰 평화를 가져다주는 것은 우리가 서 있는 바로 이곳, 또 이곳에서 만나는 사람들을 있는 그대로 받아들일 수 있게 해줄 치료제, 즉 영혼을 위한 약이 필요하다는데 초점을 맞추고 있다. 저자의 따뜻한 식탁의자에 영혼이 충만한 의사와 환자, 그리고 동료들이 둘러앉아 나누는 그들의 삶은 무한한 가능성의 목소리로 들린다.

신국판/7,500원

## 밀레니엄

펠리프 페르난데스 아메스토 지음 / 허종열 옮김

지난 1000년을 마감하고 다음 1000년을 준비하기 위해, 한 시대를 평가하기 보다는 새로운 시대를 창조하려는 의도로 쓴 이 책은 유럽 중심적인 위장된 세계사가 아닌 진정한 세계사 정립을 위해 역사 이면을 자리매김하려고 노력했다. 인류역사의 주도권, 즉 민족의 힘은 태평양 주변국가에서 대서양으로 다시 태평양으로 옮아가고 있다고 주장하고 있다.

전2권/양장/각권 12,000원

## 복잡계란 무엇인가

요시나가 요시마사 지음 / 주명갑 옮김

『무수한 구성요소로 이루어진 한 덩어리의 집단으로 각 부분의 움직임이 총화이상으로 무엇인가 독자적인 행동을 보이는 것』으로 정의되는 복잡계. 복잡계 과학은 「잃어버린 세계로의 여행」이 될 것이다. 복잡계의 과학은 그 꿈을 현실화시킬지도 모른다. 21세기를 주도하게 될 최첨단 키워드, 복잡계의 모든 것을 담았다.

양장/4×6판/7,000원

## 복잡계 경영

다사카 히로시 지음 / 주명갑 옮김

복잡계 이론이 예언하는 21세기적 경영의 모든 것이 여기 있다. 복잡계는 세기말의 혼돈 속에 지식의 최첨단 이론으로 등장, 구미지역에서 폭발적인 관심을 끌고 있다. 이 이론은 세계를 몇 개의 단순한 요소로 환원할 수 없는 '부분 이상의 총화', 자기조직화의 동적 프로세스로 이해한다. 또 세계관의 근본적인 변화를 통해 탈근대시대의 새로운 경영, 경영자를 위한 경영학의 혁명을 꿈꾼다.

양장/4×6판/6,500원

## 세계를 움직인 경제학 명저 88

네이 마사히로 지음 / 이균 옮김

한치 앞도 예측하기 어려운 경제. 환율, 주가, 금리… 어느 하나 앞을 내다보기 어렵기만 하다. 지금까지의 경제논리로는 더이상 예측하기 불가능하다. 여기 17세기의 페티에서 20세기 경제학의 거두 스티글리츠까지 경제의 흐름을 읽기 위해, 그리고 예측하기 위해 고뇌했던 수많은 경제학자들이 있다. 세상을 움직이던 일류 경제학자들이 피와 땀으로 써내려간 역작들을 통해 경제의 흐름을 짚어볼 수 있다.

신국판/9,500원

## 비즈니스 사회에서 가르쳐주지 않는 60가지

나카타니 아키히로 지음 / 이선희 옮김

회사에서는 학교처럼 음식을 입에다 떠먹여주듯이 친절하게 가르쳐주지 않는다. 회사는 방대한 교과서와 같다. 그곳에서 배우느냐, 배우지 못하느냐는 것은 모두 이 책을 읽는 당신에게 달려 있다. 이 책에는 회사인으로서 최소한 지켜야 할, 최소한 알아야 할, 그리고 최소한 갖추어야 할 비즈니스 사회에 필요한 성공발상을 저자 특유의 감각적인 문체로 펼쳐보이고 있다.

신국판/7,500원

## 리스크

피터 번스타인 지음 /
안진환 외 옮김

세계적인 경영 컨설턴트인 저자가 리스크의 역사와 발전과정을 담았다. 탁월한 통찰력으로 현재의 시점에서 미래를 다루는 방법을 밝혀낸 여러 사상가들의 이야기가 담겨 있다. 그리스시대부터 현재까지 인류의 다양한 위기의 순간들과 이를 헤쳐나가는 과정을 역사와 철학, 경제학 관점에서 돌아본다. 투자나 선택이 일상인 경영자들을 위한 책이다.

양장/12,000원

## 중산층이 살아야 나라가 산다

에드먼드 펠프스 지음/신동욱 옮김

자본주의의 야수성과 복지제도의 단견에서 비롯된 중산층의 붕괴는 우리를 당황하게 한다. 이 책은 바로 중산층이 살아야 내가 살고 지역사회가 살고 나라가 살고 더 나아가 민주주의와 자본주의가 산다는 인식 위에서 씌어졌다. 국민의 정부 제2기 복지정책의 기초가 된 이 책은 장기적으로 인류 모두에게 혜택을 줄 자유시장 경제체제와 기술진보를 가능케 해주는 유일한 길을 설파하고 있다.

신국판/8,500원

## 지구의 변경지대

로버트 케이플런 지음/황 건 옮김

베일에 가려져 있던 서아프리카에서 중동을 거쳐 러시아의 외곽지대인 중앙아시아, 중국, 인도를 거쳐 캄보디아, 태국, 베트남에 이르는 대장정을 끝내고 저자가 내린 결론은 한마디로 암울하다는 것이다. 저자는 새로운 분쟁지역으로 떠오르고 있는 지구 곳곳을 다니면서 문제점을 지적하고 혼란에 빠진 이들에게도 따뜻한 시선을 보내자고 제안하고 있다.

양장/12,000원

## 대기업을 이기는 벤처비즈니스

마키노 노보루·강동우 지음/유세준 옮김

첨단 기술력과 재빠른 정보수집력을 갖춘 모험심 강한 중소기업이 대기업보다 훨씬 더 유연하게 시장상황에 대처하고 있으며 성공하고 있다. 마이크로소프트, 인텔 등이 그 예다. 이 책은 재편되고 있는 경제구조 속에서 앞서 나가고 있는 일본 벤처기업들의 사례와 실리콘밸리의 성공전략을 살펴보고 틈새시장을 공략하는 요령과 아이디어, 국제적 제휴전략 등을 다루고 있다.

신국판/5,500원

## 경제학은 없다

미첼 무솔리노 지음 / 김산우 옮김

경제학자들의 수많은 예측의 오류 중에는 몇몇은 유명해졌고 그보다 많은 수의 오류는 잊혀졌다. 프랑스에서 화제를 불러 일으켰던 이 책에서 저자는 20세기 모든 위대한 예언과 모든 환상을 신랄하게 공격한다. 주류 경제학의 일반론을 분해하고 실업과 생산성에 대한 허튼소리와 거짓말, 그리고 시장법칙에 이르기까지 현대 초자본주의의 속성들을 발가벗기고 있다.

신국판/8,000원

## 기업경영에 창의력을 길러주는 50가지 키워드

톰 랜버트 지음 / 정규석 옮김

이 책은 기업에 관여하는 사람이 기회나 문제에 직면했을 때 잘못된 것을 바로잡고 창의력을 고양시킬 수 있게 해주는 문제해결기법으로 가득하다. 경영자들이 최저의 노력과 최저의 비용으로 최단시간내에 필수적인 과제들을 해결하는데 필요한 도구와 점검목록, 직무 지시사항이 담겨 있다. 내일 성공하려면 벤치마킹하지 말고 오늘 도약하라는 것이 이 책의 결론이다.

신국판/10,000원

## 골프란 무엇인가

김흥구 지음

세계에서 가장 쉽고 재미있는 골프책을 목표로 연애소설을 쓰듯이 재미있게 쓴 책이다. 80대 초반 굳히기, 70대 진입하기 등 현 수준에서의 구체적 도약 방법이 설명된다. 완결편은 통계나 속성 차원에서 접근한 상당한 수준의 골프 분석이다. 입문자라면 처음부터, 구력이 5년 이상됐고 성질이 급한 골퍼는 13번홀부터, 프로만큼의 플레이를 하려면 16번홀로, 머리가 아프면 4번홀로 가서 마음껏 웃으면 된다.

양장/11,000원

## 타이거 우즈 스윙의 비밀

존 안드리사니 지음 / 김흥구 옮김

타이거 우즈의 스윙 테크닉은 너무도 쉽기 때문에 어떤 아마추어 골퍼라도 응용할 수 있다. 우즈는 아놀드 파머와 같은 카리스마와 벤 호건의 집중력, 샘 스니드의 운동 능력, 잭 니클로스의 멘탈 지배력, 닉 팔도의 탁월한 매니지먼트 능력을 그대로 간직하고 있다. 우즈 스윙의 모든 비밀이 담겨 있는 이 책을 통해 우즈 스윙을 카피하게 된다면 당신의 볼은 두말할 것 없이 까마득히 날아갈 것이다.

양장/4x6판/9,000원

## 주식시장 흐름 읽는 법
**우라가미 구니오 지음 / 박승원 옮김**

언뜻 보기에 무질서하고 예측이 불가능해 보이는 주식시장도 장기적으로 보면 특정한 네 개의 국면을 반복하고 있다는 것을 알 수 있다. 이 책은 이 네 개의 국면이 어떤 요인에 의해 순환되고 각각의 국면에서 어떤 종목이 활약하는가를 숙지할 수 있는 안목을 제시해주고 주식투자시 리스크를 피하는 방법에 대해서도 설명하고 있다.

신국판/5,500원

## 증시테마 알아야 주식투자 성공한다
**안창희 지음**

이 책은 주식투자자들이 어떤 상황에서 어떤 종목을 사고 팔아야 수익을 올릴 수 있는지 그 구체적인 방법을 제시한다. 더불어 투자이론이 실제 상황에서는 어떻게 적용되고, 앞으로 전개될 상황에서는 어떻게 대응해야 할지를 분석, 정리했다. 특히 실제 일어났던 증시상황에 대한 분석은 물론, 전망까지 곁들여 주식초보자라도 쉽게 이해할 수 있도록 했다.

신국판/9,800원

## 주식@ 살 때와 팔 때
**한국경제신문 증권부 지음**

증권투자는 사는 기술이 아니라 파는 예술이다. 기관투자가를 두려워할 필요는 없다. 수익률이 오르지 않아 밤잠을 못 이루는 것은 오히려 그들이다. 단기필마야말로 혼돈의 전쟁터에서 자신을 지키는 방법이며 주식투자로 성공할 확률은 개인투자자들이 높다. 한국경제신문 증권부가 개인투자가들을 지원하기 위해 펴낸 이 책을 통해 확실한 재테크의 길을 찾아보자.

신국판/9,000원

## 선물시장 흐름 읽는 법
**현대선물 지음**

이제 선물을 모르고는 주식, 채권 등 투자를 제대로 할 수 없는 세상이 되었다. 선물시장은 특정상품의 가격 수준에 대해 생각을 달리하는 사람들이 생사를 건 전쟁터다. 그동안 어렵게만 느껴졌던 선물거래를 일반인들이 이해하기 쉽도록 만화로 꾸몄다. 읽다보면 선물거래의 기본개념에서부터 선물거래의 실전투자 및 매매 타이밍까지 단번에 이해할 수 있도록 재미있는 스토리를 곁들여 설명했다.

신국판/7,000원

## 금융혁명 ABS
**자산유동화 실무위원회 지음**

자산유동화(ABS)제도에 대해 자산유동화 거래실무에 종사하는 국내외금융기관의 담당자, 전문변호사, 정책입안을 담당하는 재경부와 금융감독원의 관계자들이 함께 참여하여 알기 쉽게 종합적으로 풀어썼다. ABS에 관련된 각 분야를 사례중심으로 현장감 있게 분석 정리했고 법률 축조해설까지 곁들여 누구나 쉽게 실전에 활용할 수 있도록 했다.

양장/20,000원

## 월가 천재소년의 100가지 투자법칙
**맷 세토 지음 / 형선호 옮김**

10대 천재소년 맷 세토가 세운 뮤추얼 펀드의 연간 수익률은 단연 압도적이다. 이 소년은 〈월 스트리트 저널〉의 표지인물로 등장한 바 있으며, 전세계 투자자들이 조언을 듣기 위해 애쓴다. 17세에 억대 부자가 된 맷 세토가 100가지의 성공적인 주식투자 비법을 소개한다. 신선하고 반짝이는 그의 투자전략은 폭락과 반전을 거듭하는 우리 주식시장에서 성공을 보장할 것이다.

신국판/8,500원

## 뮤추얼펀드 투자가이드
**한국펀드평가 지음**

뮤추얼펀드는 주식형수익증권, 외국인과 함께 주식시장의 큰손이다. 그들이 어떤 종목에 관심을 갖고 매수하며 어느 정도 보유한 뒤 매도하는가? 한국펀드평가(주)가 국내 최초로 뮤추얼펀드 69개를 집중 분석한 이 책은 펀드매니저는 물론이고 증권사 종사자, 뮤추얼펀드에 새로 가입하려는 투자자에게 매우 유익한 지침서가 될 것이다. 국내최초의 펴낸 뮤추얼펀드 종합 분석 전략 가이드.

신국판/15,000원

## 맥킨지 금융보고서
**맥킨지 금융팀 지음**

20년간 아시아 금융시스템을 분석, 컨설팅해온 맥킨지 금융팀은 21세기 한국을 비롯한 아시아의 은행 및 금융시스템이 어떤 도전을 받을 것이며 어떤 새로운 기회가 도래할 것인지 2010년까지의 금융 패러다임을 예측하고 있다. 금융시장의 어제와 오늘 그리고 미래를 열어가는데 없어서는 안 될 미래지향적 금융산업 구축에 과연 무엇이 필요한지 그 비결을 담고 있다.

신국판/18,000원